华章经典 · 金融投资

投资思想史

A HISTORY OF THE
THEORY OF INVESTMENTS
My Annotated Bibliography

|典藏版|

[美] 马克·鲁宾斯坦 著　张俊生 曾亚敏 译

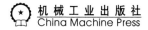
机械工业出版社
China Machine Press

图书在版编目（CIP）数据

投资思想史（典藏版）/（美）马克·鲁宾斯坦（Mark Rubinstein）著；张俊生，曾亚敏译 . —北京：机械工业出版社，2018.8

（华章经典·金融投资）

书名原文：A History of the Theory of Investments: My Annotated Bibliography

ISBN 978-7-111-60649-9

I. 投⋯　II.①马⋯　②张⋯　③曾⋯　III. 投资 – 经济思想史 – 世界　IV. F830.59-091

中国版本图书馆 CIP 数据核字（2018）第 176077 号

本书版权登记号：图字　01-2008-1628

Mark Rubinstein. A History of the Theory of Investments: My Annotated Bibliography.

ISBN 978-0-471-77056-5

Copyright © 2006 by Mark Rubinstein.

投资思想史（典藏版）

出版发行：机械工业出版社（北京市西城区百万庄大街 22 号　邮政编码：100037）

责任编辑：贾　萌　　　　　　　　　　　　责任校对：殷　虹

印　　刷：北京文昌阁彩色印刷有限责任公司　　版　　次：2018 年 10 月第 1 版第 1 次印刷

开　　本：170mm×230mm　1/16　　　　　　印　　张：26.75

书　　号：ISBN 978-7-111-60649-9　　　　　定　　价：99.00 元

凡购本书，如有缺页、倒页、脱页，由本社发行部调换

客服热线：（010）68995261　88361066　　　　投稿热线：（010）88379007

购书热线：（010）68326294　88379649　68995259　　读者信箱：hzjg@hzbook.com

纪念与追忆

金融经济学思想的荣耀

| 目　录 |

| 第二部分 |

古典时期：1950 ～ 1980 年

| 第三部分 |

现代时期：1980 年之后

英国著名的史学家科林伍德提出：一切历史都是思想史，历史学的任务就是要重演过去的思想。当现在的出版界充斥着讲述财富故事的书籍之时，当人们将精力更多地放在这些传奇故事上之时，普罗大众往往在浮躁的喧嚣中忽略了故事背后的思想，从而落入了只见树木不见森林的视角陷阱。马克·鲁宾斯坦所著的这部《投资思想史》犹如一股清泉，令人耳目一新。"现值"的思想是如何出现的？"MM"理论背后的思想真正源自何时？卖空机制为什么有助于稳定市场？投资泡沫是如何破灭的？当前流行的投资概念是如何演进的？几乎投资学中所有的核心性理论都被囊括在这部思想史中。该书可被视作一张投资思想史全景图。

18 世纪法国启蒙运动的著名思想家伏尔泰认为，对于历史人们不应该只以堆积史实为能事，还应该达到一种哲学理论的理解境界。《投资思想史》很好地做到了这一点。该书从 1202 年斐波纳契的《算经》开始写起直至 2005 年的行为金融思想，时间跨度为 800 余年，内容相当庞杂。但是读者自该书的目录开始全然没有混乱无序之感，这在很大程度上得益于作者深厚的学术功底与高超的写作技巧，同时更离不开作者对分散、独立事件的解读与重构。

不过，在卷帙浩繁的投资学文献中梳理出一条清晰的脉络还是需要非凡的智慧和很大的勇气的。《投资思想史》的作者马克·鲁宾斯坦在金融学界久负盛名。他的学术文章多见于《金融学学刊》(*Journal of Finance*)和《金融经济学学刊》(*Journal of Financial Economics*)等顶级刊物。能在这些顶级刊物上发表文章的学者不在少数，但能将投资理论的发展历程娓娓道来的学者可以说是凤毛麟角。在《投资思想史》中，他以坚韧的努力对一手文献进行搜集考据，他以宏大的气魄将800年投资思想史进行断代划分，他以卓绝的文笔对大家思想进行功过评价。通读全书不禁让人感叹："洛阳三月花如锦，多少工夫织得成？"

对于学者而言，该书堪称是一部参考文献手册。全书引用了上百篇经典文献，每篇文献都有详尽的出处，这对学者开展相关研究甚有帮助。鲁宾斯坦对投资学历史中出现的基础性概念与核心性思想的解读也将有助于学术研究者把握这些内容的来龙去脉。相信该书能对投资理论的基础性研究在中国的传播与创造有所裨益。

对于投资实务界人士而言，该书有助于投资思维的升华。全球曾面临百年一遇的金融危机。历史经验告诉我们，危机中往往孕育着机会。然而，机会的把握往往需要过人的智慧。《投资思想史》虽然不会直白地告诉你如何去投资，但它会帮助你站在费雪、凯恩斯、哈耶克、阿罗、萨缪尔森和弗里德曼等大师的肩膀之上去审视投资。

当然，对于任何一部著作我们都应抱着批判的心态去阅读。《投资思想史》虽是大家之作，内容丰富，但它不可避免地存在着潜在的不足。例如，该书对现代投资思想着墨偏少，尤其在行为金融方面显得有些过于吝啬。当然，这与作者对行为金融范式的认知和一般学者可能存在差异有关。再者，读者需要注意的是作者对某些思想的评论只是一家之言，对于鲁宾斯坦的评论我们也应有自己的判断。

本书在中国内地的出版要感谢机械工业出版社华章公司王洪波女士的慧眼识珠与辛劳工作。当然，文章翻译方面的潜在错误由译者承担。欢迎读者批评指正，我们的电子邮箱是：junya@126.com。我们一定会虚心学习！

人类善于忘记历史，长期以来金融学这门显学也不能避免遭此"厄运"。然而，投资归根结底是思想者的活动。那些有意在投资学界或投资实务界大展宏图的人士应将这部《投资思想史》作为一把开启投资思想的金钥匙。一部波澜壮阔的投资思想史即将在你的面前展开，愿你能以"闲坐小窗读《周易》，不知春去几多时"的心境品读欣赏！

张俊生

思想很少着衣而诞，而是在艰苦的累积过程中逐渐穿上华美的衣物。在人文艺术的许多领域，为了能更深入地获取知识，我们有必要知道这个领域的思想是如何演进的：这些思想是如何产生的？如何走向成熟的？一个思想是如何催生另一个思想的？知识环境是如何滋养思想的成长的？为什么现在看起来十分明显的思想曾让人感到十分困惑？

在社会科学中思考这些问题具有特殊的意义。在人文科学中，年代进程是没什么意义的。例如，谁能说过去3个世纪的英国诗歌或戏剧会超越莎士比亚的著作？在自然科学中，人们可以通过发现先前存在和永续的自然过程而获得知识累积。然而，社会科学中的知识被发现之后可以影响社会演进，且在相互作用中决定着后续的社会理论。

基于这种精神，我呈现在大家面前的是投资金融理论年代发展进程中的参考书目。不过，这不是一部投资实践史，只是偶尔会引用到金融理论以外的现实世界。这部"投资思想史"涉猎广泛，内容包括方法论的发展和创造理论所使用的理论工具（包含经济学、数学、心理学和科学方法）。我正在写一部将耗时多年的书卷，名曰《西方文明史纲要》（*My Outline of Western*

Intellectual History），这部书也将回溯到古代时期。

读者既可以将这本书当作参考书，也可以当作一部史书从头至尾地阅读。书中大部分内容并没有按照专题来归纳，这是因为我努力将其当作一个完整的领域来看待，并强调一类研究是如何影响其他研究的，而以前它们可能被认为是割裂的。为了实现这个目的，采用编年体的形式看起来是比较恰当的，因为后来出现的思想不能影响先前出现的思想，而只会相反。

我们可以将金融经济学的历史分为三个阶段：① 1950 年之前的古代时期；② 1950 ～ 1980 年的古典时期；③ 1980 年之后的现代时期。大约在 1980 年之后，古典时期的理论基础面临越来越多的挑战。

在大量的金融研究中，我只能选择很小比例的文献。有些文章之所以重要，是因为它们撒播下了思想的种子，提出了正确的问题，或者发展了重要的经济直觉；有些文章则在不同的思想之间进行了十分有效的沟通；而另外一些文章之所以重要，是因为它们将早期的概念定形、理顺假设并用数学给予支持。尽管我努力在这三类研究中做到平衡，但我还是将更多的笔墨放在了前两类研究上。未发表的手稿只有满足如下两个条件之一才被编选入内：①被广泛地引用；②在其他作者公开发表的论文出现很久之前，其包含的思想就在该手稿中出现。如果某些文献回顾对解释思想的渊源有帮助的话，我也会将其收录在内。对一些重要结论的数学解释或证明也在书中有所展示，它基本上是对文字模糊表述的补充。不过，这些证明对理解来说并不是必需的。

读者也应该理解本书还有很多工作要做。许多重要的研究未被提及，并不是因为我认为它们不重要，而是因为我还没有获得这些文献。因此，这部史书是不完整的，尤其是 1980 年后的内容还有很多欠缺。尽管本书将非理性主义者的思想追溯到古代与古典时期，但是本书对现代日益丰富的"行为金融"文献提及甚少。不过，出版商还是鼓励我整理手头已有的文献，因为他们感觉即便这类著作还处于发展时期，它们仍十分有用。希望本书的新版本能弥补这个缺陷。

投资理论的历史发展得益于许多著名经济学家的著作。20 世纪的经济学家，如弗兰克·奈特、欧文·费雪、约翰·梅纳德·凯恩斯、弗里德里希·哈耶克、肯尼斯·阿罗、保罗·萨缪尔森、米尔顿·弗里德曼、弗兰科·莫迪利亚尼、杰克·赫舒拉发、詹姆斯·托宾、约瑟夫·斯蒂格利茨、罗伯特·卢卡斯、丹尼尔·卡尼曼、阿莫斯·特沃斯基以及乔治·阿克洛夫都留下了他们的印记。一些非经济学家在这个世纪也对金融学贡献颇丰，包括约翰·冯·诺依曼、伦纳德·萨维奇、约翰·纳什、莫里斯·肯德尔。进一步向前回溯，尽管丹尼尔·伯努利和路易斯·巴舍利耶的贡献已经广为人知，但是像斐波纳契、布莱斯·帕斯卡、皮埃尔·费马、克里斯汀·惠更斯、亚伯拉罕·棣莫弗、埃德蒙·哈雷这些人的著作还鲜为人知但又十分重要。

可能这个领域与其他领域一样面临着学者忽视思想渊源的问题，我对此感到沮丧。尽管一些学术文章和著作声称是历史回顾，但它们还是经常过于简单地描绘成熟理论的发展轨迹，将太多原创性思想只归功于少数学者。无疑本书也可能存在这样的缺陷，但我希望问题没有像以前那么严重。一本著作可能淹没在逝去的历史之中，甚至有可能这本著作要比后来出现的且广为引用的文章都要优秀。

例如，问问你自己是谁最先提出了下列思想：

现值

MM 定理

普拉特 – 阿罗风险规避指标

马科维茨的均值 – 方差投资组合理论

戈登增长公式

资本资产定价模型

布莱克零贝塔模型

考克斯－罗斯－鲁宾斯坦的二叉树期权定价模型

卢卡斯交易模型

米尔格罗姆－斯托克利无交易定理

从个人理性假定推出预期效用

风险中性概率下的鞅定价

动态完整

随机游走与理性市场的联系

用非稳定方差来描述证券价格的随机过程

上偏股价、异质信念与卖空约束之间的假设关系

规模效应

超常盈余增长模型

前景理论

在上述大多数例子中，思想出现的实际时间要比一般人所认为的起源提前许多年，偶尔会提前几十年甚至几百年。在某些情况下，独立且近乎同时的发现者很少甚至从未被提及，这多少证明了斯蒂芬·施蒂格勒的得名法则，即科学思想从未以其最初发现者的名字来命名。包括施蒂格勒法则自身也是这样，该法则最初的提出者实际上是社会学家与科学哲学家罗伯特 K. 默顿。金融经济学中的一个著名例子就是 MM 定理，其实在莫迪利亚尼和米勒提出该命题的 20 年前，约翰·伯尔·威廉姆斯就在 1938 年出版的著作中做了精彩的探讨。如果这项创新性的洞察能在当时广为知晓且得到仔细研究，那么我们受困扰的时间就可以减少几十年。有关默顿的另一个例子是"戈登增长公式"。不幸的是，一旦这类错误发生就很难纠正。事实上，这个错误已经根深蒂固，即便是最杰出的著作也未必能改变业已形成的习惯。

此外，研究者可能没有意识到某些理论的基础工作在多年前就已经被发现。一个著名的例子是布莱克－斯科尔斯期权定价模型。尽管这个模型是在

20 世纪 70 年代得到发展的，并且无疑是金融经济学中最为重要的发现之一。但事实上，肯尼斯·阿罗在 20 年前的 1953 年就已经提出非常类似的观点。反过来，阿罗的想法在 3 个世纪之前布莱斯·帕斯卡与皮埃尔·费马之间的通信集中隐隐地有所体现。一个科学领域的进步通常会借鉴其他领域的方法，尤其是原本用于其他目的的数学工具。历史研究的副产品之一就是能发现原本看似无关的工作之间的联系。

有人会问，为什么学术领域会对自己的渊源不求甚解。历史是由胜利者重新书写的。学生经常依赖于自己的导师来了解学科历史，而导师又过分依赖于他自己的导师，依此类推。很少有学生会拒绝现存的引用方式，而去图书馆书架上翻找古旧书籍和期刊来寻找他们所使用思想的真正渊源。学者与大多数人一样，他们偏爱将成就归因于那些相对出名的人，抑或那些在发展这个思想方面写了几篇文章或花了数年时间的人，而那些非主流的人士（可能是使用的方法或时机方面）即便研究得更早更原创，还是处于不利的位置。一个绝好的例子就是 A. D. 罗伊在均值 – 方差投资组合方面的基础性文章，就连哈里·马科维茨也承认，希望自己能与罗伊共享投资组合理论之父的荣誉。[1] 罗伯特 K. 默顿将之称为"马太效应"。这个典故来源于《马太福音》（第 25 章第 29 节）："因为凡有的，还要加给他，叫他有余；没有的，连他所有的，也要夺过来。"

当然，并不只有金融学才倾向于忽视自己的起源。例如，算术被认为是艾萨克·牛顿和戈特弗里德·威廉·莱布尼兹发明的。但事实上算术的发明可以追溯到古希腊时期。尤其是安提丰、欧多克斯、阿基米德在使用"穷举的方法"的时候预期到了可采用极限和积分的概念来决定几何物体的面积和体积（例如，估计圆的面积时，在圆中镶入正规多边形，随着多边形的边数无穷增加，多边形就可以近似估计圆的面积）。尽管伽利略并没有用数学公式来正式表示，但他有关物体运动的著作已经暗含如下内容：物体的运动速度是距离相对于时间的一阶导数，加速度是距离相对于时间的二阶导数。皮埃尔·费马设计出了正切法，今天我们仍在使用这种方法，它可以用于判定函数的最大值和最小值。艾萨克·巴罗使用微分的方法去寻找一个曲线的切线，并提出了两个函数的乘积和商的微分定理、X 的幂函数微分定理以及隐函数的微分定理。

与大多数历史不同，有关金融学思想起源的大多数被遗忘的事实都能在那里等待我们的发掘，在图书馆书架上的古旧书籍中，在过去的期刊中（现在大多可以以电子版形式获得）我们都能发现这些思想。很多投资理论史只是被胜利者重新书写过，雏形被修正过而已。在本书中，我会竭力去探究这些思想的渊源。对于书中所引用到的每一篇文章、每一本著作，我的目标都是：明确它们对这个领域的边际贡献。

如同莎士比亚名著《麦克白》中的三个女巫一样拥有后见之明，我能"窥视时间的种子，能说出其中哪一粒能发芽，哪一粒不能成长"。拥有了这项优势，我在那些一度被认为很有前景但最终被证明是死胡同的研究上（例如股价的稳定帕累托假设）没有花费太多精力。

不过，我自知本书省略了许多十分重要的发现（部分原因是我还没有得到这些文献），可能将投资思想追溯到不正确的源头，或可能并没有发现更早的著作。同时，我也可能犯历史学家惯有的毛病，即用后世看起来重要或正确的观点来解释书面记录，这可能是有偏见的。我希望读者能够原谅我。我从默顿·戴维斯那里获得了一些帮助，为此对他表示公开的致谢。我也请求读者能提出建设性的意见让我知晓错误，以便在以后的版本中修正。

马克·鲁宾斯坦

加州，伯克利

2006 年元月

数字最早可能于公元后第一个千年的中期形成于印度，其后逐渐被阿拉伯商人和学者所学习。斐波纳契在北非的旅行中学到了阿拉伯数字。在书中的第一章中，他是这样开篇的：

> 如下是印度人使用的九个数字：9，8，7，6，5，4，3，2，1。用这九个数字，再加上 0 这个符号，任何数字都既能被书写也能被示范。

在这本小册子出版后，用笔墨计算的阿拉伯数字取代了算盘的地位。这本书也提出了著名的斐波纳契数列：1，1，2，3，5，8，13，…

《算经》这本书在现值计算发展中的作用却没有得到足够的重视，直到最近才被威廉 N. 戈茨曼发现⊖。斐波纳契通过几个数学例子来说明他的计算方法。其对投资学有四个方面的应用：①在合伙人成员中进行公平的利润分配⊜；②序列投资的利润计算，其中包括中间撤出投资⊜；③终值的计算⊜；④现值的计算⊜。他对问题①的解答很简单：将利润按照投入资本的比例来分配——这个答案在今天看来是显而易见的。关于问题③的举例，西格勒是这样翻译的：

> 有个人在一家银行存入 100 英镑，每英镑每个月能获得 4 便士的利息⊗。他每年取出 30 英镑。那么他需要花多少时间才能把钱全部

⊖　见戈茨曼（2003）：《斐波纳契与金融革命》（*Fibonacci and the Financial Revolution*），耶鲁大学国际金融中心手稿，第 03 ～ 28 号，2003 年 10 月 23 日。

⊜　见《论公司》（*On Companies*），pp.172 ～ 173。

⊜　见《旅行者的问题》（*Problems of Travelers*），pp.372 ～ 373。

⊜　见《将一百英镑存在银行获取利息时值得注意的问题》（*A Noteworthy Problem on a Man Exchanging One Hundred Pounds at Some Banking House for Interest*），pp.384 ～ 386。

⊕　见《论一个战士从封地中获得三百个金币》（*On a Soldier Receiving Three Hundred Bezants for His Fief*），p.392。

⊗　英镑和便士均为英国货币单位。1 英镑 =100 便士。

取出来？（p.384）

斐波纳契的计算结果是，那个人的钱在银行的时间是6年零8天零（1/2）（3/9）5个小时。上述表达式是斐波纳契所使用的符号，按照今天的表示方法每一部分的分母应等于该分母与所有右边分母的乘积，如1/2实际上表示的是（1/2×1/9），而小时数就是所有部分的加总和。因此，按照现代的符号表示的小时数等于5小时+（3/9）小时+（1/18）小时＝$5\frac{7}{18}$小时。值得注意的是，尽管斐波纳契的符号已经被废弃，但当度量小数量单位时还是很有用的。例如，斐波纳契将会这样来表示5周零3天零4小时零12分零35秒：（35/60）（12/60）（4/24）（3/7）5。

在问题④中，通过对两只年金现值进行排名，斐波纳契演示了现值的使用。两只年金的区别仅在于获得报酬的周期不同，利息再投资的利率都是每个季度2%：两只年金每年都各支付300个金币，不同在于其中一只年金每季度支付75个金币，而另外一只年金则在每年年末支付300个金币。

由于复利的存在，固定利率下的现值是几何序列的加权求和。戈茨曼推测，斐波纳契的利息概念可能为他提出著名的无穷级数概念提供了灵感。不幸的是，我们对斐波纳契知之甚少，这样的猜测还不能被证实。

在斐波纳契之后，阿拉伯数字在欧洲得到广泛的使用，尤其是用于商业目的。一位不知名的作者所著的《翠维索算术》（1478）是迄今已知的最早的算术书，它试图普及阿拉伯数字系统。该书在开篇描述了如何使用阿拉伯数字来计数、加、减、乘、除——这与今天使用的程序是一样的。在那个时期，数字刚刚演化成现代所使用的形式。例如，用ø表示零的方式在1275年后销声匿迹。其中部分原因可能要归因于《翠维索算术》，因为印刷技术可能迫使书写标准化。不过，加、减、乘、除等符号要到很晚才被引入。"＋"和"－"出现在1489年，"×"出现在1631年，"÷"出现在1659年。既然谈到这个问题，我们就展开一下。"√"出现在 1525 年，"="出现在 1557 年，"<"
和">"出现在 1631 年，"∫"出现在 1675 年（由戈特弗里德·威廉·莱
布尼兹发明），"ƒ（x）"出现在 1735 年（由莱昂哈德·欧拉发明），"dx/dy"
于 1797 年由约瑟夫 – 路易斯·拉格朗日提出。用小数表示分数直至 1585 年
才出现。用字母表示等式中的未知数直到 1580 年左右才在弗兰克斯·韦达
（1540—1603）的公式中出现。约翰·纳皮尔于 1614 年发明了对数，并在
1617 年将小数符号引入欧洲。

这些数学运算是通过一些事例来演示的。合伙制可以追溯到公元前 2000
年的巴比伦王国。这种商业组织形式为长期需要大笔资金的投资提供了一种
融资方式。在信奉基督教的欧洲，禁止放高利贷收取利息，合伙制则提供了
一种迂回的方式。《翠维索算术》这本书中（p.138）提出的第一个合伙制问题
是这样的：

> 有三个商人共同搭伙投资。第一个人名叫皮耶罗，第二个人名
> 叫保罗，第三个人名叫朱安妮。皮耶罗投入 112 个杜卡托[⊖]，保罗
> 投入 200 个杜卡托，朱安妮投入 142 个杜卡托。过了一段时间，他
> 们发现已经赚了 563 个杜卡托。问每个人应分多少个杜卡托才是公
> 平的。

建议的答案是：根据他们各自的投资额按照比例来分配利润。这个原
则与斐波纳契在《论公司》提出的原则一样。第二个合伙制问题更有趣
（p.138）：

> 有两个商人，分别叫作桑巴斯提亚诺和贾科莫，他们合伙投资
> 来赚钱。桑巴斯提亚诺在 1472 年 1 月 1 日投入了 350 个杜卡托，贾

⊖　与下文中的格罗西均为古钱币名。1 个杜卡托 =24 个格罗西。

科莫在 1472 年 7 月 1 日投入了 500 个杜卡托和 14 个格罗西。到了 1474 年 1 月 1 日，他们发现已经赚到了 622 个杜卡托。问每个人分多少？

首先将每个人的投资转换为同一计量单位，即桑巴斯提亚诺投入 8400 个格罗西，贾科莫投入 12 014 个格罗西。《翠维索算术》这本书通过两人各自的投资月数来调整投资时点的差异：

桑巴斯提亚诺：8400 × 24–201 600　贾科莫：12 014 × 18 = 216 252

而后根据各自所占的比例来分配。两数之和是 201 600 + 216 252 = 417 852。因此，桑巴斯提亚诺获得 622 × （201 600/417 852）=300 个杜卡托，贾科莫获得 622 × （216 252/417 852）=322 个杜卡托。

现代的分析师要解决这个分配问题需要区分两种情况：贾科莫的滞后投资是事先约定好的呢，还是在临近投资时才决定的。在第一种情况下，他应当知道利率才能计算出公平的分配利润；在第二种情况下，他应当知道 1472 年 7 月 1 日那天合伙体中每股的价值。尽管《翠维索算术》的作者提出了一个有趣的问题，并且可能从斐波纳契那儿学了不少东西，但是他的答案表明他并没有理解斐波纳契复杂的现值分析。

到了 16 世纪，尽管高利贷在法律上受到限制，但斐波纳契有关现值的著作仍得到了更好的认知。例如，让·特朗尚于 1637 年[⊖]提出了这么一个问题：一只永续年金每季度支付 4% 的利息，而另外一只定期年金每季度支付 5% 的利息，共计 41 个季度，问哪只年金的现值更高？特朗尚是这样解决这个问题的：首先计算每季度 1% 的年金在第 41 个季度的终值，接着计算从第 41 季度开始每季度支付 5%[⊜]的永续年金在第 41 季度的现值，将两个数字比较后

⊖　见特朗尚（1637）：《算术》（*L'Arithmétique*），p.307，第 2 版，1637 年，里昂。

⊜　应该是 4%。——译者注

就能知道哪只年金的现值更高。在特朗尚的书中还包含了第一张现值折现因子表。

在没有计算机的远古年代，要判断利率对合约的影响，那么一定要在快速计算方法上花大工夫。这包括使用对数、算表以及现值问题的现成答案。埃德蒙·哈雷通过望远镜观察南半球的星体，并对其进行了编撰归类，发明了第一张气象分析表，出版了早期的人口死亡率表，当然最著名的是他首先计算出彗星的轨道。他在金融经济学方面的贡献也颇为称道。哈雷（1761）推演出年金现值公式（可能并不是最先推演出的）：$[X/(r-1)][1-(1/r^T)]$，这个年金开始于第一年年末，持续期是 T 年。r 表示 1 加上年利率，X 表示从年金中每年获得的现金额。对这个公式相对较早的另一个推演版本可以在费雪的作品中找到（1906）。

尽管用现值来估值出现的比较早，但最先提出任何资本项目都应当使用现值来评估的思想可能要归属费雪（1907）。使用套利的思想，他对项目现金流与证券投资组合现金流进行了比较，其中证券投资组合现金流是与项目相匹配的。不过，根据福尔哈伯和鲍莫尔（1988）的说法，无论是《哈佛商业评论》从 1922 年创刊到第二次世界大战，还是 1948 年前使用的公司财务方面的教材都没有在资本预算中提到过现值。直到约尔·迪安（1951）的著作出版⊖之后，现值的使用才广为流行。最近，根据约翰 R. 格雷厄姆和坎贝尔·哈维（2001）的研究⊖，大多数大型企业在资本预算决策中都使用一些形式的现值计算。

⊖ 见迪安（1951）：《资本预算：厂房、设备和产品开发方面的高级管理政策》(*Capital Budgeting：Top Management Policy on Plant，Equipment，and Product Development*)（Columbia University Press，1951 年）。

⊖ 见格雷厄姆和哈维（2001）：《公司财务理论与实践：源自实地考察的证据》(*The Theory and Practice of Corporate Finance：Evidence from the Field*)，载于《金融经济学学刊》第 60 卷，第 2～3 期，2001 年 5 月，pp.187～243。

∽ ∽ ∽

1494 年《算术、几何与比例学总论》

卢卡·帕乔利（约 1445—1517） 出版了《算术、几何与比例学总论》
（*Summa de arithmetica，geometria，proportioni et proportionalita*）（*Everything about Arithmetic，Geometry and Proportions*）一书。其中，有关会计学的内容见"详论会计与记录"（Particularis de computis et scripturus）。由 A. 冯·贾巴斯塔托翻译成英文，见《卢卡·帕乔利对复式记账的探索：威尼斯 1494》
（*Luca Pacioli's Exposition of Double-Entry Bookkeeping：Venice 1494*）。

点数问题、会计、借与贷、会计恒等式、资产、负债和权益、净盈余关系、账面价值与市场价值、配比原则、一致性原则

帕乔利（1494）承认他借鉴了欧几里得（约公元 300 年[⊖]）和斐波纳契（1202）的思想，归纳了算术、代数、几何和三角学的基本原则。对我们来说更为重要的是，帕乔利提出了"点数问题"，他因此而广受赞誉。"点数问题"最终促成了现代概率论在 17 世纪的爆炸式发展（当然也有证据表明这个问题的起源可能会更早些）：

> 选手 A 和选手 B 正在打球赛。他们同意直到一方赢得 6 局时就停止。但比赛在 A 赢得 5 局 B 赢得 3 局的时候停止了。问如何分配赌注？

帕乔利的答案很简单（但不正确）：根据每个人所赢的局数来按比例分配。因此，如果赌注是 56 个金币，那么选手 A 应获得 35 个金币，选手 B 获得 21

⊖ 应该是公元前 300 年。——译者注

个金币。

　　不过,帕乔利的书因其对会计的影响而闻名。古时候的会计只是简单地列示出存货的物理量。后来会计方法把这些项目按照单一货币的形式统一成共同的度量单位。这就变成列示"入账"和"出账",本质上是一张说明现金来源和使用的现金表。这样一来,封建领主就可以监督分发财物的管家。现代形式的复式记账的起源并不是很清晰。我们知道在意大利的西耶纳(Siena)有一家名叫加勒尼(Gallerani)公司的商业企业早在 1305 年就使用了复式记账的方法[注]。尽管帕乔利并没有发明复式记账法,但是由于他在这部影响深远的著作中深入地阐述了复式记账法,因此他通常被视为这种方法的创始人,并被尊称为"会计学之父"。在他这本书中有关会计学内容的部分,即"详论会计与记录"这部分内容,帕乔利写道:"这种威尼斯人所使用的方法是诸多方法中最受推崇的,并可将其当作其他方法的指南"(p.42)。他甚至训诫会计师,如果他们的账目借贷不相等,那么晚上都睡不安生。对财务会计习俗史的进一步讨论已经超出了本书的意图。但是,由于会计概念对于测量公司证券的预期收益和风险都十分重要,因此我还要讨论几个关键性问题。

　　首先,外部财务报表的目的是什么?在我看来,外部财务报表的目的是为股东提供信息。可能有人认为,财务报表还应该为公司员工、供应商以及债权人提供信息:员工根据财务报表评估自身人力资本投资于公司的风险与收益,供应商根据报表评估与公司做生意的风险与收益,而债权人则根据报表评估公司的违约风险。但我认为,既然股东是公司所有者,他们通过影响公司股价从而间接为公司做出资源分配决策,因此,财务报表的主要使用对象是公司股东。虽然财务报表还有其他目的,但其首要目的是帮助股东判定公司股票价格。这一观点与金融经济学中的基本观点"企业应为股东谋取利

　　[注]　见克里斯托夫 W. 诺贝斯:《1305～1308 年的加勒尼公司账本》(*The Gallerani Account Book of 1305～1308*),载于《会计评论》第 57 卷,第 2 期,1982 年 4 月,pp.303～310。

益"一致，也受到法律的认同。在实践中，虽然员工、供应商以及债权人能获取有关公司的其他信息，但为股东编制的年报（包括资产负债表和利润表）则是他们获取信息的重要来源，对大型上市公司尤其如此。

企业要履行为股东提供信息的义务，一个办法就是将每个员工全年的工作情况拍摄下来，集合起来寄给每位股东。这样，股东就能没有偏差地全面了解当年的实际情况。但是，这种做法显然是很荒谬的。还有另一种极端的做法，就是企业每年年末只给股东提供一个数字——企业对自身股价的估计值。这种方法也同样不可取，因为企业没有足够的信息对股价做出准确的评估。正如哈耶克（1945）指出的，影响公司股价的因素通常广泛分布于整个经济体中，没有哪个小部分个体甚至企业所有员工拥有足够信息对公司股价做出有效的估计。撇开信息量不说，即便你拥有足够的信息，用什么方法将信息糅合进股票价格也不明确，更不能指望企业会知道如何做。企业可能出于利益的关系，故意过高估计股价，以此来操纵企业从投资者手中获得的资源或者调整管理层的激励报酬方案。另外，企业还面临一个约束，不能发布那些削弱它们与其他企业相互竞争的动力信息，尽管这种信息可能有助于股价评估。因此，会计的难点就在于找到一种折中的办法，既要能概括一年中发生的事情，同时又不能泄露任何重要的信息，不能指望企业完全诚信，亦不能损害企业的竞争动力。

从帕乔利开始人们就一直在思索解决上述难题的办法，最终想出的办法就是提供两张财务报表：资产负债表和利润表。第一张表，资产负债表，就像一张快照，捕捉了公司在某一特定时点的相关信息。第二张，利润表，像一部电影，演示了企业的资产负债表是如何从前一个时点变到另一个时点的。资产负债表反映了所有导致资产发生变化并相应引起负债或所有者权益发生变化的交易（有时是某些权益与负债的互换或者一项资产换成另一项资产）。这让我们得到复式记账法的基本原理、赫赫有名的会计等式：

$$资产 = 负债 + 所有者权益 \tag{1-1}$$

任何交易都有两方面影响，如同时增加资产与负债，或增加某类资产的同时减少另一类资产，最终保持等式成立。通常资产被划分为三类：第一是流动资产，包括现金、应收账款、存货以及预付费用等；第二是长期有形资产，如厂房、设备等；第三是长期无形资产，如研发费用的资本化价值以及著名品牌价值。负债分为短期负债与长期负债两类：短期负债包括应付账款、递延税收与短期债务；长期负债包括长期银行债务、公开发行的企业债券等。所有者权益分为实收资本与累积盈余两项。利润表将各项收入扣减各项费用后得到利润，这部分利润是企业在两张资产负债表所在时点构成的时段内获得的利润。如果用利润除以发行的股份总数，就得到每股收益（EPS）。企业财务报表还会单独报告发放股利占利润的比例，用以计算每股股利。

如果投资者只想用一个数据来说明问题，那他可以只看每股收益指标。该指标是会计师对两张资产负债表时点之间企业股价本应变化多少的一个估计（加上股利）。也就是说，假设 S_{t-1} 和 S_t 分别是在时点 $t-1$ 和时点 t 的股价，D_t 是每股股利，而 X_t 是两时点之间报告的每股收益，则：

$$(S_t + D_t) - S_{t-1} = X_t \tag{1-2}$$

如果会计师与股票市场都是理性的，那么股票价格的变化应该正好满足这个等式。

而且，使用上述 EPS 等式以及所谓的净盈余会计关系（假定没有新增实收资本），则：

$$Y_t = Y_{t-1} + X_t - D_t \tag{1-3}$$

我们可以证明每股股价 S_t 等于对应的每股账面价值 Y_t。我们从时点 0 企业的初始状况开始，$S_0 = Y_0$，账面价值 Y_0 为实收资本。我们可以得到如下递归等式：

$$S_t = Y_t = Y_0 + \sum_{k=1} (X_k - D_k) \tag{1-4}$$

事实上，即便市场是有效运转的，大多数公司的市场价值与账面价值也不相等。虽然我们有理由责怪会计师们，他们处理账务时也是左右为难。比如，有时候企业在卖出产品之后数月才收到货款、支付费用，而有时候企业在产品卖出去之前就提早收到现金或支出现金。如果简单地把当年发生的所有交易都记为收入或者费用，会让人产生误解。而会计的"匹配原则"要求只有当年已经销售出去的产品所带来的销售收入以及生产这些已销售产品所产生的费用才能记入该年的利润表。与当年已销售产品不匹配的现金流入或现金支出则以某种形式进入资产负债表，通常等到来年产品销售出去之后再进入下一年的利润表。这称为"权责发生制"，与"现金收付制"不同。现金收付制用现金流出匹配现金流入，而不是用费用匹配收入。会计师们面临这样的权衡：使用现金收付制能提高报表的准确性，而使用权责发生制能提供更为有用但可能不太准确的信息。对于编制外部财务报表而言，会计师们更倾向于权责发生制。

举个简单的例子，资产负债表上之所以有存货一项，就是因为存在匹配原则。存货反映的内容可能是已经采购但尚未投入生产的原材料或者尚未销售给顾客的产成品。这样，如何记录存货的成本又是一个会计问题。比如，如果企业同一种存货分批以不同的价格采购进来，那么那些已制成产成品并销售出去的部分存货应该如何计算费用呢？一种方法是假定先采购的存货先使用，即先进先出法（FIFO）；另一种方法是假定后采购的存货先使用，即后进先出法（LIFO）。

再看个稍微复杂点的问题。假设企业购买了一台使用寿命较长的生产设备，该设备将在较长一段时间内慢慢损耗，最终技术上将过时。根据匹配原则，企业需要确定每年为了生产那些已销售的产品，设备损耗了多少。虽然我们知道设备的原始采购成本，也知道几年后如果将设备售出能获得多少收入，但我们很难找到一个完美的方法来确定该设备每年具体的折旧率，因为没有交易能证明折旧费用的具体金额。于是会计师们以他们最中意的方式解决这一难题。他们假定设备每年都以某个固定的折旧率折旧，当然这个折旧率取决于设备的类型。这种简单的方法称为直线折旧法。如果设备使用 10 年，那么每年记入设备费用的就是采购成本的 10%。不过，直线折旧法并不能准确反映设备的折旧情况，往往设备在最初使用年份折旧较快而之后折旧较慢，于是会计师们有时采取加速折旧法。一方面，会计师们希望能给企业一定余地让它们能更好地匹配收入与费用，但同时，他们又担忧如果弹性过大，企业可能会借此误报（通常是夸大）收入。所以会计师们总是努力找到平衡点。也正是因为这种平衡行为使得会计工作更加富有趣味，而所谓的常规也不再一成不变。

尤其复杂的是如何分配研发费用、营销费用与广告费用。是应该先将它们资本化再慢慢转为（摊销）费用呢，还是应该立即计入费用呢？要回答这一问题，我们需要解决一个非常复杂的难题：这些费用到底在多大程度上影响那些不在费用发生当年而是在随后年份销售的产品所产生的收入与费用？

上述例子引出了另一个会计原则：由于股东将使用会计信息预测未来的收入与费用，因而财务报表需要让股东能非常轻松地判断哪些收入与费用是由于企业持续经营产生的，哪些是因为某一次特殊情况所产生的。为了实现这一目的，企业的利润与损失通常被划分为两类：一般损益与非经常性损益。非经常性利润来自预期之外的企业资产与负债价值的变化。我们有必要区分如下三种非经常性损益：①由非企业掌控因素变化带来的损益，如利率波动会影响企业负债的现值；②企业在日常经营之外的有意决策所带来的损益，如企业决定持有日元现金而不是美元现金；③由于事后对早期会计报表的更正而带来的损益，如由于产品需求发生变化而导致存货滞销，这部分存货不再用于销售因而给企业造成损失。遗憾的是，最后一类往往说明企业在前几年没有很好地遵守匹配原则。不过，出于估值的目的，我们还是越早知道这类坏消息越好。

另一个要解决的会计难题，是应该简单报告已实施交易的结果呢，还是不断修正这些结果以反映市场价值的变化呢？例如，一家水果企业最重要的资产就是它在 1900 年以 100 万美元购置的一块地皮。在购置之初，资产负债表上显示资产价值 100 万美元。过了一个世纪，随着旅游业的飙升，该地皮的价值已经逐渐上升为 1 亿美元。假设现在企业其他资产的价值与该地皮相比已经微不足道。如果企业的资产负债表依然显示该土地的价值为 100 万美元，那么股东就无从得知若企业将土地卖掉就可以获得高额收入。显然，企业需要每年都更新土地的市场价值，价值的变动以非经常性损益列示。这样，资产负债表上的资产和所有者权益都将发生相应变化：土地的价值为 1 亿美元，同时所有者权益增加 9900 万美元。不过，市场价值记账法在解决一个问题的同时又带来一个新问题：既然土地还没有卖出去，企业又如何知道它到底价值几何呢？虽然这种不确定性可以通过多种方式降低，但没有办法完全消除。如果不确定性不能消除，那么以市场价值为基准的记账法就不如以实际交易为基础来得准确。股东也希望区分未售出土地的未实现收入与已售出土地的已实现收入。另外，只要土地尚未售出，不同专家对其市场价值就会有不同的看法。股东应该相信哪个专家呢？尤其是当企业管理层有动力夸大土地价值时，股东是否能够相信企业聘用的专家呢？

一般公认会计准则（GAAP）为这一问题提供了全面回答：根据资产市场价值的不确定性，某些资产和负债可以按照市场价值重新评估，而其他资产则不可以。其他资产，如资本设备，既不是按市场价值也不是按成本价格进行评估的，而是严格按照某些设计好的折旧处理方式来估计资产价值的可能损失。

导致前文描述公司股价与收益关系以及每股市场价格与账面价值关系的等式不成立的原因涉及多个与估值相关的问题，上述例子只是其中几个而已。最重要的原因可能来自行业竞争的结构性状况。在许多行业中，企业有能力建立垄断优势或寡头垄断优势，这些优势不受企业账面价值影响。通常当产品需求尚未扩大时，只有少量企业会进入该行业。这一现象使得先动优势非常明显。例如，曾开发出最受欢迎个人 PC（计算机）操作系统的微软公司为我们很好地展示了如何利用自己独一无二的优势来主导 PC 软件应用行业。然而，即便微软的实体资产是按市场价值记入财务报表的，读者也无法从微软的所有过去交易以及财务报表中预测到它的市场价值与账面价值的高比率。企业市场价值与账面价值的差异不仅反映了企业当前极高的经营利润率，而且体现了企业拥有在将来能带来高额利润的投资机会，这种投资机会是其他不具备微软垄断优势的企业所不具备的。股票市场不会自动等待利润的到来，而是早就将这些利润反映到股价中；市场会预期企业未来利润，从而导致企业的市场价值与账面价值出现重大分歧。

基于上述观点，金融学家把高 M/B（市场价值 / 账面价值）比率的企业称为成长型企业，而低 M/B 比率的企业称为价值型企业。投资者可以投资共同基金，某些基金专注于成长型股票，而某些基金专注于价值型股票。我们希望上述讨论已经清楚地解释了企业账面价值与市场价值出现差异的多种原因，但是用于区分成长型股票与价值型股票的 M/B 比率并不是完美的。

从历史角度来看，用于度量业绩的会计报表侧重于企业盈利水平，这是一个收益指标。但是，从马科维茨（1952 年 3 月）和罗伊（1952）开始，金融经济学家们就认为除了收益，业绩应该还包含另一方面，那就是风险。虽说现在会计制度的设计并不是为风险考虑的（可能需要重新设计，使得风险度量更加容易），但现代财务报表仍十分有用。例如，根据连续的财务报表，我们可以得到每股经常性收益的时间序列，据此算出收益的方差，而收益方差则是衡量股票投资风险的一个独立指标。然而不幸的是，不少企业都想尽办法，利用匹配原则的灵活性调整各期收入或费用，从而稳定收益波动，使得风险看起来似乎较低。

　　用财务报表测量风险的常用方法为比率分析法。例如，最常见的流动资产对流动负债比率就是衡量企业违约风险的硬性指标。息税前利润（EBIT）与年利息额之比是违约风险的流量指标。长期资产对短期资产比率反映了企业的流动性和估值风险，因为短期资产的流动性较高，所以其价值的不确定性较低。虽说企业股票的风险来自多个方面，有企业内的因素亦有企业外的因素，但就企业内而言风险主要有三种来源：①收入来源的分散化；②经营风险；③财务风险。

　　现在的财务报表本身并不能提供企业分产品或分行业的收入信息，从而帮助投资者了解企业分散化经营程度。投资者只能从报表附注或者其他渠道（如企业发行证券之初的注册报告）中寻找此类信息。

　　经营风险可以定义为固定成本与变动成本之比。比率越高，企业利润对收入变化的敏感程度就越高。虽然利润表并没有直接区分固定成本和变动成本，但依据成本的种类就可以在某种程度上对成本进行区分，而且将各项费用与收入进行时间序列的回归分析就可以判断哪些成本是固定成本，哪些成本是变动成本。

　　反映企业财务风险的常见指标是负债与权益之比，二者都使用账面价值。负债对权益的比率越高，企业的杠杆越高，则企业线下利润对息税前利润变化的敏感程度就越高。不过，权益的账面价值往往并不反映权益的市场价值；而负债的账面价值与市场价值则较为接近。而且，我们随时都可以根据股票市场股价的变化获得权益的市场价值。因此，金融经济学家喜欢用负债的账面价值对权益的市场价值之比来度量财务风险。

　　然而，这种度量财务风险的方法也并非轻而易举。显然，作为前提条件，交易必须归类到负债或者权益。出于度量财务风险的目的，负债的本质来自于企业承诺支付的固定偿还额。即便企业偿还了所有债务，债务所有者也不能分享企业成功的好处。而权益则不同，权益没有支付义务，但在企业偿还所有其他人（包括员工、供应商、债权人以及政府）之后，企业所有的剩余都归权益所有者。正是因为拥有"剩余索取权"，企业的盈利能力将直接增加所有者权益。有些证券，如优先股、可转换债券以及员工股票期权，属于混合证券，既有负债的特征又有股票的特征。如何对它们进行划分是个难题。

一致性是另一个会计原则：不同的企业处理日常经济本质类似交易的规则设计应该不影响对企业收益与风险的比较。1994～2005 年美国发生的针对员工股票期权的争议就很好地说明了一致性问题。假设有两家类似的企业 A 和 B，不同的是企业 A 只使用现金支付员工报酬，而企业 B 则只使用股票期权（最初为平价发行的期权）。为了使案例简单化，我们假定两家企业从员工手中获得相同的服务。自然，企业 A 将现金报酬费用化，那企业 B 应该怎么做呢？如果按照标准做法，企业 B 不将股票期权作为费用处理，那么它的利润就会较高，尽管从经济角度来看它和企业 A 做着相同的事情，而且企业 B 的业绩也并不优于企业 A。因此，一致性原则要求企业 B 在授予期权时就要确定期权的市场价值，而且将其作为费用处理。

处理租赁资产的例子很好地说明了实现一致性原则的困难。设想有两家类似的企业：企业 A 借钱购买了一幢大楼；而企业 B 则是租赁了相同的建筑。在企业 A 的资产负债表上，会计师们通常将大楼的购置成本作为资产入账，同时增加相应的负债。通过这种方式，大楼的添置提高了企业的负债对权益比率以及负债对资产比率。而在企业 B 的资产负债表上，如果租赁期比该大楼的全部寿命周期短，那么租赁资产的价值就不会出现在资产负债表上，它只以租赁费用的形式影响企业的利润表。按照这种方式，企业 B 的负债对权益比率以及负债对资产比率都不会发生任何变化，因而看起来它的财务风险似乎低于企业 A。两种处理方式迥异的主要原因在于两种交易的法律实质大不相同。企业 A 拥有大楼的所有权，而企业 B 却没有。但是，从财务分析的角度来看，这只是形式的差异，经济本质并没有什么差异。如果金融经济学家熟悉租赁，他会这样理解租赁：其实企业 B 与企业 A 的区别不过是企业 B 借的是整幢大楼而不是现金；它定期支付租赁费用（经过折旧调整后的）而不是利息费用；而且企业 B 最终将偿还大楼，就像企业 A 也要偿还借款一样。如果遵循一致性原则，企业 B 就应该像企业 A 一样处理租赁业务，使得两家企业的负债权益比一样。一种方法就是企业 B 将租赁建筑物的价值借记资产，同时贷记相同数额的负债，说明企业有义务"偿还"该"借来"的建筑。

上述做法尽管听起来很合理，但进一步分析就会显示实现一致性原则是多么费力的一件事。按上述方法处理租赁，意味着资产并不是按照法律所有权来界定，而是定义为被企业使用并带来收入的事物——企业 B 并不拥有该幢大楼，但企业用其获得收入，因而从这种意义上说租来的大楼构成企业 B 的资产。现在，这个一致性目标的确为我们带来困扰。设想一下：两家企业都使用了总部大楼外的街道，员工每天上下班都使用该街道；当员工出差时他们还使用了飞机的座椅，等等。如果遵循一致性原则，这些街道、飞机座椅等都应该出现在企业资产负债表上。理论上，金融经济学家希望企业这样做。但我们再比较如下两家企业：一家企业通过债务融资自己买下了航空公司和道路，而另一家企业则是使用别人提供的道路和飞机座椅。如果再使用一致性原则比较这个极端例子，显然很不实际。

我们不应该过于夸大设计完美会计准则的重要性。外部会计报表只不过是人们获取企业信息的一种渠道。某些个人，如专业证券分析师，专注于研究某个行业，他们大量的时间都用于评估该行业的上市公司。因此，即便会计准则出现错误，也只是我们了解企业基本信息的成本增加而已，市场仍会很好地给企业股票定价。例如，许多企业管理人员认为，由于将股票期权费用化会降低每股收益，一旦改变会计处理方式，它们的股价会下跌。但是，市场有其他方式了解到企业的期权计划，因而更可能出现的情况是企业股价不会受到会计方式变化的影响。

∽ ∽ ∽

1654 年《论算术三角形》

布莱兹·帕斯卡（1623 年 6 月 19 日—1662 年 8 月 19 日） 出版了《论算术三角形》（*Traité du triangle arithmétique avec quelques autres petits traités sur la même matière*）。同年，与皮埃尔·费马（1601 年 8 月 17 日—1665 年 1 月 12 日）写就《与费马在概率理论方面的通信集》（*Correspondence with Fermat on the Theory of Probabilities*），见《西方世界的伟大著作：帕斯卡篇》（*Great Books of the Western World*：*Pascal*）（Franklin Library，1984），pp.447 ∼ 487。

帕斯卡三角形、概率论、点数问题、帕斯卡赌注

最早对组合问题的研究似乎始于印度 [1]。大约在公元 1150 年，婆什迦罗就认识到了从 j 个数中取出 n 个数的组合数为 $n!/[j!(n-j)!]$。早在 1265 年，阿拉伯数学家图西就知道了二项展开式 $(a+b)^n$ 的系数计算以及如何在三角形中排列展开式系数。中国数学家朱世杰 1303 年出版的《四元玉鉴》也讲述了二项展开式的计算，该书的扉页后来广为流传。法国的马林·梅森（1588—1648）在 1636 年就懂得了组合恒等式与展开式系数之间的对等关系。

帕斯卡虽然不是算术三角形的

发明者，但他首次著文将组合数学、二项展开式系数与三角形阵列这三者联系起来。由于帕斯卡对三角形的特征进行了详细深入的探讨，因而从此以后人们将三角形阵列称为帕斯卡三角形。值得指出的是，在论述算术三角形以及点数问题时，帕斯卡并没有直接使用现代概率学的概念，甚至没有用过概率一词。相反，他用的是组合数学语言，比如"在多次试验中某某事件发生多少次"。因此，下文其实是我用现代化的语言对帕斯卡的研究进行的重新表述。

帕斯卡三角形以 1 作为首行开始，接下来各行的每位数字等于上一行位于它上方两个数字的和。

$$
\begin{array}{ccccccccccc}
 & & & & & 1 & & & & & \\
 & & & & 1 & & 1 & & & & \\
 & & & 1 & & 2 & & 1 & & & \\
 & & 1 & & 3 & & 3 & & 1 & & \\
 & 1 & & 4 & & 6 & & 4 & & 1 & \\
1 & & 5 & & 10 & & 10 & & 5 & & 1 \\
 & & & & & \cdots & & & & &
\end{array}
$$

帕斯卡指出，三角形具有许多令人惊讶的特征。例如，如果把首行称为第 0 行，那么第 n 行的数字正是二项展开式 $(a+b)^n$ 的系数。而第 n 行左手从 0 开始第 j 个数值正好等于 $n!/[j!(n-j)!]$。

点数问题对概率论的发展至关重要，尤其是其在机遇游戏（投资）中的运用。我们回忆一下该问题的基本形式。两人各下一定赌注，谁先赢到 n 点（计为 n 分）谁赢得赌注。每得 1 点都能获得一定奖励，而每轮两人输赢的概率是一样的。如果当第一个人赢得 $x<n$ 点，而第二人赢得 $y<n$ 点时两人决定停止比赛，那么此时两人各自应该分得多少赌注？

帕乔利（1494）曾提出，假定两人各下注 28 个金币，n=6，且两人的点数为（x，y）=（5，3），此时比赛叫停。帕乔利认为，最公平的分法就是按照两人所得点数的比例分配金币。在这里，金币总数为 56 个，那么第一个人分得 35 个金币，第二个人分得 21 个金币。意大利数学家卡当，亦即有名的罗拉莫·卡达诺（1501 年 9 月 24 日—1576 年 9 月 21 日）曾在 1663 年出版《论机遇赌博》（*Liber de ludo aleae*）。后来亨利·古尔德提出了一个更复杂的解决办法。[一]他认为应该按照还没有结束的新比赛的结果来分配赌注。以帕乔利的例子来说，我们可以设想一个 A 和 B 两人的新比赛。如果在 B 再赢得 3 点之前，A 先赢得 1 分，则 A 赢；否则，B 赢。那么在这个新游戏中，两人各自对赌注的贡献是多少？卡当总结说，A 投入 3×（3 + 1）=12 个金币，B 投入 1×（1 + 1）=2 个金币。这样，如果初始赌注为 56 个金币，那么 A 应该得到 56×（12/14）=48 个金币，而 B 得到 56×（2/14）=8 个金币。

帕斯卡三角形

　　帕斯卡三角形说明了二叉树中的再组合问题，在二叉树每一个节点的数字等于上一排两个节点数字之和。更为一般的非再组合二叉树最早由波菲利（大约在 234—305）推广开来。他是新柏拉图派哲学家，在他的著作《范畴导论》（*Introduction to the Categories*）中用二叉树说明了亚里士多德在范畴方面的逻辑论点。在这个二叉树中每一个范畴集合都被分为两个互斥的子集。例如：

物质

有形的　　　　　无形的

活着的　　　　死亡的

动物　　　　植物

理性的　　非理性的

　　[一]　见《机会赌博之书》（*The Book of Games of Chance*），纽约，1961 年。

在帕斯卡三角形中的数字关系的数量是无穷尽的，甚至斐波纳契数列也包含在其中。你是否能发现呢？从左边开始，把一直延伸到右上角的对角线上的数字相加。那么就有：1=1，1+1=2，1+2=3，1+3+1=5，1+4+3=8，依此类推。

......

帕乔利和卡达诺的方法都不正确。该问题最终在帕斯卡与费马的一次著名的通信（1654 年）中得到解决，此次通信被认为是现代概率论的发端。他们提出了数学期望的思想，并假定每位参与者获得的金币为倘若比赛尚未结束的情况下他们各自能得到的金币期望值。

费马的方法只需要数数 A 能获胜的方法或路径个数以及 B 能获胜的路径数。

费马的答案

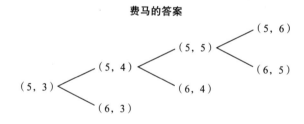

路径：7 比 1 → 7/8 × 56=49

在两位选手得分（5，3）的情况下，接下来可能的结果为

$$(\boldsymbol{a\,a\,a})\,(\boldsymbol{a\,b\,a})\,(\boldsymbol{a\,b\,b})\,(\boldsymbol{b\,b\,a})$$

$$(\boldsymbol{a\,a\,b})\,(\boldsymbol{b\,a\,a})\,(\boldsymbol{b\,a\,b})\,(b\,b\,b)$$

其中，a 表示第一个选手得 1 分，b 表示第二个选手得 1 分。加粗的结果意味着第一个选手赢得了比赛。既然在 8 个可能的结果中有 7 个是 A 赢，那么 A 就应该得到 49 个金币，而 B 得到 7 个。

帕斯卡提出了另一种类似的解决办法，他使用的是反向递归动态规划方法。

帕斯卡的答案

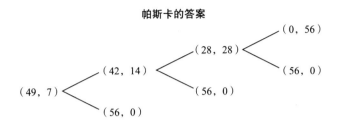

反向递归

帕斯卡首先问到，如果在双方得分为（5，5）时比赛叫停。由于 A 和 B 两人都有平等的机会赢得 56 个金币，那么他们每人期望得到的是 28 个金币，赌注是平均分配（28，28）。从这儿往后推，如果得分为（5，4），再比一轮的话，那么一半的可能是（6，4），赌注分配为（56，0）；另一半的可能是（5，5），这种情况已经阐述，赌注分配为（28，28）。因此，如果得分是（5，4），A 得到（1/2）×56 + （1/2）×28 = 42 个金币，B 得到（1/2）×0 + （1/2）×28 = 14 个金币。再往后推一轮到得分为（5，3）的情况，同样的道理可以得到，A 分配（1/2）×56 + （1/2）×42 = 49 个金币，B 得到（1/2）×0 + （1/2）× 14 = 7 个金币。[2]

帕斯卡还被誉为决策论的创始人。在他的《思绪》（Pensées）一文中[○]，帕斯卡描述了他著名的"赌注"。他对是否相信"上帝"的分析十分缜密，让人觉得就应该相信"上帝"的存在。他说，假设有两种相互排斥的可能性。第一，如果世上没有上帝，那么相信上帝或者不相信上帝都无关紧要。第二，如果真的有上帝，那么相信上帝会为你带来永生于天堂的无限幸福，而不信上帝则带来葬身于地狱的无尽痛苦。这样，即便你主观地认为存在上帝的概率微乎其微，但只要这个概率大于零，那么你相信上帝所获得的期望收益将会是无穷大。当然，我们现在知道帕斯卡的推理存在严重的问题，因为他的

○ 见《西方世界的伟大著作：帕斯卡篇》，特别是第 3 节"论下赌注的必然性"（Of the Necessity of the Wager），pp.205 ～ 217。

结果取决于他对现实世界可能状态的判断。比如，他忽略了另外一种可能，就是即便存在"上帝"，信奉者也可能被送进"地狱"，因为没有人有足够的信息判断他是否真的相信"上帝"；而怀疑"上帝"存在的人，在确定的信息下拥有正确的观点从而可能"上天堂"。

尽管帕斯卡成绩显著，但还称不上是第一位决策理论家。在更早的时候，犹太法典《塔木德9q》（*Kethuboth* 9q）就提出，男人不能因为妻子婚前的性行为而与妻子离婚。原因在于，有可能是由于该男人的关系而使妻子发生了婚前性行为；即便不是前一种情况，妻子也可能是在并不情愿的情况下发生婚前性行为。总的来说，四种可能情况中只有一种值得男人与妻子离婚，不值得离婚的情况占了多数，因而法律上不允许。帕斯卡赌注可能是"施蒂格勒取名法则"的又一例证。因为在公元303年阿诺庇乌在其著作《反对异教徒》（*The Case against the Pagans*）中（第2卷第4章）就描述过类似的选择。

作为现代概率论产生的一个重大特征，帕斯卡也许是不自觉地同时运用了概率论的二元性：一方面，用概率来解释类似于抛硬币以及赌博游戏等物理过程。在这类过程中，概率可以无争议地确定（客观概率），犹如我们在点数问题中所看见的。另一方面，还可以用概率来解释不可重复事件。在这类事件中，人们对事件发生的概率大小往往存在较大争议（主观概率），犹如我们在帕斯卡赌注中看见的。因此，有人如萨维奇（1954）在《统计学基础》一书中就提出，利用本适合于非重复事件的主观概率使得人们无法在备选方案中做出理性选择。但是萨维奇的分析只在一种情况下成立，即针对备选方案的打赌是切实可行的，决定打赌结果的事件是可观测的。比如，我们就人死之后的结果进行打赌就是有问题的：即便相信死后没有生命的一方获胜，他也没办法在死后亲自接受赌注。

在20世纪后半叶，数字计算机对投资理论的进一步发展起到至关重要的作用。不管是利用数据库进行经验验证，还是通过数值分析解决数学问题，都需要计算机的帮助。我们其实在相当长的时间内使用了简易计算器，如公元前 3000 年人们使用的算盘。计算尺大约在 1630 ～ 1632 年就发明出来。在 1642 ～ 1644 年，为科学做出诸多贡献的帕斯卡当时只有 20 岁左右，他就成功发明了第一台数字计算机。帕斯卡的计算机是通过转动转盘来输入数字，通过齿轮来完成加减法。当你拨动数字时，里面的齿轮就会移动。运算结果显示在键盘上方的窗口。我们可以在巴黎的法国国立工艺学院看到帕斯卡签名的 1652 年版计算机。如果你到伦敦比较方便，那么你可以在南肯辛顿的科学博物馆看到该计算机的复制品。

〜 〜 〜

1657 年《机遇赌博的规律》

克里斯汀·惠更斯（1629 年 4 月 14 日—1695 年 7 月 8 日） 写了一本名为《机遇赌博的规律》（*De ratiociniis in aleae ludo*）（*Calculating in Games of Chance*）的小册子，首次以拉丁文形式出版在 1657 年弗兰斯·范·斯库坦迪编写的 *Exercitationum mathematicarum libri quinque* 的附录中，随后于 1660 年以荷兰语出版在 *Van rekiningh in spelen van geluck* 中；后来，雅各布·伯努利（1713）对惠更斯的著作进行了注解；截至 2004 年 3 月 6 日，我们可以在互联网上看到该书的英文翻译版，网址为 www.stat.ucla.edu/history/huygens.pdf。

概率论、期望、套利、状态价格、赌徒破产问题

在 1657 年之前，惠更斯就已久负盛名，是他发现了土星光环和土星最大的卫星"泰坦星"（土卫六），是他首次注意到了火星表面的斑纹。他还在

1656 年发明了摆钟。紧接着，惠更斯又在 1657 年出版了他第一篇有关概率的著作，这是一篇 16 页的论文，在文中他阐述了期望的特征。虽说他的论文赫赫有名，但他与帕斯卡（1654）、帕斯卡 – 费马（1654）一样，仍然没有使用现代概率的概念。而且，尽管惠更斯的结果可以用现代概率与期望的概念来解释，但他脑子里有别的想法。对他而言，期望就是赌博中参与者应该付出的赌资。可以说，是投资学的某个问题推动了现代概率论的产生（而不是人们猜想的概率论推动投资学发展），这是思想史上令人称奇的逆向发展之一。

根据伊恩·哈金对惠更斯命题的评论[⊖]，我们看看如下的抽奖游戏。游戏参与方有 P1 和 P2 两人。由游戏主持方抛掷硬币，由 P1 来猜结果。如果 P1 猜对了，P1 将获得 $X>0$ 的奖金，P2 则一无所获。我们将奖金分配写作 $(X, 0)$。如果 P1 猜错了，P1 将一无所获，P2 则获得 $X>0$ 的奖金，即奖金分配为 $(0, X)$。惠更斯有个隐含假设：参与者交换序列并不会改变各自得到的奖金。因此，在这个例子中，奖金分配 $(X, 0)$ 的价值应该等于 $(0, X)$ 的价值。接着，他又提出，如果每个参与者支付价格（或者赌资）$P=X/2$，那么该游戏是公平的（假设 1）。这跟我们现在所说的套利原理是一致的。设想，如果 $P>X/2$，那么游戏主持方肯定盈利，因为他的总收入大于他提供的奖金：$2P>X$。而如果 $P<X/2$，那么两个参与者可以合谋赚取利润，而游戏提供方则利益受损。

接着，惠更斯将游戏规则修改了一下，让获胜方同意支付 K 作为对输方的安慰奖，$0<K<X$，这样任何一方最后都不会两手空空。此时，每个人得到的奖金或者为 $X-K$，或者为 K，机会均等。惠更斯假定，这一修改并不改变参与者支付的游戏价格 P（假设 2）。惠更斯还假定，奖金分配结果相同的两

⊖ 见哈金（1975）：《概率的出现》（*The Emergence of Probability*），Cambridge University Press, 1975 年。

种抽奖游戏的价格必须是一样的（假设 3）——该假设我们现在称为"单一价格法则"。

惠更斯以三个命题开始：

命题 1：如果参与者获得 A 或 B 的机会均等，那么他的期望值为（A+B）/2。

命题 2：如果参与者获得 A、B 或 C 的机会均等，那么他的期望值为（A+B+C）/3。

命题 3：如果参与者获得 A 的机会次数为 n_1 次，获得 B 的机会次数为 n_2 次，那么他的期望值为（$n_1A + n_2B$）/（n_1+n_2）。

命题 1 和命题 2 针对等概率状态。按照现代词汇解释，命题 3 涉及我们现在讲的概率不等情况下的期望概念。我们可以看到比率 n_1/（$n_1 + n_2$）$\equiv p$，于是期望等于 $pA+$（$1-p$）B。

在 300 多年后的今天，我们认为命题 1 理所当然是成立的。可是在 1657 年，情况可不是如此。

....

对惠更斯命题 1 的证明

假设两个参与者参加一项公平抽奖游戏 I，奖金为 A+B（A<B）。根据假设 1，要使游戏公平，参与游戏的价格必须等于（A+B）/2。再假设，获胜方必须向对方支付一笔安慰奖 A。因此，不管哪个参与者，只要他获胜，他就得到（A+B）-A=B；如果他输了，则得到安慰奖 A。可以看出，这个抽奖游戏的奖金分配结果与另一公平游戏 II [参与者有均等机会获得 A 或 B（假设 2）] 的分配结果是一样的。既然游戏 I 和游戏 II 的分配结果一样，那么它们的价格也必须是一样的（假设 3）。即游戏 II 的公平价格等于游戏 I 的公平价格：（A+B）/2。命题 1 得证。

....

命题 2 的证明如下：现在有三个参与者 P1、P2 和 P3。既然游戏是公平的，那么如果 P1 赢得所有赌资 X，他得向 P2 支付 B，向 P3 支付 C。因此，如果

P1 赢，他得到 $A \equiv X-(B+C)$。同样，如果 P2 赢，他向 P1 支付 B；如果 P3 赢，他向 P1 支付 C。这样，P1 有均等机会获得 A、B 或 C。P2 和 P3 也是如此，他们也有均等机会获得 A、B 或 C。表 1-1 显示了这些结果：[3]

表　1-1

获胜方	P1 的奖金	P2 的奖金	P3 的奖金
P1	$X-(B+C)=A$	B	C
P2	B	$X-(A+B)=C$	A
P3	C	A	$X-(A+C)=B$

命题 3 进一步扩展了假设 2。惠更斯现在提出一个有 n_1+n_2 个参与者的抽奖游戏。每个参与者的赌资为 X。游戏是公平的，因为总奖金为 $X \times (n_1+n_2)$，每个参与者获胜的机会均等。第一个参与者与其他 n_1-1 个参与者达成协议，如果他获胜，他将向每个人支付 A；相反，如果是他们中某人赢了，则某人得向他支付 A。对于另外 n_2 个参与者，他答应赢了后向他们每人支付 B；如果他们中某人赢了，某人也向他支付 B。接着，根据与前两个定理证明类似的道理，他证明了定理 3。

令人惊讶的是，惠更斯脑子里的原概念是"价值"而不是"概率"。把他的定理与现代金融联系起来，仿佛他是直接使用状态价格 π_a 和 π_b 来思考估值问题（利率近似为零，因此 $r=1$）的。其中，出现 π_a 的概率为 $n_1/(n_1+n_2)$，出现 π_b 的概率为 $n_2/(n_1+n_2)$。这样，抽奖游戏的价值为 $\pi_a(A)+\pi_b(B)$。

在状态价格的解释中，同样出于套利的原因，状态价格 π_a 和 π_b 的总和必须为 1，而且两者都为正。然而，现代理论并没有接受惠更斯的隐含假设，即在等概率状态中改变参与者序列并不改变游戏的价值。也就是说，在现代理论中，机会均等的奖金分配 $(X, 0)$ 和 $(0, X)$ 并不等值。

按照现代观点来看，状态价格不仅反映概率，还反映了风险程度与风险规避程度。我们知道，惠更斯隐含在假设 1 背后的观点（参与者获得 X 或 0 机会均等的赌博的价值等于 $X/2$）并不一定成立。如果现实中不存在另外一种奖金为 0 或 X 的反向赌博，那么惠更斯的观点就不成立。根据惠更斯的假设，如果两类赌博都以相同的数量存在于同一市场，那么风险可以完全分散，赌博的价格应该等于期望收益。但如果只存在一种赌博而另一种不存在，由于风险不能完全分散，赌博的价格就可能高于或者低于期望价值，是高是低取决于其收益与其他可投资项目的相关程度、赌博与对参与者而言重要的其他因素的关系以及参与者的风险规避程度。或者，由于非赌博因素造成参与者的其他财富在两种状态下不一致，那么这两种赌博的价格也会不一致。比如，如果在第一种状态下参与者的总体财富低于第二种状态，那么即便两位参与者增加额外赌注，分配结果为 $(X, 0)$ 的价值也将高于（$0, X$）的价值（当然，根据前文说过的简单套利理论，不管两种赌博的价格怎样，两者之和肯定等于 X）。

　　突然想到一个现实生活中的例子，2000 年艾奥瓦大学曾办过一次总统选举赌博，获胜者可以拿走全部赌注。参与者可以出资 P_B，如果布什当选总统，他可以赢得 1 美元；如果布什落选，他得 0。参与者还可以出资 P_G，如果戈尔当选总统，他可以赢得 1 美元；如果戈尔落选，他得 0。如果我们忽略还有第三位候选人获胜的概率，套利原则要求两种价格之和 $P_B+P_G=1$ 美元。事实上，这只是个极度近似值。我们是否可以像惠更斯那样将 P_B 理解为布什当选的期望价值，将 P_G 理解为戈尔当选的期望价值呢？这可不一定。假如参与者预期布什当选总统时的经济状况好于戈尔，而且参与者们都是风险规避型，那么戈尔当选所增加的 1 美元的效用将大于布什当选增加的 1 美元。或者，参与者赌布什赢而布什真的当选，那么参与者就无法获得如果他打赌戈尔而且戈尔当选所能获得的额外 1 美元，他会因此遗憾。因此，下注布什或者戈尔的价格不仅取决于主观概率，还取决于效用。最终，赌布什赢的价格 P_B 将略微低于布什当选的主观概率，而赌戈尔赢的价格 P_G 将略微高于戈尔当选的主观概率，不管怎样，两者之和都等于 1。

利用 3 个基础命题，惠更斯证明了另外 11 个命题，提出但未解决 5 个问题，其中有些问题是由费马提出来的。定理 4 至定理 9 针对的是当时帕斯卡－费马（1654）讨论的点数问题。而定理 10 至定理 14 则移至新的领域。简单地说，命题 10 回答了这样一个问题：一个人需要掷多少次骰子才会掷出 6 点？惠更斯利用反向递归的方法解决了这一问题。掷一次就能掷出 6 点的概率 $X_1=1/6$，而不是 6 点的概率为 5/6。掷两次能得到 6 点的概率等于第二次得到 6 点的概率 1/6 加上第二次没有得到但第一次得到 6 点的概率（5/6）X_1。即掷两次得到 6 点的概率为 $X_2=1/6+（5/6）X_1$。同理，掷三次能得到 6 点的概率等于第三次得到 6 点的概率 1/6 加上第三次没有得到但前两次得到的概率（5/6）X_2。即掷三次得到 6 点的概率为 $X_3=1/6+（5/6）X_2$。继续推下去，我们可以得到掷 k 次得到 6 点的概率为 $X_k=1/6+（5/6）X_{k-1}$。根据该公式，我们不难看出，当 $k=4$ 时，掷出 6 点的概率在 1/2 至 671/1296 之间［尽管惠更斯没有解出该数列的公式，我们不难得到 $X_k=1-（5/6）^k$］。

最后一个命题，命题 14，他把这种递归方法再深入一步，用以分析比赛轮数没有限制的情况。该定理回答如下问题：假如两位选手轮流掷两枚骰子。如果 A 先掷出 7 点，则 A 赢；如果 B 先掷出 6 点，则 B 赢；且由 B 先掷。问：A 获胜的概率为多少？显然，A 在第一轮就得到 7 点的概率为 6/36，而 B 在第一轮得到 6 点的概率为 5/36。惠更斯建立了两个联立方程。设 A 获胜的概率为 p，那么 B 获胜的概率最终为 $1-p$。每当 B 掷骰子时，情况都和比赛刚开始时一样，A 赢的概率都将为 p。而每当 A 开始掷时，A 最终获胜的概率将大于 p，假设是 q。因此，根据定理 3，当 B 开始掷骰子时，A 最终获胜的概率等于：

$$\left(\frac{5}{36}\times 0\right)+\left(\frac{31}{36}\times q\right)=p$$

同理，当 A 开始掷骰子时，A 最终获胜的概率等于：

$$\frac{6}{36}+\left(\frac{30}{36}\right)p=q$$

通过解联立方程，我们可以得到 p=31/61，即 A 胜败的概率之比为 31∶30。

惠更斯在书中最后附上的 5 个问题是赌徒破产问题，最初由帕斯卡提出：两位赌资相同的选手开始比赛。他们将依序进行多轮比赛。每一轮，第一位选手获胜的概率为 p，如果获胜他将从第二位选手的赌资中拿走 1 个单位；相应地，第二位选手获胜的概率为 $1-p$，获胜后他从第一位选手的赌资中也拿走 1 个单位。一旦某位选手赌资输完，比赛就结束。问：比赛最多出现 n 轮的概率是多少？

赌徒破产问题对日后随机游走与布朗运动的发展起到至关重要的作用。按照现代术语来说，就是在两个吸收壁之间随机游走，其中一个吸收壁显示第一位选手的得失，另一个吸收壁显示第二位选手的得失。1713 年，哈尔德（2003）在他与皮埃尔·雷蒙德·蒙特莫特的通信中曾提到尼古拉斯·伯努利解答了这一问题：两位选手赌资不同，能进行多轮比赛。假设选手 A 的初始赌资为 a，B 的初始赌资为 b；每轮 A 赢的概率为 p，B 赢的概率则为 q=1-p。那么，B 破产的概率 R（a，b；p）（亦即 A 赢得所有赌注的概率）为：

$$R(a,b;p)=\frac{p^{a+b}-p^{b}q^{a}}{p^{a+b}-q^{a+b}}, a\neq b, \quad \text{且 } p\neq 1/2 \tag{1-5}$$

$$R(a,a;p)=\frac{p^{a}}{p^{a}+q^{a}} \tag{1-6}$$

$$R\left(a,b;\frac{1}{2}\right)=\frac{a}{a+b} \tag{1-7}$$

৩ ৩ ৩

1662 年《对死亡率表的自然与政治观察》

约翰·格兰特（1620 年 4 月 24 日—1674 年 4 月 18 日） 出版了《对死亡率表的自然与政治观察》（*Natural and Political Observations Made Upon the Bills of Mortality*）（伦敦，1662 年）；再版于 B. 本杰明：《约翰·格兰特的〈观察〉》（*John Graunt's 'Observations'*），载于《精算学会杂志》，第 90 卷（1962），pp.1 ～ 60。

统计学、死亡率表、期望寿命

继机遇赌博之后，投资领域首次领略到全新概率推理的好处。反过来，在投资领域应用概率推理又进一步推动了概率论的发展，统计学相关领域的发展也由此展开。在这部分的介绍中，我首先得解释人们如何创建人类死亡率表以及这些表又是如何被用来确定人寿年金的现值的（人寿年金的支付额取决于年金领取者的剩余寿命）。

进行人口普查的历史至少可以追溯到罗马共和国时期。著名的《末日审判书》（*Doomsday Book*）则是多年之后才出现的人口普查清册，是 1086 年英国人出于征税目的而编制的。不过，针对该书的数据类型（其实所有数据类型都可以），格兰特（1662）编写了他第一部出版的统计分析著作，成为我们知道的第一位统计学家。在当时，格兰特的分析是独一无二的，就是放到现在他的统计模型亦是令人称奇的高深。只是那时候人们还不知道用图形来表示时间序列或者横截面数据，他只能用表格的形式来演示。

依据安德斯·哈尔德（2003）的描述，格兰特的分析是基于每周搜集的伦敦人口重要统计量数据，数据的起始时间是 1604 年，某些数据的时间截至 1672 年。⊖ 和现代优秀的统计学家一样，格兰特因为担心误差所以调整不合

⊖ 见哈尔德（2003）：《概率统计史及其在 1750 年之前的应用》（*History of Probability and Statistics and Their Applications before 1750*），John Wiley & Sons，2003 年。

理的峰值，进行一致性检验并寻找支持性证据。例如，为了计算伦敦的家庭数，他分别依据出生、死亡以及房子数设计了三种计算方法。然后寻找有效方法来归纳这些数据。例如，他按照死亡原因总结了死亡人数（第 2 章）见表 1-2：

表　1-2

死亡原因	死亡人数
瘟疫	16 000
儿童疾病	77 000
年龄老化	16 000
慢性病	70 000
流行病	50 000
合计	229 000

格兰特将每年死亡原因中固定的部分（"慢性的"）与变动的部分（"流行的"）区分开来。他注意到许多居民对某些死亡原因过于恐惧，因此他希望他的统计数据能让人们放宽心。他还用其他表格列示了不同死亡原因随时间变化而变化的时间序列数据。尽管格兰特还不能准确理解样本规模对降低风险的作用，但他已直觉地感受到当他将样本按时间段（如按时代）进行划分后，趋势会越发明显。利用这些数据，格兰特率先观测到男性和女性占人口的比率相当接近，而且长时间稳定不变。他提出并检验了如下假设：在人口死亡相对较多的年份，新生儿出生较少。

对随后概率论发展最为重要的是，格兰特首次尝试构建死亡率表。为了制作该表，格兰特必须从数据中推断出总人口的变化以及不同年龄段的死亡人数。由于他没有直接的相关信息，他想出了一个聪明的办法，可以依据现有数据推算出来。表 1-3 就是格兰特最后得到的死亡率表（哈尔德，2003，p.102）：

表　1-3

100 名新生婴儿中活到 6 岁的还有 64 人			
活到 16 岁	40	活到 56 岁	6
活到 26 岁	25	活到 66 岁	3
活到 36 岁	16	活到 76 岁	1
活到 46 岁	10	活到 80 岁	0

值得指出的是，在 17 世纪这种分析方法最初被称为"政治算术"，随后被称为"统计学"。"统计"（statistics）一词的来意是指搜集并分析与国事相关的事实（*status* 为 statc 的拉丁语）。

1669 年克里斯汀·惠更斯和他的弟弟路德维希·惠更斯在格兰特死亡率表的基础上进行了多项统计创新（这些结果后来出版于克里斯汀·惠更斯的《拉普拉斯全集》）（*Oeuvres Complètes*，第 6 卷，1895 年）。路德维希希望通过格兰特表格，根据一个人的目前年龄推算出他的预期寿命。为了实现这一目的，他假定，在格兰特的观测范围内，死亡概率的分布是相同的。哈尔德（2003，p.107）用表 1-4 表述了路德维希的计算结果。

表 1-4　路德维希·惠更斯的死亡率表

年龄 x	生存人数 l_x	死亡人数 d_x	年龄段中点 t_x	$t_x d_x$	由下往上 $t_x d_x$ 累积值	死亡的平均年龄 $E(t_x)$	预期的剩余寿命 e_x
0	100	36	3	108	1822	18.22	18.22
6	64	24	11	264	1714	26.78	20.78
16	40	15	21	315	1450	36.25	20.25
26	25	9	31	279	1135	45.40	19.40
36	16	6	41	246	856	53.50	17.50
46	10	4	51	204	610	61.00	15.00
56	6	3	61	183	406	67.67	11.67
66	3	2	71	142	223	74.33	8.33
76	1	1	81	81	81	81.00	5.00
86	0						0.00

表中变量 x 和 l_x 数据直接取自格兰特的表格；d_x 是 l_x 的一阶方差；t_x 是各年龄段起点与终点之间的中点。假定各年龄段的死亡率分布相同，那么 t_x

就等于那些 d_x 个死亡人数的平均寿命。路德维希推理到，1822 年是 100 个新生儿生存的总年份数：36 个人平均生存 3 年，24 个人平均生存 11 年，15 个人平均生存 21 年。依此类推，所有年份的总和为 1822 年。这样，100 个新生儿在 0 岁时预期的寿命为 1822/100=18.22=$E(t_0)$ 岁。同理，64 个人在 6 岁时的预期寿命为 1714/64=26.78=$E(t_6)$ 岁。如果已知某个人现在的年龄，我们用 $E(t_x)$ 减去 x 就可以得到他剩余的寿命。克里斯汀当时 40 岁，路德维希推算他的剩余寿命在 17.5 年和 15 年之间，也就是说，克里斯汀大约还能活 16.5 年。

克里斯汀将弟弟的分析更深入一步。他把表格中第一列和第二列的数字当成一个连续函数，这是最早的分布函数。他演示了如何计算剩余寿命的中值而不是期望值。他还计算了在两个人 A 和 B 中，后去世的那个人的期望剩余寿命。也就是说，如果 T_A（一个随机变量）是 A 的剩余寿命，T_B 是 B 的剩余寿命，他计算的是 $E[\max(T_A, T_B)]$。首先，对 A 剩余寿命 T_A 的各个数字，他计算 $E(T_B|T_B \geq T_A)$。接着他对各种可能的期望寿命计算加权平均和，权重为 T_A 的概率。这里我们看到了条件期望概念的最早运用。如果定义 $T=\max(T_A, T_B)$，我们可以得到生存者的剩余寿命 $E(T)=E[E(T|T_A)]$，这就是我们现在说的迭代期望原则。

〜 〜 〜

1671 年《人寿年金的价值》

约翰·德威特（1625 年 9 月 24 日—1672 年 8 月 20 日） 出版了《人寿年金的价值》（*Value of Life Annuities in Proportion to Redeemable Annuities*）（*1671 年用荷兰语出版*）；另见《保险史与生命或有理论》（*Contributions of the*

History of Insurance and the Theory of Life Contingencies），载于《保险杂志》，
第 2 卷（1852 年），pp.232 ～ 249。

1693 年《对人类死亡率的估计，以及对年金价格的探讨》

埃德蒙·哈雷 发表了《对人类死亡率的估计（数据源自布莱斯勒城的
出生与葬礼表）以及对年金价格的探讨》（An Estimate of the Degrees of the
Mortality of Mankind，Drawn from Curious Tables of the Births and Funerals
in the City of Breslaw; with an Attempt to Ascertain the Price of Annuities upon
Lives），载于《皇家学会哲学汇刊》，第 17 卷（1693 年），pp.596 ～ 610。

1725 年《论人寿年金》

亚伯拉罕·棣莫弗（1667 年 5 月 26 日—1754 年 11 月 27 日） 出版了
《论人寿年金》（A Treatise of Annuities on Lives）；再版于棣莫弗第 3 版《机遇
论》的附加部分《对前版的补充、清晰与修正》；再版于《美国数学学会学刊》
（2000 年），pp.261 ～ 328。

人寿年金、现值、死亡率表、状态价格、唐提养老保险

现在我们会认为概率论是为投资服务的，可是两者关系并不总是如此。
在早期，是因为我们希望依据死亡率算出现金流的现值，这才出现了概率的
思想。人寿年金是指保险公司每年支付年金领受人固定金额，直到"被提名
人"（通常就是年金领受人）死亡，年金领受人的本金不偿还。社会保障就是
人寿年金的现代大众版。比较常见的是联合人寿年金，通常用于已婚夫妇或
者全体船员，该年金只有在所有人都存活的情况下才继续存在。唐提联合养
老保险与它相似，唯一不同的是只要领受方有一个成员还健在，保险金就继
续支付。1653 年，洛伦佐·唐提向法国枢机主教马萨林推荐了一个政府集资

计划，唐提养老保险由此得名。唐提养老保险的一般协议是，一组参加保险者向基金投入相同资金；然后每年他们共同得到一笔指定数额的年金，平均分配。如果某一成员因为死亡而退出，就由余下成员分享年金总额。由于年金总额保持不变，因而每人分得的年金增加。当只剩一个成员存活时，他就得到全部年金。最后当所有参保成员都去世时，年金支付就停止，基金的本金归基金发行者（如政府）所有。罗伯特·路易斯·史蒂文森和劳埃德·奥斯本的中篇小说《入错棺材死错人》(*The Wrong Box*)（1889）描述了唐提养老保险的另一种形式。参加保险的初始成员共 37 人，直到最后只剩一人时该保险才支付保险金额，也就是说，最后那个人获得全部初始资本与所有累积收益。

在公元前 44 年恺撒大帝被刺杀到公元前 31 年阿克提乌姆海战（历史学家后来称之为罗马共和制灭亡以及罗马帝制开始的时间）的内战期间，大约是公元前 40 年罗马颁布了法尔什德法（Roman Falcidian Law）。根据该法，财产的法定继承人，通常是家中存活的长子，有权继承该财产至少 25% 的价值。而非长子则通常是以人寿年金的形式领取遗产，这样我们就需要知道年金的价值。人们用"收益年份"计量年金，也就是我们现在说的"回收期"。比如，某笔年金每年支付 100 元，收益年份为 20 年，这就意味着该年金的现行价格为 $100 \times 20 = 2000$（元）。从 3 世纪罗马法理学家乌尔比安那里，我们获得一张人寿年金表。该表格清晰地显示出，年金的价值应该随着领受人年龄的增长而降低（尽管可能存在人为的上偏，目的是保护长子的财产）。在他的一份表格中，他指出，当领受人年龄为 20 时，人寿年金的价值为 30 年收益年份；而当领受人的年龄到了 60 岁，人寿年金的价值只有 7 个收益年份。我们现在知道了如何计算收益年份的价值上限。假设生命是无限的且利息率为 6%，那么年金的价值为 $1/0.06 = 16.67$（元），即年金在 1 个收益年份的价值为 16.67 元。这是年金的最高价值，因为其他任何事物的价值都低于无限生命的价值。

2000 年，杰弗里·波伊特拉斯著书回顾了人寿年金的发展史。[⊖] 人寿年金始于 17 世纪，是政府用于集资的途径。年金普遍受到欢迎的一个原因是它没有违反教会的高利贷法：由于年金购买者只收到利息，本金并不返还，所以年金并不是债务。当然，年金的二级市场允许购买者提前套现。那个时候，出现了更为复杂的收益年份概念。假定 P 为一笔持续到未来某一固定年份年金的价格，X 为年金每年的支付额，利息率为 r。收益年份 t 满足方程 $P=X$ [$\sum_{k=1, 2, \cdots, t}(1/r^{k})$]。换句话说，收益年份就是让所有年支付额的现值等于年金价格的时间。

虽然我们看到罗马人已经对年金被提名人的预期寿命进行了调整，但该调整还比较粗糙。对预期寿命进行精确调整的是德威特（1671）。在称得上是第一份对期权类衍生品的正式分析中，德威特提出了一种方法，即基于被提名人的年龄来计算人寿年金的价值。按照现行标准，他的方法不算精细，但他使用的是当时第一份死亡率表。德威特假定，被提名人将根据下面的数据死亡。在每 768 个提名者中：

在第一个 50 年中每 6 个月将有 6 人死去；

在接下来 10 年中每 6 个月将有 4 人死去；

在接下来 10 年中每 6 个月将有 3 人死去；

在接下来 7 年中每 6 个月将有 2 人死去。

假设复利利率为 4%，对 768 个死亡时间，他一一计算了其对应年金的现值，然后取算术平均值，即为年金的价格。德威特还指出，他的计算结果可能向下偏，这是因为存在我们现在所说的"逆向选择"问题：选择购买年金的人可能相对比较健康，因而比同龄人更加长寿。

⊖ 见波伊特拉斯（2000）：《金融经济学的早期历史：1478 ～ 1776 年：从商业算术到人寿年金与合股》（*The Early History of Financial Economics：1478-1776：From Commercial Arithmetic to Life Annuities and Joint Stocks*），Edward Elgar，2000 年。

虽然我们的回顾更注重思想的发展，而不是写思想发明者的传记。不过我忍不住想提一提，在 1672 年，也就是德威特出版他有关人寿年金的经典之作一年之后，他就被荷兰的革命暴徒公开绞死。毫无疑问，这是因为具有金融天才的德威特在担任政府大臣时太过耀眼。

德威特曾请教过约翰·范·瓦佛兰·郝德（1628 年 4 月 23 日—1704 年 4 月 15 日）。郝德根据 1495 个实际购买过年金的人的死亡数据，自己算出了年金价值。哈雷（1693）也设计了自己的计算公式。哈雷使用了与德威特不同的数据，两人的计算公式却得到了相同的结论。但哈雷构建了一个更为基础的解答方式。将于时间 t 终止的年金的现值为 $X\left[\sum_{k=1, 2, \cdots, t}\left(1/r^k\right)\right]$。假设 q_t 为年金领受人在第 t 年死亡的概率，那么根据德威特的公式，人寿年金的现值为：

$$A \equiv X \times \Sigma_t q_t \left[\Sigma_{k=1,2\cdots,t}\left(\frac{1}{r^k}\right) \right] \tag{1-8}$$

相反，假设 p_t 为年金领受人在第 t 年存活的概率。哈雷首先计算 $e_t \equiv p_t/r^t$，然后再利用这些分子价格计算人寿年金的现值：

$$A \equiv X \times \Sigma_t \left(\frac{p_t}{r^t}\right) = X \times \Sigma_t e_t \tag{1-9}$$

....

证明：哈雷与德威特的公式是等同的

要从德威特的公式推导出哈雷的公式，首先我们要推出年金领受人在第 t 年死亡的概率 q_t 与年金领受人在第 t 年存活的概率 p_t 二者之间的关系。p_t 等于领受人在 $t+1$，$t+2$，$t+3$…死亡概率之和。如果某人在第 t 年还活着，那么他肯定是在随后某一年死亡。因此，在第 t 年还活着的概率等于在第 t 年之后死亡的概率。设想一个具体的例子，年金领受人在第 4 年死亡。因此：

$$p_1 = q_2 + q_3 + q_4$$

$$p_2 = q_3 + q_4$$

$$p_3 = q_4$$

解上述方程，我们可以得到 $q_2 = p_1 - p_2$，$q_3 = p_2 - p_3$（假设 $p_4 = 0$，那么 $q_4 = p_3 - p_4$）。进而，我们得到：

$$q_t = p_{t-1} - p_t$$

该等式的直观意义是：领受人在时间 t 死亡的概率等于在时间 $t-1$ 存活的概率减去在时间 t 存活的概率。这两个概率产生差异的原因只能是领受人在时间 t 死亡。

把上式代进德威特的公式：

$$A = X \times \Sigma_t (p_t - p_{t+1}) \left[\Sigma_{k=1, 2 \cdots, t} \left(\frac{1}{r^k} \right) \right]$$

将前几项展开看看：

$$A = X \times (p_1 - p_2) \left(\frac{1}{r} \right) + (p_2 - p_3) \left(\frac{1}{r} + \frac{1}{r^2} \right) + (p_3 - p_4) \left(\frac{1}{r} + \frac{1}{r^2} + \frac{1}{r^3} \right) + \cdots$$

$$= X \times p_1 \left(\frac{1}{r} \right) + p_2 \left(\frac{1}{r^2} \right) + p_3 \left(\frac{1}{r^3} \right) + \cdots = X \times \Sigma_t \left(\frac{p_t}{r^t} \right)$$

该等式的直观意义是：只有领受人在时间 t 还活着，他才能在该时间收到年金，因此时间 t 期望年金的现值等于 p_t（$1/r^t$）。而各笔年金之和的现值就等于年金现值之和，这就是该等式的含义。

....

我们可以将 e_t 看成是在第 t 年你收到 1 元的现值，条件是当且仅当你到那时还活着。按照现在人寿年金的说法，这个 e_t 被称为"生存保险"的价格。保险精算师们将生存保险定义为投保人必须在指定时间内生存，才能收到的一定款项；如果投保人在特定日期之前死亡，他生前将什么也得不到。养老保险的条件宽泛一些：不管投保人是否活过指定日期，投保人都可以收到一笔指定的总数再加上一笔利息。只不过，如果投保人提前死亡，他得到的收入会有所变化。一般地，在等额分期支付情况下，如果投保人还健在，他通常会得到补偿。该类保险可以分解为两部分：一部分是生存保险，一旦在指定日期之前投保人死亡，该部分就取消；另一部分是投保人提前死亡时支付的条件保险。

数学家棣莫弗（1725）也研究过人寿年金问题，推导出了单一人寿年金、联合人寿年金、唐提式养老保险以及退休金等的"解析解"。他的问题 1（pp.265 ～ 266）针对单一人寿年金。为了得到解析解，他假定，生存概率随着年龄的增长而呈等差级数降低：

假定生存概率呈等差级数递减，求某一特定年龄人寿年金的价值。

根据哈雷的公式，棣莫弗假定 $p_t = 1 - (t/n)$，这里 n 可以理解为投保人剩余寿命的最大值。例如，一位男性现在 30 岁；如果 $n=50$，那么他能再活一年的概率为 $p_1 = 1 - 1/50 = 0.98$；再活两年的概率为 $p_2 = 1 - 2/50 = 0.96$；再活 50 年的概率为 $p_{50} = 1 - 50/50 = 0$。根据这一假设，年金的现值为：

$$A = X \times \Sigma_t \left(\frac{p_t}{r^t} \right) = X \times \Sigma_t \left[1 - \frac{t}{n} \right] r^{-t} \tag{1-10}$$

依据等比级数的特征，棣莫弗指出（式中 $r^* \equiv r - 1$）：

$$A = X \times \left(\frac{1}{r^*} \right) \left(1 - \frac{r}{n} \left[1 - \frac{(1/r)^n}{r^*} \right] \right) \tag{1-11}$$

棣莫弗还提供了联合人寿年金的结果（问题 2，pp.266 ～ 268）：

假定已知两笔单项人寿年金的价值，求基于两人联合生存期的年金的价值。

假设两个年龄分别为 x 和 y 的人各自购买了人寿年金，保险合同明确说明，在两个人有生之年每年向两人各支付 1 元。设两个人年金的现值分别为 $A_x \equiv \sum_t (_xp_t/r^t)$，$A_y \equiv \sum_t (_yp_t/r^t)$。再假设两个人继续存活的概率随着时间而呈几何递减，则 $_xP_t = P^t{}_x$，$_yP_t = P^t{}_y$。例如，对年龄为 x 的人来说，他再存活一年的概率为 p_x，存活两年的概率为 $p^2{}_x$，依此类推。棣莫弗证明：如果两人为独立个体，那么基于他们联合生命的年金（即只要两人健在就支付 1 美元）的现值等于：

$$A_{xy} \equiv \frac{A_x A_y r}{(A_x + 1)(A_y + 1) - A_x A_y r} \tag{1-12}$$

我们再具体看看该等式的推导过程。自现在年龄开始，两人再活 t 年的概率为 $(p_x p_y)^t$，因而联合年金的现值为 $A_{xy} = \sum_{k=1, 2, \cdots, \infty} (p_x p_y/r)^t$。既然棣莫弗已经提出了这个问题，我们需要按照单一人寿年金展开该等式。第一人单一人寿年金的现值为 $A_x = \sum_{k=1, 2, \cdots, \infty} (p_x/r)^t = (p_x/r) / [1 - (p_x/r)] = p_x/(r-p_x)$。同样，第二个人年金的现值为 $A_y = p_y/(r-p_y)$。解上述两个等式，再将 p_x 与 p_y 的表达式代入联合年金 A_{xy} 的表达式，即得到上述结果。

棣莫弗还考虑了一个唐提式养老保险问题（问题 4，p.270）：

假定已知两笔单一人寿年金的价值，不管是谁先死亡，求两人中较长寿者的年金价值。

无须特别假定 $_xp_t$ 与 $_yp_t$ 不依赖于 t，棣莫弗证明了该年金价值为 $A_x + A_y - A_{xy}$。

很显然，两人中至少有 1 人在时间 t 还存活的概率为 $1-(1-_xp_t)(1-_yp_t)$。因此，唐提式养老保险的现值为 $\sum_t [1-(1-_xp_t)(1-_yp_t)]/r^t$。把该式分解为三个部分，一部分为 $_xp_t$，一部分为 $_yp_t$，另一部分为 $_xp_{ty}p_t$，就得到上述结果。

棣莫弗的问题 7（p.272）则关于由于"继承"产生的人寿年金的价值：

假设 A 拥有一笔年金，在 A 去世后 B 可以得到一笔人寿年金，求 A 去世后 B 的人寿年金的价值。

同样无须特别假定 $_xp_t$ 与 $_yp_t$ 不依赖于 t，棣莫弗证明了该年金价值为 $A_y - A_{xy}$。

....

同理，很显然，在第 t 年 A 已经去世而 B 存活的概率为 $(1-_xp_t)\,_yp_t$。因此唐提养老保险的现值为 $\sum_t [(1-_xp_t)\,_yp_t]/r^t$。把该式分解为两个部分，一部分为 $_yp_t$，另一部分为 $_xp_{ty}p_t$，就得到上述结果。

....

$\backsim\backsim\backsim$

1738 年《有关衡量风险的新理论说明》

丹尼尔·伯努利（1700 年 2 月 8 日—1782 年 3 月 17 日）　用拉丁文发表了《有关衡量风险的新理论说明》（*Specimen Theoriae Novae de Mensura Sortis*）；后来由 L. 萨默翻译成英文并出版在《计量经济学》第 22 卷，第 1 期（1954 年 1 月），pp.23 ~ 36。

1934 年《论不确定性在经济学中的角色》

卡尔·门格尔（1902 年 1 月 13 日—1985 年 10 月 5 日）　用德文发表了《论不确定性在经济学中的角色》（*Das Unsicherheitsmoment in der Wertlehre*），后由沃尔夫冈·绍尔科普夫在马丁·舒比克所编著的《纪念奥斯卡·摩根斯顿数理经济学论文集》（Princeton University Press，1967 年）中翻译成英文。

风险规避、圣彼得堡悖论、期望效用、对数效用、分散化、韦伯－费希纳精神物理学定律、有界效用函数

帕斯卡和费马（1654）在解决点数问题时假定赌博的价格等于它的期望价值。惠更斯（1657）亦是在该假设基础上形成了完整的机遇理论。而伯努利的经典之作（1738）则始于这样一个观点：由于风险规避的存在，赌博的价格低于其期望价值。伯努利用圣彼得堡悖论证明了风险规避的合理性。如果有机会让你抛掷硬币直到硬币第一次正面朝上，你愿意为该机会支付多少钱呢？假如在抛掷第 n 次时硬币首次正面朝上，你获得 2^n 美元。该赌博的期望价值为：

$$\left(\frac{1}{2}\right)2+\left(\frac{1}{2}\right)^2 2^2+\left(\frac{1}{2}\right)^3 2^3+\cdots=1+1+1+\cdots=\infty$$

虽然该赌博的期望价值是无穷大，但你愿意支付的价格肯定只是有限数目，而且毫无疑问远远低于你的财富总和。因此，赌博的价格肯定低于其期望价值。

为了解决该问题，伯努利提出每个人都是最大化其期望效用的，伯努利有时称为"道德期望"。伯努利还特别建议使用效用函数 $U(W)$，该函数的特征是"任何幅度的财富增加所产生的效用与之前持有的财产数量（W）成反比"，即：

$$\frac{\mathrm{d}U}{\mathrm{d}W}=\frac{b}{W}, \quad 部分\ b>0 \tag{1-13}$$

该方程的解为 $U(W)=a+b(\ln W^{\ominus})$，或者将效用直接表达为 $\ln W$ 的递增线性表达式。这样的话，赌博的期望效用变为

⊖ 原书为 $\log W$，疑有误。——编者注

$$\left(\frac{1}{2}\right)\ln 2+\left(\frac{1}{2}\right)^{2}\ln 2^{2}+\left(\frac{1}{2}\right)^{3}\ln 2^{3}+\cdots=2(\ln 2)=\ln 4$$

该等式说明，个人最多愿意为赌博支付 4 个达克特。伯努利指出，是他的表弟尼古拉斯·伯努利（1687 年 10 月 10 日—1759 年 11 月 29 日）首次提出了圣彼得堡悖论。尼古拉斯原来坚信期望价值是公平本质的体现，可是悖论的发现打乱了他的信念，这让他非常苦恼。丹尼尔还指出，早在他之前好几年，数学家加百列·克莱姆在 1728 年写给尼古拉斯的一封信中就提出过自己的解法。

早于马科维茨（1952）和罗伊（1952），丹尼尔还提出风险规避的投资者希望资产分散化："……应该明智地将各种不同风险的资产分散开来而不是将他们集中在一起。"第一个意识到分散化好处的人并不是伯努利。根据犹太法典《塔木德》的建议，"一个人应该以三种形式保存自己的财富：1/3 存于房地产，另 1/3 存于货物，还有 1/3 存于流动资产"。在《威尼斯商人》第一场第一幕，威廉·莎士比亚就让安东尼说道：

> ……我感谢我的财富。我的买卖的成败并不完全寄托在一艘船上，更不是依赖某一处地方。我的全部财产，也不会因为这一年的盈亏而受影响。

虽然《威尼斯商人》后来的剧情说明安东尼的安全措施并不妥当。但在幕布刚刚拉开时，安东尼对自己的财产非常放心，因为他将投资分散于不同船只、不同地点以及不同时间。

1851 年，恩斯特·海因里希·韦伯（1795 年 6 月 24 日—1878 年 1 月 26 日）在《触觉感官与一般敏感性》（*Der Tastsinn und das Gemeingefühl*）一书中应用了伯努利的对数效用。该书成为实验心理学的奠基之作之一。在该书中，韦伯将人能觉察出的刺激强度的最小变化定义为"差别感觉阈限"或"最小觉差"。他认为，刺激强度的变化除以初始刺激强度得到的是一个常数（韦伯定律）。1860 年，古斯塔夫·西奥多·费希纳（1801 年 4 月 19 日—1887 年 11 月 18 日）在《心理物理学纲要》（*Elemente der Psychophysik*）中用该定律解释：虽然人的大脑和身体看起来是分离的，但它们其实是对同一现实做出不同的反应。他认为，感觉量（大脑所经历的）的变化与韦伯定律中的常数成比例。

门格尔指出，凹性效用（就是现在所说的"边际效用递减"）并不足以解决广义形式的圣彼得堡悖论[4]。例如，假设在第 n 次投掷中硬币正面首次向上，赌博的奖金是 e 的 2^n 次幂。则赌博的期望对数效用为：

$$\left(\frac{1}{2}\right)\ln e^2 + \left(\frac{1}{2}\right)^2 \ln e^4 + \left(\frac{1}{2}\right)^3 \ln e^8 + \cdots = 1+1+1+\cdots = \infty$$

门格尔指出，只要效用函数是有限的，圣彼得堡类型的赌博就存在，其期望效用是无限的。因此，许多经济学家认为，虽然效用有限仍是个有争议的问题，但有限性是一个合理效用函数存在的前提。

门格尔还分析了解决该悖论的另一个方法，该方法后来被行为经济学家重拾，即个人倾向于完全忽略小概率事件产生的结果。该方法在很早之前由数学家布丰（1707 年 9 月 7 日—1788 年 4 月 16 日）于 1777 年在《或然算数试验》（*Essai d'arithmétique morale*）一文中提出。门格尔指出，人们容易低估极端事件的概率，可能是极小概率事件也可能是极大概率事件，从而高估中间事件的概率。

门格尔有关无界性的观察使得肯尼斯·约瑟夫·阿罗（1965）提出，不是所有的不确定性结果都满足冯·诺依曼和摩根斯坦公理（1947），因为只要效用函数被指定为有界的（有上界或者有下界），那么完整性公理和持续性公理都将被门格尔类型的圣彼得堡悖论打破[⊖]。例如，我们可以想象这样两种赌

⊖ 见阿罗（1971）：《对不确定性下选择理论的探讨》（*Exposition of the Theory of Choice under Uncertainty*），载于《风险承受理论论文集 2》，Markham，1971 年，pp.44 ～ 89。

博，第一个赌博明显优于第二个，但两个赌博的期望效用都是无限的。不过，这些异想天开的想法并不能难倒像保罗·安东尼·萨缪尔森这样的人。萨缪尔森（1977）安慰道：尽管这类赌博吸引了诸多有思想的试验，"但在现实生活中并不是很重要"。⊖然而，在不确定经济学的发展过程中，该悖论的确起了长期的、重大的作用，使得萨缪尔森不得不总结说："它在高等知识分子的脑海中拥有崇高的地位。"

萨缪尔森提出了一个更令人困扰的拒绝无界效用函数的问题，即便没有圣彼得堡悖论无限性的存在，该问题仍会出现。假设某人可以确定得到报酬 X（X 为金额较大的数值），如果他的期望效用无上界，那么总会存在一个更大的数 Y，使得即便得到的概率很低他也很想得到。无界效用即是非饱和性的一个极端形式。另一方面，在 pp.209 ~ 211 中，阿罗（1974）证明：如果效用函数 $U(X)$ 单调递增，成凹性，$U(0)$ 有界，而且 $E(X)$ 有界，那么 $E[U(X)]$ 就是有界的。⊖因此，如果具有无穷期望价值的圣彼得堡式赌博在现实情况中不存在，那么即便是无上界的效用函数也不会存在问题。

∽ ∽ ∽

1780 年《道德与立法原理导论》

杰里米·边沁（1748 年 2 月 15 日—1832 年 6 月 6 日） 出版了《道德

⊖ 见萨缪尔森（1977）：《圣彼得堡悖论：剖析与历史描述》（*St.Petersburg Paradoxes：Defanged, Dissected, and Historically Described*），载于《经济学文献学刊》，第 15 卷，第 1 期（1977 年 3 月），pp.24 ~ 55。

⊖ 见阿罗（1974）：《无界效用函数在预期效用最大化中的使用：回应》（*The Use of Unbounded Utility Functions in Expected Utility Maximization：Response*），载于《经济学季刊》第 88 卷，第 1 期（1974 年 2 月），pp.136 ~ 138。再版于《肯尼斯·阿罗文集：确定与不确定条件下的个人选择》第 3 卷，Harvard University Press，1984 年。

与立法原理导论》（*An Introduction to the Principles of Morals and Legislation*）
（私人印制）；完整版出版于 1789 年。

1906 年《政治经济学手册》

维尔弗里多·帕累托（1848 年 7 月 15 日—1923 年 8 月 20 日） 出版
了《政治经济学手册》(*Manual of Political Economy*)；由意大利文翻译成英文
(Augustus M.Kelly，1971 年)。

1951 年《对古典福利经济学基本定理的拓展》

肯尼斯·约瑟夫·阿罗（1921 年 8 月 23 日—） 发表了《对古典福利经
济学基本定理的拓展》(*An Extension of the Basic Theorems of Classical Welfare
Economics*)，载于《第二届数学统计与概率伯克利论坛论文集》由 J·内曼
编辑（University of California Press，1951 年），pp.507 ～ 532；再版于《肯
尼斯·阿罗文集：一般均衡》第 3 卷（Harvard University Press，1983 年），
pp.13 ～ 45。

序数效用与基数效用、帕累托最优、竞争均衡的优化

边沁（1780）宣称：人生的目标是追求幸福，而且幸福可以量化；因此，
人们在做决策时，谨慎地计算自己的幸福程度，权衡优势与劣势。边沁写道：

> 自然界将人类置于两个主宰者的支配之中：痛苦和快乐。只有
> 苦乐能指出我们应该做什么以及决定我们去做什么。是非的标准乃
> 至因果的联系，都由它们定夺。

他还认为，财富是获得幸福的手段（因而从某种程度上说是衡量幸福的
指标之一），但是越来越多的财富带来的幸福增量则是逐渐减少的——就是我

们现在所说的"财富的边际效用递减"（据此他推出赌博是"不好"的、保险是"好"的）。社会的目标是要让所有社会成员的幸福最大化，对每个人的幸福值进行平等加权再求和就得到所有成员的幸福值。把这些想法综合起来就要求进行把财富从富人转向穷人这样的重新分配，虽然边沁意识到该政策的好处需要与生产力动力降低的弊端进行权衡。财富再分配的问题之一在于如何确定哪些人是社会"成员"（只有选民，只有男人，还是只有居民？）。尽管这些观点后来被现代经济学家几度修改，但"效用函数之父"的称号边沁当之无愧。

相反，希腊哲学家们则认为，每个人在社会中都扮演着各自的角色：有些人生来就是奴隶，而另一些人，即哲学家们，就应该是统治者。男人天生就比女人优越。在他们的正义观中，某些人为其他人谋幸福，或者某些人应该获得比别人更多的幸福，这都是天经地义的。

帕累托（1906）认识到，接受边沁提出的效用基数假设，只需简单地将偏好解释为序数，也可以得到同样的结论。但更重要的是，他意识到阿尔弗雷德·马歇尔（1842 年 7 月 26 日—1924 年 7 月 13 日）（1890）的《经济学原理》（*Principles of Economics*）以及其他人利用效用进行人与人之间的福利比较太激烈，因而引出了现在所称的"帕累托最优"：一种均衡状态，在这种均衡下，不存在另外的资源分配方式可以在不损害一部分人福利的情况下增加另一部分人的福利（每个人都用效用评估自己的福利）。后来有人指出，竞争均衡就是帕累托最优，自此帕累托最优就成为亚当·斯密的"看不见的手"的强有力支持。

阿罗（1951）也证明了德布勒（1959）描述的竞争均衡的两个优化定理：

　　第一优化定理： *如果存在均衡，而且所有与偏好和生产相关的资源都由市场定价，则竞争均衡定是帕累托最优，即消费者之间的*

资源配置均衡发生任何变动都不可能在不损害一部分人利益的情况下改善另一部分人的利益。

这样我们为亚当·斯密（1776）的"看不见的手"找到了现代证据。

第二优化定理：如果生产规模不存在递增收益且其他某些小条件得到满足，那么对于资源的初始禀赋分配而言，帕累托最优就是竞争均衡。[5]

第二个定理为判断某个配置是否为帕累托最优提供了一个有效的方法。假定所有消费者的效用函数为凹性，那么当且仅当该配置在服从消费总供给约束条件下已经最大化消费者效用的正加权平均之和时，该配置才是帕累托最优。

帕累托最优是竞争价格体系的现代支持证据之一［其他的支持理由与激励和信息沟通相关（哈耶克，1945）］：竞争价格体系实现了资源在消费者和企业之间的分配，而且不存在另一种分配方式能在不损害一部分消费者利益的情况下提高另一部分消费者的利益。第二个支持理由是，竞争价格体系的均衡存在于"经济的核心"：资源配置使得每个人至少不差于他的初始禀赋（每个人生来就带着一定的初始禀赋）。

当然，帕累托最优配置组合并不是独一无二的，竞争价格体系只是挑选其中一个而已。但阿罗指出，通过重新安排消费者的禀赋（在交换或生产发生之前）竞争价格体系可以实现任何帕累托最优配置。因此，首先重新分配财富，然后让价格体系自由运转，社会就能实现它所需要的帕累托最优配置。由于现代经济学家对人与人财富的比较避而远之，因此，经济学家不会跳出来指出最初的财富分配应该是什么，那是政治学家的事情。经济学家总是回避最让人头疼的问题。

这些定理由杰勒德·德布勒分别在 1951 年和 1954 年的两篇文章中证明。[⊖]

৩ ৩ ৩

1835 年《论人与其能力的发展》

**朗伯·阿道夫·雅克·凯特勒（1796 年 2 月 22 日—1874 年 2 月 17
日）** 出版了《论人与其能力的发展》（*Sur l'homme et le développement de ses
facultés，ou Essai de physique sociale*）（Bachelier，1835 年）；1942 年从法文
翻译为英文（Chambers，1942 年）。

普通人或典型人、正态分布、概率在社会科学中的应用

凯特勒（1835）首次提出了"普通人"概念，普通人成为社会科学领域
最著名的虚拟人物。凯特勒根据 100 000 个法国士兵的平均身高和体重构建
了他的普通人。他还更进一步，根据这些士兵的拘捕记录推出一个普通人的
犯罪倾向。普通人的概念在金融经济学发展史上发挥了重要作用，其影响时
间长达一个世纪之久。该概念后来发展为人们熟知的"典型人"。

凯特勒的第二个重要贡献是，他认为许多自然过程都符合正态曲线。我
的学生卢卡·巴龙告诉我，我们其实应该感谢柏拉图（公元前 427 年—公元
前 347 年）。如果我们从更深更广的角度去理解柏拉图的作品，我们会发现是
柏拉图首次描述了单峰对称频率分布，而且他相信大多数特质都是按这种方
式自然地分布的：

⊖　见德布勒（1951）:《资源效用系数》（*The Coefficient of Resource Utilization*），载于《计量经济学》
第 19 卷，第 3 期（1951 年 7 月），pp.273 ～ 292；德布勒（1954）:《价值均衡与帕累托最优》
（*Valuation Equilibrium and Pareto-Optimum*），载于《国家科学学会论文集》，1954 年。

……因为经验会告诉他事情的真实情况。善良与邪恶都是极少见的，绝大多数人都是处于这两者之间。我的意思是……你可能想说非常高与非常矮——非常高与非常矮的人同样是很少见的。这种特征基本适用于所有的极端情况，不管是大与小、迅速与缓慢、正直与邪恶，或者黑与白。也不管你是分析人、狗或者任何事物，你都能发现极端的情况总是极少数，更多的情况是位于中间。⊖

凯特勒为正态分布增添了更为具体的特征[6]，观察到他的结果有个重要前提，那就是除了在被考察的差异这唯一来源上，样本在其他各个方面都必须足够同质化。凯特勒对他的正态法则非常自信。因此，当他观察到身高最低的那个士兵组的人数竟然多于身高较高组的人数时，他就指出，由于服兵役是自愿的，身高最低组的士兵人数较多就证明了大约有 2000 人欺骗性地回避了征兵。

1843 年，安东尼·奥古斯丁·古诺（1801 年 8 月 18 日—1877 年 3 月 31 日）表达了对将概率论应用于社会科学的严重担忧。⊜令所有人都很惊讶的是，在 1838 年古诺就将数学分析方法引入经济学。他的观点与他 1838 年的书一样，都远远领先于那个时代。可是问题出在选择可验证假说上。古诺认为，社会科学提供了大量挑选与划分数据的方法，结果造成某些样本看起来支持假说，而且碰巧验证结果在统计上非常显著。但其实这一结果并不可信。他写道：

很显然，随着我们将样本划分得越来越细，就概率而言，我们就越有可能得到至少一个小样本其男女出生比率明显不同。

⊖ 见《西方世界的伟大著作，第 1 卷：柏拉图篇》(*Great Books of the Western World: Plato, Volume I: Phaedo*)，Franklin Library，1979 年，pp.385 ~ 439，尤其是 p.415。

⊜ 见古诺（1843）:《对概率论重机会理论的说明》(*Exposition de la théorie des chances et des probabilities*)，Hachette，1843 年。

古诺还特别担心人们极易在挑选数据之后再选择假说。现在对这类错误我们有个名词叫"数据挖掘"。

亨利·托马斯·巴克尔的观点则是另一个极端。他表示：期待有一天，统计学的力量能融入社会科学，通过数学的运用让社会科学也能得出像物理学一样精确的预测度。[○]显然，日后的发展证明，实际情况介于古诺与巴克尔的观点之间。不过在 20 世纪中叶，最著名的科幻小说家艾萨克·阿西莫夫（1920 年 1 月 2 日—1992 年 4 月 6 日）在其小说《基地三部曲》（*The Foundation Trilogy*）（1951～1953）中预测，大规模应用的社会统计方法将对几百年后的主要社会趋势做出预测。

❦ ❦ ❦

1900 年《投机理论》

路易斯·巴舍利耶（1870 年 3 月 11 日—1946 年 4 月 26 日） 发表了《投机理论》（*Théorie de la spéculation*）一文，载于《巴黎高等师范学院科学年鉴》，第 17 卷，pp.21～86；后由 A.詹姆斯·博尼思在保罗 H.库特纳编辑的《股票市场价格的随机游走特征》（*The Random Character of Stock Market Prices*）（Risk Publications，2000 年，pp.18～91）一书中翻译成英文；还以法文再版于《投机理论与数理游戏理论》（*Théorie de la speculation & théorie mathématique de jeu*），1995 年，pp.21～86。

布朗运动、期权定价、随机游走、正态分布

巴舍利耶（1900）在博士论文中写到，概率论可以用来描述证券价格的

○　见巴克尔（1857）:《英格兰文明史》（*History of Civilization in England*），第 1 卷，伦敦，1857 年。

波动。他极可能是有记载以来，进行此类尝试的第一人。巴舍利耶首次对一个时间连续、状态连续的过程（算术布朗运动）进行了数学描述，其目的竟是为了对"期权"（法语为年金，或者永久政府债券）定价。虽然他只部分实现了他的目标，但他的论文——递交给巴黎科学院的论文，却比爱因斯坦对布朗运动的分析领先了 6 年，比布莱克 – 斯科尔斯公式（基于几何布朗运动）领先了 73 年之久。

他极有远见地提出现在大家熟知的随机游走与正态分布假设。他证明了随机性并指出：以当前的价格来看，相信价格上涨的买家人数与相信价格下跌的卖家人数肯定是一样的。既然我们没有理由判断哪组人更明智，因此价格接下来向上变化或向下变化的概率是一样的。于是，他总结到，证券买卖者的期望利润应该是零，证券市场是个"公平游戏"。

价格随机游走让巴舍利耶发现了我们现在公认的一个结果，那就是波动幅度与时间区间的平方根成正比[7]，他还推出了一个描述资产价格扩散的差分方程。他观察到，如果价格变化是序列独立的而且在较短时间区间内方差是有限的同分布随机变量，那么根据拉普拉斯（1749 年 3 月 23 日—1827 年 3 月 5 日）（1814）的中心极限定理，较长时间区间内的价格变动就近似为正态分布。[⊖]巴舍利耶还推出了第一个公开发表的期权定价公式，而且对此进行了经验验证，结果发现市场价格与他计算的理论价格非常相似。他在论文结尾这样写道：

> 可能最后的备注并不是没有意义的。如果说，在本文讨论的几个问题方面，我比较了实际观察结果与理论预期结果，这并不能说明结果证明了根据数学方式建立起来的公式，而只能说明市场不自觉地遵循着一定的定律，这就是概率定律。

⊖ 见拉普拉斯（1814）：《一篇关于概率的哲学论文》(*Essai philosophique sur les probabilitiés*)。

这位金融经济学领域的文森特·凡高，最终博士论文只得了个平均分。有意思的是，我们现在将其视为金融经济学领域最杰出的论文。1906 年，巴舍利耶出版了《连续概率理论》(*Théorie des probabilitiés continues*)(Gauthier-Villars)。在书中，他定义了几种随机过程类型，包括随后重新发现的马尔可夫与奥恩斯坦–乌伦贝克过程。他从漂移与扩散系数角度描述随机过程。尽管巴舍利耶成绩卓著，可是直到书出版几年后他才找到一份教职。而且从那时开始一直到 1937 年他退休，也就是 1946 年他去世之前 9 年，他都屈身在一个毫不起眼的岗位。在很不幸地被人遗忘 50 多年之后，巴舍利耶的论文重新被萨缪尔森发现。萨缪尔森在 2000 年 2 月 8 日美国 PBS 电视节目"新星 2074：30 亿赌注"中说道：

> 在 20 世纪 50 年代早期，一个偶然的机会我从巴黎大学图书馆找到这本不知名的、已经破烂不堪的书。当我翻开它时，感觉就像一个全新的世界在我面前展开。事实上，我边读就边想一定要将该书翻译成英文，让大家都来欣赏这熠熠生辉的学术珍珠。[8]

⁏⁏⁏

1921 年《风险、不确定性与利润》

弗兰克·海尼曼·奈特（1885 年 11 月 7 日—1972 年 4 月 15 日）出版了《风险、不确定性与利润》(*Risk, Uncertainty and Profit*)(Houghton Mifflin)，1921 年。

风险与不确定性、企业利润来源、投资分散化

奈特（1921）因为两个观点而出名。第一个是他对"风险"与"不确定

性"的区分；第二个是他找到了企业在不确定性条件下获得经营"利润"的来源。奈特的分析有些让人困扰，很容易让人用现代的方式误解他的作品。奈特将风险理解为概率可以或多或少进行客观计量的情况，或者是大数定律能发挥作用通过组合几种可能的结果进而消除不确定性的情况。

> 正如我们已经反复重申的，任何一种不确定性，只要它能通过某种方法简化为一个客观的、可以定量化的概率，那么它就能通过个案分组简化为完全确定性。(第7章)

而另一方面，奈特将不确定性理解为单一异常事件或者是科学无法进行清晰预测的事件。一个典型的例子就是在人类事务中人们无法清晰判断其他人的决策制定能力与决策结果。奈特认为，对于不确定性事件，我们谈概率是毫无意义的——该观点后来对人们，特别是对埃尔斯伯格（1961）挑战基于主观形成概率信念的预期效用最大化的有用性发挥了重大作用。

早在1755年，理查德·坎蒂隆（大约1690年—1734年5月14日）出版的《商业性质》(*Essay of the Nature of Commerce*)（实际上写于18世纪20年代）一书就已经认识到，企业利润来源于企业支付所有费用（包括利息、工资以及租金）之后企业剩余的报酬。然而，在确定条件下的竞争性经济体中，所有利润都被竞争化，均衡状态下的利润为零。于是奈特提出，只有在未来是确定不可知的经济体中，利润才会增加。如果能获得奈特的许可，我想将他的理论用如下数学公式（奈特并没有用该公式）加以表达：

$$r_j = r + \delta_j + \varepsilon_j \qquad (1\text{-}14)$$

其中，r_j表示企业j的股东已实现的收益，r表示无风险收益，ε_j表示企业已实现收益中能被分散化消耗的部分。现在，我们将ε_j称为"剩余风险"带来的收益。剩下的δ_j是奈特将其与不确定性联系起来的收益部分，也就是奈特所称的"利润"指标。奈特将利润理解为企业收益中无法被分散化、被套利以及被承保的随机部分。是什么带来了这部分收益呢？奈特指出，如果概率分布不能被客观地计量，那么不确定性就不能被分散化。而且最重要的是，人们的决策结果，如制定企业方针、在企业内选择授权对象，都无法通过概率进行量化预测。于是，"企业家精神"成为企业利润的最终来源。

> 能带来利润的唯一"风险"是一种独特的不确定性，它来自一种终级责任感的实施。该责任感本身无法承保、无法资本化亦无法薪酬化。利润源自事情固有的、绝对的不可预测性，源自一个坚定的事实，那就是人类活动的结果无法被预期，就它们进行概率计算是根本不可能的，也是毫无意义的。（第 10 章）

δ_j 的期望价值是多少呢？对奈特而言，由于我们现在所说的如下行为因素，市场最好预测 $E(\delta_j) < 0$。第一，企业家可能过度自信进而过度投资；第二，因为不能理解所谓的"赢家诅咒"而过度支付；第三，一旦已经投入资本就不愿意放弃计划；第四，为自己工作的满足感。不过，奈特的脑中显然没有我们现在称为"系统风险"的概念。系统风险是指整个社会都面临的风险，每一个个体都无法逃脱，无法不因此牺牲期望收益的风险。

∽∽∽

1923 年《论商品市场的某些问题》

约翰·梅纳德·凯恩斯（1883 年 6 月 5 日—1946 年 4 月 21 日）发表了《论商品市场的某些问题》(*Some Aspects of Commodity Markets*)，载于《曼彻斯特卫报》，1923 年。

1949 年《*存储价格理论*》

霍尔布鲁克·沃金（1895 年—1985 年 10 月 5 日） 发表了《*存储价格理论*》(*The Theory of Price of Storage*)，载于《*美国经济评论*》第 39 卷，第 6 期（1949 年 12 月），pp.1254 ～ 1262。

即期价格与远期价格、远期价格与期望价格、正常逆价、便利收益、套利与投机

金融经济学吸引经济学家最早的问题之一便是期货交割的今日价格（期货价格或远期价格 F_0）与未来标的资产在交割日的期望价格 $E(S_t)$ 的正常关系。凯恩斯（1923）在一篇刊登在报纸上的文章中首次提出了期货市场的"正常逆价"（normal backwardation）理论（也称现货溢价或期货折价理论）。他指出，F_0 通常低于 S_t 的预期价值。他认为，通常做空的套利者为了让投资者接受风险，不得不向他们支付一定风险溢价。凯恩斯（1930）更详细地阐述了这个观点。[⊖]

当然，我们不难理解，对于某些类型的标的资产，套利逻辑（对此我会进行更新并加入风险规避）会产生正常逆价现象。例如，如果标的资产是某股票市场指数，假定没有套利且市场完备，则 $F_0 = S_0 (r/d)^t$，其中 S_0 为标的资产的当期价格，r 为无风险收益率，d 是指数的回报率，t 是交割期。通常，由于风险规避意味着 $E(S_t) > S_0 (r/d)^t$，因而我们得到 $F_0 < E(S_t)$。

用于消费或生产目的的标的资产（也就是商品）非常有意思。对这些资产，由于标的商品不能轻易卖空（借用或者出售），套利无法使得 $F_0 = S_0 (rc)^t$，其中，c 等于 1 加上存储成本率；它只能保证 $S_0 c^t \leqslant F_0 \leqslant S_0 (rc)^t$。对于 $E(S_t) < S_0 (rc)^t$ 的商品也存在这样的情况。因此，在考虑持有标的商品的机会成本

⊖ 见凯恩斯（1930）：《论货币》第 2 卷：《货币应用理论》(*A Treatise on Money，Voluem II：The Applied Theory of Money*)(Macmillan，1930 年)，pp.142 ～ 147。

之后，商品的远期价格是否会低于其预期即期价格就是个非常有趣的问题。用公式表达为：$F_0 < E(S_t)/(rc)^t$。这是为商品的当期所有者带来的额外收益，该收益被尼古拉斯·卡尔多（1939）称为"便利收益"。[⊖]

正如约翰 R. 希克斯（1904 年 4 月 8 日—1989 年 5 月 20 日）（1939）所言，投资者通常不得不被劝诱购买商品期货，因为他们本来不喜欢这种状态。[⊜]

> 他们知道，已经提前安排好的某一特定日期的需求与供给（通过远期合约）与那天真正到来时的供需没有什么关系；尤其是，他们根本无法提前准确说出在未来时期他们自己到底愿意买多少或者卖多少。因此，一个正常生意人愿意签订远期合约的原因只能是这样做他能"套利"——也就是说远期交易能降低他现在面临的风险。而且只有在他以某种方式承诺进行销售或购买行为时这种情况才会发生……技术环境使得企业家控制投入要素的获取比控制产出的完成更加自如。投入要素大多是用于开始新的流程；而产出的生产流程……可能已经开始。因此，虽然有些人期望能固定一个未来买入计划，但更多时候人们更希望固定一个未来出售计划。（第 2 版，p.137）

凯恩斯和希克斯认为，在选择什么时候、是否购买以及向谁购买生产投入要素方面时，商人通常具有较多弹性（现在我们称他们拥有更有价值的"实物期权"）。而当商人不得不销售由他们部分或者完全负责的产出时，则弹性较小。按照凯恩斯和希克斯的说法，商品的需求方存在"先天劣势"。弥补远期交易需求疲软的是投机者，他们缺乏做多的自然理由。为了让投机者做多

⊖ 见卡尔多（1939）：《投机与经济稳定》(*Speculation and Economic Stability*)，载于《经济研究评论》第 7 卷，第 1 期（1939 年 10 月），pp.1 ～ 27。

⊜ 见希克斯（1939）：《价值与资本：对经济理论一些基础性原理的探究》(*Value and Capital：An Inquiry into Some Fundamental Principles of Economics Theory*)(Clarendon Press，1939 年)。

而且承担风险，必须付给投机者一定的便利收益（即更低的远期价格）。

由于无法观测到预期的未来即期价格，正常逆价的特征就是随着交割日的临近，远期价格逐渐上升（高于持有商品的机会成本）。

通常人们认为，期货的今日价格大部分取决于人们今日对期货在未来交割日的即期价格的预期。而且，由于交割日不同带来的相同期货的价格差异反映了人们对不同日期即期价格的预期差异。沃金（1949 年 12 月）指出，这并不总是正确的。

沃金指出，即便商品的即期价格发生变化，或者预期收成发生变化，时间 t（比如 2006 年 1 月）市场报出的将于时间 $t+k$（比如 2006 年 9 月）交割的商品的期货价格与时间 $t+h$（比如 2006 年 3 月）相同商品的价格之比是稳定的。沃金提出，这个观点成立的一个重要条件是商品的当期库存相对于预期未来库存较为充沛，因此我们可以存储商品至远期交易。因而，商品的当期价格可以进行调整使得商品持有人只要能弥补他将商品留作存货的存储成本，那么他不管是在时间 t、$t+h$，还是 $t+k$ 售出商品都是无差异的。由于商品存储时间越长，存储成本就越高，因而在更远期交割的期货价格比在近期交割的期货价格要高，差异产生的原因就在于存储成本。

但有的时候期货价格会发生倒转，导致近期期货价格高于远期期货价格。一旦相对于未来需求而言当期库存较低或者未来收成预期较高时，这种情况就会发生。这时，我们不应该将任何当期存货持有到远期，所有存货都应该在下次收成之前全部消耗掉。这使得期货价格不再受存储成本的影响，并带来"便利收益"。

∽ ∽ ∽

1930 年《利息理论》

欧文·费雪（1867 年 2 月 27 日—1947 年 4 月 29 日） 出版了《利息理论》（ *The Theory of Interest*：*As Determined by Impacting to Spend Impatience and Opportunity to Invest It* ），Macmillan，1930 年。

跨期消费、生产、汇率、利率、费雪效应、急躁与机会、费雪分离定理、竞争性市场、一致同意与帕累托最优、实物期权、投机、资本预算

费雪（1930）是 20 世纪大多数投资金融理论的奠基之作。费雪完善并重述了早前出现在费雪（1896）、费雪（1906）和费雪（1907）中的许多研究成果。[一]费雪指出，他的部分思想受到约翰·雷（1796 年 6 月 1 日—1872 年 7 月 12 日）1834 年论文[二]的启发，为此，费雪还将其 1930 年的著作献给雷。费雪创建了第一个正式的、描述既有跨期交易又有生产的经济系统的均衡模型。在这个过程中，他一下子就推出计算财富的自然经济结果就是计算现值，他还证实了生产的目的是使现值最大化。另外，他还分析出了用于计算现值的利率的影响因素。

费雪假定，每一个市场参与者都同时是某一大类消费商品的消费者与生产者。单一商品的简化使他能从多商品瓦尔拉斯范式下不必要的纷繁复杂中进行抽象提炼。而且自那以后单一商品的假定成为金融理论研究的核心。每个交易日，交易受到一笔期末到期、无违约风险的短期债券的收入的影响。在该分析框架下，费雪对经济思想史的贡献在于：①分析了实际利率的影响

[一] 分别见费雪（1896）的《增值与利息》（ *Appreciation and Interest* ），费雪（1906）的《资本与收入的性质》（ *The Nature of Capital and Income* ）以及费雪（1907）的《论利率》（ *The Rate of Interest* ）。

[二] 见雷（1834）：《关于政治经济学一些新原理的陈述，披露自由贸易制度的谬论以及〈国富论〉中的一些其他学说》（ *Statement of Some New Principles on the Subject of Political Economy，Exposing the Fallacies of the System of Free Trade，and Some Other Doctrines Maintained in "The Wealth of Nations"* ），波士顿：Hilliard Gray & Co.，1834 年。

因素以及总消费的均衡跨期路径；②提出"费雪效应"，分析了名义利率与实际利率以及通货膨胀率之间的关系；③提出费雪分离定理，指出应该将生产决策授权给以现值最大化为目标的企业，而不需要直接依赖股东偏好；企业的融资与生产决策应该分离开来。投资金融理论的大多数后续工作都可以看成是对费雪观点的进一步完善，尤其是在分析中加入了对不确定性的考虑以及使用更为复杂的金融工具用以分析消费跨时间与跨地区的分配。

费雪将现有两种解释利率的观点协调起来。一种观点从产出效率（"机会"）出发，另一种则是基于消费心理学或时间偏好——或称"急躁"。"急躁"一词是由费雪（1907）在《论利率》一书中创造出来的，用以提出一个综合性理论，"因而，利率的存在是因为人们总想尽早消费，一刻也不耽误；而如果让你推迟消费，那么你的未来收入就要增加，这增加的部分就是利率"（p.495）。

费雪通过文字、图表以及公式三种方式来描述他的经济系统。有意思的是，即便经济思想史发展到此时，费雪发现使用代数公式仍是非常有用的。他指出，使用公式可以让人很清楚地知道，待求变量的个数与独立方程的个数是一样的。另外，他还写道：

> 认为用数学公式描述经济问题只是展示了一个不符合实际情况的理论精确模型的观点是完全正确的。但是，在我看来，这绝对不是一个缺点，而恰好是个优点。因为我们可以根据数学公式清楚地指出哪些地方是不符合实际情况的。（p.315）[9]

费雪设计了一个只有 2 个时间段 3 个消费者的简单例子。在这个例子中，只有消费者的时间偏好影响利率。设：

r 为均衡无风险收益率；

$\underline{C_0^i}$，$\underline{C_1^i}$ 为第 i 个消费者在时间 0 和时间 1 的初始消费金额；

x_0^i，x_1^i 为第 i 个消费者在时间 0 和时间 1 选择的借款或放贷金额，消费者的预算约束为 $x_0^i + x_1^i / r = 0$；

$C_0^i \equiv \underline{C_0^i} + x_0^i$，$\underline{C_1^i} \equiv \underline{C_1^i} + x_1^i$ ⊖ 是第 i 个消费者在时间 0 和时间 1 选择的最优消费金额。

接着，他假设消费者的时间偏好率取决于他选择的消费流：$f_i = F_i (C_0^i，C_1^i)$ 是消费者 i 的时间偏好率。

在第 12 章的附录中，费雪将时间偏好率与消费效用 $U_i (C_0^i，C_1^i)$ 联系起来：

$$f_i = \left[U_i' \left(C_0^i \right) \big/ U_i' \left(C_1^i \right) \right] - 1 \qquad （1\text{-}15）$$

他提出，在均衡状态下，每个消费者的时间偏好率都必须等于无风险收益率，即：

$$f_1 = f_2 = f_3 = r \qquad （1\text{-}16）$$

为了让市场出清，他要求在每个时间所有消费者的净借款与贷款额为零：$x_0^1 + x_0^2 + x_0^3 = 0$，$x_1^1 + x_1^2 + x_1^3 = 0$。这样，一共有 7 个未知数：$C_0^1$、$C_0^2$、$C_0^3$、$C_1^1$、$C_1^2$、$C_1^3$ 以及 r，相应有 7 个独立方程。

费雪的经济系统

设：

$U (C_0)$，$U (C_1)$ 为时间 0 和 1 的消费效用；

ρ 为急躁率；

Ω_0 为消费品的初始禀赋；

X_0 为 Ω_0 已经用于生产的部分，这样 $C_0 = \Omega_0 - X_0$；

$f (X_0)$ 为时间 1 消费品被用于生产而得到的产出，这样 $C_1 = f (X_0)$；

⊖ 原文如此，但似乎应该为：$C_1^i \equiv \underline{C_1^i} + x_1^i$。——译者注

W_0 为消费者的现有财富，因而 $W_0 = C_0 + C_1/r$。

假设 $U'(C) > 0$（非饱和），$U''(C) < 0$（边际效用递减），$0 < \rho < 1$（更偏好当期消费而不是未来消费），$f'(X_0) > 0$（投入增加产出增加），以及 $f''(X_0) < 0$（规模收益递减）。

消费者的生产问题为

$$\max_{C_0, C_1} U(C_0) + \rho U(C_1), \text{ 约束于 } C_0 = \Omega_0 - X_0 \text{ 以及 } C_1 = f(X_0)$$

代入约束条件，对效用函数求微分，并让导数等于零以得到最大值，则得到：

$$\frac{U'(C_0)}{\rho U'(C_1)} = f'(X_0)$$

消费者的交易问题为：

$$\max_{C_0, C_1} U(C_0) + \rho U(C_1), \text{ 约束于 } W_0 = C_0 + C_1/r$$

同样，代入约束条件，对效用函数求微分，并让导数等于零，便得到：

$$\frac{U'(C_0)}{\rho U'(C_1)} = r$$

把上面两个结果联系在一起，就得到：

$$\frac{U'(C_0)}{\rho U'(C_1)} = r = f'(X_0) \tag{1}$$

这样，我们就得到利率的双边决定因素：均衡无风险利率等于我们现在说的边际替代率（费雪称为"时间偏好率"），也等于资本的边际产出效率。

再举个更具体的例子，设 $U(C_t) = \ln C_t$，$f(X_0) = \alpha X_0^{\beta}$，其中 $0 < \beta < 1$ 且 $\alpha > 0$。这满足效用函数与生产函数的求导条件。α 可以解释为产出效率的纯指标，因为 α 越大，一定投入带来的产出就越多。代入方程（1）：

$$\rho^{-1}\left(\frac{C_1}{C_0}\right) = r = \alpha\beta X_0^{\beta-1}$$

解未知数 C_0 和 r，得到：

$$C_0 = (1 + \rho\beta)^{-1}\Omega_0, \text{ 且 } r = \alpha\beta\left[\left(\frac{\rho\beta}{1+\rho\beta}\right)\Omega_0\right]^{\beta-1}$$

对无风险收益率公式求导：

$$\frac{\mathrm{d}r}{\mathrm{d}\alpha} = \beta\left[\left(\frac{\rho\beta}{1+\rho\beta}\right)\Omega_0\right]^{\beta-1} > 0 \text{（产出效率）}$$

$$\frac{\mathrm{d}r}{\mathrm{d}\rho} = \alpha(\beta-1)\Omega_0^{\beta-1}\rho^{-2}\left(\frac{\rho\beta}{1+\rho\beta}\right)^{\beta} < 0 \text{（时间偏好）}$$

于是我们看到了费雪提出的急躁率（ρ）与机会（α）对利率的完全独立影响。

....

费雪还指出，不同时间段的独立利率是经济力量的自然结果，在完备市场中是无法通过套利消除的。

> 另一个推论就是，我们有必要为每个不同的时间段设定一个独立的利息率。用更务实的话来说，我们需要认识到短期利率与长期利率的差异。该差异不像博姆 – 巴韦克想的那样是因为市场不完备引起的，因而可以消除。这些差异之所以产生是因为企业收入流的构成存在无穷尽的变化。任何单纯的价格套利都无法消除这些差异。（p.313）[10]

费雪总结到：利率受到以下因素的影响：①不同时间资源禀赋的相对分布；②消费者与投资者的时间偏好；③将当期总禀赋转化为未来总消费的生产机会；④资源禀赋的一般规模；⑤风险规避与风险的时间结构；⑥预期的通货膨胀率。费雪将因素②产生的原因归结为缺乏远见、无法自我控制、习惯形成、预期寿命以及遗赠动因，这显然是一种行为导向的解释。他说明了所有这 6 个因素如何影响经济参与者的决策，以及这些决策又是如何最终影响均衡利率的。

接着，费雪分析了他的理论可能受到的批判。其中一个大家常质疑的就是：将利率的影响因素与跨期消费选择的特征联系在一起可能是个不错的想法，但这样做太狭隘。事实上，利率主要是由"可贷资金的供需关系"决定的。费雪回复到，资金的供需只是更为基本的生产者现值最大化的需求以及消费者最优化平衡人生各期消费的需求的中间效应。不过，他也承认，可能还有些他尚未涉及的复杂的制度因素会影响利率，但那些因素的影响是次要的。

费雪将他的分离结果表述如下：

> 但我们看见，在我们所假设的一个充满选择的世界中，资本家通过结合两类收入选择实现了其最终收益。在我们的假设中，这两种收入选择是完全独立的。再重述一次，这两类选择是：第一，从各种可能的收入流中选择具有最高现值的收入流；第二，通过借贷或者买卖选择该收入流各种可能的修正方式。第一个选择是在具有不同市场价值的收入流之间进行选择；第二个是在具有相同市场价值的收入流之间进行选择。（p.141）[11]

必须谨慎解释这种"分离"，它并不意味着第二个选择完全独立于第一个选择。要弄清楚第二个选择到底是什么，我们首先得知道第一个选择的含义。不过，可以在做出第二个选择之前做出第一个选择。费雪还清晰地指出，他的分离结果取决于一个竞争性市场，在这个市场中，资本家自身并没有意识到他们可能对利率造成影响。另外，费雪指出，他的结果需要假定借款利率和贷款利率是一致的（市场完备）。

这表明，企业的行为是追求现值最大化。在不知道股东的偏好和禀赋的情况下，企业制定的生产决策与它们的股东是一致的。如果的确如此，那么这可以大大简化竞争经济中的资源配置问题。

对费雪分离定理的证明

为了推导分离定理，继续我们之前的例子。假定将生产决策委派给一个追求现值最大化的企业。这样的企业将选择 X_0 来使：

$$\max_{X_0} - X_0 + \frac{f(X_0)}{r}$$

其中不考虑可能多 r 产生的影响（即选择 X_0 时，$dX_0/dr=0$）。对现值进行微分并令其等于 0。那么 $r=f'(X_0)$，这与代表性的消费者自己制定决策的结果完全一样。

....

尽管如此，马克·鲁宾斯坦 1978 年提出，费雪分离定理（在完备与竞争性的金融市场中，以现值最大化为目标的企业所做出的投资决策是全体股东都一致同意的）基本上是错误的，在一个投资者充分分散化的市场中尤其如此，这是因为竞争假说并不稳健。[一]

有时，完全竞争被定义为要求任何一家企业的行为都无法影响价格。1934 年，琼·维奥莉特·罗宾逊（1903 年 10 月 31 日—1983 年 8 月 5 日）针对边际生产成本递增的商品对该要求的实际合理性提出了质疑（如果在所有企业都以相同价格销售相同商品的市场中，不止一个企业生存下来，那么边际生产成本就是递增的）。因为此时，企业数目必须是无穷多的。在企业数目有限的情况下，一家企业增加产出，其他企业的最优产出就相应降低。其他企业产出的降低会部分但不会完全抵消那一企业产出的增加，从而使得商品价格发生一定程度的变化。[二]她总结道：

> 如果我们都承认如下情况为完全竞争：一家企业增加 1 单位产出所造成的价格下降幅度小于某个特定的有限数额。那么，不管边际成本曲线的斜率如何，都存在一定数量的企业使得市场实现完全竞争。边际成本曲线的斜率越小，企业数目就越少；边际成本曲线

[一] 见鲁宾斯坦（1978）：《竞争与近似》（*Competition and Approximation*），载于《贝尔经济学学刊》第 9 卷，第 1 期（1978 年春季号），pp.280～286。

[二] 见罗宾逊（1934）：《什么是完全竞争？》（*What Is Perfect Competition?*），载于《经济学季刊》第 49 卷，第 1 期（1934 年 11 月），pp.104～120。

的斜率越大，企业数目就越多。(p.119)[12]

如果根据罗宾逊的经典论文来定义竞争，那么全体股东一致同意的情况就基本上不会发生（凭经验，发生的概率极低）。我们只需要用一个确定状态下的单一时期经济体就可以说明。其基本思想在于：当市场上存在大量小企业，每一个企业的生产决策对利率的影响都微乎其微（效应1），同时充分分散化的投资者也只将自身财富的一小部分投入单家企业。因此，单家企业对投资者财富的影响也是微乎其微的（效应2）。这样，在为企业生产决策投票时，每个投资者都需要在这两个效应之间进行权衡。由于一部分投资者（贷方）希望利率较高而另一部分投资者（借方）希望利率较低，他们会意见不一。罗宾逊在论文中指出，增加企业数目并不能解决这一问题，其结果只能是导致两种效应都同比例降低。

虽然基于现值计算做出的决策通常并不能得到所有投资者的一致同意（除非他们是完全相同的），但仍是帕累托最优。他在论文中指出，现值最大化的最大好处在于，不管企业股东是谁，企业都能根据该方法做出帕累托最优投资决策，而且这是唯一的方法。尽管该论文在20多年前已经出版，基础性金融学教材仍然一致同意在这个错误假设基础上推出现值最大化的合理性。其中一本著名的教材仍将"一致同意"列为金融经济学的七个伟大思想之一。

费雪可能是首位强调我们现在所说的"实物期权"对提高柔性生产机会作用的经济学家。柔性生产机会对如今企业投资的现值计算起着重要的作用。

> 这为我们带来了大量重要的选择类别，即我们可以选择更新或修理设备，还可以选择进行不同程度的更新与修理……但是，除了选择保留稳定数量的商品库存外，企业主还有许多其他选择。他可以选择以赚取利润的速度扩大企业规模……第三个选择是逐渐关闭生意……另一类收入流选择常见于对不同生产方式的选择，尤其是

对不同程度的所有资本主义生产方式的选择……企业家们面临的这些备选方案通常可以划分为短期决策和长期决策。短期决策涉及一些构造简单、易消耗的设备；而长期决策涉及生产成本巨大、但极为耐用的设备。……在上述所有情况中，只要企业选择能使未来收入流现值最大化的设备更新、修理或者改良决策，企业就能得到"最优"结果。（pp.194～199）[13]

费雪还分析了利率变动的动态特征。例如，利率的变化可能改变人们对生产机会的利用，而这又反过来稳定了利率，造成我们现在看到的均值回归现象。

尽管费雪对不确定性的一阶效应进行了定量分析，但他同时也表示，要对理论进行正式归纳不容乐观：

> 试图用数学公式有效且全面地描述随机波动的利率的决定机制，就如同试图准确描绘在风力作用下导弹的轨迹一样。这样的数学公式要么得具有高度的总括性，要么完全是经验式的，否则都会失去价值。（p.316）[14]

于是，费雪把大量经济现象都留给他人来解释，如同时使用保险、债务和权益，对流动性的需求，投资组合分散化，具有不同收益证券类型的高度多样化，所有这些现象的存在都依赖于不确定性。

费雪在 1906 年出版的《资本与收入的性质》中阐述了他对市场理性以及投机作用的观点。

> 当人们投资公开发行的证券时，通常会出现一种现象，即人们往往不是独立地对证券价格进行预测。此时，投机的结果就会尤为不幸。出现危机、恐慌、银行挤兑等事件的主要原因就是人们不是

独立进行风险估计，而是相互模仿。……而另一方面，只有当投机是基于独立知识时，投机的效用才是最大的。投机者的专业知识可以降低风险，还可以让风险从缺乏知识的人身上转移到拥有知识的人身上。……风险是最可怕的经济罪恶之一，所有有助于消除风险的方法，不管是保证、安全保护、远见、保险或是合法投机，都能为人类造福。（pp.296～300）

1958年，杰克·赫舒拉发将企业的资本预算理论整合进费雪的同期消费与投资选择模型。他设定了一个较强的经济基础，解决了许多有关现值使用以及将内部收益率作为投资标准的争端。而且，他还分析了一些市场不完备现象如借贷利率差异的影响，分析了资本预算以及相互排斥投资项目的选择。⊖

∽ ∽ ∽

1931年《可耗竭资源经济学》

哈罗德·霍特林（1895年9月29日—1973年12月26日）发表了《可耗竭资源经济学》（*The Economics of Exhaustible Resources*），载于《政治经济学》第39卷，第2期（1931年4月），pp.137～175。

可耗竭资源、霍特林法则、视为期权的矿产开采、黄金

假定（按照我们现在的说法）没有套利、市场完备且充分竞争、没有不确定性，霍特林（1931）得到这样一个结论：可耗竭资源（如稀有金属、铜、

⊖ 见赫舒拉发（1958）：《论最优投资决策》（*On the Theory of Optimal Investment Decision*），载于《政治经济学学刊》第66卷，第4期（1958年8月），pp.329～352。

石油等）的价格必然以无风险利率的速度增长。这通常被称为"霍特林法则"。我们假定 P_0 为每单位资源今天的价格，每年的无风险利率为 r，那么在 $t>0$ 年之后，每单位资源的价格将变为 $P_t=P_0r^t$。他的理由如下，在竞争均衡状态下，资源的开采速度应该保持在这样一个水平：在两个时期之间转移开采不再带来任何边际收益。这样，不管资源拥有者决定在今天还是在今后某天（ $t>0$ ）开采并销售资源，他拥有资源的现值都是一样的。但是如果这是真的，那么未贴现的价格就必须以无风险利率的速度增长，即如果 $P_0=PV_0(P_t)$，则 $P_t=P_0r^t$。由于存在开采成本，该法则的含义应该修改为扣除开采成本之后的价格应该以 $r-1$ 的速度增长。接着，霍特林指出，人们对可耗竭资源会迅速耗竭的普遍担忧是没有必要的。只要资源行业是竞争性的，资源就会以社会最优的速度进行开采，而且无须政府干预。

霍特林自己没有将法则推广到不确定的情况，而是将工作留给了他人。在这里，我们有必要区分两种不确定性：①供给不确定，原因可能来自开采成本、矿容量或者勘探速度；②需求不确定（即使用资源的未来价值）。金融经济学家对后者尤其感兴趣。比如，假设有一口油井，我们知道它的容量和开采成本，那么它的开采速度应该是多少？奥克塔维奥 A.图里奥（1979）首次把这个问题当作期权来进行分析。他比较了两种选择，一是选择开采资源，一是选择执行一个永久保护性的美式看涨期权，标的是成交价已知且固定的石油价格（比如开采成本）。正如一个人绝不会优先提前执行这样一个看涨期权一样（萨缪尔森 – 默顿，1969），这个人应该同样不会开采石油。然而，与之相矛盾的是，现实生活中人们仍然在开发石油。图里奥的回答是，因为开采成本以足够快的速度增长，使得开采达到最优水平。然而，如果开采成本是固定的，图里奥就仍没解开这个谜团。很显然，即便开采成本已知而且

⊖ 见图里奥（1979）：《自然资源储备的期权价值》（*The Option Value of Reserves of Natural Resources*），未发表的手稿（1979 年 9 月），加州大学伯克利分校。

是固定的，经济系统也不会选择永不消费石油。虽然之后的分析大部分解决了有关用于消费的可耗竭资源的这个谜团，但对于像黄金这样主要用于投资而不是消费目的的资源，这个问题仍悬而未决。即便我们不用担心私人金矿会被国家征收，这个问题还是存在的。

1990 年，迈克尔·约翰·布伦南在美国金融学会主席致辞中分析了如下问题：如果黄金主要是用于投资目的，开采成本的增长速度又慢于利率，而且金矿不会被国家征收，那么金矿所有者为什么要开采黄金呢？这个开采黄金的机会就类似于一个永久性美式看涨期权，人们不会提前执行。然而，布伦南观察到，企业仍然在开采。他认为，这是因为如果要让公司股票有个合理估值，企业需要开采黄金向投资者证明它们确实拥有它们宣称的黄金储备量。[⊖]然而，布伦南的解释给我的感觉则是难以令人信服。不过，就像夏洛克·福尔摩斯所说的，一旦我们分析并拒绝了可能的解释，不管剩下的是多么不可能，都肯定是真的。

∽ ∽ ∽

1933 年《股票市场预测师真的具有预测能力吗？》

阿尔弗雷德·考尔斯三世（1891 年 9 月 15 日—1984 年 12 月 28 日）发表了《股票市场预测师真的具有预测能力吗？》（*Can Stock Market Forecasters Forecast*？），载于《计量经济学》第 1 卷，第 3 期（1933 年 7 月），pp.309 ～ 324。

投资业绩、有效市场

考尔斯（1933）可能是第一本公开出版的对专家"战胜市场"能力进行

⊖ 见布伦南（1990）：《隐藏性资产》（*Latent Assets*），载于《金融学学刊》第 45 卷，第 3 期（1990 年 7 月），pp.709 ～ 730。

统计检验的著作。考尔斯分析了 1928 ～ 1932 年期间 16 家金融机构对个股的 7500 个推荐意见。他对样本进行了如下特征描述：

> 预测者包括各个代表性领域的知名机构，它们大部分都规模庞大、资金充裕，聘用能力非凡的经济学家和统计学家……一些预测者看起来似乎得到了德尔斐神谕的指示，用一些模棱两可的语言来表达他们的预测。（p.309）[15]

依据推荐意见得到的年投资收益比市场平均收益低 1.4%。考尔斯比较了实际预测者的收益分布与由随机挑选股票组成的投资组合收益的分布，他发现，还是没有显著的统计证据表明预测者的能力强过市场。他还考察了 20 家顶级火险公司的投资与 24 份金融出版物的预测，仍没有找到能够战胜市场的证据。而且，那些最失败的投资者似乎比随机投资的业绩还要差。

1968 年，J.G. 克拉格和伯顿 G. 马尔基尔提供了一份与考尔斯类似的最新研究。他们着重考察了证券分析师预测公司未来盈利的准确度。令他们惊讶的是，他们发现分析师的预测并不比我们根据过去的盈利增长进行简单推算来得更准确。⊖

§§§

1934 年《证券分析：原理与技术》

本杰明·格雷厄姆（1894 年 5 月 8 日—1976 年 9 月 21 日）和戴维

⊖ 见克拉格 – 马尔基尔（1968）：《对公司盈余增长预测的一致性与精确性》（*The Consensus and Accuracy of Some Predictions of the Growth of Corporate Earnings*），载于《金融学学刊》第 23 卷，第 1 期（1968 年 3 月），pp.67 ～ 84。

L. 多德 出版了《证券分析：原理与技术》(*Security Analysis : Principles and Technique*)(McGraw-Hill，1934 年)；多次修改后，作者包括杰明·格雷厄姆、戴维 L. 多德和西德尼·考特勒 (McGraw-Hill，第 4 版，1962 年)。

1949 年《聪明的投资者》

本杰明·格雷厄姆 出版了《聪明的投资者》(*The Intelligent Investor*)，第 4 版 (HarperCollins，1973 年)，首次出版于 1949 年。

证券分析、基本面分析、资本结构、增长与价值、再平衡、定投法、有效市场、数理金融、投资业绩的极端值

在最为著名的有关股票市场的著作中，格雷厄姆和多德（1934）宣称，考察投资价值以及设计投资技巧的最基本方法是分析资产负债表和利润表。从随后的研究发展来看，他们的主要不足在于：①没有充分考虑投资分散化的作用；②没有考虑风险在均衡状态下对价值决定的影响；③没有充分考虑促使市场信息有效的因素。

格雷厄姆和多德对企业资本结构相关性问题的探讨很有启发性。他们比较了 3 家企业，它们每年的经营现金流相同（都是 1 000 000 美元），但资本结构不同，可参见表 1-5。

表 1-5 （单位：美元）

企业	股票收益	股票价值	债券价值	企业总价值
A	1 000 000	10 000 000	—	10 000 000
B	750 000	7 500 000	5 000 000	12 500 000
C	500 000	5 000 000	10 000 000	15 000 000

假设债券的利率为 5%，股票价值与股票收益比率为 10∶1。这样，对企业 B，股票收益 = 1 000 000 − (0.05 × 5 000 000) = 750 000；对企业 C，股票收益 = 1 000 000 − (0.05 × 10 000 000) = 500 000。依据 10∶1 的资本化

率，企业 B 的股票价值 = 750 000 × 10 = 7 500 000；企业 C 的股票价值为 = 500 000 × 10 = 5 000 000（pp.461 ～ 463，原始版，1934）。

他们立即发现，这个情况是他们始料未及的，因为具有相同现金流的 3 家企业居然总价值不同。这个表格告诉我们，企业一旦改变资本结构，企业价值就会受到影响。这引发他们提出一个问题："资本结构的随意变动是否能改变企业价值？"在更详细的考察之后，格雷厄姆和多德指出，企业 A 的股票其实可以解释为企业 B 的债券与股票的组合。因此，理论上，企业 A 的股票价值应该为 =5 000 000 + 10 × （1 000 000−0.05 × 5 000 000）=12 500 000。这与莫迪利亚尼 – 米勒（1958）和莫迪利亚尼 – 米勒（1969）的分析已经极为接近。此时格雷厄姆和多德距离投资史上最为重要的思想之一仅有一步之遥。遗憾的是，他们紧接下来的分析却偏离了前途光明的大道：

> 但是在现实生活中，企业 A 的 12 500 000 的股票价值通常无法被实现。显而易见的理由是，普通股的购买者不会意识到普通股发行中存在"债券组成部分"；而且在任何情况下，投资者都不希望出现这个债券构成，因而不愿意为此进行额外支付。这个事实告诉了证券购买者以及企业管理层一个重要原则，那就是：
>
> 企业最适宜的资本结构中，高级证券的组成部分应该是可以安全发行并用于投资购买的证券。（p.463）

格雷厄姆（1949）在其投资经典之作《聪明的投资者》中有力地阐述了他的投资哲学。被称为"价值投资之父"的格雷厄姆建议人们：应该在仔细分析企业基本面的基础上进行投资，要密切关注市盈率（P/E）、股息率以及证券分析中使用的其他工具，只投资于那些股票市场价值尚未偏高于企业有形资产价值的股票。虽然有些成长型股票事后显示收益率很高，但格雷厄姆认为，这些股票的价格可能发生不可预测的极端波动，投资的风险太大，不值得推荐。他的基本原则是将可投资财富在高等级债券与由 10～30 只股票组成的投资组合之间进行划分，保持两类投资占总财富的比例至少为 25%。然后定期进行调整实现预定的目标比例。他还推荐定投法，即投资者定期投入相同金额购买普通股，而不是一次性投入。他认为"按照这种方法，当市场下跌时投资者可以买入更多股份；而当市场上涨时，投资者买入的股份较少。这样，投资者最终的平均价格较为理想"（p.10）。虽然格雷厄姆的结论是对的，但他从中得出的推论却是不对的。股票价格的降低并不意味着投资者的财富会更多。

可惜，格雷厄姆的有些指示不过是一些陈旧的老生常谈。如，他写道：

"为了让自己的收益持续地高于平均收益，投资者必须遵循的原则是①合理且有前途的，②在华尔街不流行的"（p.13），以及"投资者越是依赖于他的投资组合及其收益，他就越要小心那些意想不到的、令人不安的事情。显然，保守的投资者应该努力将风险最小化"（p.25）。

格雷厄姆认为，机敏的投资者总能找到足够的机会获取超额利润：

那些不能承担风险的投资者应该满足于相对较低的投资收益率，这是一个古老而且合理的原则。自此人们形成了一个基本观点：投资者的目标收益率与他愿意承担的风险程度成正比。我们的观点则不同。投资者追求的收益率应该取决于他们投入到工作之中的智慧多少。（p.40）[16]

这与"有效市场"的观点直接相左。支持有效市场的人认为，再多的"智慧努力"都是徒劳的，收益与风险平衡才是主导因素。

那么，格雷厄姆是如何看待在投资股票中使用高级数学方法发现市场无

效的呢？他在 1958 年 5 月递交给全国证券分析师协会联盟年会上名为"普通
股新型投机方式"的发言（再版于《聪明的投资者》的附录，pp.315 ～ 325）
中给出了如下回答：

> 在华尔街 40 年的工作和学习过程中，我从未见到人们使用可信
> 的计算方法评估普通股价值或者相关的投资政策。我所看到的只是
> 一些简单的数学算术，顶多用到最基本的代数方法。要是有人使用
> 高等代数中的微积分，别人就会警惕地认为该分析员正试图用理论
> 代替经验，而且试图戴着投资的假面具从事投机活动。（p.321）[17]

批判格雷厄姆投资哲学的人在他非凡的投资业绩面前不得不折服。在
1929 ～ 1956 年，格雷厄姆每年的收益率达到 17%。更为尴尬的是，这些批
判者还要面对格雷厄姆最出名的学生——沃伦 E. 巴菲特——这个 20 世纪最
负盛名、最成功的股票投资家，他的投资成果以及他对格雷厄姆坚定不移的
支持。1984 年巴菲特在哥伦比亚大学《证券分析师》发行 50 周年庆典上的
致辞稿改编成了论文，在论文中他欣然承认，当投资者足够多时，只要随机
挑选股票就能让部分投资者获得超额收益。⊖但他指出，如果你能在他们成功
之前找到这些投资者，而且，举个例子，如果你发现他们中有大部分人是来
自奥马哈，同时这些人是独立进行投资，那么你就能肯定在奥马哈一定有什
么因素促成了人们投资成功。在一份非正式的经验验证中，巴菲特从 9 个异
常成功的投资者身上总结了两个共同点：①他们在成功之前就都被巴菲特判
断为可能成功的投资者；②他们都基本上遵循本杰明·格雷厄姆原则。正如
他写道：

> 不用说，格雷厄姆 – 多德型的投资者都不会关心贝塔、资本资

⊖ 见巴菲特（1984）：《做一个格雷厄姆 – 多德式的超级投资者》（*The Superinvestors of Graham-and-Doddsville*），载于《聪明的投资者》的附录，pp.291 ～ 313。

产定价模型或者证券收益协方差等。这些对他们而言毫无意义。事
实上，他们中的大多数对这些名词可能都不熟悉。投资者只需要关
注两个变量：价格和价值。(p.294) [18]

虽然这些投资者都遵守相同的基本原则，但他们挑选的证券却各不相同，
因此他们的投资组合表面上看起来是相对独立的。巴菲特总结他对"有效市
场"的态度为：

> 我确信，市场存在诸多无效率。格雷厄姆-多德型的投资者已
> 经成功发现了价格与价值之间存在差距。当股票价格受到华尔街
> "领头羊"的影响，由那些最感性的人，或者最贪婪的人，抑或是最
> 抑郁的人来控制 [19] 时，我们很难说市场价格总是有效的。事实上，
> 市场价格常常是非理性的。(p.299) [20]

当然，在巴菲特的样本中，复利年收益率最高的是他自己的合伙企业。
从 1957～1969 年企业的年收益率为 29.5%（有限合伙人的收益率为 23.8%），
而同期持有道琼斯工业平均指数的一般投资者的收益率只有 7.4%！更令人瞠
目的是巴菲特的控股公司伯克希尔·哈撒韦公司。1965～2001 年，该公司
账面每股复利年收益率为 22.6%。而标普 500 指数含股息的收益率仅为 11%。
在这 37 年中，只有 4 年伯克希尔·哈撒韦公司的业绩低于标普 500 指数。尤
其是 1980～1998 年这连续 10 年间，公司每年的业绩都超过标普 500 指数。

在某种意义上巴菲特存在"欺骗"行为。事实上，和众多机构投资者一
样，巴菲特并不是个消极的投资者。相反，他总是持有少量公司的大量股权，
这样，他可以影响公司的内部投资决策和成本控制制度。极少有人会认为实
体资本市场是有效的。在许多情况下，只有破产压力才能防止公司管理层做
出低效率的生产性投资决策。[21] 相反，在没有交易成本的有效股票市场中，
从事前来看没有很逊的投资者，因为所有价格都是公平的。

另一个著名的投资家是彼得·林奇。他管理富达投资公司的麦哲伦共同基金长达 13 年之久，从 1977 年一直到 1989 年。在这期间，有 11 年的时间麦哲伦的业绩超过标普 500 指数，每年的复利收益率平均为 28%。而同期标普 500 指数的年收益率为 17.5%。更令人吃惊的是，在基金设立之初的前 7 年，基金规模还不是很庞大，基金每年的收益率比标普 500 指数高出 15%。艾伦 J. 马库斯于 1990 年提出这样的疑问：麦哲伦业绩颇丰，到底是因为它运气好呢？还是因为它投资技能高超？[⊖]假设每年一只基金的业绩超过市场的概率为 1/2。那么，该基金因为运气在 13 年中有 11 年的业绩都碰巧超过市场的概率是 $[13!/(11! \times 2!) + 13!/(12! \times 1!) + 13!/(13! \times 0!)](1/2^{13}) \approx 0.01$。不过，正如马科斯所指出的，我们是在事后才知道而不是事前就知道麦哲伦是个市场赢家。既然这样，我们应该问：在全球所有基金中，表现最佳的基金能在 13 年中至少有 11 年的业绩都碰巧超过市场的概率是多少呢？对 500 只竞争性基金 13 年的模拟试验显示，业绩最佳的基金在 13 年中至少有 11 年的业绩都碰巧超过市场的概率是 99.8%。按此说来，我们就很难说麦哲伦是个佼佼者了。

但是，如果我们问：500 只基金在 13 年的时间中，当市场收益率为 17.5% 时，业绩最佳的基金碰巧年收益率超过 28% 的概率是多少？该问题的答案取决于他们的投资组合中碰巧挑选的基金的收益的概率分布。为了得到具体答案，马科斯假定，概率服从正态分布，单年的收益标准差为 10%（均值为 17.5%）。在 13 年内，年复合收益率的标准差为 $10\%/\sqrt{13}=2.77\%$。根据马科斯的粗略估计，麦哲伦业绩碰巧出现的概率为 17%。但是，该数字可能并不准确，因为我们分析基金业绩的时间段是事后挑选的，因此，实际的概率数字可能远远大于马科斯计算的结果。与马科斯的结论相反，有人怀疑，

⊖ 见马库斯（1990）：《麦哲伦基金与市场效率》（*The Magellan Fund and Market Efficiency*），载于《投资组合管理学刊》第 17 卷，第 1 期（1990 年秋季号），pp.85 ～ 88。

如果我们改变分析期，另选一个 13 年，我们可能就不难发现，其实在美国共同基金的发展史上，所有业绩不菲的共同基金可能都和麦哲伦一样优秀。

$\backsim \backsim \backsim$

1936 年《就业、利息与货币通论》

约翰·梅纳德·凯恩斯（1883 年 6 月 5 日—1946 年 4 月 21 日） 出版《就业、利息与货币通论》（*The General Theory of Employment, Interest and Money*）（Macmillan, 1936 年），以下简称《通论》，再版（Easton Press, 1995 年）。

市场理性、市场心理学、市场与选美大赛及赌博、风险与不确定性、流动性偏好

直到 1936 年凯恩斯撰写《通论》的时候，许多经济学家仍将股票市场看成一个不适用经济学逻辑的赌博场所。凯恩斯（1936）旗帜鲜明地阐述了如下观点：

> 现有投资利润的日常波动虽然看起来是短暂、不重要的，但它们集合起来就会对市场产生巨大甚至荒诞的影响。譬如，夏天，冰的利润较高，美国制冰企业的股价就相对较高；而在冬天没人需要冰块时，企业的股价就较低。传统观念认为价值是大量无知个体的群体心理作用的结果。不过，这种传统观念即将发生巨大变化。因为，人们的观点可能突然发生转变，而且转变的原因跟对价格的心理预期可能并没有什么关系，只是因为他们没有非常强有力的理由坚持原有观点。尤其是在非常时期，虽然没有明确的理由显示一定会发生变化，但现有状态无限期持续的可能性不如平时大。此时，

市场就会受到客观情绪与悲观情绪波动的影响。在没有理性计算的坚实基础的情况下，这些情绪波动不一定是合理的但却是合法的。

但是有一点特别值得我们关注。可能有人曾提出，专业投资者具有超出一般投资者的判断技能与知识，他们之间的相互竞争可以纠正无知个体的无常行为。但是，这些专业投资者和投机者的精力和技能往往已经过度用在了其他地方。实际上，他们中的大部分并没有费心对可能的投资项目做出长期的预测，而是设法比公众投资者提前一点按照传统的估值方法预测变化。他们并不关心一项投资对买入并持有它的投资者而言价值几何，而只在乎在群众心理作用下 3 个月或者 1 年的时间内市场会如何对它估值。（第 7 章，pp.153 ～ 155）[22]

接着凯恩斯道出了著名的股票市场与选美比赛的比较：

专业投资就好比那些报纸之间的竞争。每个竞争者都要从 100 幅照片中挑出 6 张最美的面孔。谁挑的照片能获得所有竞争者的一致好评，谁就能赢得奖项。因此，每个竞争者挑选的面孔并不是他自己认为最漂亮的，而是他认为其他所有竞争者可能最喜欢的。所有竞争者都是按照同样的思路来进行挑选。人们不是根据自己的标准挑选最漂亮的，也不是根据大家的标准进行挑选。而是在第三个层次，人人都把精力花在你猜我所想、我猜你所想的预测上。我想，可能还有人做着第四层、第五层或者更高层次的猜测。（第 7 章，p.156）

因为上述观点的盛行，我们就不难理解为什么对股票市场展开严肃的研究耗费了如此长的时间。

为了解释他的著作，凯恩斯在 1937 年的文章中支持了奈特（1921）对风

险与不确定性的区分：

> 说起计算概率，我们把它放在次要位置。但是计算概率被认为可以将不确定性转化为与确定性一样可以计算的状态；就如同边沁主义者计算痛苦与幸福、优势与劣势一样。……然而事实上，我们对行为的最直接后果通常仅有极为模糊的认识。

> 就不确定性问题，让我来解释一下。我的目的不是仅仅区别确定的事物与可能发生的事物。在这里，轮盘游戏并不属于不确定性事物……我所说的不确定性类似于爆发欧洲大战是不确定的，20年后铜价以及利率是不确定的……对于这些事物，我们无法找到一个科学的方法准确计算其概率，因为我们根本不知道事情会如何进展。然而，为了采取行动以及做出决策，我们不得不忘掉这个尴尬的事实，努力进行预测。就像边沁主义者有模有样地计算各种可能的优势与劣势，然后乘以各自的概率，再进行加总。

> 在这种情况下，我们应该怎么做才能维护我们作为理性、经济人的面子呢？我们刻意设计了许多技巧……

> （1）我们假设，比起通过公正审视过去的经验从而揭示迄今为止的事情而言，"现在"可以为我们提供更多预测未来的帮助。换句话说，我们忽略了未来某些我们根本不知道的事物会发生变化的可能。

> （2）我们假定，通过价格表达出来的现有观点以及现有产量特征是基于对未来预期的正确汇总，因此可以接受它，除非哪天出现某个新的相关事件。

> （3）我们明白个人的判断是没有价值的，而且我们认为其他人

⊖ 见凯恩斯（1937）：《就业通论》(*The General Theory of Employment*)，载于《经济学季刊》第51卷，第2期（1937年2月），pp.209～223。

可能比我们了解的信息更多，因此我们尽量依靠其他人的判断。也就是说，我们在努力向大多数人或者一般人的观点靠拢。

……所有这些为精美会议室以及完美管制市场而设计的漂亮的、文雅的技巧，都是站不住脚的。任何时候那种模糊的恐慌以及既模糊又不合理的希望都没有得到真正的满足，而是潜藏在表面下。（pp.213～215）[23]

接着，凯恩斯用这一观点证明了利率的另一个影响因素：流动性偏好，这是费雪（1930）尚未提及的。凯恩斯指出，有些人就喜欢储存资金。即便把资金放起来并不能给他带来任何明显的收益，但是为了保留一定的流动性以备将来不时之需，他也愿意将资金存放起来。这样，为了让那些偏好流动性的人们拿出资金，有息证券就需要给予他们一定补偿。此时的利率就高于没有流动性偏好情况下的利率。

∽ ∽ ∽

1938 年《投资价值理论》

约翰·伯尔·威廉姆斯（1899—1989 年） 出版了《投资价值理论》(*The Theory of Investment Value*)(Harvard University Press，1938 年); 后再版 (Fraser Publishing，1997 年)。

现值、股利折现模型、永续股利增长公式、套利、折现收益与股利、价值可加性、迭代现值、资本结构、投资价值守恒原理、大数定律、边际投资者

威廉姆斯是首批将股价解释为由"内在价值"（即折现股利）决定的经济

学家之一。他于 1938 年出版的经典著作《投资价值理论》值得我们永远欣赏。哈里 M. 马科维茨在他的诺贝尔获奖自传中写道:"有一天我在图书馆阅读约翰·威廉姆斯的《投资价值理论》时,投资组合理论的基本概念就突然出现在我脑海里"。⊖虽然我们已经知道并不是威廉姆斯发明了现值的概念,但他扩展了该概念,并提出,在确定条件下,股票的价值等于它所有未来股利的现值。威廉姆斯的基本现值公式为:

$$P_0 = \frac{\sum_{t=1,\cdots\infty} D_t}{r\ (t)^t} \qquad (1\text{-}17)$$

其中,D_t 为第 t 期支付的股利,$r(t)$ 为第 t 期收益折现到现在(第 0 期)的无风险折现率,P_0 为股票的现在(第 0 期)价格。要得到该公式,我们可以先从递归关系式 $P_t = (D_{t+1}+P_{t+1})/r(t+1)$ 入手。我们从时间 T 一直推到时间 0 就得到 $P_0 = \left[\sum_{t=1,\cdots,T} D_t/r(t)^t\right] + P_T/r(T)^T$。然后让 $T=\infty$ 就得到上式。

现代观点认为该公式是根据无套利原理推出来的。我们先看看在时间 t 收到一笔现金 D_t 的现值。现值 $PV_0(D_t)$ 的意思是,为了在时间 t 得到现金 D_t,现在需要拿出多少资金? 如果今天投资 $D_t/r(t)^t$ 购买将于时间 t 到期的无风险零息债券,并持有至时间 t,该投资在时间 t 就可以增长为 (D_t/r^t) $r^t = D_t$。因此,$D_t/r(t)^t$ 一定是 D_t 的现值。它也肯定是要想在时间 t 得到现金 D_t 你今天必须投入的资金,因为在该投资与零息债券之间不存在套利机会。更具体地说,在时间 0 的现值 $PV_0(D_1, D_2, \cdots, D_t, \cdots)$ 就是为了在时间 1 得到 D_1,在时间 2 得到 D_2,……在时间 t 得到 D_t,……你今天必须购买无风险零息债券的金额。用公式可以清晰表达为:

$$PV_0(D_1, D_2, \cdots, D_t, \cdots) = \frac{\sum_t D_t}{r\ (t)^t} \qquad (1\text{-}18)$$

⊖ 见马科维茨(1991):《投资组合理论的基础》(*Foundations of Portfolio Theory*),1990 年诺贝尔奖演讲,诺贝尔基金会,1991 年,p.292。

威廉姆斯认为应该将股利而不是收益进行折现。他还引用了一位老农夫给儿子的忠告（p.58）：

> 养母牛是为了挤奶，
>
> 养母鸡是为了生蛋，
>
> 买股票就是为了获得股利。

他在书中还推导了一笔永续、持续增长的收入流的现值公式：$P_0 = D_1 / (r - g)$，其中，r 为固定的无风险年折现率，g 是股利每年的固定增长率。

···

对永续股利增长公式的证明

证明如下。设 $a \equiv D_1 / r$ 且 $x \equiv g / r$。则 $P_0 = a(1 + x + x^2 + \cdots)$。等式两边都乘以 x 就得到：$P_0 x = a(x + x^2 + x^3 + \cdots)$。用该式减去 P_0，就得到 $P_0(1 - x) = a$。将 a 和 x 的表达式代入上式，就得到 $P_0[1 - (g/r)] = D_1 / r$。移项最后得到 $P_0 = D_1 / (r - g)$。

···

威廉姆斯使用的其实是公式 $P_0 = D_0 x / (1 - x)$ ⊖，并指出，股价有界要求 $g < r$。该公式经迈伦 J. 戈登和伊莱·夏皮罗重新阐述后，后来被普遍、错误地称为"戈登增长公式"。[24] ⊖

戈登和夏皮罗通过将公式改写为 $k = (D_1 / P_0) + g$，使得该公式广为流传。k 在确定条件下等于 r，但在不确定条件下可以理解为股票的期望收益率。把该期望收益分解为两部分：股利收入与增长，这样就把威廉姆斯的公式变成投资专家们共同使用的语言。例如，在 20 世纪 60 年代早期，虽然美国钢铁公司的股利收入高于 IBM，但 IBM 的 k 以及 P/E 比率则较高，这是因为 IBM

⊖ 见他的书中第 88 页，公式（17a）。

⊖ 见戈登－夏皮罗（1956）：《资本设备分析：要求利润率》（*Capital Equipment Analysis：The Required Rate of Profit*），载于《管理科学》第 3 卷，第 1 期（1956 年 10 月），pp.102 ～ 110。

的增长非常迅速。

在现值计算中有两个非常有用的推论：

推论1，价值可加性定理：现金流之和的现值等于现金流现值之和：

$$PV_0 (D_1, D_2, \cdots, D_t, D_{t+1}, D_{t+2}, \cdots, DT)$$

$$= PV_0 (D_1, D_2, \cdots, D_t) + PV_0 (D_{t+1}, D_{t+2}, \cdots, DT) \qquad （1-19）$$

推论2，迭代现值定理：从时间 $t+1$ 开始的一系列现金流在时间 0 的现值等于该系列现金流在时间 t 的现值再折现到时间 0 的现值：

$$PV_0 (D_{t+1}, D_{t+2}, \cdots, DT) = PV_0 \left[PV_t (D_{t+1}, D_{t+2}, \cdots, DT) \right] \qquad （1-20）$$

······

有限年金现值公式的推导与应用

有了上面两个推论，我们就可以轻松地得到一笔有限时期、固定增长现金流的简单公式；该现金流公式可以表达为：$D_2 = D_1 g$，$D_3 = D_1 g^2$，$D_4 = D_1 g^3$，$\cdots$，$DT = D_1 g^{T-1}$。在这个例子中，我们可以将该笔现金流的现值理解为两笔永续增长股利收入流的差异，其中第二笔从时间 $T+1$ 开始：

根据推论1，得到：$PV_0 (D_1, D_2, \cdots, DT) = PV_0 (D_1, D_2, \cdots) - PV_0 (D_{T+1}, DT_{+2}, \cdots)$

根据推论2，得到：

$$PV_0(D_1, D_2, \cdots, D_T) = PV_0(D_1, D_2, \cdots) - PV_0 \left[PV_T(D_{T+1}, D_{T+2}, \cdots) \right]$$

$$= PV_0(D_1, D_1 g, D_1 g^2, \cdots) - \left(- \right) \left[PV (D_1, D_1 g, D_1 g^2, \cdots) \right]$$

$$= \frac{D_1}{r-g} - \left(\frac{g}{r} \right)^T \left(\frac{D_1}{r-g} \right) = \frac{D_1}{r-g} \left[- \left(\frac{g}{r} \right)^T \right]$$

应用上述结果的一个很好的例子就是求这样一笔系列现金流的现值：该现金流从时间 t 到 $t+1$ 以 g_1 速度增长，而从时间 $t+1$ 开始到时间 T 则以 g_2 速度增长。那么：

$$PV_0(D_1, D_2, \cdots, D_t, D_{t+1}, D_{t+2}, \cdots, D_T)$$
$$= PV_0(D_1, D_2, \cdots, D_t) + PV_0(D_{t+1}, D_{t+2}, \cdots, D_T)$$
$$= PV_0(D_1, D_2, \cdots, D_t) + PV_0 \left[PV_t(D_{t+1}, D_{t+2}, \cdots, D_T) \right]$$
$$= PV_0(D_1, D_1 g, \cdots, D_1 g^{t-1}) + PV_0 \left[PV_t(D_1 g_1^t, D_1 g_1^t g_2, \cdots, D_1 g_1^t g_2^{T-t-1}) \right]$$
$$= PV_0(D_1, D_1 g_1, \cdots, D_1 g^{t-1}) + \left(\frac{g_1}{r} \right)^t \left[PV_t(D_1, D_1 g_2, \cdots, D_1 g_2^{T-t-1}) \right]$$
$$= \left(\frac{D_1}{r - g_1} \right) \left[1 - \left(\frac{g_1}{r} \right)^t \right] + \left(\frac{g_1}{r} \right)^t \left(\frac{D_1}{r - g_2} \right) \left[1 - \left(\frac{g_2}{r} \right)^{T-t} \right]$$

沿着棣莫弗（1725）和哈雷（1761）的足迹，威廉姆斯还进一步深入分析，得到了一系列一般化的结论。例如，股利在以稳定速度增长 n 年之后，突然变为第 n 年的 2 倍：

$$P_0 = \frac{D_1}{r^n} \left\{ \left(\frac{g^n - r^n}{g - r} \right) + \left[\frac{2gr - r - 1}{(r-1)(gr-1)} \right] \right\}$$

威廉姆斯在书中还首次分析了后来被莫迪利亚尼和米勒（1958）称为资本结构无关的观点，只不过威廉姆斯将其称为"投资价值守恒原理"。威廉姆斯用 19 世纪优雅的文笔写道：

如果整个企业对于证券持有者的投资价值等于它所有未来利润分配（包括利息与股息）的现值，那么企业的投资价值就与企业的资本结构无关。显然，如果某个人或某一机构投资者持有企业发行的全部债券、股票与权证，那么企业的资本结构对他而言毫不重要（除了与所得税相关的细节）。用于支付利息的部分不能拿来支付股利。对于该投资个体而言，企业支付利息与股利的总能力显然并不取决于企业发行给所有者的证券类型。而且，企业资本结构的变化不会给企业的整体投资价值带来任何改变。债券到期后发行股票，或者两类低级证券合并为一种等，都不会改变企业的整体投资价值。投资价值的这种稳定性就类似于物质或能力的不灭性。因此我们可以将其称为"投资价值守恒原理"，就如同物理学家称"物质守恒原理"或者"能量守恒原理"一样。（pp.72～73）[25]

虽然上述论述没有使用"套利"这样的字眼，但在接下来的一段论述中威廉姆斯说道，他提出的原理在现实生活中并不适用（他尚未理解后来我们所说的信息有效市场的概念），只不过是为"企业证券的推销商以及投资银行留下了利润空间"。从威廉姆斯对联合公司（United Corporation）的案例分析可以看出，他清楚地看到了在企业调整资本结构时"推销商"是如何利用投资者评估证券技巧的不成熟来获取利润的。一旦投资者明白了投资价值守恒原理，他们就会挫败推销商的阴谋。

威廉姆斯很少提及风险对价值的影响（pp.67～70），因为他相信所有风险都是可以分散掉的：

> 我们计算一项风险证券价值的惯用方法就是在纯利率基础上加上一定的"风险溢价"，然后用这个作为折现率去折现未来收入。……然而，严格来讲，只要价格是正确的，我们购买债券就不存在风险。如果投资足够分散化，那么收益将弥补损失，我们可以获得一个基于纯利率的收益率。最终净风险变为零。（pp.67～69）[26]

可惜威廉姆斯还不成熟，在这点上出现了差错，使得随后的研究比他的著作更为有名。在有关伯努利（1713）提出的大数定律问题上，奈特（1921）也犯过类似的错误。

由于1938年威廉姆斯还没有看到马科维茨（1952年3月）以及罗伊（1952）的著作，他没有理解投资组合的观点。在分析股票在不同投资者之间分配的问题时，威廉姆斯强调，不同的投资者对其持有的股票价值有着不同的看法。但是，他相信，对某只股票估值较高的投资者将最终拥有该股票的所有股份。他并未意识到，即便某些股票不是你的最初选择而且看起来价值被高估了，但同时持有不同的股票可以通过分散化很好地降低风险。因此，他认为，决定股票价格的唯一投资者是那个在所有持有该股票的乐观投资者中相对而言最悲观的那个边际或者最后投资者。随着后来马科维茨与罗伊观点的出现，在没有卖空交易（威廉姆斯隐含假设）的情况下，现代观点认为：只要股票价格上升，目前持有该股票的投资者就愿意再持有更多，因此股票价格并不仅仅取决于边际投资者的偏好与信念，而是取决于持有该股票的一般投资者的偏好与信念。

∽ ∽ ∽

1938 年《自 1856 年以来美国利率、债券收益率与股价运动所反映的一些理论问题》

弗雷德里克 R. 麦考利 出版了《自 1856 年以来美国利率、债券收益率与股价运动所反映的一些理论问题》（*Some Theoretical Problems Suggested by the Movements of Interest Rates，Bond Yields，and Stock Prices in the U.S.since 1856*），美国国家经济研究局（Columbia University Press，1938 年）；后再版（Risk Publications，2000 年）。

久期、久期的四个特征、利率平移、套利

债券的"久期"也就是从债券收回现金流的平均时间是多长。对于零息债券，久期显然是它的到期时间。但对于附息债券，久期就肯定小于到期时间。假设 X_t 为时间 t 债券的现金流，$r(t)$ 为时间 t 到期的零息债券的年收益率。则 $B=\sum_t X_t/r(t)^t$ 就是债券的现值。麦考利（1938）（详见 pp.43 ~ 53）

提出，债券的久期 D 等于：

$$D = \sum_t \left[\frac{X_t / r(t)^t}{B} \right] \times t \qquad (1\text{-}21)$$

其中，求和是从时间 1 一直加到时间 T（债券最后一笔现金流的时间）。因此，麦考利定义的久期其实是收回债券现值的平均值的时间。它有几个很好的特征：第一，零息债券的久期等于它的到期时间；第二，债券组合的久期等于其组成债券久期的加权平均，权重等于各债券的相对价值。

....

对久期的可加性特征的证明

要证明久期的可加性特征，我们来看看两笔债券 1 和 2：

$$D_1 = \sum_t \left[\frac{X_t^1 / r(t)^t}{B_1} \right] \times t$$

$$D_2 = \sum_t \left[\frac{X_t^2 / r(t)^t}{B_2} \right] \times t$$

构建一个由这两笔债券组成的投资组合，组合的总价值 $B \equiv B_1 + B_2$。再看看这两笔债券久期的加权平均：$(B_1/B) D_1 + (B_2/B) /D_2$。代入久期的公式后得到：

$$\left(\frac{B_1}{B} \right) D_1 + \left(\frac{B_2}{B} \right) D_2 = \left(\frac{B_1}{B} \right) \left\{ \sum_t \left[\frac{X_t^1 / r(t)^t}{B_1} \right] \times t \right\} + \left(\frac{B_2}{B} \right) \left\{ \sum_t \left[\frac{X_t^2 / r(t)^t}{B_2} \right] \times t \right\}$$

$$= \left\{ \sum_t \left[\frac{(X_t^1 + X_t^2) / r(t)^t}{B} \right] \times t \right\}$$

$$= D \text{（组合的久期）}$$

....

第三，如果远期利率未变，而且债券组合在时间 t 和时间 $t+1$ 之间没有现金流，那么如果债券组合在时间 t 的久期为 D，则它在时间 $t+1$ 的久期为 $D-1$。

对久期的时间减法特征的证明

第三个特征的证明：久期时间上的变化。考虑一个 3 期附息债券：

$$X_1=0,\ X_2>0,\ X_3>0$$

在时间 0 的久期为

$$D_0 = 2\left\{\left[\frac{X_2}{f(1)f(2)}\right]\Big/\left(\left[\frac{X_2}{f(1)f(2)}\right]+\left[\frac{X_3}{f(1)f(2)f(3)}\right]\right)\right\}+$$

$$3+\left\{\left[\frac{X_3}{f(1)f(2)f(3)}\right]\Big/\left(\left[\frac{X_2}{f(1)f(2)}\right]+\left[\frac{X_3}{f(1)f(2)f(3)}\right]\right)\right\}$$

假定远期利率不变，则在时间 1 的久期为

$$D_1 = 1\left\{\left[\frac{X_2}{f(2)}\right]\Big/\left(\left[\frac{X_2}{f(2)}\right]+\left[\frac{X_3}{f(2)f(3)}\right]\right)\right\}+$$

$$2\left\{\left[\frac{X_3}{f(2)f(3)}\right]\Big/\left(\left[\frac{X_2}{f(2)}\right]+\left[\frac{X_3}{f(2)f(3)}\right]\right)\right\}$$

$$= D_0 - 1$$

虽然麦考利已经清楚地意识到久期较长债券的价格比久期较短债券的价格对利率更为敏感，但他没有想到用久期来表示债券价格对利率的弹性。后来希克斯（1939）和萨缪尔森（1945）指出，计算久期的公式其实也表示了债券价格对利率的弹性。假定对所有 t，$r(t)=y$。则可以得到 $dB/B=-(D/y)dy$。这意味着，久期相同的债券其价值对利率变化的敏感性也一样；久期越长，债券的现值对利率变化就越敏感。⊖

⊖ 见萨缪尔森（1945）：《提高利率对银行系统的影响》（*The Effect of Interest Rate Increases on the Banking System*），载于《美国经济评论》第 35 卷，第 1 期（1945 年 3 月），pp.16～27。

对久期的风险量化特征的证明

证明如下：$B=\sum_t X_t y^{-t}$，则，$dB/dy=-\sum_t t X_t y^{-t-1}$。这样，$dB=-y^{-1}\left(\sum_t t X_t y^{-t}\right)dy$。于是，$dB/B=-y^{-1}\left[\sum_t t\left(X_t y^{-t}\right)/B\right]dy$。代入久期的定义，就得到 $dB/B=-(D/y)dy$。

后来人们意识到，将债券的久期理解为债券价格对利率平移的敏感性存在技术问题。举个简单的例子，假如当期收益（以及远期收益）的期限结构是扁平的，每年的收益率都为 r（与到期时间无关）。再假设期限结构移动到一个新的水平，年收益率为 s（同样与到期时间无关），s 可能大于也可能小于 r。这样，当期收益的期限结构仍然是扁平的，只不过移动到一个新的水平，$s \neq r$。如果发生这种情况，债券价格将发生变化，而且正如我们所看到的，债券的久期将预测价格变化。然而，很明显，期限结构只平行移动的假设违背了金融经济学的基本假设：无套利。

平行收益转移与无套利之间冲突的证明

为了证明平移与无套利之间存在冲突，我想借用莫顿 D. 戴维斯 2001 年的分析。[见戴维斯（2001）：《货币数学》（*The Math of Money*），Springer-Verlag，2001 年，pp.66 ~ 67）]。和往常一样假定无套利而且市场完备。考虑当期限结构为 r 时购买如下的债券组合（每只都是零息债券，到期时偿还本金 1 美元）：

（1）现在（时间 0）同意在一年年末（时间 1）购买一只债券，该债券将于两年后（时间 3）到期。这是一份"远期利率协议"。

（2）现在（时间 0）同意在一年年末（时间 1）售出（2/r）债券，债券将于一年后（时间 2）到期。这是另一份"远期利率协议"。

注意，在这些协议中，在时间 0 手里的资金没有发生变化；而在时间 1 因为买卖债券而发生现金的支付或收付。

现在，假设在时间 0 达成上述远期利率协议组合之后，当期收益的期限结构在时间 0 之后、时间 1 之前移动到 s，然后在时间 1 保持在这个水平。在时间 1，清算该组合。

在时间 1，远期利率协议（1）的损益为：

$$-\frac{1}{r^2}+\frac{1}{s^2}$$

在时间 1，远期利率协议（2）的损益为：

$$\frac{2}{r}\left(\frac{1}{r}-\frac{1}{s}\right)$$

将上面两个等式相加，就得到在时间 1 投资组合的总清算价值为：

$$-\frac{1}{r^2}+\frac{1}{s^2}+\frac{2}{r}\left(\frac{1}{r}-\frac{1}{s}\right)=\frac{1}{r^2}-2\left(\frac{1}{rs}\right)+\frac{1}{s^2}=\left(\frac{1}{r}-\frac{1}{s}\right)^2$$

既然 $r \neq s$，那么该等式肯定大于 0（且不等于 0）。事实上，不管期限结构是向上移动还是向下移动，即不管 r 大于还是小于 s，投资者获得的清算现金流都为正。既然两个远期利率协议组合在时间 0 的成本为 0，而在时间 1 的价值却为正，这就存在套利机会。这违背了我们之前的无套利基本假设；所以上述情况是不存在的。总的来说，期限结构移动的唯一方式是平移这一假定与金融经济学的最基本原则——无套利——不相符。

....

麦考利对将其分析拓展到隐含期权研究比较悲观。他如是说：

> 可转换债券与拥有某种特权如"流通"特权的债券具有类似的
> 问题。承诺在未来偿还资金，只不过是影响价格与收益的因素之一。
> 它们是混血儿，无法测量其交叉影响的程度。（pp.70 ～ 71）

1973 年，罗曼 L. 韦尔回顾了久期概念的发展史。⊖

⊖ 见韦尔（1973）：《麦考利的久期：评价》（*Macaulay's Duration: An Appreciation*），载于《商业学刊》第 46 卷，第 4 期（1973 年 10 月），pp.589 ～ 592。

如今，久期是度量证券风险的三个标准方法之一。久期反映了债券价格对利率变动的敏感度，贝塔反映了股票超常收益（超过无风险收益的部分）对市场指数超常收益的敏感度，而德尔塔反映了期权价值对标的资产价币值变动的敏感度。所有这三个指标都是线性的，因此债券组合的久期、股票组合的贝塔以及相同标的资产的期权组合的德尔塔，都等于组合中各证券的风险指标的加权和。

∽ ∽ ∽

1945 年《知识在社会中的使用》

弗里德里希·奥古斯特·冯·哈耶克（1899 年 5 月 8 日—1992 年 3 月 23 日）发表了《知识在社会中的使用》（*The Use of Knowledge in Society*），载于《美国经济评论》第 35 卷，第 4 期（1945 年 9 月），pp.519 ～ 530。

信息集合、价格体系、有效市场、社会主义与资本主义

短小精悍、文字优美的论文无疑就像经济学皇冠上的宝石。哈耶克（1945）就是其中之一，这部著作是率领经济学迈出关键一步的集合令，如同亚伯拉罕·林肯在葛底斯堡的演说为美国人民指明了全新的方向一样。哈耶克说，描述价格体系如何得到帕累托最优结果的标准竞争均衡模型，"只不过是对我们分析重要问题来说有用的基础知识"（p.530）。因为，它假定每个参与者的认知（以及信息）都是已知的，而且价格体系没有运营成本。由于模型没有涉及形成这些认知或者执行价格体系的成本与方法，因此本质上，只需要一个拥有相同信息的仁慈的中央计划者就可以实现同样的经济结果。虽然竞争模型证明，价格体系本质上可以解决经济秩序问题，但它没有说明最佳

的解决办法。

于是，哈耶克定性分析了为什么价格体系是最优解决方式的重要原因（不是唯一原因）。他认为，价格体系的作用是将零散分布的信息有效集合成单一统计量：价格；该统计量综合反映了所有经济参与者为了做出正确决策而需要知道的全部零散信息（除了有关他们自身环境的特别知识之外）。这就是市场理性主义观点的精华。他写道：

> 理性经济秩序问题的特有特征取决于这样一个事实：我们必须加以运用的环境知识从来不是以集中、整合的形式存在，而是以不完整的形式零散分布，不同人了解的知识还经常会相互矛盾。因此，社会的经济问题是……充分利用每个人都无法知道全貌的知识。（pp.519～520）

> 价格体系最重要的部分是知识经济，如它运作的对象，个体参与者为了做出正确的行动决策需要了解多少知识等。只有最重要的信息，以简约的形式，通过一种符号（价格），传递给而且仅传递给那些在意的人。（pp.526～527）[27]

他还精彩地重述了亚当·斯密（1776）[28] 解决竞争价格体系核心问题时的分析：

> 我相信，如果这是人们精心设计的结果；而且如果在价格变化指导下人们知道，他们的决策决不只影响自身的短期目标，而是将产生重要的长远影响，那么这个机制（价格体系）无疑可以称为人类最伟大的成就之一……问题在于如何延伸每个人的控制；以及怎样无须有意控制，并如何提供诱因，让所有人都无须别人告诉就知道采取最合理的行为。（p.527）[29]

促使哈耶克完成其大部分著作的动因是他参与了有关资本主义与社会主义的争论。他旗帜鲜明地指出，争论的关键问题在于相关经济信息的创造与沟通，而且，由于多方面的原因，资本主义比社会主义更适合这项工作。于是他开始关心导致资本主义经济失败（突出表现是大萧条）的原因。哈耶克认为，生产的迂回性需要时间；而且经济越发达，需要的时间就越长，这是导致经济萧条的重要经济因素。在最终产出被消费掉之前的一段时间内，生产需要投入资源，而且投入是部分不可逆的。投入的时间越长，价格越不能为生产计划传达正确信号，过度投资或者投资不足的累积错误就越可能最终导致经济衰退。例如，如果用于生产的某些商品的价格暂时被人为调低，生产者就会被诱导从事更多的生产，使得生产水平超过盈利水平；而在未来某个时刻价格上升时企业又突然被迫削减生产，此时他们累积了大量存货，同时降低了就业。

哈耶克区分了两类经济知识：①一般科学或理论知识；②个体时间与空间环境的特殊知识。社会主义的支持者明确要求经济计划者应该了解这两类知识；理性预期的支持者，如卢卡斯（1972）和格罗斯曼（1976），则认为市场参与者应该了解两类知识。双方都是错误的。比如，理性预期的错误在于，如果市场参与者要从价格中提取所有与制定正确决策相关的信息，他们就需要了解知识②。因为该知识包含了其他所有参与者的总体偏好和禀赋，以及它们如何相互作用从而影响参与者的需求。

由于哈耶克"在货币与经济波动领域的前瞻性研究以及对经济、社会与制度现象之间关系的深入分析"，他获得了1974年度诺贝尔经济学奖。

∽ ∽ ∽

1947 年《博弈理论与经济行为》

约翰·冯·诺依曼（1903 年 12 月 3 日—1957 年 2 月 8 日）与奥斯卡·摩根斯坦（1902 年 1 月 24 日—1977 年 7 月 26 日）出版了《博弈理论与经济行为》(*Theory of Games and Economic Behavior*)，第 2 版（Princeton University Press，1947 年）(第 1 版没有附录，1944 年）。

1951 年《对效用的实验测度》

弗雷德里克·莫斯特勒（1916 年 12 月 24 日—）和菲利普·诺杰 发表了《对效用的实验测度》(*An Experimental Measurement of Utility*)，载于《政治经济学学刊》第 59 卷，第 5 期（1951 年 10 月），pp.371 ～ 404。

1953 年《涉及风险的实证选择理论的基础以及对美国学派使用的假定和定理的批判》

莫里斯·阿莱斯（1911 年 5 月 31 日—）发表带英文摘要的法语论文《涉及风险的实证选择理论的基础以及对美国学派使用的假定和定理的批判》(*Le comportement de l'homme rationnel devant le risqué：critique des postulats et axioms de l'école Américaine*)，载于《计量经济学》第 21 卷，第 4 期（1953 年 10 月），pp.503 ～ 546；后再版于莫里斯·阿莱斯和哈根编著的《预期效用假设与阿莱斯悖论》(*Expected Utility Hypothesis and the Allais Paradox*)（D.Reidel Publishing，1979 年）。

1954 年《统计学基础》

伦纳德 J. 萨维奇（1917 年 11 月 20 日—1971 年 11 月 1 日）出版《统计学基础》(*The Foundations of Statistics*)（John Wiley & Sons，1954 年）；第 2 版修订版（Dover，1972 年）。

期望效用、独立格言、主观与客观概率、阿莱斯悖论、效用的经验测度

虽然有丹尼尔·伯努利（1738）的前期工作，但自他之后 200 年内几乎没有人再尝试分析不确定性对经济决策的影响。有一个有名的例外，那就是奈特（1921）。奈特认为，利润以及市场体系的存在都是因为风险与不确定性之间存在差异。尽管伯努利的边际效用递减假设后来被马歇尔（1890）以及其他经济学家广泛采用，但他第二个有关期望效用的伟大思想则让众多经济学家感到难以接受。因为根据他的观点，公平赌博应该被取消；而且承担风险是不理性的，应该排除在经济学的正常框架之外。

约翰·冯·诺依曼和奥斯卡·摩根斯坦的《博弈理论与经济行为》果断地改变了这一观点。为了提出他们全新的"博弈论"，他们需要设计具有混合策略概率的效用型回报。于是在他们书的第 2 版中，冯·诺依曼和摩根斯坦（1947）在附录（pp.617 ～ 632）部分加入了一份公理分析，证明了理性个体决策的目的是期望效用最大化。冯·诺依曼和摩根斯坦不知道的是，在他们之前就有人提供了更早的、可能是第一份证据，不过那是基于理性公理得出的结论。这份证据出现在弗兰克·普伦普顿·拉姆齐（1903 年 2 月 22 日—1930 年 1 月 19 日）的论文《事实与概率》（*Truth and Probability*）中。可惜的是，这篇论文是在他 26 岁（1930 年）一次远足意外身亡后才出版。[⊖]1937年，与拉姆齐并不相识的布鲁诺·德·菲内蒂（1906 年 6 月 13 日—1985 年 7 月 20 日）发表论文也说明了如何从选择中推出主观概率。[⊖]菲内蒂的论文后来再版于亨利 E. 凯伯格和霍华德 E. 斯莫克勒编著的《主观概率研究》（*Studies*

⊖ 见《数学基础与其他逻辑论文》（*Foundations of Mathematics and Other Logical Essays*）（Harcourt Brace，1931 年），再版（Littlefield，Adams，1965 年，pp.156 ～ 198）。

⊖ 见菲内蒂（1937）：《远见：逻辑法则与主观来源》（*La Prevision：ses lois logiques ses sources subjectives*），载于《南锡大学学术年鉴》第 7 卷（1937 年），pp.1 ～ 68。

in Subjective Probability）（Robert E.Krieger Publishing，第 2 版，1980 年）一书中。

接下来，我们看一下公理。假设 Ω 表示能获得所有可能结果 x_1，x_2，x_3 的各种赌博集，p，q，$r \in \Omega$。p 表示赌博产生结果 x_1，x_2，x_3 的概率分别为 p_1，p_2，p_3；q 表示赌博产生相同结果的概率分别为 q_1，q_2，q_3；r 表示赌博产生相同结果的概率分别为 r_1，r_2，r_3。符号 ≥（"优于或等于"）表示赌博之间的二元关系。于是我用 $p \geqslant q$ 表示 p 优于 q 或者与 q 无差异。当且仅当 $p \geqslant q$ 且 $q \geqslant p$ 时，$p=q$。当且仅当 $p \geqslant q$ 且 $q \neq p$ 时，$p>q$。

公理 1，完整性：对所有 p，$q \in \Omega$，或者 $p \geqslant q$ 或者 $p \leqslant q$。

公理 2，传递性：对所有 p，q，$r \in \Omega$，如果 $p \geqslant q$ 且 $q \geqslant r$，则 $p \geqslant r$。

公理 3，持续性：对所有 p，q，$r \in \Omega$，如果 $p>q$ 且 $q>r$，则存在 α，$\beta \in （0，1）$ 使得 $\alpha p+（1-\alpha）r>q$ 且 $q>\beta p+（1-\beta）r$。

公理 4，独立性：对所有 p，q，$r \in \Omega$ 与任何 $\alpha \in （0，1）$，当且仅当 $\alpha p+（1-\alpha）r>\alpha q+（1-\alpha）r$ 时，$p>q$。

期望效用表述定理强调：公理 1～4 的条件是当且仅当存在一个效用 U 使得对所有 p，$q \in \Omega$：

当且仅当 $\sum_j p_j U（x_j）\geqslant \sum_j q_j U（x_j）$，$p \geqslant q$。

U 称为效用函数。不难看出，U 不是一个单值函数，而是一个递增的线性方程。也就是说，对任何数字 a，$b>0$，当且仅当 $V=a+bU$ 是个效用函数时，U 才是个效用函数（换句话说，U 和 V 保持所有可能赌博的相同排序）。仅仅假设决策是为了最大化期望效用是不够的，假设决策符合冯·诺依曼和摩根斯坦公理——这是众多经济学家采用的通用、省事的办法。

冯·诺依曼和摩根斯坦公理并没有明确使用"独立公理"，不过他们的公理由雅各布·马沙克⊖以及萨缪尔森（1966）⊜各自加以重述。埃德蒙·马林沃 1952 年指出，冯·诺依曼和摩根斯坦原先的公理其实已经隐含了独立公理。该公理表示，每一种状态下结果的效用都与其他状态下结果的效用独立。比如，函数 $F(C_1, C_2, \cdots, C_s, \cdots, CS)$ 描述人们对在状态 $s=1, 2, \cdots, S$ 下消费的偏好排序。从直觉上我们不难理解，根据独立公理，该函数可以写为 $\sum_s p_s U(C_s)$。⊜

独立公理是冯·诺依曼和摩根斯坦理论中最薄弱的一环，引发了诸多具有启发性的争议。其中一点就是独立公理可能不符合理性行为。例如，假设 x_1 表示伦敦之旅，x_2 表示巴黎之旅；$p=(1, 0)$ 表示肯定去伦敦旅行，而 $q=(0, 1)$ 表示肯定去巴黎旅行。假设 $p>q$。如果现在有第 3 个结果 x_3：看一部有关伦敦的电影。现在你的选择可以是 $p=(0.8, 0, 0.2)$ 或者 $q=(0, 0.8, 0.2)$。独立公理仍然要求 p 还得大于 q。也就是说，当原来两种选择都增加了一个看伦敦电影的机会时，你的偏好排序仍然得保持不变。但是这似乎不符合实际情况。一旦你选择 p 而且最后只是看了一部有关伦敦的电影，那你肯定会很遗憾错过了一次到伦敦的实地旅行。这样，还不如选择 q，失望还小一点儿。但是独立公理却不允许偏好排序发生改变。

对独立公理提出挑战最为有名的是阿莱斯（1953）。假设结果 $x_1=0$ 美元，$x_2=100$ 美元，$x_3=500$ 美元。先看一组赌博，$p^1=(0, 1, 0)$，$p^2=(0.01, 0.89,$

⊖ 见马沙克（1950）：《理性行为、不确定前景与可度量效用》（*Rational Behavior, Uncertain Prospects and Measurable Utility*），载于《计量经济学》第18卷，第2期（1950年4月），pp.111～141。

⊜ 见萨缪尔森（1966）：《效用、偏好与概率》（*Utility, Preference and Probability*）（1952年5月口头演讲的论文摘要），再版于《保罗 A. 萨缪尔森科学论文集》第1卷，MIT Press，1966年，pp.127～136。

⊜ 见马林沃（1952）：《关于冯·诺依曼和摩根斯坦强式独立定理的注释》（*Note on von Neumann-Morgenstern's Strong Independence Axiom*），载于《计量经济学》第20卷，第4期（1952年10月），p.679。

0.10）。通常，对大多数人而言，$p^1>p^2$。我们再看另一组赌博，$q^1=$（0.89，0.11，0），$q^2=$（0.90，0，0.10）。显然，认为 $p^1>p^2$ 的人同样也会认为 $q^2>q^1$。但是这一结果却违背了独立公理。因为，如果 $p^1>p^2$，则根据期望效用表述定理，存在效用函数使得：

$$U（100）> 0.01U（0）+ 0.89\ U（100）+ 0.10U（500）$$

将等式两边同时加上 $0.89\ U（0）$，然后再减去 $0.89\ U（100）$ 得到：

$$0.89\ U（0）+ 0.11\ U（100）> 0.90U（0）+ 0.10U（500）$$

这显然意味着 $q^1>q^2$。

冯·诺依曼和摩根斯坦认为，参与者在做决策时理所当然地会使用概率。萨维奇（1954）通过公理分析证明了所有不确定性都可以化为主观概率。他指出，如果个体遵循他认为与理性行为一致的逻辑行为假设，那么他的行为就会表现为根据期望效用最大化目标来进行决策，而期望是与主观概率相关的。萨维奇的工作可以看成是对冯·诺依曼和摩根斯坦理论加入主观概率的拓展。

大约在萨维奇（1954）发表之前的 30 年，拉姆齐（1926）就开始了对主观概率的公理证明。首先，他拒绝了从内部人类心理状态强度角度来定义概率的方法。相反，他认为，从个体行为中推导人们对主观概率的隐含使用更有意义。他假定个体是依据理性行为假设进行决策的。举个简单的例子，假设有两家同样温馨的小店，距离你家一样远近，而且卖的都是你喜爱的冰激凌品牌。不过，有时候某一家可能暂时缺货。那么根据观察你长期以来在两家之间的选择，就可以看出你认为哪家更可能有冰淇淋销售。

从行为推导概率尤其说明了人类经济选择理论的实用性：我们无须询问个体他们是如何想的；我们只需要观测他们的行为选择是什么。而且，通过观测行为选择，我们可将他们相信的与他们偏好的区分开来。信念与偏好的区分对之后 20 世纪人们对"资产定价"的研究至关重要。拉姆齐写道：

我的意思是说我们行为的方式是我们认为最有可能实现我们理想目标的方式，因此，一个人的行为完全取决于他的目标与观点。……这是一个简单的理论，也是众多心理学家愿意保留的理论。他们通过引入下意识观点让该理论与事实更为和谐。我不想说这样的理论假设能多大程度上影响我们实现预定目标，我只想说，任何接近事实，或者接近人为心理体系中的事实的，即便我们知道它是错的，它仍有益于我们的分析，就像牛顿力学一样。(p.173)

然而，即便被观测的个体完全理性，其选择推断概率和偏好这个过程仍有许多潜伏的问题，一不小心就容易出纰漏。例如，观测到某个人在赌马时对某匹马下注可能并不一定意味着他相信这匹马会赢，他可能仅仅只是喜欢这匹马的名字。要从个体选择中推断偏好和概率，我们必须明白他各种选择背后的全部含义，而且要知道他所有可能的选择。

莫斯特勒-诺杰（1951）描述了要验证冯·诺依曼和摩根斯坦理论（1947）以及拓展后的萨维奇（1954），在众多必需的试验中第一步应该做什么。他们挑选了几个大学本科毕业生和国家警卫队队员做一系列的赌博测试，看看对每个被测者来说是否存在一个单一效用函数符合他的所有选择。当然，由于任务的复杂性，没有一个受测对象是完全符合的。不过，莫斯特勒和诺杰总结说，除了少数被测对象之外，大多数人的反应都充分说明："①经验地测度效用是可行的；②认为人们的行为方式是为了期望效用最大化的观点并不是没有道理的；③根据经验曲线我们有可能预测在类似但更复杂的风险环境中个体的未来行为。"

1988年，阿莱斯因为其"对市场理论以及资源有效利用理论方面的卓越贡献"而获得了诺贝尔经济学奖。

1948 年《涉及风险选择的效用分析》

米尔顿·弗里德曼（1912 年 7 月 31 日—）和里昂纳德 J. 萨维奇　发表了《涉及风险选择的效用分析》（*The Utility Analysis of Choices Involving Risk*），载于《政治经济学学刊》第 56 卷，第 4 期（1948 年 8 月），pp.279 ～ 304。

1952 年《财富的效用》

哈里 M. 马科维茨（1927 年 8 月 24 日—）发表了《财富的效用》（*The Utility of Wealth*），载于《政治经济学学刊》第 60 卷，第 2 期（1952 年），pp.151 ～ 158。

1979 年《前景理论：对风险决策的分析》

丹尼尔·卡尼曼（1934 年—）和阿莫斯·特沃斯基（1937 年 3 月 16 日—1996 年 6 月 2 日）发表了《前景理论：对风险决策的分析》（*Prospect Theory：An Analysis of Decision under Risk*），载于《计量经济学》第 47 卷，第 2 期（1979 年 3 月），pp.263 ～ 291。

风险规避与赌博、抽奖、偏好依赖效用、期望理论、动态策略

当冯·诺依曼和摩根斯坦证明了最大化期望效用的合理性之后，人们开始重新审视丹尼尔·伯努利（1738）有关风险规避的结论。弗里德曼 – 萨维奇（1948）是第一个这样做的（尽管 L. 特恩奎斯特早于他们率先进行了研究[⊖]）。弗里德曼—萨维奇画了第一张效用函数图。在这个图中，效用是收入的函数。该图的几何结果表明，如果在一个公平二元赌博的两个结果之间画一条连接线，且该线位于效用函数之下的话，那么个体会回避这个公平二元赌博。

⊖ 见特恩奎斯特（1945）：《论博彩的经济理论》（*On the Economic Theory of Lottery Gambles*），载于《斯堪的纳维亚精算学学刊》第 28 卷，第 3 ～ 4 期（1945 年），pp.298 ～ 304。

　　这样一个风险规避型的参与者绝不会接受一个公平的或非公平的赌博。然而令人奇怪的是，一个大多时间都回避风险、甚至会买保险的个体，居然又很乐意去买彩票。早期的经济学家无法解释这一现象，因为他们放弃期望效用最大化假说，而坚守边际效用递减假说。弗里德曼和萨维奇将期望效用最大化假说放在了更优先的位置，将赌博与理性行为统一起来。

　　弗里德曼和萨维奇首先提出了一个单一拐点效用函数：当收入水平较低时，函数为凹形；当收入水平较高时，函数为凸形。假设个体发现他目前的财富状况位于凹区间，那么他一方面会购买保险防止损失，回避所有潜在收益较低的公平赌博；另一方面又会接受潜在收益较高的非公平赌博。也就是说，他愿意参与一个较高概率发生小额损失而较低概率赢得高额收益的赌博。接着，为了解释彩票为什么设置多个奖金一般的奖项而不是单笔高额奖项，弗里德曼和萨维奇假定，在凸区间之后紧随着第二个更高的凹区间。

　　马科维茨（1952年4月）指出，既喜欢买保险又喜欢买彩票的现象并不局限于财富值较低的个体（财富值落入函数凹区间的个体），任何财富水平的个体中都有这种现象。因此，马科维茨没有将弗里德曼和萨维奇的效用函数解释为静态函数，而是假定效用函数会随着个体财富的变化而变化。不管个体初始的财富值是低还是高，当财富发生变化时，效用函数都会垂直移动，努力维持个体现有财富。当然，这个变化可能会发生短时间的滞延。这可能是金融经济学史上对习惯形成或者偏好依赖行为观点的第一次正式表述，比卡尼曼－特沃斯基的"期望理论"（1979）领先了17年。[30] 马科维茨的完全理论认为，个体的效用函数单调递增，而且上下都有界——以避免圣彼得堡悖论（门格尔，1934）。函数有3个拐点，其中间那个拐点在原点处（个体的习惯财富水平）；第一个拐点在原点的左边连接一个凸区间（最左边的）和一个凹区间（至原点处结束）；第三个拐点在原点的右边，同样连接一个凸区间（从原点开始）和一个凹区间（最右边）。与卡尼曼－特沃斯基（1979）一样，马科维茨同样假设，原点左边的凹区间比原点右边的凸区间更陡峭（更凹）。这意味着，个体倾向于忽略对称的赌博，而对严重右偏的赌博（彩票或是成功概率很小的赌博）却情有独钟。

马科维茨认为，这种看起来表明个体愿意接受对称赌博的行为通常是个体策略的一部分。在个体策略中，如果他一直在赢，那么他会进行一系列的打赌或计划以增加他未来打赌的赌资规模；而如果他一直在输，那么他会进行一系列的打赌或计划以减小他未来打赌的赌资规模。总的来说，这种复赌（即奖品本身又成为赌博本身的赌博）右偏于个体的习惯财富，因此正是所有赌博中马科维茨理论预期最具吸引力的那种。这是我能找到的最早对动态策略产生非对称结果（在这里，类似于看涨期权）的描述，比布莱克 – 斯科尔斯（1973）对动态策略与期权的描述提前了 20 年。

多年来，弗里德曼 – 萨维奇与马科维茨认为效用函数不是严格凹函数的观点长期被忽视了。人们将个体明显的风险偏好行为解释为赌博能为某些个体带来固有的"乐趣"。一个常用的证据就是个体很少拿出较多财富参与公平或非公平赌博。相反，他们只会拿出一小部分，可能是极微小的一部分财富。但是最近，卡尼曼 – 特沃斯基（1979）的期望理论则激起了人们对效用函数具有凸区间的浓厚兴趣。

2002 年，丹尼尔·卡尼曼因为"将心理学研究融入经济学，为人们研究不确定性条件下个体判断与决策做出了巨大贡献"而被授予了诺贝尔经济学奖。

❦ ❦ ❦

1949 年《对经济预期的研究》

霍尔布鲁克·沃金 发表了《对经济预期的研究》（*The Investigation of*

Economic Expectations），载于《美国经济评论》第 39 卷，第 3 期（1949 年 5 月），pp.150 ～ 166。

随机游走、鞅、有效市场

肯德尔（1953）写道：

> 股价运动可能本质上就是随机的，那些长远看来似乎是故意的波动其实仅仅是一种经济学布朗运动而已。但经济学家（我忍不住同情他们）却毫无疑问会强烈抵制这样的结论。(p.18)[31]

自己正研究的现象被发现仅仅是一个随机现象，毫无规律可循，这可能是科学家们内心最大的担心。然而，沃金（1949 年 5 月）观察到（可能是第一次观察到）——区别于巴舍利耶（1900）——优秀的经济学家观察到的股价变化应该正是这种情况。投资者的逐利行为将最终消除股价任何可以预测的波动，最后的唯一均衡结果就是随机游走：

> 如果未来价格只受必然误差（价格对供需不可预测变化做出反应时发生的无法消除的最小误差）的影响，那么价格变化就是完全无法预测的。要证明这一观点，我们看看它的反命题：价格变化是可以预测的。如果在任何情况下我们可以预测价格变化并进行了充分的预测工作，那么市场预期就肯定是有缺陷的；理想的市场预期应该已经充分考虑了所有对人们准确预测价格变化的有用信息……专家预测的明显不完备正是市场完备的证明。我们以前说过的股票市场预测失灵反映了市场的信誉……区别必然误差和不可接受误差的基本统计基础是，必然误差带来的价格变化中，所有序列相关度都为零；而不可接受误差带来的价格变化中，某些序列相关度显著异于零。(pp.159，160，163)[32]

虽然随后的研究说明这一解释过于简单而且不正确，但它已经成为人们对市场的基本看法，而且在实践中它无疑是一个非常有用而且接近真实的方法（尤其是在短期）。

因此，沃金第一次正式提出了随机游走解释，后来这种观点发展成"有效市场"观（法玛，1965 年；1970 年 5 月）。1958 年，沃金把分析更深入一步，结果发现，现有价格是对未来价格的最佳猜测，即是后来我们知道的对有效市场"鞅"的解释（萨缪尔森，1965）。⊖

另一篇与沃金对随机游走经济学解释类似的文章是哈里 V. 罗伯特于 1959 年发表的论文。⊜到 1961 年，随机游走假说已经成为投资理论中根深蒂固的组成部分。例如，亚历山大（1961）这样写道：

> 然而，如果收益变化真的存在某种趋势，而且今年收益的增加意味着明年收益更可能也是增加而不是保持不变或者降低，那么当前股价会充分反映这些预期，表现出较高的价格和市盈率……如果某个人的出发点是假设股票或商品投机是一个"公平游戏"，其输赢概率相当；或者，更准确地说，期望收益为零，那么他其实就已经把投机价格的变化想象为随机游走。（p.238，239）

⊖ 见沃金（1958）：《预期价格理论》（*A Theory of Anticipatory Prices*），载于《美国经济评论》第 48 卷，第 2 期（1958 年 5 月），pp.188 ～ 199。

⊜ 见罗伯特（1959）：《股票市场模式与金融分析：方法论建议》（*Stock Market 'Patterns' and Financial Analysis：Methodological Suggestions*），载于《金融学学刊》第 14 卷，第 1 期（1959 年 3 月），pp.1 ～ 10；再版于保罗 H.库特纳编著的《股票市场价格的随机特征》（*Risk Publications*，2000），pp.7 ～ 17。

第二部分

A HISTORY OF THE THEORY OF INVESTMENTS

古典时期：

1950 ～ 1980 年

1951 年《质量与价格作为影响普通股股价波动的因素》

约翰 C. 克伦德宁 发表了《质量与价格作为影响普通股股价波动的因素》（*Quality versus Price as Factors Influencing Common Stock Price Fluctuations*），载于《金融学学刊》第 6 卷，第 4 期（1951 年 12 月），pp.398 ～ 405。

波动

克伦德宁（1951）可能是最先研究股价波动影响因素的。尤其是，他确认了市场达到理性的前提条件之一：在其他条件相同的情况下，高价股的收益波动与相对低价股的波动应当相同。这个发现后来被 A. 詹姆斯·海因斯和斯蒂芬 L. 艾利森更为精细的分析所证实。$^{\ominus}$ 不要将这个假设与布莱克（1976）的建议相混淆：某只股票的收益波动一般与其股价呈反向关系。前者是横截面假设，而后者是时间序列假设。

ⴰⴰ ⴰⴰ ⴰⴰ

1952 年《投资组合选择》

哈里 M. 马科维茨 发表了《投资组合选择》（*Portfolio Selection*），载于《金融学学刊》第 7 卷，第 1 期（1952 年 3 月），pp.77 ～ 91。

ⴰ 见海因斯和艾利森（1966）：《影响股价波动的一些因素》（*Some Factors Affecting Stock Price Volatility*），载于《金融学学刊》第 39 卷，第 1 期（1966 年 1 月），pp.19 ～ 23。

1952 年《安全第一与资产持有》

安德鲁 D. 罗伊　发表了《安全第一与资产持有》（*Safety First and the Holding of Assets*），载于《计量经济学》第 20 卷，第 3 期（1952 年 7 月），pp.431～449。

1959 年《投资组合选择：投资有效分散化》

哈里 M. 马科维茨　出版了《投资组合选择：投资有效分散化》（*Portfolio Selection：Efficient Diversification of Investments*），考利斯基金专著第 16 号（John Wiley & Sons，1959 年）。

分散化、投资组合、均值－方差分析、协方差、风险规避、大数法则、有效集合、临界线运算法则、长期投资、半方差、市场模型

投资者要使得其投资组合的预期收益最大化，意味着要把所有的鸡蛋放在一个篮子里，即只购买那只具有最高预期收益的证券，并"时刻关注它"——这是作为实业家与慈善家的安德鲁·卡内基的建议。[1] 但这不能解释广为流行的投资分散化行为。马科维茨（1952 年 3 月）是首位用英语将投资分散化的理念（即"整体大于部分之和"的金融学版本）数学化的人士：通过投资分散化，可以在不改变投资组合预期收益的情况下降低风险。马科维茨推演的结论是，投资者应当在使预期投资组合收益（μ_p）最大化的同时使投资组合的收益的方差（σ_p^2）最小化。方差被用来度量经济风险始于费雪（1906）（再版于 1965 年，pp.406～410）。雅各布·马尔萨克建议使用商品消费的均值和协方差矩阵来度量效用。[⊖] 而马科维茨则直接使用投资组合收益这个单变量，并指出如何在实践中计算均值－方差有效集：对每一个可能存在的投资

⊖　见马尔萨克（1938）：《货币和资产理论》（*Money and the Theory of Assets*），载于《计量经济学》第 6 卷，第 4 期（1938 年 10 月），pp.311～325。

组合预期收益，该组合的收益方差最低。

马科维茨著作最重要的内容，可能是它指出了对投资者而言重要的并不是单只证券的自身风险，而是每只证券对整个投资组合方差的贡献，即与所有其他证券间的协方差。一个投资组合的方差 σ_p^2 与其构成证券的方差 σ_j^2（j=1，2，…，m）之间的关系是：

$$\sigma_p^2 = \Sigma_j x_j^2 \sigma_j^2 + \Sigma_j \Sigma_{k \neq j} x_j x_k \rho_{jk} \sigma_j \sigma_k \qquad （2\text{-}1）$$

其中，x_j 表示投资组合的构成比例（即证券 j 的市场价值占投资组合整体市场价值的比例，因此 $\Sigma_j x_j$=1），ρ_{jk} 表示证券 j 收益和证券 k 收益之间的相关度。因此，$\rho_{jk}\sigma_j\sigma_k$ 等于它们收益的协方差。这可能是该等式首次以英语的形式在发表的金融学文献中出现。

因此，持有证券的决定不应当简单地将其预期收益及方差与其他证券的预期收益及方差作比较，是否持有证券应当取决于投资者希望持有的其他证券的特性。不能孤立地评估单只证券，而是要以组合来进行评估。威廉姆斯（1938）、巴菲特（1984）以及格雷汉姆 – 多德（1934）（即便在其后来 1962年版的《证券分析》中也鲜有评论）都明显忽视了这一点。马科维茨的方法现今在机构投资组合经理人中广为传用。

有人可能会问，为什么马科维茨的思想出现得这么晚？威廉姆斯（1938）已经认为风险能够分散掉。希克斯（1931）也持有类似的观点。$^{\ominus}$希克斯认为，递减的边际效用表明，投资者会对承担风险要求附加的预期收益。但是希克斯提出，可以通过保险或套头交易的方式将风险转移到愿意承担风险的人士手中，从而降低风险。他也认为，企业之所以有许多的股东是为了在扩张的同时将风险分散到诸多股东身上。而后，希克斯就陷入了大数法则的

$\ominus$　见希克斯（1931）:《不确定性理论与利润》(*The Theory of Uncertainty and Profit*)，载于《经济学》，第 32 期（1931 年 5 月），pp.170～189。

陷阱，认为将投资分散到多项投资之上以及多个时间点上将会使整体风险最
小化：

> 最后，一定要问这样一个问题：风险对国民盈余的分配会具有
> 什么样的作用……在分配理论中我们所关心的那些团体看起来规模
> 足够大，近乎使得他们所承担的风险能在一段合适的时间内大部分
> 被消减掉。（p.187）[2]

希克斯是这样证明的：

> 一组事物如果足够多而且之间足够相似，这可以方便经济学上
> 的讨论，但可能就不能是独立的……最明显的就是整体价格水平的
> 变化。（p.188）

不过，希克斯明确地表示这种依存性是次要的问题，从而没有进一步深
究。他在 1935 年再次表示对大数定理的信赖。⊖
马科维茨的观点恰好与希克斯的相反，他认为：

> 这种将大数法则应用到证券投资组合的假定是不能被接受的。
> 证券收益之间的相关性太强。投资分散化不能消减所有的方差。
> （p.79）[3]

这项观察促使马科维茨更进一步，而这一步恰好是前人认为不必要的。
马科维茨认为，投资者之所以不喜欢投资组合收益的变动是因为他们厌
恶风险。而希克斯 1962 年在皇家经济学会的主席致辞中提出，投资者不喜欢
收益变动是因为它增加了被迫卖出证券的概率，从而因为要满足流动性需要

⊖ 见希克斯（1935）：《对货币理论简化的建议》(A Suggestion for Simplifying the Theory of Money)，
载于《经济学》新序列 2，第 5 期（1935 年 2 月），pp.1 ~ 19，尤其是第 9 页。

（如消费）而显著增加流动成本。⊖这种观点本质上与凯恩斯（1937）相似。

罗伊（1952）也独立推导出相同的公式。在这个公式中，他将投资组合的收益方差与构成投资组合的证券的收益方差之间构建起关系。他提出了类似的均值－方差有效集。然而，马科维茨让投资者自己选择如何在有效集中进行投资，而罗伊则建议投资者从均值－标准差的有效集中选择单一的投资组合。这个投资组合要使（μ_p-d）/σ_p 最大化，其中 d 表示的是"灾难性水平"投资收益，投资者要确保不让投资收益低于这个水平。这个比率在思想上与现在流行的夏普比率（夏普，1966）十分类似。很容易看出，如果投资组合的收益是正态分布的，那么上述方法可以等同于将投资组合的实现收益低于 d 的概率尽可能地减小。因此罗伊是第一位在英文著作中强调上涨与下跌偏好是不对称的经济学家。许多年后，马科维茨将他自己的论文与罗伊的论文进行比较，他这样赞誉道：

> 因为 1952 年 3 月那篇文章，我经常被称作现代投资组合理论（MPT）之父，但是罗伊（1952）应有权与我共享这份荣誉。（p.5）⊜

马科维茨的终极兴趣是向投资者提供一种可用来制定投资策略的可操作的方法。为此，他于 1956 年⊜应用哈罗德 W. 库恩（1925 年 7 月 29 日—）和阿尔伯特·威廉·塔克（1905 年 11 月 28 日—1995 年 1 月 25 日）（1951）⑲以及

⊖ 见希克斯（1962）：《流动性》（*Liquidity*），载于《经济学学刊》第 72 卷，第 288 期（1962 年 12 月），pp.787 ~ 802。

⊜ 见马科维茨（1999）：《投资组合理论的早期历史：1600 ~ 1960 年》（*The Early History of Portfolio Theory：1600 ~ 1960*），载于《金融分析师杂志》第 55 卷，第 4 期（1999 年 7/8 月），pp.5 ~ 16。

⊜ 见马科维茨（1956）：《线性约束下二次函数的最优化》（*The Optimization of a Quadratic Function Subject to Linear Constraints*），载于《海军后勤研究季刊》第 3 卷（1956 年），pp.111 ~ 133。

⑲ 见库恩－塔克（1951）：《非线性规划》（*Nonlinear Programming*），载于《第二届数学统计与概率伯克利论坛论文集》（*Proceedings of the 2nd Berkeley Symposium on Mathematical Statistics and Probability*）由 J. 内曼编辑（University of California Press，1951 年），pp.481 ~ 492。

乔治 B. 丹泽戈（1914 年—2005 年 5 月 13 日）、A. 奥登和 P. 沃尔夫（1956）[⊖]提出的数学规划法详细推演出如何获得有效集合。

马科维茨（1959）对马科维茨（1952 年 3 月）提出的均值 - 方差投资组合选择模型进行了拓展，其目的是让数理背景一般的读者也能读懂。马科维茨用非常简单的术语发展了投资分散化的数学。他也努力寻找一种能将均值 - 方差标准与预期财富效用最大化法进行调和的方法。

1959 年这本书也预示了未来研究的几条道路。①马科维茨建议长期投资者使用在每一期都使收益的预期对数效用最大化的策略，而且他提出了一个十分有用的二次估计法，从而使投资者能基于均值 - 方差进行投资组合选择。②马科维茨推荐使用半方差代替方差来度量风险，这是因为半方差在度量风险方面的确略胜一筹，而且他研究了半方差的特性以及最优投资组合的计算过程：

> 基于半方差的分析一般要比基于方差的分析能够生成更优的投资组合。方差考虑的是极端高与极端低的收益。基于方差的分析寻求的是降低这两种极端收益，而基于半方差的分析则关心降低损失。（p.194，第 1 版）

③他在一个脚注中概述了市场模型，正是在马科维茨的建议下，夏普（1963）才完整推演出市场模型。④根据萨维奇（1954）定理，投资者基于预期效用最大化来选择投资组合，马科维茨比较了几种度量风险的方法：标准差、半方差、预期价值损失、预期绝对偏差、损失概率以及最大损失。⑤马科维茨提出使用动态规划中的反向递归技术来解决多期预期消费问题。

⊖ 见丹泽戈 - 奥登 - 沃尔夫（1956）：《在线性不等约束下求线性函数最小化的通用单一法》（*The Generalized Simplex Method for Minimizing a Linear Form Under Linear Inequality Restrictions*），载于《太平洋数学学刊》（*Pacific Journal of Mathematics*）第 5 卷，第 2 期（1955 年 6 月）。

1970 年，当马科维茨评价那些在他 1959 年书中没有提及的后续主要发现时，他这样写道：

> 与后来的分析相比较，书中第 13 章的消费－投资博弈是离散时间的而不是连续时间的［默顿（1969 年 9 月）］，也没有反映出短视效用函数的发现［莫森（1968）和萨缪尔森（1969）］，也没有考虑到一个充斥着众多消费者／投资者博弈的市场的行为［夏普（1964）］。（p.9）[4]

马科维茨因为 20 世纪 50 年代在投资组合方面的贡献而获得了 1990 年诺贝尔经济学奖。

∽∽∽

1953 年《证券在风险承担最优配置中的角色》

肯尼斯·约瑟夫·阿罗 发表了《证券在风险承担最优配置中的角色》（*The Role of Securities in the Optimal Allocation of Risk Bearing*），后载于《经济研究评论》第 31 卷，第 2 期（1964 年 4 月），pp.91 ～ 96。

1965 年《保险、风险和资源配置》

肯尼斯·约瑟夫·阿罗 发表了《保险、风险和资源配置》（*Insurance：Risk and Resource Allocation*），载于《风险承担理论论文集》（Chicago：Markham，1971 年），pp.134 ～ 143。

1968 年《不确定下的竞争均衡》

罗伊·拉德纳（1927 年 6 月 29 日—） 发表了《不确定下的竞争均衡》

（*Competitive Equilibrium under Uncertainty*），载于《计量经济学》第 36 卷，第 1 期（1968 年 1 月），pp.31 ~ 58。

1970 年《不确定下的市场配置》

雅克 H. 德泽（1929 年—） 发表了《不确定下的市场配置》（*Market Allocation under Uncertainty*），载于《欧洲经济评论》第 2 卷，第 1 期（1970 年冬季号），pp.133 ~ 165。

状态证券、竞争市场、状态价格、市场等值定理、动态竞争、投资组合调整、道德困境、风险中性与主观概率、连续市场、竞争均衡的存在与最优

阿罗（1953）的这篇论文可能是金融经济学中最重要的文章。不确定条件下的竞争均衡以及对此最优的偏离等概念都是在这篇文章中首次出现。阿罗指出，在德布勒（1959）书中的前 6 章所描绘的确定性经济系统可以很容易地一般化为不确定性经济系统，只要假设消费者是（弱式）风险规避的。为此，他发明了状态证券的思想（有时被称作"或然状态求偿权""纯粹证券"或"阿罗 – 德布勒证券"）：状态证券是指在一个将来状态支付一单位报酬的证券。然后，他假设在一个经济系统期初会存在一个状态证券的"完整市场"，亦即一个状态证券满足了所有可能状态。可以很容易地看到，德布勒有关竞争均衡的存在与最优化的结论仍然不变（加入了风险规避的假设）。

杰克·赫舒拉发在 20 世纪 60 年代中期的两篇文章中，对状态价格与状态证券进行了广泛应用，包括对风险规避的分析、企业负债决策的分析以及公共投资折现率的分析。⊖赫舒拉发将他自己所称的"状态偏好方法"与马

⊖ 分别见赫舒拉发（1965）：《不确定条件下的投资决策：理论方法的选择》（*Investment Decision under Uncertainty：Choice Theoretic Approaches*），载于《经济学季刊》第 79 卷，第 4 期（1965 年 11 月），pp.509 ~ 536。以及赫舒拉发（1966）：《不确定条件下的投资决策：应用状态偏好法》（*Investment Decision under Uncertainty：Applications of the State-Preference Approach*），载于《经济学季刊》第 80 卷，第 2 期（1966 年 5 月），pp.252 ~ 277。

科维茨（1959）、夏普（1964）以及其他人的均值–方差法进行比对。每次比对，赫舒拉发都认为用状态价格和状态证券来界定经济问题通常会使分析既简单又通用，而且可以得到相似的结论。

阿罗的结果的关键内容之一是所谓的"市场等值定理"：设想存在一个经济系统，在其中存在许多不同的证券，其数量与状态的数量相同，这通常被称为完整市场。每一个投资者对均衡投资组合的选择以及均衡的证券价格在这个经济系统中，与另外其他条件都相同只是初始证券被一组状态证券所替代的经济系统中应该是相同的。一旦我们用状态价格和状态证券做出了求解，我们就可以把状态证券组合成一个投资组合，这个投资组合与最初的证券具有相同的收益，并用对最初证券的选择与价格来表述。我们也能很轻易地用状态价格来为最初的证券定价。

对完整市场的说明

假设存在一个三元状态的经济系统，其未来要么是萧条，要么是正常，要么是繁荣。一项资产相对应每种状态的收益是：

资产收益＝［1 2 3］

持有 a 个单位的资产，那么投资者获得的报酬就是［a $2a$ $3a$］。将无风险的现金当作第二项证券加进来。现金的收益对每个状态而言都是相同的：

现金收益＝［1 1 1］

通过持有 c 单位的现金，投资者现在能获得的报酬是［$a+c$, $2a+c$, $3a+c$］。投资者能够购买一个报酬组合［0 1 2］，这是因为［1 2 3］－［1 1 1］＝［0 1 2］。

但是注意，投资者使用这项资产与现金并不能购买到收益［1 0 0］，这是因为不存在 a 和 c 能使 a［1 2 3］＋c［1 1 1］＝［1 0 0］。

现在考虑有第三种证券：

衍生品收益＝［1 1 0］

持有 d 单位的衍生品, 投资者能获得的收益是 $[\ a+c+d,\ 2a+c+d,\ 3a+c\ ]$。投资者现在能设立状态证券 ("基础向量"):

$$[\ 1\ 0\ 0\ ]=-[\ 1\ 2\ 3\ ]+3[\ 1\ 1\ 1\ ]-[\ 1\ 1\ 0\ ]$$

$$[\ 0\ 1\ 0\ ]=[\ 1\ 2\ 3\ ]-3[\ 1\ 1\ 1\ ]+2[\ 1\ 1\ 0\ ]$$

$$[\ 0\ 0\ 1\ ]=0[\ 1\ 2\ 3\ ]+[\ 1\ 1\ 1\ ]-[\ 1\ 1\ 0\ ]$$

因此, 通过这些构建, 现在就可以使用状态证券 (意味着一个完整的市场) 来完全进行套利, 这是因为:

$$[\ x\ y\ z\ ]=x[\ 1\ 0\ 0\ ]+y[\ 0\ 1\ 0\ ]+z[\ 0\ 0\ 1\ ]$$

如后续研究 [例如, 鲁宾斯坦 (1974)] 所示, 使用具有状态证券的等值经济系统要比最初经济系统能更容易地推演出结果。事实上, 具有状态证券的经济系统的一阶条件是最初经济系统的一阶条件的反转矩阵。

解决反向问题: 从证券价格推断状态价格

我们可以用状态证券投资组合的价值来表示交易证券的价值。例如, 仍假设存在一个三元状态经济, 其中 π_1, π_2, π_3 分别表示每种状态的当前状态价格, 一项拥有 [1 2 3] 收益的资产的当前价格是 S_0, 拥有 [1 1 1] 收益的现金的当前价格是 $1/r$, 拥有 [1 1 0] 收益的衍生品的价格是 C_0。那么:

$$S_0=[\ 1\ ]\pi_1+[\ 2\ ]\pi_2+[\ 3\ ]\pi_3$$

$$1/r=[\ 1\ ]\pi_1+[\ 1\ ]\pi_2+[\ 1\ ]\pi_3$$

$$C_0=[\ 1\ ]\pi_1+[\ 1\ ]\pi_2+[\ 0\ ]\pi_3$$

答案是:

$$\pi_1=3/r-(S_0+C_0)$$

$$\pi_2=-3/r+(S_0+2C_0)$$

$$\pi_3=1/r-C_0$$

用交易证券的价格来求解状态价格被称作"反向问题"。上述的例子说明，如果市场是完整的，那么反向问题就是有解的。

这样的简化看起来十分美好，但阿罗还是受困于他的完整市场假设。在现实中，可能存在的状态数是十分多的，因此求解需要的证券数量也是十分多的。这多少让状态证券的思想有些黯然失色。阿罗（1953）也提出了应对这一难题的阿罗原则：最初不完整的市场能够通过投资组合的不断修正而达到有效完整。后续出现的现代期权定价理论以及许多跨期均衡模型背后的关键思想就是阿罗原则。对此内容进一步的评价请参看我对布莱克－斯科尔斯（1973）的讨论。

阿罗（1965/C）对风险承担做了更广泛的讨论。许多社会安排（包括显而易见的保险、期货、股票市场）存在的基本目的就是将风险从低风险忍受度人手中转移到高风险忍受度人手中。而且，通过分散化形成的风险社会聚集，某些风险可以神奇地消失。阿罗这样写道："在这种制度下（完整市场），生产活动与风险承担能分离开来。"时至今日这项工程被称作"金融工程"，这个术语可能是马克·加曼发明的。

尽管完整市场一般要求资源不受限制地达到帕累托最优配置，现实中市场很难达到完整。在这篇文章中，阿罗研究了市场为什么是不完整的，并解释了几种机制可以来最好地应对困难处境。他提出"道德困境"可能是阻止完整市场形成的最重要因素。⊖当契约自身的存在改变了所涉及人员的激励之时道德困境就会出现。例如，火灾保险可能降低业主防范火灾的谨慎度。如果火灾保险公司只能通过付出成本来实施监督的话，问题就出现了。次优的制度响应就是互保，这种折中将会把市场推向更接近完整的状态，但不可能

⊖ 见阿罗（1963年12月）：《不确定性与医疗卫生的福利经济学》（*Uncertainty and the Welfare Economics of Medical Care*），载于《美国经济评论》第53卷，第5期（1963年12月），pp.941 ~ 973。

达到完整。互保的其他例子包括破产法和有限责任法。

德泽（1970）是一篇对阿罗（1953）来说重要但却很少被提及的评论性文献。它指出，状态证券的价格可当作主观概率与风险规避调整的产品；资产的现值可视为它的（折现）预期价值，其中状态价格等于风险中性偏好经济中的主观概率。这些概率即著名的"风险中性概率"。文中的摘要是这么写的：

> 某一商品或然求偿权的价格具有状态概率指标的所有正式特性，
> 不过仍反映了不同状态下的稀缺性以及这些状态的概率。

德泽也对阿罗不完整市场的解答做了再次探讨。他指出，市场参与者为了制定当前的决策仍需要事先知道将来市场的状态价格。因此，与完整市场相比，阿罗的答案并没有真的减少消费者为了制定当前决策所需要的信息量。同样的批评可以用于布莱克－斯科尔斯（1973）的期权定价模型。这个模型假设标的资产的波动能够事先被预计到，因为这等同于事先知道未来市场的状态价格。

初始完整市场与续起完整市场的等同

假设一个经济系统中有三个日期：0，1，2。在时点 1，可能状态（"事件"）$e=1, 2, \cdots, E$ 之一的 E 发生了。接着，以时点 1 发生的事件作为条件，在时点 2 时，可能状态 $s=1, 2, \cdots, S$ 之一的 S 发生了。为了简化起见（而且通常不会丧失一般性），我假设存在状态证券。一位投资者的初始财富是 W_0，她可将这些财富投资于可获取的证券。在最初的完整市场，在时点 0，投资者会选择那些在时点 2 的收益取决于所有状态的状态证券，这些状态包括之前在时点 1 发生的事件也包括在时点 2 的状态，我们将之标记为 se。时点 0 的价格，先出现 e 后出现 s 的主观概率，投资者在时点 0 选择证券的数量，时点 2 的报酬，取决于先出现 e 后出现 s 的可能性，因此分别用 π_{se}，p_{se}，W_{se} 表示。投资者在时点 2 对财富的风

险规避用效用函数 $U(W_{se})$ 反映。在这个经济系统中需要 $E \times S$ 个证券。

投资者在初始完整市场中的问题是：

在时点 0：$\max_{\{W_{se}\}} \Sigma_e \Sigma_s p_{se} U(W_{se})$，限制条件是：$W_0 = \Sigma_e \Sigma_s \pi_{se} W_{se}$

在另外一种市场组织中，时点 1 发生的每一个事件 e 对应的事件证券可以在时点 0 获得，而后在时点 1 根据发生的事件 e，在时点 2 一个包含了状态证券的新市场开张，这个市场中的状态证券对应了每一种状态 s。在这个经济系统中，需要 $E+S$ 只证券。在时点 0 的价格，事件 e 的主观概率，投资者在时点 0 选择的证券数量，时点 1 的报酬取决于事件 e 的可能性，因此分别用 π_e，p_e，W_e 表示。在时点 1 的价格，事件 s 的主观概率，投资者在时点 1 选择的证券数量，时点 2 的报酬取决于在事件 e 发生的情况下事件 s 发生的可能性，因此分别用 $\pi_{s|e}$，$p_{s|e}$，$W_{s|e}$ 表示。$U_e(W_e)$ 反映时点 1 投资者能在下一期获得 W_e 财富的效用。对每一个事件 e 来说，这个效用推导自时点 2 财富 $W_{s|e}$。而 $W_{s|e}$ 取决于时点 1 的投资 W_e。因此，$U_e(W_e)$ 被称做间接效用函数或推导效用函数。

投资者在动态完整市场中的问题是：

在时点 1，给定事件 e：

$U_e(W_e) \equiv \max_{\{W_{s|e}\}} \Sigma_s p_{s|e} U_e(W_{s|e})$，限制条件是：$W_e = \Sigma_s \pi_{s|e} W_{s|e}$

然后，在时点 0：

$\max_{\{W_e\}} \Sigma_e p_e U_e(W_{s|e})$，限制条件是：$W_0 = \Sigma_e \pi_e W_e$

为了证明两者相等，使用之前的两个等式，那么动态问题等同于：

$\max_{\{W_{s|e}\}} \Sigma_e p_e [\Sigma_s p_{s|e} U_e(W_{s|e})]$，限定条件是：$W_0 = \Sigma_e \pi_e (\Sigma_s \pi_{s|e} W_{s|e})$

如果定价与信念是一致的，那么 $p_{se} = p_e p_{s|e}$，$\pi_{se} = \pi_e \pi_{s|e}$，因此：

$\max_{\{W_{s|e}\}} \Sigma_e \Sigma_s p_{se} U_e(W_{s|e})$，限制条件是：$W_0 = \Sigma_e \Sigma_s \pi_{se} W_{s|e}$

从而

$$W_{se} = W_{s|e}$$

通过观察可知，这个等式要求在时点 0 投资者知道时点 1 的状态价格，所有事件 e 的 $\pi_{s/e}$，甚至到期末都不发生的事件（德泽最先提到这一点）。

为了说明状态价格、主观概率以及风险中性概率之间的区别，设想一项为期一年的业主地震保险政策的收益（见下表中内容）。

业主地震保险政策的收益

里氏震级	损害程度	偿付额	主观概率	风险规避调整	风险中性概率	状态价格
s		X_s（美元）	p_s	Y_s	$q_s \equiv p_s Y_s$	$\pi_s \equiv q_s/r$
$0.0 \sim 4.9$	无	0	0.850	0.9939	0.845	0.805
$5.0 \sim 5.4$	轻微	750	0.100	0.9976	0.100	0.095
$5.5 \sim 5.9$	中度	10 000	0.030	1.0472	0.031	0.030
$6.0 \sim 6.9$	严重	25 000	0.015	1.1430	0.017	0.016
$7.0 \sim 8.9$	巨大	50 000	0.005	1.3787	0.007	0.007
合计			1.000		1.000	

五种状态分别是该年可能发生的地震损害水平。

收益 X_s 表示每种灾害状态下保险公司在年末偿付的金额。

主观概率 p_s 是个人对每种灾害状态出现可能性的判断。

变量 Y_s 是风险调整因子。

q_s 也是基于主观概率 p_s 构建的概率，但是通过风险调整因子 Y_s 进行了修正，因为 q_s 是修正后的结果，因此被称做风险中性概率。

状态价格 π_s 是指如果状态 s 发生，那么在年末每获得 1 元的补偿需要在年初支付的价格。0 元表示状态 s 不会发生。当年的无风险收益是 r，因此 $r-1$ 表示利率。

为了简单起见，假设里氏地震等级能完美地判定损害程度，而且假设即便地震是在年中发生的，但保险赔付（X_s）只在年终支付。这张表列示出 5 种互斥事件，每一个事件都表示将来的一个状态（s）——这个状态描述了相关世界的全部信息。对于每一种状态，投资者都按照他们自己的感受赋予一个主观概率（p_s）。当然，这些主观概率不能为负数且之和为1。

有人可能会天真地认为，保险政策的价值（现值）等于预期收益按照一年期的无风险收益 r（即无风险利率是 $r-1$）折现后的价值：$(\Sigma_s p_s X_s)/r$。因此，如果 $r=1.05$，那么这项保险政策价值就等于：

$$\frac{0.850 \times 0 + 0.100 \times 750 + 0.030 \times 10\,000 + 0.015 \times 25\,000 + 0.005 \times 50\,000}{1.05} = 952.38(元)$$

任何学过金融的学生都知道，这种估值方法没有考虑到风险规避。一个非常流行的假设认为，当人很穷的时候（比如说遭受了高等级的里氏地震）接受1元额外的收入所获得的效用会高一些，而当人相对富裕的时候接受1元额外的收入所获得的效用会低一些。将此效应纳入考虑的方法之一就是给每一种状态都赋予一个正值的风险调整因子 Y_s。这些因子在富裕状态时要稍微小于1，而在相对贫困状态时稍微大于1。这项调整将赋予富裕状态时获得的收入较低的权重，而赋予相对贫困状态时获得的收入较高的权重。我们可以通过构建概率 $q_s \equiv p_s Y_s$ 来做到这一点（风险调整因子是经过仔细计算的，使得它们与相应的主观概率相乘后得出的 q_s 之和 $\sum_s q_s = 1$）。经过如此的校定之后，q_s 就可以充当概率了，这是因为它们都是非负数且之和等于1。考虑这些概率后的一项政策价值等于 $(\sum_s q_s X_s)/r$。使用这个公式，我们能计算出上述保险政策的价值应当是：

$$\frac{0.845 \times 0 + 0.100 \times 750 + 0.031 \times 10\,000 + 0.017 \times 25\,000 + 0.007 \times 50\,000}{1.05} = 1104.76(元)$$

注意：风险规避效应已经被融入概率 q_s 之中。使用这些概率计算预期值的时候，我们只需要将预期收益按照无风险收益折现即可（不必再考虑风险规避）计算出一项政策的价值。因此，概率 q_s 被称作"风险中性概率"。必须强调的是，虽然它们是概率，但它们与主观概率是不同的（主观概率是纯粹的信念表达而没有考虑到风险规避）。

"状态价格"是一个与风险中性接近的概念。如果将每一个风险中性概率 q_s 除以 r，且 $\pi_s \equiv q_s/r$，那么政策的价值就变为：$\sum_s \pi_s X_s$。使用这个公式，我们能计算出相同的结果：

$0.805 \times 0 + 0.095 \times 750 + 0.030 \times 10\ 000 + 0.016 \times 25\ 000 + 0.007 \times 50\ 000 = 1104.76$（元）

使用这个公式来表示很自然地可将 π_s 解释为价格，表示每个状态下收到 1 元报酬的概率。因此，π_s 被称作状态价格。相应的，如果一只证券在一个状态 s 获得的收益是 1 元，而在其他状态获得的收益是 0 元，那么这个证券就被称作状态证券。注意 $\sum_s \pi_s = 1/r$。这是具有经济意义解释的：一项投资组合在每一种状态下获得 1 元的报酬，其价值等于确定获得 1 元的价值 $1/r$。因此，尽管状态价格 π_s 非负，但它们不是概率，因为它们的求和不等于 1（除非 $r=1$）。

我们能简洁地做如下总结：计算现值的时候，使用主观概率 p_s 只需要考虑信念，使用风险中性概率 q_s 需要考虑信念与风险规避的联合作用，使用状态价格 π_s 需要同时考虑信念、风险规避和时间。学术界喜欢使用不同的方式计算现值。当前受推崇的是基于随机折现因子 $Z_s \equiv \pi_s/p_s$ 的方法。这样就有 $\sum_s p_s X_s Z_s$，使用期望的概念，这可以简化写成 $E(XZ)$。

风险中性概率的思想可能最早出现在德泽于 1965 年 9 月在第一次世界计量经济学学会上的报告中，或者可能出现在阿罗更早期的研究中。这个概念也很明显于 1969 年被保罗・安东尼・萨缪尔森和罗伯特 C.默顿独立发现。[⊖]

迈尔斯（1968）是另外一篇较早明确指出状态价格是主观概率与风险调整联合作用结果的文章。尤其是该文中的第 12 页的等式（6）。这是为数不多

⊖ 见萨缪尔森 – 默顿（1969）:《效用最大化的权证定价的完整模型》(*A Complete Model of Warrant Pricing That Maximizes Utility*)，载于《工业管理评论》(*Industrial Management Review*) 第 10 卷，（1969 年冬季号），pp.17 ～ 46。

几篇引用到德泽（1970）早期版本的学术文献之一。

迈克尔·哈里森和戴维 M. 克雷普斯对德泽的结果正式成型居功至伟。[一]他们清晰地指出，所需要的并不是套利和允许连续数值的状态。但是他们的结果的经济内容几乎从德泽那儿已经得到证实，当然也从后续的结果中得到证实，如白加（1971）、鲁宾斯坦（1976年秋季）或罗斯（1977）。他们只是对经济制度基础做了边际贡献：他们排除了加倍战略，即在连续时间中的有限时间段能提供套利利润。

拉德纳（1968）指出，阿罗（1953）和德布勒（1959）所描绘的经济可以拓展。他首先提出，即使参与者对这个世界具有不同的信息（这意味着不同的参与者只能在状态子集中进行区分，从而导致一种不完整的市场），均衡的存在性与最优性仍可维持。不过，在经济系统之初会存在足够多的市场，从而不必要假定后续市场不断开张。不过，参与者必须等待有关这个世界的进一步信息到来后才能决定他们整个生命期的策略。如果随着时间推移，参与者不断获得其他参与者的信息，也会出现同样的问题。这两种情况都会引起流动性需求。这两种情况都明显地不存在于阿罗–德布勒经济系统中。拉德纳总结道：

> 对如下两种情况进行区分是一个基础性问题：①不确定性与环境信息；②不确定与其他人行为的信息或者还没有计算出的结果。

拉德纳（1972）研究了，在经济系统的历史中，潜在的后续市场是如何

⊖ 见哈里森–克雷普斯（1979）：《多期证券市场中的鞅与套利》（*Martingales and Arbitrage in Multi-Period Securities Markets*），载于《经济理论学刊》第20卷，第3期（1979年6月），pp.381～408。

弥补不完整市场的。[⊖]这个思想首先是由阿罗（1953）提出的。德泽（1970）
最先强调，市场参与者需要事先知道未来市场中的状态价格。拉德纳明确解
决了这个问题。他提出"共同预期"一词，这个词的意思是：所有的参与
者都将相同的未来价格与相同的未来事件联系起来，同时他假设参与者制订的
计划是"一致的"，在市场交易开放的每一日，每一种商品的计划供给都等于
计划需求。然后，他指出存在一个竞争性均衡，这个均衡被他称作计划、价
格与价格预期均衡。

　　阿罗 1972 年因为"一般均衡理论和福利理论的开创性贡献"而获得了诺
贝尔经济学奖。

❦ ❦ ❦

1953 年《时间序列的经济分析 I：价格》

　　莫里斯 G. 肯德尔（1907 年 9 月 6 日—1983 年 3 月 29 日）发表了《时
间序列的经济分析 I：价格》（*The Analysis of Economic Time-Series，Part I：
Prices*），载于《皇家统计协会学刊》（*Journal of the Royal Statistical Society*），
第 116 卷，第 1 期（1953 年），pp.11 ~ 25。再版于《股票市场价格的随机特
征》（*The Random Character of Stock Market Prices*），保罗 H. 库特纳编辑（Risk
Publications，2000 年），pp.99 ~ 122。

随机游走、正态分布、有效市场

　　肯德尔（1953）是最早发现股票价格遵循随机游走模式的人士之一。他

⊖　见拉德纳（1972）：《在续期市场中计划、价格和价格预期的均衡存在》（*Existence of Equilibrium
　　of Plans，Prices and Price Expectations in a Sequence of Markets*），载于《计量经济学》第 40 卷，
　　第 2 期（1972 年 3 月），pp.289 ~ 303。

写道：

> 价格序列看起来像是"徘徊漫步"，如同在从前的一个星期，运
> 气魔鬼从一堆数字中随机抽取一些数字把它们加入到当期的价格之
> 中，以此来决定下个星期的价格。这可不是发生在某些停滞的小市
> 场之上。这些数字来自于芝加哥的小麦市场，时间长达50年。在这
> 段时间至少存在两次囤积小麦的企图。（p.13）[5]

他强调过去价格变化的信息看起来对预测未来变化并没有帮助。肯德尔
可能是第一个从经验角度注意到，尽管单个行业股票指数序列不相关，而且
也不能用以预测其他指数，但是不同的行业指数在同一时间却显著的横截面
相关。马科维茨（1952年3月）研究过这个关键的特征。肯德尔也是最先观
察到普通股股价变动大体遵循正态分布，但是在均值附近与极端尾部却聚集
了过多观察点。

大约在此20年前，霍尔布鲁克·沃金也注意到商品价格是随机游走
的。⊖沃金认为，证券价格的变化来自于许多独立作用的累积，有些是积极
的、有些是消极的。在此之前，尤根·斯拉特斯基于1927年指出，随机游走
数字积聚产生的序列类似于具有完整周期的经济时间序列。⊜

⅏ ⅏ ⅏

⊖ 见沃金（1934）：《时间序列分析中使用的随机差分序列》（*A Random-Difference Series for Use in the Analysis of Time Series*），载于《美国统计学会学刊》第29卷，第185期（1934年3月），pp.11～24。

⊜ 见斯拉特斯基（1927）：《随机原因积聚作为周期过程的来源》（*The Summation of Random Causes as the Source of Cyclic Processes*），载于《经济条件问题》第3卷（危机研究院编著，莫斯科，1927年），从俄文翻译成英文发表在《计量经济学》第5卷，第2期（1937年4月）。

1953 年《实证经济学的方法论》

米尔顿·弗里德曼 发表了《实证经济学的方法论》(*The Methodology of Positive Economics*)，收录于《实证经济学论文集》(*Essays in Positive Economics*)(Chicago University Press，1953 年)，pp.3 ～ 43。

假设与结论、达尔文生存、套利

能否通过证明一个理论的假设不正确而否定该理论？弗里德曼（1953/A）认为不能这样。对理论有效性的检验只能通过理论预期与现实符合程度来判定。事实上，由于最好的理论通常在假设上都很简单，因此这些假设几乎不可能都符合现实。例如，经济学家经常会假设完美和竞争的市场，要么假设参与者是完全理性的、能够快速精确地完成复杂计算。然而，这些简单且不正确的假设能够解释和预测很多现象。更准确地表述是：经济学家通常假设参与者都是理性的且是完美的计算机器，而他们不一定真有这个能力。相关的问题不是这些假设是否正确，而是是否有更简洁的假设能解释相同的问题，或者另外的假设简洁程度相当也能解释相同的问题。

弗里德曼对标准经济学中基于达尔文生存理论的参与人理性假设提出了一个十分著名同时也颇具争议的辩护：

> 假设影响企业行为的直接因素可能是任何因素——习惯反应、随机变化或者其他不知道的东西。只要这些因素发生使得行为与理性及收益最大化相符合，那么企业就会欣欣向荣并能获得进一步扩张的资源；如果不是这样，那么企业就会失去资源……在自然选择的条件下，（收益最大化）这个假说很大程度上建立在生存条件假设之上。(p.22)

不幸的是，正如现在有人指出的那样，很容易发明一种达尔文环境，在其中非理性也能存活。

弗里德曼可能是第一个使用套利理论论证有效市场逻辑的学者。[⊖]使用不同国家货币的例子，他认为一只证券相对于基础面出现了误定价，那么套利者就会买入或者卖出这只证券，同时持有与之接近的但是被准确定价的证券来规避风险。最终使得误定价消失。而且，导致误定价的非理性投资者将遭受损失，长期来看会降低他们的财富从而使他们在未来的市场中微不足道。[6]

弗里德曼因为"在消费分析、货币史与货币理论以及对稳定政策复杂性的解释"中的贡献而获得了 1976 年度诺贝尔经济学奖。

ぐ ぐ ぐ

1958 年《流动性偏好作为影响风险的行为》

詹姆斯·托宾（1918 年 3 月 5 日—2002 年 3 月 11 日） 发表了《流动性偏好作为影响风险的行为》（*Liquidity Preference as Behavior Towards Risk*），载于《经济研究评论》第 25 卷，第 2 期（1958 年 2 月），pp.65 ～ 86。

无风险证券、均值 - 方差偏好、托宾分离定理、二次项效用、多变量正态

托宾（1958）对马科维茨（1952 年 3 月）和罗伊（1952）的投资选择模型进行了拓展。他加入了无风险证券，并指出投资者在选择投资组合中风险证券比例构成之时是不用考虑他的风险规避程度（以及财富）的。设想有一个几何坐标，y 轴表示投资组合收益的均值，x 轴表示投资组合收益的方差。所有的均值 - 方差有效组合都在一条穿过无风险收益与马科维茨效率集合相切

⊖ 见弗里德曼（1953/B）：《论弹性汇率制》（*The Case for Flexible Exchange Rates*），载于《实证经济学论文集》（*Chicago University Press*，1953 年），pp.157 ～ 203。

的直线上。这就是著名的托宾分离定理。这意味着投资者可以将最优投资组合选择问题分解为两步：首先，在风险证券收益与无风险证券收益的联合分布给定的情况下，投资者选择最优的风险证券投资组合，而不用考虑他的风险规避和财富；接着，知道了风险证券投资组合的收益与无风险证券收益，他的风险规避程度以及财富后，投资者将可用于投资的财富在风险证券投资组合与无风险证券之间进行分配。托宾也指出，均值－方差投资组合选择要与预期效用最大化相一致，要么效用函数是二次方程式，要么所有可能投资组合收益必须是联合正态分布的。

证明二次效用或多变量正态分布意味着均值－方差偏好

下面证明二次效用 $-(A-W_1)^2$（其中 A 是常数，W_1 是期末的财富）意味着只用均值和方差表示选择：

$$U(W_1)=-(A-W_1)^2=-(A^2-2AW_1+W_1^2)=-A^2+2AW_1-W_1^2$$

因此，

$$E[U(W_1)]=-A^2+2AE(W_1)-E(W_1^2)$$
$$=-A^2+2AE(W_1)-[V_{ar}(W_1)+E(W_1)^2]$$
$$=-A^2+2AE(W_1)-[E(W_1)]^2-V_{ar}(W_1)$$
$$=f[E(W_1),V_{ar}(W_1)]$$

值得注意的是，$dE[U(W_1)]/dE(W_1)=2A-2E(W_1)=2[A-E(W_1)]$，当且仅当 $E(W_1)<A$ 时 $dE[U(W_1)]/dE(W_1)>0$。此外，也注意 $dE[U(W_1)]/dV_{ar}(W_1)=-1<0$（无条件的）。

下面证明联合正态可推导出均值－方差偏好。设 W_0 表示期初的财富。期末证券的（随机）收益是 r_1，r_2，…，r_j，…投资者选择投资组合中的比例 x_1，x_2，…，x_j，…且 $\sum_j x_j=1$，这样投资组合的（随机）收益 $r_p\equiv\sum_j x_j r_j$。投资者面临的问题是：通过选择 x_j 来使期末的预期效用最大化，即：

$$\max_{\{x_j\}} E\left[U\left(W_1\right)\right]$$

其中，$W_1 = W_0 r_p$，且 $r_p \equiv \sum_j x_j r_j$，$\sum_j x_j = 1$。

任何变量如果自身是正态分布的，那么这些变量的线性组合也应是正态分布的。因此，如果所有的证券都是联合正态分布的，那么 $r_p \equiv \sum_j x_j r_j$ 也应该是正态分布的。因此，在假定收益是联合正态分布的情况下，投资者能够构建的投资组合也一定是正态分布的。而且，由于正态分布能用均值 μ_p 和 σ_p^2 来描述，因此有 $r_p = \mu_p + \sigma_p x$，其中 x 是一个标准正态随机变量。存在一个函数 f 使得：

$$E\left[U\left(W_1\right)\right] = E\{[U[W_0\left(\mu_p + \sigma_p x\right)]]\} = f\left(\mu_p, \sigma_p\right)$$

其中 W_0 当作 f 的非随机参数。

$U'\left(W_1\right) > 0$ 和 $U''\left(W_1\right) < 0$ 意味着 $f'\left(\mu_p\right) > 0$ 且 $f'\left(\sigma_p^2\right) < 0$。令 $n\left(x\right)$ 是标准正态密度函数，这样 $n\left(x\right) > 0$。然后：

$f\left(\mu_p, \sigma_p\right) = \int U[W_0\left(\mu_p + \sigma_p x\right)] n\left(x\right) \mathrm{d}_x$，因此 $f'\left(\mu_p\right) = \int U'\left(W_1\right) n\left(x\right) \mathrm{d}x$

因为 $U'\left(W_1\right) > 0$ 且 $f'\left(\mu_p\right) > 0$。

$$f'\left(\sigma_p^2\right) = \left(\frac{1}{2}\sigma_p\right)\int U'\left(W_1\right) x n\left(x\right) \mathrm{d}x$$

因为 $U'\left(W_1\right) > 0$ 且 $U''\left(W_1\right) < 0$ 以及 $xn(x)$ 围绕 0 对称，因此 $f'\left(\sigma_p^2\right) < 0$。[7]

....

托宾因为在"对金融市场及其与支出决策、就业、产出及价格关系上的分析"而获得了 1981 年度诺贝尔经济学奖。

∽ ∽ ∽

1958 年《资本成本、公司融资与投资理论》

弗兰科·莫迪利亚尼（1918 年 6 月 18 日—2003 年 9 月 25 日）和默

顿・霍华德・米勒（1923 年 5 月 16 日—2000 年 6 月 3 日）　共同发表了《资本成本、公司融资与投资理论》(*The Cost of Capital*, *Corporation Finance and the Theory of Investment*)，载于《美国经济评论》第 48 卷，第 3 期（1958 年 6 月），pp.261 ～ 297。

1969 年《对海因斯和斯普伦克尔的答复》

弗兰科・莫迪利亚尼和默顿・霍华德・米勒　发表了《对海因斯和斯普伦克尔的答复》(*Reply to Heins and Sprenkle*)，载于《美国经济评论》第 59 卷，第 4 期第一部分（1969 年 9 月），pp.592 ～ 595。

投资价值守恒法则、资本结构、MM 命题、支配与套利、卖空、加权平均资本成本、价值增值、价值与股价无关性

莫迪利亚尼 – 米勒（1958）拓展了费雪（1930）提出的企业融资决策与生产决策可以相分离的思想。这也是首次对威廉姆斯（1938）的投资价值守恒定理的正式表述。MM（1958）指出，在完美的市场中企业的价值与资本结构无关（MM 定理 I）。尽管威廉姆斯清晰地预计到这个结果，但是莫迪利亚尼和米勒认为威廉姆斯并没有真正地证明这个法则，这是因为他并没有清晰地说明如果这个法则不成立那么套利机会是如何产生的。此处引用莫迪利亚尼 – 米勒对威廉姆斯的完整评论：

> 一些作者曾提出与我们定理 I 接近的等式，但他们依靠的是直觉而不是证明，并且马上就表示这样的结果不能应用到现实资本市场……
>
> ……例如，见 J.B. 威廉姆斯（第 21 页，尤其是第 72 ～ 73 页）；戴维・杜兰德（3）以及 W.A. 莫顿。这些作者没有一个详细描述资本结构变动下平均资本成本保持稳定的机制。他们注意到，投资者可以

在股票与债券收益间转换来达到均衡。但这种论证与我们证明中所使用的纯套利机制是完全不同的，而这个差别很关键。(p.271)[8]

尽管有这些批评，但是在我看来这些批评对威廉姆斯来说是不公正的。沃尔特 A. 莫顿的评论[⊖]可能会更公正些：

> 相同公司债务的本质差别在于其对盈余与资产的求偿顺序。如果只发行一只证券，那么这只证券就承担了所有的风险。无论它被称作债券、优先股或普通股，如果该证券享有所有的盈余，那么就有相同的价值（我没有考虑利息支付可以避税，而优先股和普通股的股利不能避税）。与之类似，如果某个人持有公司发行的所有类型的证券，他的风险是一样的。清算、重组和税收政策方面的法律会改变这个结果。如果将所有的债券、优先股和普通股"打包"出售，那么每个证券持有人的风险是一样的，这个打包证券如同是普通股一般。相应地，整体资本成本不受资本结构的影响。(p.442)[9]

而后莫顿接着提出，一旦投资者专门持有企业发行证券中的一种证券，这样一个投资者只持有债券，另一个投资者只持有股票，那么客户效应会使这些价值之和超过没有专门化持有之前的价值。

为了说明在完美市场中不能发生这样的情况，莫迪利亚尼和米勒使用一些冗长的假设证明了威廉姆斯法则。而这些假设后来在他们自己的文章中以及其他人的文章中被证实是不必需的。例如，莫迪利亚尼－米勒假定企业的债务是无风险的，两家企业一定存在"相同的风险等级"。这意味着，正如下文所要证明的那样，随机变量 X_U 和 X_L 在所有状态都是相等的。

在我看来，莫迪利亚尼－米勒（1969）绕了一大圈本质上还是证明了威廉姆斯的最初结果。他们假定有两家相同的公司（即资产创造的未来现金流量是相同的），一家公司举债而另外一家公司无负债。然后，他们指出如果当前举债企业的股票与债券的价值之和与无债企业的股票价值不相等，那么就会出现微弱的套利机会（定理I）。"微弱"在此处的意思是，在两项投资中任何投资者都会偏好于其中的一项。换言之，一项投资要优于另一项。与套利不同，这种视角不要求卖空一项投资来创造套利利润。在莫迪利亚尼和米勒构建的新证明中，他们似乎使用微弱定义来聪明地规避掉了允许卖空的必要性。

从优势视角对投资价值守恒法则的证明

$X \equiv X_U = X_L$（举债企业与无债企业的未来经营收入——相同的"风险等级"假设）

$V_U \equiv S_U$（无债企业的当前企业价值与当前股票价值的关系）

$V_L \equiv D_L + S_L$（负债企业的当前企业价值与当前无风险负债及股票价值的关系）

r（无风险债券的收益率）

首先假设 $V_U > V_L$。看如下两项投资组合的报酬：

	当前成本	未来报酬
购买 U 公司 $\alpha\%$ 的股份	$\alpha S_U \equiv \alpha V_U$	αX
购买 L 公司 $\alpha\%$ 的负债	αD_L	$\alpha r D_L$
购买 L 公司 $\alpha\%$ 的股份	αS_L	$\alpha\,(X - r D_L)$
合计	$\alpha D_L + \alpha S_L = \alpha V_L$	$\alpha\,[(r D_L) + (X - r D_L)] = \alpha X$

两个投资组合拥有相同的报酬 αX。因此，如果 $V_U > V_L$，那么就没有投资者会持有无负债企业的股票，这是因为他们可以持有债券和负债企业的股票，这样既便宜又能获得相同的现金流量。因此，对举债企业的投资要支配性的优于对无负债企业的投资。

假定另外一种情况，$V_L > V_U$。考虑如下两个投资组合的报酬：

	当前成本	未来报酬
购买 L 公司 α% 的股份	$\alpha S_L \equiv \alpha(V_L - D_L)$	$\alpha(X - rD_L)$
购买 U 公司 α% 的股份	$\alpha S_U \equiv \alpha V_U$	αX
借贷 αDL	$-\alpha D_L$	$-\alpha rD_L$
合计	$\alpha(V_U - D_L)$	$\alpha(X - rD_L)$

这两个投资组合有相同的报酬 $\alpha(X-rD_L)$。因此，如果 $V_L > V_U$，那么没有投资者愿意持有举债企业的股票，这是因为他们可以持有债券和无债企业的股票，这样既便宜又能获得相同的现金流量。因此，对无债企业的投资要"支配性"地优于对举债企业的投资。

将两个结果整合来看，$V_L = V_U$。[10]

对这个证明我们要注意两点。第一，它要求企业可以无风险借贷，且投资者一定能与企业用一样的条款（r）借贷。因此，这种证明方法有时也被称作"自制杠杆法"。第二，它并不是我们今天所称的套利证明。事实上，这是威廉姆斯（1938）的思想，威廉姆斯看来使用的也是支配论证法。

莫迪利亚尼和米勒在 1958 年与 1969 年这两篇文章中都要求存在无风险债务。例如，为了反映股票有限责任，$\alpha(X-rD_L) \geqslant 0$，因此 $X \geqslant rD_L$。这意味着一定有充足的经营收入来满足债务支付。另一方面，从威廉姆斯的证明可以看到风险债务不会改变这个法则。

现代套利视角的证明要求可以将所有的收益全部卖空。与莫迪利亚尼－米勒的优势角度证明不同，这个证明不需要自制杠杆（只要求投资者能够买卖企业的证券）且允许企业债券违约。

从套利视角对投资价值守恒法则的证明

使用相同的定义，比较如下两个投资组合的成本与收益：

	当前成本	未来报酬
购买 U 公司 α% 的股份	$\alpha S_U \equiv \alpha V_U$	αX
购买 L 公司 α% 的负债	αD_L	$\alpha \min (X, rD_L)$
购买 L 公司 α% 的股份	αS_L	$\alpha \max (0, X-rD_L)$
合计	$\alpha D_L + \alpha S_L = \alpha V_L$	$\alpha [\min (X, rD_L) + \max (0, X-rD_L)] = \alpha X$

这两个投资组合拥有相同的收益 αX。因此，不存在套利，它们的当前成本一定是相同的，从而 $\alpha V_U = \alpha V_L$，这意味着 $V_U = V_L$。

....

莫迪利亚尼 – 米勒定理 II 指出，股票的预期收益 $E(r_S)$ 等于债务与股票投资组合的预期收益 $E(r_V)$ 加上 $E(r_V)$ 与债务收益 r 的差值乘以负债率 D/S。即：$E(r_S) = E(r_V) + [E(r_V) - r](D/S)$。在今天看来这似乎很明显，因为这等于说两项证券构成的投资组合的预期收益等于各自收益加权平均之和：$E(r_V) = (D/V) r + (S/V) E(r_S)$，其中，$V = D+S$。$E(r_V)$ 就是莫迪利亚尼 – 米勒所谓的"加权平均资本成本"，由于假设其分子 r_V 独立于资本结构，且经过证明（定理 I）其分母也与资本结构无关，因此它当然与资本结构无关。

莫迪利亚尼 – 米勒与威廉姆斯都没有注意到的，且只在后来在斯蒂格利茨（1969）中变得清晰的内容是：如果风险负债是资本结构中负债增多的结果，那么在一个不完美的市场中，一项新的证券就可以被创造出来或者一项旧的证券消失，从而可能改变状态价格，即进而改变计算负债与股票现值时的折现率。[⊖]此后这个观点在斯蒂格利茨 1974 年的文中得到进一步的明晰。[⊖]因此，在莫迪利亚尼和米勒的证明中，虽然随着资本结构的变化 $V_U = V_L$ 仍然成立，但是这个价格可能比以前的高或低了。

⊖ 见斯蒂格利茨（1969）：《对莫迪利亚尼–米勒定理的再检验》（*A Re-Examination of the Modigliani-Miller Theorem*），载于《美国经济评论》第 59 卷，第 5 期（1969 年 12 月），pp.784 ~ 793。

⊖ 见斯蒂格利茨（1974）：《论公司资本结构无关论》（*On the Irrelevance of Corporate Capital Structure*），载于《美国经济评论》第 64 卷，第 6 期（1974 年 12 月），pp.851 ~ 866。

不过，在许多情况下资本结构变化所创造的证券并不会是新证券，因为它们在不同状态的收益可以由现有的证券进行组合而形成。在另外一些情况下，尽管企业可以创新性地推出新证券，投资者可能对它并没有渴求，因此这样的举动可能对企业的总价值不会产生影响。例如，在均值－方差资本资产定价模型中，由于所有的投资者都将财富在现金与市场投资组合之间进行分配，因此投资者不再需要其他类型的收益。或者设想一下哈克森（1978）所勾勒出的经济系统，存在一个包含市场投资组合宏观状态的所有状态证券的集合，且投资者对单一企业证券的残差收入都有相同的信念。在这种情况下，所有的投资者都乐于持有包含所有宏观状态证券的投资组合，因此资本结构变化创造的新残差收益并不会引起投资者的兴趣。最后，设想一下罗斯（1976 年 12 月）描述的经济系统。在其中，所有证券的收益由少量定价因素决定，且任何证券的残差收益之间在横截面上不相关，可以近似的视作充分分散化。那么，如果资本结构的变化没有创造出新的定价因素或者创造出大额的残差收益，那么资本结构就不会对价值产生影响。

在实践中，即便对折现率有影响也可以忽略不计。不过，在极少数情况下可能还是显著的。这可能就是为什么我们在实践中会看到有些高度创新的资本化产品。这似乎与莫顿的论点相似。

其次，对这个法则更为现代的一个视角是将其看作现值可加性的特例：两项不确定收入流的现值之和等于它们各自现值之和。阅读威廉姆斯证明的时候，我们一定会注意到这一点。

从状态价格视角对投资价值守恒法则的证明

假定一家企业，有两种金融产品（可能是股票或债券）对其资产具有求偿权。A 和 B 在详尽的状态集合 $s=1, 2, \cdots, n$ 下未来随机报酬分别是 A_s 和 B_s，且在每一种状态这些求偿权的契约安排使得报酬之和恰好等于该状态下企业的经营收入 X_s。即对所有状态 s 而言，$X_s = A_s + B_s$。令 π_s 是整个经济范围的状态价格，那么企业的价值等于：

$$V = \sum {}_s \pi_s A_s + \sum {}_s \pi_s B_s = \sum {}_s \pi_s (A_s + B_s) = \sum {}_s \pi_s X_s$$

现在假定改变其资本结构，但经营收入在每种状态下都保持不变。换言之，在状态 s，A 的收益增加 $\varDelta_s$，相应的 B 的收益减少 $\varDelta_s$。此外，如斯蒂格利茨建议的那样，假设资本结构的变化不会为不同状态创造一个新的报酬。在这种情况下，由于经济系统中参与者仍然面临着相同的投资机会集，那么状态价格 π_s 会保持不变。那么企业的新价值将是：

$$\sum {}_s \pi_s (A_s + \varDelta_s) + \sum {}_s \pi_s (B_s - \varDelta_s) = \sum {}_s \pi_s (A_s + B_s) = \sum {}_s \pi_s X_s = V$$

很清楚之前的价值并没有变化。值得注意的是，由于两项求偿权的报酬是很随意的，因此可以是风险债务和其他（有限责任的）股票。[11]

....

相似的证明是假定在"完美市场"中，状态价格 π_s 存在且唯一，这种方法最先出现在赫舒拉发（1966）之中。正如赫舒拉发所指出的那样，"市场的单一价格法则"意味着在相同的状态获得的 1 美元，虽然可能来自不同的证券报酬，但一定具有相同的状态价格从而转化为现值。此后，鲁宾斯坦（1976 年秋季号）认为，罗斯（1977）清楚地证明了即便不在完美的市场中（尽管状态价格一般不可能是单一的），不过当且仅当无套利时状态价格仍然存在。这个结果有时被称作"金融经济学第一基本定理"。因此，在相同状态下来自不同证券的报酬一定具有相同的状态价格只需要不存在套利机会即可。

文献中另一个困惑，我想莫迪利亚尼与米勒在他们原创性文章中自己也感到困惑的是：资本结构与企业价值的无关以及资本结构与股票价格的无关两者有什么区别？莫迪利亚尼-米勒起初想证明的是后者，但结果证明的是前者。很明显，从公司财务理论的股东中心视角来看，后者更为重要。很容易看到即便前者是正确的，后者也未必正确。假定一家企业发行了风险负债，企业现在发行了一项求偿权优于老债的新债，用发行收入来回购股票。这将会提高老债的风险（现在成了次债），并将价值向股东转移。幸运的是，学术界后来意识到如果老债权人对债务契约重新谈判，那么从企业价值无关向股票价格无关的转化仍然成立。

资本结构对股价无影响的证明

假定有一家无债企业（发行在外 n 份股票）：

$$V_U = nS_U$$

现在假定企业回购 m 股且将之替换成等额的债务，这样做会改变企业的资本结构：

$$V_L = (n-m) S_L + D_L = (n-m) S_L + mS_L = nS_L$$

一般而言，负债企业的股票可能会有不同的价格 S_L

但是，既然 $V_L = nS_L$，$V_U = nS_U$，且 $V_L = V_U$，那么 $S_L = S_U$

值得记住的是，资本结构无关性与现值可加性（如果在完美市场没有套利它一定成立）的关系是后见之明的产物。大约到1970年学术界仍不清楚威廉姆斯法则成立所需的准确条件，尤其是在早期的文献中还存在着很多混乱认识。正是 MM 命题将这个领域从幼年带入了成年。

那么威廉姆斯法则或 MM 定理 I 所需要的假设包括那些？

（1）无套利（换言之，"对一块馅饼来说，其相同大小部分的味道是一样的"）。

（2）经营收入不受资本结构的影响（换言之，"整个馅饼是固定的"）。

（3）配置到股票和债券上的经营收入比例不受企业资本结构的影响（换言之，"只有股东和债权人吃这个馅饼"）。

（4）现值函数（经济范围内的状态价格）不受资本结构的影响（换言之，"每咬一口馅饼的味道是固定的"）。

假设 1 确保状态价格的存在但不一定保证其独特性。假设 2 剔除了如下因素的作用：①破产成本；②发行或交易股票与债券时的不同交易成本；③能够改变经营收入的管理者激励，如员工股票期权或资本结构对管理者薪酬的作用；④股东接受高风险负现值项目从而将价值从债权人向股东转移的动机；⑤通过资本结构向市场传递有关企业经营收入的信息。假设 3 剔除了股票与债券税负不同的影响。假设 4 排除了通过改变资本结构创造或销毁收益的可能性。

第二个相关的定理，即资本结构不影响股票价格还需要增加一个假设：

（5）在债权人与股东之间、新老股东之间不存在纯粹的转移。

这个假设剔除了如下因素的作用：

- 纯粹的资本替代效应，即事后风险变化的项目将价值在债权人与股东之间转移，虽然企业的总价值不变。
- 债权人与股东之间使用契约安排使得在他们之间进行事后转移，如之前的次级债务。
- 违背"强式市场效率"使得股东或管理者使用内部信息来发行债券或股票以此对市场未能真实反映它们相对价格做出反应（例如，当股价被高估时发行股票，当股价被低估时发行债券）。

事实上，现在已经共识性地认为，MM 定理不是对资本结构无关的一个现实的证明，而是一种寻找资本结构相关因素的方式。自 1958 年莫迪利亚尼－米勒的原创文章发表之后，每一个相关因素都已经发展成学术研究的一个领域。追寻这些发展的轨迹已经超出了本书的范围，因为这部分内容传统上属于公司财务的内容而不是投资学的内容。

　　莫迪利亚尼 – 米勒不仅没有发明 MM 定理，也没有发明套利推理或套利证明。我只举几个例子。从公元 9 世纪开始，我们就有了对现在所谓的"荷兰之书"的描述，这是指一个中间人向不同的两个人投放相反的赌注，这可以确保他获得利润。根据爱德华 J. 斯万的研究，在古代美索布达米亚的楔形文字图表中显示，早在公元前 1750 年就已经存在远期交易。远期交易的出现是需要的产物，这一点不会令人惊奇。在 16 世纪，远期合约的二级市场已经在欧洲大部分地区出现。商品交易商可能在几个世纪前就知道套利在决定即期与远期价格中的作用，学术界在 20 世纪初也清楚地明白了这一内容。德拉维加（1688）对荷兰的看涨与看跌期权做了精彩的描述，这意味着当时看涨 – 看跌平价套利在当时的实践中也存在。费雪（1907）使用套利思想来论证，为什么资本项目创造的现金流量的现值一定会和与之相匹配的投资组合创造的现金流量的现值相等。霍特林（1931）解释了为什么可耗竭资源的价格应该以利率为标准来增长，以此来阻止在不同的两个期间转移利润。我们看到弗里德曼（1953/B）也使用了套利的概念。

　　知道了这些，现在我们就能清楚地看到莫迪利亚尼 – 米勒的真正贡献是为其他人指明了套利推理的方向，而这是金融经济学最基本的推演工具。莫迪利亚尼和米勒分别于 1985 年和 1990 年赢得了诺贝尔经济学奖。莫迪利亚尼获奖原因是"在储蓄与金融市场上的开创性分析"，而米勒则主要得益于他们 1958 年的那篇文章。

∽∽　∽∽　∽∽

1959 年《价值理论：经济均衡分析》

杰勒德·德布勒（1921 年 7 月 4 日—2004 年 12 月 31 日） 出版了《价

值理论：经济均衡分析》(*Theory of Value：An Axiomatic Analysis of Economic Equilibrium*)，考尔斯基金会专著第 17 号 (John Wiley & Sons, 1959 年)。

竞争均衡的存在与最优化

德布勒（1959）使用数学方法正式证实了竞争均衡的存在与最优，从而为标准的金融模型打下基础。德布勒在构建竞争均衡中使用的数学工具是拓扑学而不是微积分学。所有必需的数学都在他书中的第 1 章得到陈述（尽管没有证明）。

经济系统中有三组变量：①参与者选择的决策变量；②不受任何参与者控制的环境变量；③由①和②两类变量综合决定的其他变量（例如，价格）。环境状态是指从经济系统期初到期末的所有环境变量的历史。事件是状态的集合。更为重要的是，过去的事件是指描述经济系统在此之前历史的所有状态的子集合。通过物理特征、位置、能够使用的时点来区别商品。存在两类参与者：消费者与生产者。每一位生产者选择一项生产计划，并在每一次事件中明确其投入与产出。每个生产者都有一个生产函数作为特征，生产函数描述生产者将几组商品转化为其他商品的能力。假设生产者都选择能使现值最高的生产函数。每一位消费者选择一项消费计划，并在每一次事件中明确其具体消费商品。区分每个消费者的特征包括可用的消费计划、消费者在这些消费计划（效用函数）中的偏好、消费者的禀赋商品以及生产者在利润中的份额。假设每个消费者在可用的消费计划中选择那些能使偏好最大化的商品。最后，存在一个商品交易市场，所有的消费者和生产者只有在经济系统期初能进入系统，但是可以在系统中交换任何商品。每一种商品款项的支付只发生在期初，假设所有的消费者与生产者都是价格接受者。商品有两种转换途径：交易，商品的数量保持不变；生产，以牺牲其他商品总量的形式增加其他商品总量。价格由均衡条件来决定，即每一种商品的需求总量通过交易等同于每种商品的供应总量（即计划消费总量等于禀赋消费总量加上计划生产量）。对消费者偏好和生产者生产函数做了最弱的限制性假定后，德布勒指出均衡的存在性与最优性。在他的假设中最有问题的内容是消费者偏好和企业生产集合都是凸形的。

德布勒这部专著吸取了早前约翰·冯·诺依曼（1938）和肯尼思·约瑟夫·阿罗与杰勒德·德布勒（1954）的思想。约翰·冯·诺依曼是第一位使用角谷不动点定理来证明均衡存在的学者。[⊖]德布勒于1983年因为"将新的分析方法引入经济理论以及在一般均衡理论方面的杰出贡献"而获得了诺贝尔经济学奖。

ↄↄↄ

1959年《股票市场中的布朗运动》

M. F. M. 奥斯本 发表了《股票市场中的布朗运动》（*Brownian Motion in the Stock Market*），载于《运筹学》（*Operations Research*）第7卷，第2期（1959年3~4月），pp.145~173。再版于《股票市场价格的随机特征》，保罗 H. 库特纳编辑（Risk Publications，2000年），pp.123~157。

布朗运动、随机游走、心理物理学中的韦伯－费希纳法则、对数正态分布

弗朗西斯·高尔顿（1822年2月16日—1911年1月17日）在1879年提出，许多现象都是独立相乘效应的结果，中心极限定理意味着观察值的对

⊖ 见冯·诺依曼（1938）：《一般经济均衡模型》（*A Model of General Economic Equilibrium*），收录于卡尔·门格尔编著的《数学研讨会论文集》，维也纳，1938年。从德语翻译成英语后发表在《经济研究评论》第13卷，第1期（1945~1946年），pp.1~9。

数应该是正态分布的。[⊖]这促成 D. 麦卡利斯特 1879 年提出了对数正态分布的概念。[⊖]

在明显不知道巴舍利耶（1900）的情况下，奥斯本（1959）提出股票价格遵循随机游走模式。不过，与巴舍利耶不同，奥斯本提议使用对数正态分布（而不是正态分布）来描述股票收益，这样便生成了几何布朗运动而不是算术布朗运动。在描绘股票价格模式时，相乘的对数正态收益相对于巴舍利耶的假设拥有几项优势：①价格不会为负数；②在 $a>0$ 的情况下，收益高于 ae^μ 的可能性与收益低于有 e^μ/a 的可能性相等，其中 μ 表示预期自然对数收益；③如果单个收益是联合对数正态分布的，那么收益的乘机就是对数正态分布的（相乘稳定）；④即使单个收益不是对数正态分布的，那么在近似对数正态分布中相乘版的中心极限定理依然成立。不过，奥斯本的一个关键性缺陷是：证券价格低于 0 的概率为零（即不存在破产的可能）。此外，离散期间度量的证券收益，其投资组合收益可能不会是对数正态分布（相加非稳定）。

奥斯本也提出，对数正态分布的起因是韦伯（1851）和费希纳（1860）的心理物理学假说：相同物理刺激比率对应于相等的主观感情间隔。这正是丹尼尔·伯努利（1738）的对数效用假设。简单的论证如下：假定投资者拥有对数效用函数，那么收益 R 的效用在绝对值上等于收益 $1/R$ 的效用，即 $\ln R = -\ln(1/R)$。只有两者出现的概率相同时，此项赌博对投资者来说才是无差异的，因为 $1/2 \ln(R) + 1/2 \ln(1/R) = 0$。但是在这种情况下，随机游走变量 R 的行为如同一个对数正态分布变量。后来的研究工作证实对数正态分布是一项均衡结果，在均衡中投资者都拥有对数效用函数。

⊖ 见高尔顿（1879）：《生命与社会统计中的几何均值》（*The Geometric Mean in Vital and Social Statistics*），载于《伦敦皇家协会学报》第 29 卷（1879 年），pp.365～367。

⊖ 见麦卡利斯特（1879）：《几何均值法则》（*The Law of the Geometric Mean*），载于《伦敦皇家协会学报》第 29 卷（1879 年），pp.367～376。

雷格诺特（1863）和巴舍利耶（1900）观察到：在随机游走行为中，一定期间内收益的方差与期间的长度正相关。奥斯本也观察到这一点，而且他是第一个通过度量方差对时间长度的依存性来验证随机游走的学者。此外，奥斯本看起来也是使用单只股票价格序列（其他人使用的是指数）来检验随机游走模型的第一人。

～ ～ ～

1960 年《随机链中的平均值一阶差分的相关性》

霍尔布鲁克·沃金　发表了《随机链中的平均值一阶差分的相关性》（*Note on the Correlation of First Differences of Averages in a Random Chain*），载于《计量经济学》第 28 卷，第 4 期（1960 年 10 月），pp.916 ～ 918。再版于《股票市场价格的随机特征》，保罗 H.库特纳编辑（Risk Publications，2000 年），pp.158 ～ 161。

单个观察值与平均值、伪相关、指数构建与失效价格

许多经济时间序列并不是快照式观察值的简单排序，而是多个时点的平均值。沃金（1960）指出，即便单个观察值遵循随机游走模式，平均值的序列将是正向伪序列相关。假定续起的观察值是 X_0, X_1, X_3, $\cdots$, X_j, $\cdots$, X_n，其中 $X_j = X_{j-1} + \varepsilon_j$，$E(\varepsilon_j) = 0$，$\mathrm{Var}(\varepsilon_j) = 1$，$\mathrm{Cor}(\varepsilon_j, \varepsilon_{j+k}) = 0$（$k \neq 0$）。现在假设这个序列中每 m 个值归为一组，即（X_1, X_2, $\cdots$, X_m），（X_{m+1}, X_{m+2}, $\cdots$, X_{2m}），$\cdots$注意 $X_{j+m} - X_j$ 的方差 $= m$。假定平均值是 Y，$Y_1 \equiv (X_1 + X_2 + \cdots + X_m)/m$，$Y_2 \equiv (X_{m+1} + X_{m+2} + \cdots + X_{2m})/m$，$\cdots$，$Y_i$，$\cdots$。首先，沃金指出 $Y_{i+1} - Y_i$ 的方差等于（$2m^2 + 1$）$/3m$。当 $m \to \infty$ 时方差的极限值等于 $2/3m$。

对沃金的伪序列相关结果举例

例如，假定 $m=3$，$n=6$；那么 $Y_2-Y_1=[(X_3+\varepsilon_4)+(X_3+\varepsilon_4+\varepsilon_5)+(X_3+\varepsilon_4+\varepsilon_5+\varepsilon_6)]/3-[(X_3-\varepsilon_3-\varepsilon_2)+(X_3-\varepsilon_3)+X_3]/3=(\varepsilon_2+2\varepsilon_3+3\varepsilon_4+2\varepsilon_5+\varepsilon_6)/3$。因为 ε 是不相关的，且 $\mathrm{Var}(\varepsilon)=1$，那么 $\mathrm{Var}(Y_2-Y_1)=(1^2+2^2+3^2+2^2+1^2)/3^2=19/9<3$。

第二，沃金指出 $Y_{i+1}-Y_i$ 与 Y_i-Y_{i-1} 的相关度等于 $1/2(m^2-1)/[(2m^2+1)]$。当 $m\to\infty$ 时相关度的极限值等于 $1/4$。

为了有更直观的了解，假定一个时间序列在第一个时期已经上涨。如果我把这个时期的观察价格进行平均，那么这个平均值很可能要低于这个时期的期末价格。但是当我观察下一个时期的平均价格的时候，由于假设连续价格之间是相互独立的，第二期的平均价格很可能高于第一期的平均价格（这是因为新价格开始于之前的期末价格）。使用这种方法连续推理其他两期可能产生的价格变化，很容易看出使用平均数将产生伪正相关。

阿尔弗雷德·考尔斯三世（1937）应用了沃金的结果。[⊖] 在文中，考尔斯报告了股票指数变化的"游程检验"结果。这可能是这个方法的第一次公开发表。这些检验的目的是为了观察能否发现比随机游走假设更明显的趋势（价格变化符号与之前变化符号相同）或反转（价格变化符号与之前变化符号相反）。考尔斯报告称，价格变化趋势在数量上多于价格变化反转，在统计上这种现象十分显著（尽管在考虑交易成本的情况下，在经济上能带来获利的策略并不显著）。后来，他在 1960 年所发表的文章中（考尔斯的这篇文章与

⊖　见考尔斯（1937）：《股票市场反应的概率》（*Some A Posteriori Probabilities in Stock Market Action*），载于《计量经济学》第 5 卷，第 3 期（1937 年 7 月），pp.280 ～ 294。

沃金的文章发表在同一期期刊上），[⊖]考尔斯在发现使用的一些指数是最高价与最低价的平均值之后，他撤销了早前发现的一些结果。

此外，考尔斯注意到他早前的研究可能遇到另一个相关的问题。在大多数情况下，他使用的是指数收盘价，这些指数实际上是单只股票收盘价格的算术平均（或加权平均）。如果单只股票最后交易的时间不同，那么指数可能就是由相对新的价格与相对旧的价格的平均。在实践中，由于指数中单只股票的价格变动倾向与其他股票价格变动正向相关，那么旧价格现象的出现意味着如果指数在当天是上涨的，那么就会低估价格变动的水平。再者，由于独立性假设，那么次日指数的变动实际上将从这未报告的较高价格开始启动，这使得指数变化存在正向序列相关。

亚历山大（1961）指出肯德尔（1953）也犯过类似的错误。肯德尔检验了 22 个价格序列，其中 19 个是英国工业股指数，两个是现金小麦价格序列以及纽约棉花现货价格。肯德尔发现，在这 22 个价格序列中有 21 个遵循游走模式。唯一例外的是棉花现货价格。从价格证实的数据中得出一般性结论是很危险的事情（一个人只看到过白色的奶牛并不意味着黑色的奶牛不存在）。不过，亚历山大写道："唉，肯德尔犯了一个错误。如果你发现了一个例外，正确的做法是寻找问题出在哪儿。"（p.241）后来证明，所有其他价格序列都是每周或每月特定时期观察到的价格数据，而棉花价格是每个月周末收盘价的平均值。

∽∽ ∽∽ ∽∽

⊖ 见考尔斯（1960）：《对股票价格行为先前一些结论的修正》（*A Revision of Previous Conclusions Regarding Stock Price Behavior*），载于《计量经济学》第 28 卷，第 4 期（1960 年 10 月），pp.909 ～ 915。

1960 年《社会成本问题》

　　罗纳德 H. 科斯（1910 年 12 月 29 日— ）　发表了《社会成本问题》(*The Problem of Social Cost*)，载于《法和经济学学刊》第 3 卷（1960 年 10 月），pp. 1～44。再版于 R. H. 科斯所著的《企业、市场和法律》(*The Firm, the Market and the Law*)(University of Chicago Press，1988 年)，pp. 95～156。

科斯定理、产权、MM 定理

　　产权的配置是否能影响生产？例如，假设我的工厂位于河的上游，你的工厂位于河的下游。我的工厂向河中排放污水，使得你的工厂必须花费额外的成本来获得所需用水。产权可能要求我对你造成的损失负责，那么我们两家工厂的生产是否受到产权配置的影响？引申出来的问题是法律的作用：为了使经济系统获得最优的生产力，我们是否需要法律来让我负责？科斯（1960）很明确地表示，需要法律明晰地界定河流的产权如何分配。但他提出另外一个问题，即在我们之间如何分配这些权利是否有实质性作用呢？

　　科斯认为一般来说答案是否定的。为了解释明白，我们按照威廉姆斯（1938）的做法假设有一个人拥有这两家工厂，且努力使利润最大化。如果下游工厂因为污染遭受到的利润损失超出了上游工厂因为不付费排污而获得的利润增长，那么他就不会继续污染。现在考虑我们之间会发生什么情况。假定我们都追求利润最大化，但是在法律上我不对污染负责。如果我继续污染，那么我们获得的总利润就要比我停止污染时的低。因此，作为一个利润最大化追求者，你会找我并向我付钱请求停止污染。虽然支付的价格可以通过谈判商定，但对总利润来说一定是零和贡献——我获得的就是你损失的。但是，如果我获得了足够的补偿让我作为一个利润最大化追求者能停止污染，那么对双方来说都是最优的。这样就有更多的利润可供分配，分配方式取决于我们之间的谈判协商。更一般地来讲，现在很容易看到产权的位置并不会对总利润（因此对每个工厂生产也不会）产生影响。

科斯定理与MM定理十分类似。两者都指出，一项决策（前者是法律结构，后者是财务结构）与实物资产的配置无关。两个定理都指出，如果机会是增值的，那么无关性就很明显——前者是指双方的零和支付，后者是指投资者可以自制杠杆。两个定理也都要求相似的环境。MM定理依赖于一种财务安排的交易成本不会优于另一种财务安排，而科斯定理假定协商成本不受责任配置的影响。此外，MM定理假定资本结构的变化不影响状态价格，而科斯定理假定产出价格的变化以及工厂的其他成本不受我们决策的影响。我认为，科斯定理和MM定理带给我们的启示是，要研究经济人可用的全范围的选择。

1991年，科斯因为"发现和解释交易成本与产权在传统经济系统结构与功能中的显著作用"而获得了诺贝尔经济学奖。

∽ ∽ ∽

1961年和1964年《投机市场中的价格运动：趋势或者随机游走》

悉尼 S. 亚历山大　陆续发表了《投机市场中的价格运动：趋势或者随机游走》(*Price Movements in Speculative Markets：Trends or Random Walks*)，载于《工业管理评论》第2卷（1961年5月），pp.7 ～ 26；《再论投机市场中的价格运动：趋势或者随机游走》(*Price Movements in Speculative Markets：Trends or Random Walks，No. 2*)，载于《工业管理评论》第5卷，第1期（1964年春季号），pp.25 ～ 46。再版于《股票市场价格的随机特征》，保罗 H. 库特纳编辑（Risk Publications，2000年），pp.237 ～ 259，419 ～ 457。

随机游走、过滤法则、有效市场

亚历山大（1961）可能是最先系统地检验技术交易策略的研究。尤其是，亚历山大检验了"过滤交易法则"的有效性。所谓过滤交易策略是指，当价格上升 X% 后，买进股票直到价格下跌 X%，而后卖出股票直到再上涨 X%。亚历山大发现，将此法应用于购买美国股票市场指数时（1897 年至 1959 年每日收盘），在不考虑交易成本情况下过滤策略明显能获利。但是，后续更为严谨的此类研究揭示了一些隐藏的偏差，使得之前的结论被否定。考尔斯（1960）与曼德尔布罗特（1963）指出，亚历山大的结果是有偏差的，这是因为他假设投资者能够以比新低的价格准确高 X% 的价格购买，且能以比新高价格低 X% 的准确价格卖出。事实上，由于报价是离散的，投资者一般只能以稍高的价格购买或稍低的价格卖出。[⊖]亚历山大在 1964 年的文章中对这个偏差进行了调整。亚历山大文章的结尾略感悲伤："第一篇文章中的丰厚利润不得不被微薄的利润所取代。这些微薄的利润是否是随机游走的，结果仍待研究。但是我不得不承认我对此问题已经没有什么兴趣。"（p.423）

尤金 F. 法玛和马歇尔 E. 布鲁姆在 1966 年指出，亚历山大的第二个问题是没有考虑股利。[⊖]亚历山大研究的是股票指数，因此调整股利十分困难。与亚历山大不同，法玛和布鲁姆研究的是个股。他们指出，既然卖空（这是亚历山大过滤策略的一部分）获取的利润会因为股利而下降，那么与购买且持有 100% 的长期投资相比，相应过滤策略获得利润会下降。此外，考尔斯（1960）发现的指数伪相关问题在指数过滤检验中也会出现，但是不会出现在个股检验之中。法玛和布鲁姆也指出，在他们的样本期间，对 30 只道·琼斯

⊖ 见曼德尔布罗特（1963）：《特定投机价格的变动》（*The Variation of Certain Speculative Prices*），载于《商业学刊》第 36 卷，第 4 期（1963 年 10 月），pp.394 ~ 419。

⊖ 见法玛 – 布鲁姆（1966）：《过滤法则与股票市场交易》（*Filter Rules and Stock-Market Trading*），载于《商业学刊》第 39 卷，第 1 期，第 1 部分（1966 年 1 月），pp.226 ~ 241。

工业平均指数（DJIA）股票而言，即便考虑少许交易成本也会抹平利润。不过，如果将这些交易成本忽略不计，最低尺度的过滤策略（如 0.5%、1.0%、1.5%）都会显示出利润（当然过滤尺度越小，换手的次数就越多，交易成本也就越高）。法玛 - 布鲁姆写道：

> 总之，价格变化中既存在正向依赖也存在负向依赖。依赖程度是如此之小使得我们的结果进一步证实，在实践中随机游走模型能充分描述价格行为。（p.240）

∽ ∽ ∽

1961 年《理性预期与价格运动理论》

约翰 F. 穆特（1930—） 发表了《理性预期与价格运动理论》（*Rational Expectations and the Theory of Price Movements*），载于《计量经济学》第 29 卷，第 3 期（1961 年 7 月），pp.315 ～ 335。

1972 年《预期与货币中性》

小罗伯特 E. 卢卡斯（1937 年 9 月 15 日—） 发表了《预期与货币中性》（*Expectations and the Neutrality of Money*），载于《经济理论学刊》第 4 卷，第 2 期（1972 年 4 月），pp.103 ～ 124。

理性预期、信息聚合

穆特（1961）最先将理性预期思想正式化。穆特采用了一个新的均衡概念：参与者在决定自己当前需求量时使用的价格是预期未来价格（这个价格也受到参与者自己当前需求总量的影响）的修正价格。穆特将这个预期价格称为"理性预期均衡价格"。假设，在时点 0，每一家企业必须事先决定在时点 1 的产量 q 以便能以时点 1 的市场价格 p 卖出。假设每一家企业都追求利润最大化。p 是总产量 Q 的函数，ε 是归纳了所有影响需求的其他随机变量，这样便有 $p=D(Q, \varepsilon)$。最优 q 一定是 $E(p)$ 的函数，即 $q=H[E(p)]$。如果有 N 个相同的企业，那么总产量是 $Q=NH[E(p)]$。将以上关系融合在一起，则有 $p=D\{NH[E(p)], \varepsilon\}$。因此，$E(p)=E(D\{NH[E(p)], \varepsilon\})$。这就是穆特加入的另外均衡条件。换言之，在时点 0 每家企业在决定自己的产量 q 的时候使用的是自家对未来价格的估计值 $E(p)$，这使得时点 1 的价格源自所有的企业的总供应量 Q。促使每家企业有相同的价格预期 $E(p)$。

卢卡斯（1972）将穆特（1961）的想法做了进一步有益的发展。卢卡斯更深入地研究了理性预期的形成过程，他假定市场参与者能从当前的价格（p）信息中推断出决定需求的环境信息（X），环境信息反过来又能决定当前的价格。在他观察到当前价格 p 之前，没有参与者知道 X 的所有内容。那么参与者可以使用当前价格以及他们自己假想的价格函数 $p(X)$ 来了解当前实际的 X 情况。本质上，他们要解决 $p=p(X)$ 的问题。这可能是第一个信息被用来决定价格且信息来自于价格的正式实例模型。

J. R. 格林使用相同的均衡概念，但是在他的模型中包括了拥有信息的参与者和不拥有信息的参与者。那些不拥有信息的参与者利用当前的价格，他们对价格函数的了解最初来自于拥有信息的参与者。[⊖]

尽管穆特首先将理性预期思想正式化，但他并不是第一个提出这个思想的人。沃金（1958）要比穆特、卢卡斯以及后来的格鲁斯曼（1976）都要提前。沃金写道：

⊖ 见格林（1973）:《信息、效率与均衡》(*Information*, *Efficiency and Equilibrium*)，哈佛经济研究院第 284 号讨论稿，哈佛大学。

交易者习惯于根据新信息来行动，这些新信息被认为会对价格产生影响，这些交易者可能会把价格的反向运动当作是他们不知晓信息的价格响应。交易者在购买时是基于信息来决策的，那么当价格运动与他的预期相反时，他就可能会快速地卖出。（p.196）[12]

卢卡斯因为"发展和应用了理性预期假说，并由此改变了宏观经济分析并加深了我们对经济政策的理解"而获得1995年诺贝尔经济学奖。

✑ ✑ ✑

1961 年《股利政策、增长与股票估值》

默顿·霍华德·米勒和弗兰科·莫迪利亚尼 发表了《股利政策、增长与股票估值》(*Dividend Policy, Growth, and the Valuation of Shares*)，载于《商业学刊》第 34 卷，第 4 期（1961 年 10 月），pp.411 ～ 433。

股利政策、盈余增长和股票价格、盈余折现、股利折现、投资机会方法

以前一般认为股票价格等于未来股利的现值（威廉姆斯，1938），因此那些愿意将很大一部分盈余用来发放股利的企业的股价也可能要高些。作为莫迪利亚尼－米勒（1958）的续集，米勒－莫迪利亚尼（1961）指出上述想法是不正确的。在完美的市场中，企业的股利政策不会对当前的股票价格产生任何影响。直观的感觉也是这样的：在其他情况相同的情况下，企业支付的股利越多，可用于再投资的盈余就越少。反过来，这将减少未来的盈余，最终导致未来股利的降低。可以现在多发股利也可以以后多发股利，但不可能同时多发股利。而且股东对这种权衡的感觉是无差异的。理解这个问题的另一种方法是研究股利支付之后股价会受到什么影响。发放股利可视作是部分

清算行为（将企业 100% 的当作股利支付则是完全清算，在此之后股价的价值为零）。一方面，股东会因为收到股利而获益；另一方面，企业会因为发放股利而有较少的资金用于投资从而损害股东利益，股利发放后股价下跌的幅度等于股利额。两者合起来看，股利不会让股东受益。

在股利无关性的证明方面，使用威廉姆斯（1938）的方法要比米勒 – 莫迪利亚尼的方法更容易。为了简化起见，假设市场是确定的且完美的，而且企业没有负债。为了关注股利政策的边际作用，假设企业的投资政策是固定的。在这种情况下，如果企业决定增加股利，那么为了承担相同数额的投资，企业就需要额外发行股票。现在设想一个投资者不仅持有企业当前所有的股票而且购买所有新发股。对这个投资者来说，他的投资现值等于：

$$P_0 = \frac{\Sigma_t (D_t - N_t)}{r(t)^t} \tag{2-2}$$

其中，求和是 t 从 1 到无穷，D_t 表示时点 t 的股利总额，N_t 表示时点 t 的新增权益资本筹资额，$r(t)$ 表示在时点 t 获得的钱财折算到当前（时点 0）的无风险收益，P_0 表示当前股票的总价值。为了保证投资政策固定，如果企业现在将它在任意时点 t 的股利提高到 $D_t'=D_t+\Delta D_t$，那么它必须将时点 t 的筹资额增加到 $N_t'=N_t'+\Delta N_t$。很明显，如果 $\Delta D_t=\Delta N_t$，那么 P_0 就不会改变。因此，股利政策不会对股票价格产生影响，因为股利的效应被新发股票或回购股票所抵消。从这个角度来看，米勒和莫迪利亚尼的股利无关定理就很清晰了。

看似这些论证都需要假设企业的投资政策是固定的。但事实上并不需要这样。与 MM（1958）一样，可以把股利政策无关性解释为现值增加的即时性后果。从这个角度来看，如果企业在某期减少了股利，而将多出来的留存盈余再投资于净现值为零的项目。这个项目为将来提高股利提供了资金，那么企业股利的现值，即股价将保持不变。迈伦 J. 戈登（1963）正是对确定性条件下的这个观点做了论证，但他错误地认为，在不确定性条件下这种关系

不存在。⊖这个错误被迈克尔 J. 布里南（1971）首次更正。⊜鲁宾斯坦 1976
年做了两行宽的简单证明。⊜

　　由于许多企业从未支付过股利也不清楚它们何时会开始支付股利，因此
股利折现模型在实际中很难应用。为此，会计学者曾尝试使用其他一些方法
来评估股票的价值而不必使用股利。有人想简单地使用未来盈余折现不就行
了吗？但是，戴维·博登霍姆于 1959 年首先提出，简单地对盈余进行折现等
于计算了两次。⑩他写道：

　　　　净收入与股利之争的结果应有利于股利。假设一家企业在第 1
　　年的净收入是 100 美元，它留存了 50 美元并将另外 50 美元用于发
　　放股利，次年的净收入达到 105 美元。净收入理论认为，这只股票
　　的价值等于 100 美元加上次年 105 美元以及后续各期净收入的现值。
　　但是，这样做会将 50 美元的留存盈余与由此增加的 5 美元收入重复
　　计算。企业现值正确的计算方法是本年的 100 美元减去留存的 50 美
　　元（即本年只有 50 美元）的现值再加上次年赚取的 105 美元的现值。
　　因此，股票的价值是净收入流的现值减去留存收益的现值。而净收
　　入流减去留存收益就是股利，因此我们实际是对股利流进行折现。
　　（p.489）[13]

⊖　见戈登（1963）:《最优投资与融资政策》（*Optimal Investment and Financing Policy*），载于《金
　　融学学刊》第 18 卷，第 2 期（1963 年 5 月），pp.264 ~ 272。

⊜　见布里南（1971）:《股利无关性与戈登估价模型》（*A Note on Dividend Irrelevance and the Gordon
　　Valuation Model*），载于《金融学学刊》第 26 卷，第 5 期（1971 年 12 月），pp.1115 ~ 1121。

⊜　见鲁宾斯坦（1976 年 9 月）:《在阿罗 – 德布勒经济系统中股利政策的无关性》（*The Irrelevancy
　　of Dividend Policy in an Arrow-Debreu Economy*），载于《金融学学刊》第 31 卷，第 4 期（1976
　　年 9 月），pp.1229 ~ 1230。

⑩　见博登霍姆（1959）:《论资本预算问题》（*On the Problem of Capital Budgeting*），载于《金融学
　　学刊》第 14 卷，第 4 期（1959 年 12 月），pp.473 ~ 492。

在他们的文章中，米勒和莫迪利亚尼最早尝试用相关变量（如现金流、盈余和成长机会）来重新替换股利折现模型。这些变量与股利相比，可以根据会计信息更容易地直接进行估计。例如，根据投资机会方法，$P_0 = (X_0/r^*) + \Sigma_t I_t \left[(\rho_t - r^*)/r^* \right]/r^t$，其中求和是从 1 到无穷大，$X_0$ 表示的是时点 0 的盈余，I_t 是时点 t 的投资，ρ_t 是时点 t 的投资按年计算的收益率，$r^* \equiv r-1$。时点 t 投资获得的毛收入等于 $\rho_t I_t$，为该项投资的融资成本是 $r^* I_t$，由于是永续年金的形式（因此按照 r^* 折现），但是开始于时点 t（因此需要按照 r^t 来进一步折现）。

X_0/r^* 能够继续被拆分为两部分：当前的账面价值 Y_0 及账面价值带来的超常现金流的现值 $Y_0(\rho_0 - r^*)/r^*$。将上述内容融合在一起，可以看到：

$$P_0 = Y_0 + \frac{Y_0(\rho_0 - r^*)}{r^*} + \frac{\Sigma_t I_t \left[(p_t - r^*)/r^* \right]}{r^t} \qquad (2\text{-}3)$$

用文字来表示，即企业每股的市场价格等于它的当期账面价值、现有投资带来的未来超额盈余的现值（简化假设为永续年金）以及未来投资机会带来的超额盈余的现值（都简化为永续年金的形式）三部分之和。

推导现值的投资机会公式

此处是对股利折现模型（威廉姆斯，1938）的投资机会公式的推导。假设折现率稳定，$r \equiv r(t)$。令 $Y_0 \equiv X_0/r^*$。根据我们之前的讨论可知，$D_t = X_t - I_t$，$X_0 = \rho_0 Y_0$ 且 $X_{t+1} = X_t + \rho_t I_t$，因此：

$D_1 = X_1 - I_1 = \rho_0 Y_0 - I_1$

$D_2 = X_2 - I_2 = X_1 + \rho_1 I_1 - I_2 = \rho_0 Y_0 + \rho_1 I_1 - I_2$

$D_3 = X_3 - I_3 = X_2 + \rho_2 I_2 - I_3 = \rho_0 Y_0 + \rho_1 I_1 + \rho_2 I_2 - I_3$

……

代入股利折现模型：

$$P_0 = \frac{\Sigma_t D_t}{r^t} = \frac{\rho_0 Y_0 - I_0}{r} + \frac{\rho_0 Y_0 + \rho_1 I_1 - I_2}{r^2} + \frac{\rho_0 Y_0 + \rho_1 I_1 + \rho_2 I_2 - I_3}{r^3} + \cdots$$

$$P_0 = \rho_0 Y_0 \left(\frac{1}{r} + \frac{1}{r^2} + \frac{1}{r^3} + \cdots \right) + \rho_1 I_1 \left(\frac{1}{r^2} + \frac{1}{r^3} + \cdots \right) - \frac{I_1}{r} + \cdots$$

$$P_0 = \frac{\rho_0 Y_0}{r^*} + \left(\frac{\rho_1 I_1}{r r^*} - \frac{I_1}{r} \right) + \cdots = Y_0 + \left(\frac{\rho_0 - r^*}{r^*} \right) Y_0 + \left(\frac{\rho_1 - r^*}{r^*} \right) \left(\frac{I_1}{r} \right) + \cdots$$

这种方法可能最早出现在詹姆斯 E. 华纳（1956）的文章中（尤其是第 32 页）。[一]博登霍姆（1959）提供了更为一般性的版本（尤其是第 490 页）。此外，根据盈余流量的方法，$P_0 = \Sigma_t [X_t - \Sigma_t r^* I_t]/r^t$，其中第一项求和是从 1 到无穷，第二项求和是从 1 到 t，X_t 表示时点 t 的盈余。

の の の

1961 年《风险、含糊与萨维奇公理》

丹尼尔·埃尔斯伯格 发表了《风险、含糊与萨维奇公理》（*Risk, Ambiguity, and the Savage Axioms*），载于《经济学季刊》第 75 卷，第 4 期（1961 年 11 月），pp.643 ～ 669。

风险与不确定性、埃尔斯伯格悖论、独立公理、主观概率

没错，此人正是"五角大楼文件"丑闻中的丹尼尔·埃尔斯伯格。是否所有的不确定性都可以通过概率来度量是经济学中长期争论的一个问题。有一种观点认为，并不是所有的不确定都能通过数量化来度量的。奈特（1921）是这种思想的主要倡导者。德·费内蒂（1937）与萨维奇（1954）则是持相

[一] 见华纳（1956）：《股利政策与普通股股价》（*Dividend Policies and Common Stock Prices*），载于《金融学学刊》第 11 卷，第 1 期（1956 年 3 月），pp.29 ～ 41。

反观点的代表人物。为了说明这个问题还具有生命力，埃尔斯伯格（1961）聪明地描述了一场赌博选择。假设有两个不透明的瓦罐，已知在第一个瓦罐中有 50 个黑球和 50 个红球；第二个瓦罐中也有 100 个球，它们是黑球或红球，但构成比例未知。如果你能抓到一个红球，那么就会获得大奖。问你会倾向于从哪个瓦罐中抓球？在第二次机会中，如果你能抓到一个黑球，那么就会获得大奖。问你会倾向于从哪个瓦罐中抓球？在这两种情况下，如果你都选择从同一个瓦罐中抓球，那么说明你不会使用萨维奇定理（可能是因为不知道第二个瓦罐构成的缘故）。为了说明这一点，假定在这两种情况下你都选择从第一个瓦罐中抓球。如果你遵循萨维奇定理，在第一次中可以推断你相信自己更可能从第一个瓦罐中抓到红球，而在第二次中可以推断你相信自己更可能从第一个瓦罐中抓到黑球。既然这两种陈述不可能同时成立，因此说明你没有使用萨维奇定理。

根据他的经验，埃尔斯伯格宣称大多数人会选择在这两种情况下都从第一个瓦罐中抓球。即便告诉他们这样选择是违背萨维奇定理的，他们仍然会坚持自己的选择。当然，像我这样的顽固分子，会坚持认为从这两个瓦罐中随便哪个里面抓球都无所谓。

埃尔斯伯格又提出了第二个赌博。假定只有一个不透明的瓦罐，其中确定包括 30 个红球，此外有 60 个球要么是黄球要么是黑球，但构成比例未知。从瓦罐中随机抽取一个球，二选一进行赌博，赌博的报酬如表 2-1 中的（A）。

表 2-1 （单位：美元）

	红色	黑色	黄色	
（A1）	100	0	0	（"赌红色"）
（A2）	0	100	0	（"赌黑色"）

现在考虑在同样的环境下的另外一种选择，赌两种颜色，但是报酬是表 2-2 中的（B）。

表 2-2 （单位：美元）

	红色	黑色	黄色	
（B1）	100	0	100	（"赌红色和黄色"）
（B2）	0	100	100	（"赌黑色和黄色"）

萨维奇定理（即确定性原则）指出，你在 A 中的选择不应当受到 B 中加入黄球的影响，即如果你更喜好（A1）而不是（A2），那么你也更应更喜好（B1）而不是（B2）。

根据埃尔斯伯格的经验，大多数人更喜好（A1）而不是（A2），是因为（A1）意味着"风险"而（A2）意味着"不确定性"；而大多数人更喜好（B2）而不是（B1），是因为（B2）意味着"风险"而（B1）意味着"不确定性"。

对确定性原则的解释

为了说明这一点，我们用 p_1，p_2，p_3 分别表示你认为红球、黑球和黄球出现的主观概率。因此，赌博的预期效用分别是：

（A1）$=p_1$，（A2）$=p_2$，（A3）$=p_1+p_3$，（A4）$=p_2+p_3$

很明显，如果（A1）优于（A2），那么我能推断出 $p_1 > p_2$。那么，既然 $p_1+p_3 > p_2+p_3$，因此（B1）一定优于（B2）。

〜 〜 〜

1961 年《有利赌博下的最佳赌博选择》

利奥·布雷曼（1928 年 1 月 27 日—） 发表了《有利赌博下的最佳赌博选择》（*Optimal Gambling Systems for Favorable Games*），收录于《第 4 届数量统计与概率伯克利论坛论文集》（University of California Press，1961 年），

pp.65 ～ 78。

长期投资、对数效用、再平衡、达尔文生存

马科维茨（1952 年 3 月）关注的是单期情况下投资者应采取的行为。布雷曼（1961）则问道：一个"长期"的投资者在面临多次的相同赌博，可以将利润再投资的情况下他应该怎样做？他的最优赌博策略是否与单次赌博策略相同？他在开篇这样写道：

> 假设我们冷心肠且不道德地对待一位拥有无尽财富的朋友。我们诱使他参加一场抛掷钱币的赌博，在这场赌博中正面出现的概率会高些，这对我们是有利的。换言之，在每一抛掷中我们都有概率 p 的情况使赌注翻倍，而 $p > 1/2$。如果我们既聪明又寡廉鲜耻，那么我们很快就开始担心每一次应该投注多少。如果在每一次投注中都把我们的所有财富押上，那么几乎肯定会导致破产。另一方面，如果我们每次投入财富中很少且等额比例的资产，那么大数法则会告诉我们的财富会趋向于无穷大。我们应该怎么做？[14]

布雷曼的答案是：在每一次投注中都选择我们财富的一定比例进行投注，这个比例能使我们财富的预期对数效用在投注后最大化。他之所以这样建议是因为对数策略具有几项魅力特征：①与其他任何不同的策略相比，对数策略从长期来看几乎肯定会带来更多的财富；②对数策略决不会毁于风险；③在达到预先设定好的财富目标的过程中，使用对数策略会渐进地降低所需的预期时间。事实上，这些特征是如此吸引人从而使得有人提出：对任何追求预期财富效用最大化的人来说，对数策略都是最佳的长期策略。不过，莫森（1968）指出这种推断是不正确的。

早些时候，亨利·阿伦·拉塔尼就提出要使预期对数效用最大化，这是

因为它有助于资本增长。[⊖]他的研究最早出现于 1956 年，与小 J. L. 凯利的研究结果相似，且他们是同时独立完成研究的。[⊜]

马克·鲁宾斯坦 1991 年推出与布雷曼类似的结果，但是假设赌博的收益是对数正态的。[⊜]这能使推演过程简单，而且在给定赌博的均值与方差以及替代的无风险选择的情况下能得到精准的结果。这篇文章关注的投资策略特性是：连续地在无风险证券与风险证券之间进行再平衡直至风险证券达到固定的比例（$\alpha \geqslant 0$）。假设 X 和 Y 是时间发生 t 之后两项不同（α 值不同）再平衡策略的价值。由于风险证券是对数正态的，那么 X 和 Y 在连续再平衡中也是对数正态的。那么第一项策略优于第二项策略的概率就如公式所示：

$$\text{prob}(X > Y) = N\left[\frac{(\mu_x - \mu_y)\sqrt{t}}{(\sigma_x^2 - 2\rho\sigma_x\sigma_y + \sigma_y^2)^{1/2}}\right] \tag{2-4}$$

其中，$x \equiv \ln X$，$y \equiv \ln Y$，$\mu_x \equiv E(x)$，$\mu_y \equiv E(Y)$，$\sigma_x^2 \equiv \text{Var}(x)$，$\sigma_y^2 \equiv \text{Var}(y)$，$\rho \equiv \text{Cor}(x, y)$。

....

对 prob $(X > Y)$ 的证明

令 $z \equiv x-y$：

$\text{prob}(X > Y) = \text{prob}(\ln X > \ln Y) = \text{prob}(x > y) = \text{prob}(x-y > 0) = \text{prob}(z > 0)$

由于 X 和 Y 是对数正态分布的，x 和 y 是正态分布，那么 z 一定也是正态分布，参数如下：

$$\mu_z \equiv \mu_x t - \mu_y t = (\mu_x - \mu_y)t$$

⊖ 见拉塔尼（1959）：《在风险投机中进行选择的标准》（*Criteria for Choice Among Risky Ventures*），载于《政治经济学学刊》第 67 卷，第 2 期（1959 年 4 月），pp.144 ~ 155。

⊜ 见凯利（1956）：《对信息率的一项新解释》（*A New Interpretation of Information Rate*），载于《贝尔系统技术学刊》第 35 卷，第 4 期（1956 年 7 月），pp.917 ~ 926。

⊜ 见鲁宾斯坦（1991）：《连续再平衡投资策略》（*Continuously Rebalanced Investment Strategies*），载于《投资组合管理学刊》第 18 卷，第 1 期（1991 年秋季号），pp.78 ~ 81。

$$\sigma_z^2 \equiv (\sigma_x^2 t - 2\rho\sigma_x\sqrt{t}\sigma_y\sqrt{t} + \sigma_y^2 t) = (\sigma_x^2 - 2\rho\sigma_x\sigma_y + \sigma_y^2)t$$

由于 prob（$z > 0$）=prob $\left[(z-\mu_z)/\sigma_z > -\mu_z/\sigma_z \right]$ 且（$z-\mu_z$）/σ_z 是个标准的正态分布变量，那么：

$$\text{prob}\left(\frac{z - \mu_z}{\sigma_z} > \frac{-\mu_z}{\sigma_z}\right) = 1 - N\left(\frac{-\mu_z}{\sigma_z}\right) = N\left(\frac{\mu_z}{\sigma_z}\right)$$

融合在一起，则有：

$$\text{prob}(X > Y) = N\left[\frac{(\mu_x - \mu_y)\sqrt{t}}{(\sigma_x^2 - 2\rho\sigma_x\sigma_y + \sigma_y^2)^{1/2}}\right]$$

可以很容易看出，如果 X 是选择 α 来使对数效用最大化的结果，Y 是其他策略的结果，prob（$X > Y$）$> 1/2$。因此，对于任何期间 t，对数效用策略都会优于其他策略。由于 $\mu_x = E(\ln X)$，如果选择 α 使这个数值最大化，那么对于不同策略得出的结果 Y，这项选择就要使 $\mu_x - \mu_y$ 的差值最大化。反过来，就要使 prob（$X > Y$）最大化并确保它 $> 1/2$。而且，随着 t 趋向于无穷大，（$\mu_x - \mu_y$）$\sqrt{t}$ 会趋向于无穷大，从而使 prob（$X > Y$）这个概率将趋近于 1。因此，我们可以说在足够长的时间里可以保证对数效用策略几乎优于其他所有策略。而且，达到预先设定目标收益 a 的时间，使用对数策略也是最少的并等于（$\ln a$）/μ，其中 μ 表示对数策略每年的预期对数收益。

达到目标收益的预期时间公式

令 $a > 1$ 是目标收益（例如，如果 $a=2$，那么意味着你的目标是使最初的筹码翻倍）。达到目标收益的预期时间 $E(t)$ 等于：

$$E(t) = \int t\left(\frac{\ln a}{\sigma\sqrt{2\pi t^3}}\right)\exp\left[-\frac{1}{2}\left(\frac{\ln a - \mu t}{\sigma\sqrt{t}}\right)^2\right]dt = \frac{\ln a}{\mu}$$

积分从 $t=0$ 到 $t=\infty$，因此使 μ 最大化的策略也就使 $E(t)$ 最小化。

但是，在美国的股票市场中使用对数策略到底要花多长时间才能达到预定目标？使用美国的数据来计算你会发现：在债券投资上使用对数策略需要花费 208 年才能保证有 95% 的概率获得高于 100% 的回报率；而在股票投资上则需要 4700 年才能保证有 95% 的概率获得高于 100% 的回报率。因此，尽管在理论上长期投资中使用对数策略很吸引人，但是在实践中要达到目标可能真的需要很长时间。

汉斯和维纳·斯坦是对数效用的忠实捍卫者。⊖斯坦模仿查尔斯·达尔文（1809 年 2 月 12 日—1882 年 4 月 19 日）1872 年名著《物种起源》的思想提出，替代效用的形成是无意识的生存竞争的自然结果：

> 演进的真正偏好是优胜劣汰，但是为了有效地引导我们的行为，自然界已经用很多替代偏好或工具偏好来代替它了，这种情况经常发生且没有给我们显示任何蛛丝马迹。我们喜欢在远足后休息，这是因为我们感觉累，而不是为了帮助我们的身体保持化学与物理平衡。我们避免痛苦是因为它对我们有伤害，而不是我们有意识地想避免对我们肌肉、肌腱、器官或关节的损伤。我们想吃是因为我们感觉到饥饿，而不是为了储备能量；我们喝水是因为我们感觉到渴，而不是因为我们知道我们的血液已经过于黏稠。我们喜欢温暖是因为我们感到寒冷，而不是因为我们知道体温必须保持在 37 摄氏度。当我们发现令人心仪的异性时，我们有性冲动是因为我们有这种感觉，而不是因为我们想复制基因。在所有这些情况下，我们都寻求方法来满足我们的表象偏好，基本目的是维持我们的生理舒适和确保生产，而并不知道我们真正的意图是什么。(p.4)[15]

⊖ 见斯坦（2002）：《韦伯法则与风险偏好的生物演化：对数效用函数的选择性优势》（*Weber's Law and the Biological Evolution of Risk Preferences*：*The Selective Dominance of the Logarithmic Utility Function*），CESifo 手稿，第 770 号（2002 年 9 月）。

　　首先，斯坦假设人类拥有的是字典排序式的偏好，因为人类将生存排在所有关注项的第一位。然后，他将财富等同于生存与子孙的数量，并认为偏好一定是人类不愿意冒没有财富的风险。其次，他认为偏好会根据"选择性质量"的特性来演进，即有助于从长期来看能带来高数量偏好。最后，演进的偏好也具有"选择性优势"，将导致演进路径上的规模要比其他无穷大。斯坦的结论是：尽管自然可能尝试了许多种决策法则来管理财富，但是一旦发现了财富预期对数效用最大化的法则就将其他法则排除在外，这是因为对数策略在选择性质量与选择性优势上都优于其他法则。

$$\mathcal{S} \quad \mathcal{S} \quad \mathcal{S}$$

1962 年《可容纳性与可度量效用函数》

　　詹姆斯 P. 夸克和鲁宾·萨波什尼克 发表了《可容纳性与可度量效用函数》（*Admissibility and Measurable Utility Functions*），载于《经济研究评论》第 29 卷，第 2 期（1962 年 2 月），pp.140～146。

1970 年《增量风险 I：定义》

　　迈克尔·罗斯柴尔德（1942 年 8 月 2 日—）**和约瑟夫 E. 斯蒂格利茨**（1943 年 2 月 9 日—） 发表了《增量风险 I：定义》（*Increasing Risk, I：A Definition*），载于《经济理论学刊》第 2 卷，第 3 期（1970 年 9 月），pp.225～243。

随机支配、增量风险

　　冯·诺依曼 – 摩根斯坦（1947）的预期效用定理并没有讨论更多的财富

是否会带来更高的效用。如果把这个条件加到理性定理之中，那么要假定效用是财富的单调递增函数。这提出了一个有趣的问题：如果你所知道的只是一个理性的投资者偏好更多的财富（且他的效用取决于财富），假设他的未来财富存在两个概率分布的时候，那么当比较这两个概率分布时能否说其中一个会优于另一个？对于未来财富的两个概率分布，夸克-萨波什尼克（1962）提出当满足如下充分必要条件时，一项分布才优于另外一项分布：对所有单调财富递增函数而言当且仅当一项分布的预期效用高于另一项分布的预期效用。它们的条件是：财富分布 A 与财富分布 B 相比，当且仅当在每一财富水平 X，财富 A 的累计概率要比财富 B 的累计概率低（或者相等）时（换言之，在每个财富水平 X，$W_A < X$ 的概率要低于或等于 $W_B < X$ 的概率）A 比 B 具有支配优势。

......

对支配优势的直观解释

假定未来财富 A 和 B 有两个相同概率分布，即是说对于所有可能的财富水平 $W(s)$，概率 $p_A(s) = p_B(s)$。为了方便起见，假定财富是按照从低到高的水平组织的，即 $W(1) < W(2) < \cdots < W(n)$。因此，$A$ 的预期效用与 B 的预期效用应是相等的：$\Sigma_s p_A(s) W(s) = \Sigma_s p_B(s) W(s)$。现在让 B 保持不变，而对 A 的概率分布做调整，有两个状态 $k > j$，使得 $p_A(k) > p_B(k)$，$p_A(j) < p_B(j)$。很明显，有了这样的变化后，$\Sigma_s p_A(s) W(s) > \Sigma_s p_B(s) W(s)$。同时值得注意的是，在每个财富水平 $W(h < j)$ 和 $W(h \geq k)$，$\Sigma_s p_A(s) = \Sigma_s p_B(s)$；而对每个财富水平 $W(k > h \geq j) = X$，$\Sigma_s p_A(s) < \Sigma_s p_B(s)$。

......

这种支配优势的条件是要优于基于矩的条件。例如，假定有两项财富分布具有相同的概率状态：$W_A = (2\ 6)$ 且 $W_B = (1\ 3)$。均值方差矩条件不能在两者之间区分，这是因为 A 的方差要高于 B 的方差。但是，支配条件则意味着如果财富更多优于财富少，那么 A 就优于 B。[16]

约瑟夫·哈达和威廉 R. 罗素（1969）以及 G. 哈诺克和海姆·利维（1969）的两组研究者独立地将这种属性命名为"第一程度的随机支配"。[⊖] 他们继续推演出一个较强的相关条件，即"第二程度的随机支配"，其中效用函数的概率分布展现出风险规避与贪婪。

罗斯柴尔德–斯蒂格利茨（1970）归纳了三个一般性条件，在这些条件下一个人将发现一项赌博（Y）要比另一项赌博（X）的风险高：① Y 等于 X 加上噪声；②相对于 Y，每一个风险规避者都偏好于 X；③在其他情况相同的情况下，与 X 相比 Y 在尾部有更多的权重。最关键的结论是，这三个条件是相同的。

かかか

1962 年《风险资本的积聚：连续效用分析》

埃德蒙 S. 菲尔普斯（1933 年 7 月 26 日—） 发表了《风险资本的积聚：连续效用分析》（*The Accumulation of Risky Capital：A Sequential Utility Analysis*），载于《计量经济学》第 30 卷，第 4 期（1962 年 10 月），pp.729 ～ 743。

跨期消费与投资、时间可加效用、对数效用、不确定寿命、寿险

菲尔普斯（1962）最先研究了不确定条件下的多期消费问题，从而将费

雪（1930）拓展到不确定投资收益。菲尔普斯假设一个风险规避的消费者或者投资者要使他的时间附加消费效用函数 $U(C_t)$ 最大化，且时间偏好 ρ 在有限的生命期内稳定：$\Sigma_t \rho^t E[U(C_t)]$。在每个时间他都要将财富在消费与一项风险证券之间进行配置，该风险证券在各期的收益是独立且同分布的。菲尔普斯参照马科维茨（1959）的建议，使用动态规划的方法解决了这个最优消费与投资组合选择的问题。他指出在对数效用这种特例下，$U(C_t)=\ln C_t$，每个时点的最优消费取决于财富、时间偏好以及剩余的生命时间，而不取决于风险证券收益的概率分布。弗兰克·普伦普顿·拉姆齐在 1928 年的一篇文章也研究了相似的经济问题，只不过他研究的是无限期间的且在每个时点将财富在消费与无风险证券之间进行配置。⊖

马海姆 E. 雅瑞 1965 年写的文章是另一篇较早的研究不确定条件下消费问题的文章。但与菲尔普斯不同，雅瑞假定投资的收益是确定的，但消费者的寿命是不确定的。雅瑞假定消费者知道他们在未来每个时点可能死亡的概率。那么消费者要使如下变量最大化：

$$\int_0 [\Omega(t)\rho(t)U(C_t) + \pi(t)\beta(t)V(W_t)]\mathrm{d}t \qquad (2\text{-}5)$$

其中，$\pi(t)$ 表示在时点 t 的死亡概率，$\Omega(t)=\int_t^T \pi(\tau)\mathrm{d}\tau$（积分从 t 到 T）是消费者在时点 t 仍生存的概率，$\rho(t)$ 是时点 t 的累计时间偏好，$\beta(t)$ 是遗产的时间折现函数，$V(W_t)$ 是消费者死亡时遗留财富 W_t 的效用函数。积分是从 0 到 T，之后消费者就不再生存。

雅瑞考虑了两类机会集：第一，在每个时点只有无风险投资机会，这个投资机会是可完全预测的且收益在各期都是已知的；第二，存在寿险。在最简单的情况下，$\beta(t)=0$，$\Omega(t)=1$，与费雪（1930）类似，雅瑞指出：

⊖ 见拉姆齐（1928）：《关于储蓄的一个数学理论》(*A Mathematical Theory of Saving*)，载于《经济学刊》第 38 卷，第 152 期（1928 年 12 月），pp.543～559。

$$\frac{dC(t)}{dt} = -\left[r(t) + \rho\right]\left[\frac{U'(C_t)}{U''(C_t)}\right] \qquad （2-6）$$

其中，$r(t)$ 表示时点 t 的即时无风险收益率，为了描述起来更简单我假定存在一个稳定的 $\rho > 0$ 使得 $\rho(t) = e^{-\rho t}$。现在如果我将不确定寿命这个因素加进来，这样 $\Omega(t) < 1$（但是仍没有遗产），那么仍可获得相同的结论，只不过用 $\rho - \left[\pi(t)/\Omega(t)\right]$ 替代 ρ。因此时间偏好率随着时点 t 的死亡条件概率下降。因此，提前死亡的可能性或许能增强提前消费的偏好 [费雪（1930），pp.216 ~ 217]。

如果存在寿险，那么需要怎样修改这些结论？雅瑞假设存在一项公平精算保费的生命年金 [见德威特（1671）的讨论]，这项保险每年会给投保人一项收入直至其死亡，该收入等于他的最优消费。如果该保险年金是公平精算保费的，那么消费者从年金中获得即时利率等于 $r(t) + \left[\pi(t)/\Omega(t)\right]$。注意：这个利率要比市场的无风险利率高，这是因为保险公司在投保人死亡之后停止支付，那么活着的时候需要提供高于无风险利率的补偿。这使得消费者会选择只投资于寿险年金而不选择投资于单纯的无风险投资。但是，雅瑞指出这将会为庞氏骗局$^\ominus$创造机会：因为所有的债务会在消费者死亡时赦免，那么消费者会受到诱使卖出无限量的寿险，以此来为进一步的寿险提供资金，从而消除对消费的约束。在现实生活中，这种诱惑会随着消费者年龄的增长而增强，这可以解释为什么保险公司拒绝向那些达到一定年龄的个人售卖寿险。阿克罗夫（1970）则提出了寿险市场失败的另一种解释。

꿍 꿍 꿍

$\ominus$ 庞氏骗局是指骗人向虚设的企业投资，以后来投资者的钱作为快速盈利付给最初投资者以诱使更多人上当。——译者注

1963 年《一个投资组合分析的简化模型》

威廉·福塞思·夏普（1934 年 6 月 16 日—） 发表了《一个投资组合分析的简化模型》(*A Simplified Model for Portfolio Analysis*)，载于《管理科学》第 9 卷，第 2 期（1963 年 1 月），pp.277 ~ 293。

1992 年《资产配置：管理风格与业绩指标》

威廉·福塞思·夏普 发表了《资产配置：管理风格与业绩指标》(*Asset Allocation：Management Style and Performance Measurement*)，载于《投资组合管理学刊》第 18 卷，第 1 期（1992 年冬季号），pp.7 ~ 19。

投资组合选择、均值 - 方差分析、市场模型、残差风险与系统风险、多因子模型、风格因子投资组合

夏普（1963）首先提出了证券收益的市场模型（或称对角线模型），该模型将均值 - 方差投资组合选择的必要输入变量大幅降低，并显著简化了最优均值 - 方差投资组合的计算（特雷诺 - 布莱克，1973）。该模型：证券 j 的实现超额收益与市场范围因素 M（这个因素对所有的证券都一样）的超额收益之间是线性回归关系：

$$r_j - r = \alpha_j + (r_M - r) \beta_j + \varepsilon_j \tag{2-7}$$

其中，α_j 与 β_j 使 $E(\varepsilon_j) = \rho(\varepsilon_j, r_M) = 0$

......

市场模型构建中的同义反复

为了看清这一点，假定我们观察到证券收益的时间序列是 r_{j1}, r_{j2}, …, r_{jt}, …相应的市场收益是 r_{M1}, r_{M2}, …, r_{Mt}, …在时点 t，如果不对 ε_j 进行限制那么一定存在 α_j 与 β_j 使 $r_{jt} - r = \alpha_j + (r_{Mt} - r) \beta_j + \varepsilon_{jt}$ 这个等式成立。如果要求 $E(\varepsilon_j) = 0$，那么通过选择 α_j 使 $E(r_j) - r = \alpha_j + [E(r_M) - r] \beta_j = 0$。现在如果进一步要求 $\rho(\varepsilon_j, r_M) =$

0，那么我们可以选择 β_j 使 Cov (ε_j, r_M) =0，即要求 Cov $[r_j-r-\alpha_j-(r_M-r)\beta_j] = 0$。通过计算可知，$\beta_j$=Cov (r_j, r_M) / Var (r_M)。

如果我们假定"市场因素"在文字上表示所有证券构成的"市场投资组合"的收益，那么这意味着市场投资组合的贝塔 $\beta_M \equiv \Sigma_j \chi_j \beta_j$，其中 χ_j 表示证券 j 在组合中所占的市场价值比例，它自身之和一定等于 1。

为了看清这一点，假定 χ_j 表示证券 j 在组合中所占的市场价值比例，j=1，2，…，m，那么 $r_M \equiv \Sigma_j \chi_j r_j$ 且 $\Sigma_j \chi_j$=1。那么，$\beta_M \equiv \Sigma_j \chi_j \beta_j$ 一定等于 1，这是因为之前的关于 β_j 的等式：$\beta_M=\Sigma_j \chi_j \beta_j=\Sigma_j \chi_j$ Cov (r_j, r_M) / Var (r_M) =Cov $(\Sigma_j \chi_j r_j, r_M)$ / Var (r_M) =Cov (r_M, r_M) / Var (r_M) =Var (r_M) / Var (r_M) =1。

另外一个有趣的结果是，即便单只股票的阿尔法可以非 0，但是市场阿尔法 $\alpha_M \equiv \Sigma_j \chi_j \alpha_j$ 一定等于 0。

对市场阿尔法等于 0 的证明

对所有证券 j 来说，市场模型如下：

$$r_j-r=\alpha_j+(r_M-r)\beta_j+\varepsilon_j$$

对模型重新表述，将两边各乘以 χ_j，并将所有证券加总，会有：

$$\Sigma_j \chi_j r_j-r\Sigma_j \chi_j=\Sigma_j \chi_j \alpha_j+(r_M-r)\Sigma_j \chi_j \beta_j+\Sigma_j \chi_j \varepsilon_j$$

由于 $r_M \equiv \Sigma_j \chi_j r_j$ 且 $\Sigma_j \chi_j$=1，$\alpha_M \equiv \Sigma_j \chi_j \alpha_j$，$\beta_M \equiv \Sigma_j \chi_j \beta_j$，那么：

$$r_M-r=\alpha_M+(r_M-r)\beta_M+\Sigma_j \chi_j \varepsilon_j$$

等式两边都取预期，并令 $\mu_M \equiv E(r_M)$

$$\mu_M-r=\alpha_M+(\mu_M-r)\beta_M+\Sigma_j \chi_j E(\varepsilon_j)$$

由于 $E(\varepsilon_j)$ =0，且 β_M=1，$\mu_M-r=\alpha_M+(\mu_M-r)\times 1$，因此 α_M=0

为了这个同义反复的构建，夏普加入了另一个假设，即对于任何两只证券 j 和 k，$\rho(\varepsilon_j, \varepsilon_k)=0$。这将系统性风险 β_j 与残差或证券的特有风险 $\text{Var}(\varepsilon_j)$ 做了明显区分。夏普这样写道：

> 对角线模型的主要特征是假定不同证券的收益只通过与一些基本的因素共同相关而发生联系……这个模型有两个特征：无须假定证券之间的相互关系，且存在大量证据表明它能解释此种关系的大部分内容。(p.281) [17]

通过市场模型解决投资组合选择问题

使用市场模型假设，可以很容易看到：

（1）$\mu_j = r + (\mu_M - r)\beta_j + \alpha_j$

（2）$\sigma_j^2 = \beta_j^2 \sigma_M^2 + \omega_j^2$

（3）$\sigma_{jk} = \beta_j \beta_k \sigma_M^2$

其中，$\mu_j \equiv E(r_j)$，$\mu_M \equiv E(r_M)$，$\sigma_M^2 \equiv \text{Var}(r_M)$，$\omega_j^2 \equiv \text{Var}(\varepsilon_j)$，$\sigma_{jk} \equiv \text{Cov}(r_j, r_k)$。如果没有市场模型，那么从无风险证券和 m 个证券中解决投资组合选择问题需要的输入变量：m 个均值 μ_j，m 个方差 σ_j^2，$1/2m(m-1)$ 个协方差 σ_{jk}，1 个无风险利率 r，这使得整个估计值为 $1/2m(m+3)+1$。有了市场模型，我们只需要 m 个阿尔法 α_j，m 个贝塔 β_j，m 个残值方差 ω_j^2 以及 r、μ_M、σ_M^2，总共 3($m+1$) 个估计值。例如，如果 $m=100$，那么没有市场模型的情况下需要 5151 个估计值，而有了市场模型只需要 303 个估计值。

这是对市场模型的横截面式的应用。第二项应用就是对同一只证券的时间序列应用，假设 $\rho(\varepsilon_{j,t}, \varepsilon_{j,t+k})=0$，其中 $\varepsilon_{j,t}$ 表示证券 j 在时点 t 的残差，$\varepsilon_{j,t+k}$ 表示同只证券在 $t+k$ 时的残差。

有时做如下假定是很有用的：即市场模型与夏普（1964）、林特纳（1965年 2 月）、莫森（1966）以及特雷诺（1999）的资本资产定价模型（CAPM）同时成立。在这种情况下，可以看到所有的证券 $\alpha_j = 0$。

尤金 E. 法玛 1973 年对他在 1968 年发表的文章进行了修改后发现了市场模型中存在一个逻辑上的不一致，即便 r_M 和 ε_j 如特雷诺－布莱克（1973）假定的那样是联合正态分布的，这种不一致仍然存在。[⊖]

....

如果将"指数"当作市场投资组合，那么在市场模型中会出现一个"不一致"

如果 χ_{ij} 是证券 j 的市场投资组合比例，那么 $\Sigma_j \chi_j = 1$，那么市场模型 $\Sigma_j \chi_j r_j - r = (r_M - r) \Sigma_j \chi_j \beta_j + \Sigma_j \chi_j \varepsilon_j$。因为 $r_M = \Sigma_j \chi_j r_j$，因此很容易从市场模型中看到市场投资组合自身 $\Sigma_j \chi_j \beta_j = 1$，那么 $\Sigma_j \chi_j \varepsilon_j = 0$。但是这与市场模型的假设是矛盾的，市场模型中对于所有证券 j 来说，$\rho(\varepsilon_j, \varepsilon_k) = 0$。例如，假设市场只包含两只证券，那么 $\chi \varepsilon_1 + (1-\chi) \varepsilon_2 = 0$。因此，$\varepsilon_1 = -[(1-\chi)/\chi] \varepsilon_2$。这意味着 $\rho(\varepsilon_1, \varepsilon_2) = -1$，这明显与市场模型的关键假设 $\rho(\varepsilon_1, \varepsilon_2) = 0$ 相矛盾。不过，正如法玛所注意到的那样，对大多数实用目的来说，这种不一致是可以忽略的。尤其是在规模"很大"的市场，$\chi \approx 1/m$，那么 $\mathrm{Var}(\Sigma_j \chi_j \varepsilon_j) = [\Sigma_j \mathrm{Var}(\varepsilon_j)]/m^2$。随着 $m \to \infty$，$\mathrm{Var}(\Sigma_j \chi_j \varepsilon_j) \to 0$，因此 $\Sigma_j \chi_j \varepsilon_j \approx 0$。

....

这个模型为最优投资组合构建的输入变量提供了最标准的度量方法。此外，它还为检验夏普（1964）、林特纳（1965 年 2 月）、莫森（1966）以及特雷诺（1999）的证券预期收益决定因素的均衡模型提供了关键的因素。它的许多统计特征在后续的文章中被研究。例如，约翰 D. 马丁和罗伯特 C. 克莱

⊖　分别见法玛（1973）：《对市场模型与两参数模型的注释》（*A Note on the Market Model and the Two-Parameter Model*），载于《金融学学刊》第 28 卷，第 5 期（1973 年 12 月），pp.1181～1185，以及法玛（1968）：《风险、收益与均衡：一些澄清性的评论》（*Risk, Return and Equilibrium：Some Clarifying Comments*），载于《金融学学刊》第 23 卷，第 1 期（1968 年 3 月），pp.29～40。

姆科斯基检验了 ε_j 是否独立于 r_M。[一]他们提出了三种替代性检验。第一，计算 $|\varepsilon_j|$ 与 r_M 的相关度。第二，巴特利特检验，对 r_M 相似的观察值进行归组，而后看 ε_j 的响应值的范围。第三，戈德菲尔德 – 匡特检验，开始时对 r_{Mt} 的观察值按照从低到高的顺序进行排序，然后省略掉中间 1/3 范围的观察值。而后对最低 1/3 的观察值与最高 1/3 的观察值分别进行回归，从而分别计算出 ε_j 的标准差。如果不存在异方差，那么这两个标准差相互之间会很接近。对于马丁 – 克莱姆科斯基的样本来说，他们发现对于大多数股票而言使用市场模型时异方差不是一个问题。

大约 30 年后，夏普（1992）对他的市场模型进行了重温，并承认了许多因子在其中的作用。根据投资组合收益的多因素模型：

$$r_{pt}=\Sigma_k\beta_{Pk}F_{kt}+\varepsilon_{pt}，证券 P=1，2，\cdots，J，因子 k=1，2，\cdots，K \quad （2\text{-}8）$$

其中，r_{pt} 表示在时点 t 投资组合的实现收益，有足够的因子 F_k 使得残差 ε_{pt} 在所有投资组合之间是独立的（时间序列上也是独立的）。夏普将风格分析定义为在如下情况下对多因子模型的应用：

（1）任一投资组合的因子暴露之和等于 1，即 $\Sigma_k\beta_{Pk}=1$。

（2）每一个因子可以通过证券投资组合被完美复制，不存在卖空且这些投资组合能以很低的交易成本被管理。

（3）不存在两个包含相同证券的投资组合。

（4）一般而言，因子暴露不能为负（即 $\beta_{Pk}\geqslant 0$）。

因子暴露是通过对观察到证券收益与因子收益使用二项规划来使残差收益 ε_{pt} 最小。这意味着，投资组合的实现收益可以分解为两部分：第一，风格构成，这一部分可以通过复制一个因子投资组合而实现；第二，选择构成 ε_{pt}。风格构成与投资组合收益之间的 R^2 表示的是投资组合的收益能有多大的比例由

────────
[一] 见马丁 – 克莱姆科斯基（1975）：《市场模型中异方差的证明》（*Evidence of Heteroscedasticity in the Market Model*），载于《商业学刊》第 48 卷，第 1 期（1975 年 6 月），pp.81～86。

风格来解释，而 1 减去 R^2 表示投资组合收益能有多大的比例由选择来解释。

夏普建议使用 12 因子投资组合，即复制了如下 12 个因素：①国库券；②中期政府债券；③长期政府债券；④公司债券；⑤抵押证券；⑥大盘价值股票；⑦大盘成长股票；⑧中盘股票；⑨小盘股票；⑩非美国证券；欧洲股票；日本股票。作为举例演示，夏普使用风格分析研究了麦哲伦投资基金 1985 ~ 1989 年的业绩。基金的风格是暴露于大盘成长股、中盘股与小盘股，这个风格能解释其收益 97.3% 的变动。在这 5 年间，该基金的业绩超出风格基准业绩累计达 25%，这在统计意义上与经济意义上都是显著的。但是，必须记住的是夏普并没有对挑选麦哲伦基金进行调整，而实际上该基金受到广泛关注，见格雷厄姆 – 多德（1934）对麦哲伦基金的关注性评论。事实上，夏普报告称，在包含成本的情况下，在相同的期间 636 只共同基金（他观察到的基金）的业绩平均每年要比基准业绩低 0.89%。

$\backsim \backsim \backsim$

1963 年《风险与不确定性：大数谬误》

保罗·安东尼·萨缪尔森（1915 年 5 月 15 日—） 发表了《风险与不确定性：大数谬误》(Risk and Uncertainty: A Fallacy of Large Numbers)，载于《知识》（1963 年 3 ~ 4 月），pp.1 ~ 6；再版于《保罗 P. 萨缪尔森文集》第 1 卷（MIT Press，1966 年），pp.153 ~ 158。

时间分散化、风险规避与赌博、大数法则、概率偏好

有些人会说，尽管他们不愿意接受一项只有一次机会的有利赌博，但是如果这项赌博能重复发生他们就乐意接受了。例如，有一项赌博有 2/3 的概

率赢得 100 美元，1/3 的概率输掉 100 美元，有人可能不愿意只接受一次机会而愿意接受连续 100 次这样的机会。这意味着，他们认为他们应用的是雅各布·伯努利（1713）的大数法则。一次赌博机会赢的概率是 2/3，那么多次赌博的概率赢的概率就可能接近于 1：

$$赢的概率 = \Sigma_{j=0,\cdots,49} \left[\frac{100!}{j!(100-j)!} \right] \times \left(\frac{1}{3} \right)^{j} \times \left(\frac{2}{3} \right)^{100-j}$$

使用正态估计，这个概率大约等于：

$$N \left[\frac{100(2/3)-50}{\sqrt{100(1/3)\,(2/3)}} \right] = N(3.536) = 0.9998$$

萨缪尔森（1963）则指出，上述方法的应用需要一个假定，即一次赌博与多次赌博的选择在时间上是不一致的。

. . . .

对萨缪尔森时间分散化的证明

证明很简单。假定在一定范围内的收入或财富水平上，你不愿意接受一项赌博，那么萨缪尔森宣称，相同且独立的赌博提供 n 次（仍然没跳出范围）也不应被接受。为了更清楚地看清这一点，假定在最后一次或称第 n 次赌博时，由于你是否接受之前的 $n-1$ 次赌博是无关决策，因此你不会接受第 n 次赌博。这就意味着 $n-1$ 次赌博成了最后一次赌博，根据之前的推论你也不会接受这项赌博。因此，倒推至第一次赌博你也不会接受，因此你不会接受整个序列的赌博。

. . . .

从直觉来看，大数法则在此处是不适用的。为了看得更清楚，假定有一个机会有 2/3 的可能性赢得 1 美元，有 1/3 的机会亏损 1 美元，那么多次赌博是可被接受的，即便在一次赌博赢取 100 美元是被拒绝的（在这种情况下，单次赌博与多次赌博具有相同的均值结果，但根据大数法则多次赌博的方差较低）。

　　萨缪尔森也指出，这项挑选标准也不能满足冯·诺依曼－摩根斯坦
（1947）的转移定理。换言之，三种赌博 X，Y，Z 的结果，即便 $X > Y$ 的概
率高于 1/2，$Y > Z$ 的概率高于 1/2，但不能证明 $Z > X$ 的概率高于 1/2。

对概率偏好非传递性的说明

　　假设抛掷一枚硬币两次，H 表示正面，T 表示反面，三次赌博的收益如下表：

结果	HH	HT	TH	TT
概率	0.26	0.25	0.25	0.24
X	1	1	−10	−10
Y	0	0	0	0
Z	−1	10	−1	10

Prob $(X > Y)$ =0.51，Prob $(Y > Z)$ =0.51，但是 Prob $(Z > X)$ =0.74

　　萨缪尔森因为"促进了静态与动态经济理论以及在经济科学分析水平提
高中的积极贡献"而获得了 1970 年度诺贝尔经济学奖。

$\backsim \backsim \backsim$

1964 年《普通股股票的投资回报率》

　　劳伦斯·费希尔和詹姆斯 H. 洛里　发表了《普通股股票的投资回报率》
（*Rates of Return on Investments in Common Stocks*），载于《商业学刊》第 37 卷，
第 1 期（1964 年 1 月），pp.1 ～ 21。

持有期收益、权益风险溢价之谜

　　如果将研究比作一个三角形，那么理论模型与经验研究程序只是三角形

的两个点，第三个点则是可靠的数据。这就是芝加哥大学的证券价格研究中心（CRSP）（该中心由美林公司捐助成立）能在现代金融经济学发展进程中留下厚重一笔的原因。这是第一次审慎构建完整的股票价格数据库的尝试。费希尔 - 洛里（1964）是第一篇使用这些数据而公开发表的论文。该文描述了这些数据文件的组织工作，这些数据文件覆盖了纽约交易所从 1926 年 1 月到 1960 年 12 月所有的月度收盘价格。它也描述了一只包含纽约交易所所有股票的投资组合（含股利）在不同期间的已实现的持有期收益。许多人都惊叹这项收益与利率的比率是如此之高——这实际上就是 20 年后发现的"风险溢价之谜"。很快，CRSP 这个数据库就得到广泛的应用：如度量续起价格变化的相关性、股利对股价的影响以及构建股票市场指数。

费希尔和洛里在 1968 年的文章中对之前的文章内容拓展了 5 年，并提供了各年详细的收益表。⊖罗格 G. 艾伯斯顿（Roger G. Ibbotson）和雷克斯 A. 辛奎费尔德 1976 年又将此项研究内容扩展到美国国库长期债券、国库短期债券以及通货膨胀。⊜艾伯斯顿协会现在每年都更新《股票、债券、票据与通货膨胀年鉴》，并用于商业出售。

☜ ☜ ☜

⊖ 见费希尔 - 洛里（1968）：《普通股股票的投资回报率：各年记录，1926 ～ 1965 年》（*Rates of Return on Investments in Common Stocks：The Year-by-Year Record*,1926–1965），载于《商业学刊》第 41 卷，第 3 期（1968 年 7 月），pp.291 ～ 316。

⊜ 见艾伯斯顿 - 雷克斯 A. 辛奎费尔德（1976）：《股票、债券、票据与通货膨胀：各年的历史收益（1926 ～ 1974 年）》（*Stocks, Bonds, Bills, and Inflation：Year-by-Year Historical Returns*（1926 ～ 1974 年）），载于《商业学刊》第 49 卷，第 1 期（1976 年 1 月），pp.11 ～ 47。

1964 年《风险规避》

约翰 W. 普拉特 发表了《风险规避》(*Risk Aversion in the Large and in the Small*)，载于《计量经济学》第 32 卷，第 1/2 期（1964 年 1～4 月），pp.122～136。

1965 年《风险规避理论》

肯尼斯·约瑟夫·阿罗 发表了《风险规避理论》(*The Theory of Risk Aversion*)，选自《风险承担理论论文集》(Markham，1971 年)，pp.90～120。

风险规避、绝对风险规避、相对风险规避、有利赌博定理

普拉特（1964）提出了绝对风险规避与相对风险规避的思想，他使用的方法是为了接受一项赌博所需要获得的风险溢价。如果 $U(W)$ 表示财富的效用，那么 $A(W) \equiv -U''(W)/U'(W)$ 是绝对风险规避，$R(W) \equiv -WU''(W)/U'(W)$ 是相对风险规避。

$A(W)$ 和 $R(W)$ 是单值函数。这使得可以使用这些指标来对不同个人的风险规避程度进行比较。假定有两个投资者 a 和 b，一项赌博能以相同概率的形式对他们的财富增加或消减 Δ。为了接受这项赌博，在且只在 $A_a(W) > A_b(W)$ 的情况下，投资者 a 支付的金额必须要比投资者 b 多。考虑另一项赌博，将财富改变至 $W\Delta$ 和 W/Δ 具有相同的概率，其中 $\Delta > 1$。为了接受这项赌博，在且只在 $R_a(W) > R_b(W)$ 的情况下，与投资者 b 相比投资者 a 必须将其财富中的很大一部用来支付。根据普拉特的说法，对绝对风险规避思想的表述可以追溯到罗伯特·斯卡莱夫一篇未公开发表的手稿。[18]

对风险规避的一个度量指标是确定量 π，其被定义为赌博输赢 Δ 各 50% 概率

⊖ 见斯卡莱夫（1961）《合理谨慎行为的效用函数》，1961 年 11 月 13 日。

的情况下的类似财富效用。

$$U\left(W_0-\pi\right) \approx \frac{1}{2} U\left(W_0+\Delta\right) + \frac{1}{2} U\left(W_0-\Delta\right)$$

对少量风险（即 Δ 接近于 0），可以看到 $\pi = 1/2\, \sigma_\Delta^2\, A\left(W_0\right)$

··

阿罗（1965/B）在不知道普拉特研究内容的情况下独立提出了绝对与相对风险规避的特性。阿罗假定一个投资者将其财富在无风险证券和风险证券之间进行配置。如果 $A'\left(W\right)$ 大于等于或小于 0，那么投资者的绝对风险规避分别是增长或稳定或下降的。阿罗指出，当且仅当投资者的效用函数的绝对风险规避是增长或稳定或下降的时候，随着投资者财富的增加，投资者将降低或稳定或提高在风险证券上的投资金额。与之类似，如果 $R'\left(W\right)$ 大于或等于或小于 0，那么投资者的相对风险规避分别是增长或稳定或下降的。阿罗指出，当且仅当投资者的效用函数的相对风险规避是增长或稳定或下降的时候，随着投资者财富的增加，投资者将降低或稳定或提高在风险证券上的投资比例。从经验角度来看，几乎所有投资者行为的绝对风险规避都是下降的，大多数行为的相对风险规避是下降的。对阿罗研究结果的总结首先出现在阿罗（1963 年 2 月）。⊖

阿罗也推演出了第二个基础结果：在一般条件下，不满足的风险规避者总会将一些财富（可能是少量的）投入到一项有利的赌博之中。为了简单起见，假定无风险（现金）的收益率是 0，投资者的最初财富是 W_0，他必须决定从现金中拿出多少配置到风险投资 R 之中，R 的预期收益率 $E\left(r_R\right) > 0$，从而形成一项有利赌博。假定 A 是最初配置到风险投资的财富，$0 \leqslant A \leqslant W_0$，

──────────────

⊖ 见阿罗（1963 年 2 月）：《对詹姆斯·杜森伯瑞的评论：使用投资组合法来解决对货币及其他资产的需求问题》（*Comment on James Duesenberry*：*The Portfolio Approach to the Demand for Money and Other Assets*），载于《经济学与统计学评论》第 45 卷，第 1 期，第 2 部分（1963 年 2 月增刊），pp.24～27。

那么预期财富 $W_1=W_0+Ar_R$。假定投资者选择 A 来使他的预期财富效用 $E[U(W_1)]$ 最大化，$E[U(W_1)]=E[U(W_0+Ar_R)] \equiv J(A)$，其中 J 是一个函数表示将 A 转换为预期效用。阿罗指出，风险规避 $U''(W_1) < 0$ 意味着当且仅当 $E(r_R) > 0$ 时 $A > 0$（pp.98～102）。

··

对阿罗结果［即理性的风险规避投资者一定会投资（可能很少）有利赌博］的证明

可观察到：

$$J'(A)=E[U'(W_1)r_R] \text{ 且 } J''(A)=E[U''(W_1)r_R^2]$$

由于风险规避 $U''(W_1) < 0$，因此对于所有 A 来说 $J''(A) < 0$。假定 $J(A)$ 在任何一处都凸向原点，那么 $J(A)$ 将是以下三种形状之一：①它在 $J(0)$ 点达到顶峰而后随着 A 从 0 提高到 W_0 而下降；②它可以在 $J(A)$ 点达到最高点，$0 < A < W_0$，而在 A 点的两侧都呈现递减状态；③它可能在 $J(W_0)$ 达到最高点，而随着 A 从 W_0 降到 0 而递减。在第一种情况下，$J'(0) \leqslant 0$，在最大值点 $A=0$，$W_1=W_0$，因此 $U'(W_1)=U'(W_0)$，正向稳定。从之前有关 $J'(A)$ 的等式可看出，如果 $J'(A)=U'(W_0)E(r_R) \leqslant 0$。因此，对于第一种情况，当且仅当 $E(r_R) \leqslant 0$ 的时候 $A=0$。换质位命题就是：当且仅当 $E(r_R) > 0$ 的时候 $A > 0$。对于第二种情况，$J'(A)=E[U'(W_1)r_R]=0$，这可以分解为：

$$J'(A)=E[U'(W_1)]E(r_R)+\text{Cov}[U'(W_1), r_R]=0$$

因为随着 r_R 的增加，风险规避 $U'(W_1)$ 递减，因此 $\text{Cov}[U'(W_1),r_R] < 0$。从而 $E[U'(W_1)]E(r_R) > 0$，且由于不满足意味着 $E[U'(W_1)] > 0$，那么 $E(r_R) > 0$。对于第二种情况，内部价值 A 是最优点，$E(r_R) > 0$。对于第三种情况，在 $A=W_0$ 这个最大点，$J'(W_0) \geqslant 0$，因此根据之前有关 $J'(A)$ 的等式可看出，$J'(A)=E[U'(W_0+W_0r_R)r_R] \geqslant 0$，得到与情况②类似的结论。总结来看，在这些情况下当且仅当 $E(r_R) > 0$，$A > 0$。

··

直觉上，对于足够小的赌博（小是因为投资者只押注很小比例的财富），每单位押注的风险可以随着个人的爱好而足够小，同时能够获得正向的预期收益。这种有益的效应最终将使用少量的押注而超出风险的负向效应。换言之，在少量风险的情况下效用函数近乎呈线性，风险规避近乎消失。

由于夏普（1964）、林特纳（1965年2月）、莫森（1966）和特雷诺（1999）的CAPM满足于阿罗的条件，因此在这个模型中没有投资者会卖空市场投资组合，因此卖空约束条件并不会改变这个模型的结论。

∽ ∽ ∽

1964年《资本资产价格：在风险条件下的市场均衡理论》

威廉·福塞思·夏普 发表了《资本资产价格：在风险条件下的市场均衡理论》（*Capital Asset Prices：A Theory of Market Equilibrium under Conditions of Risk*），载于《金融学学刊》第19卷，第3期（1964年9月），pp.425～442。

1965年《风险资产估价与股票组合中的风险投资选择以及资本预算》

约翰·林特纳 发表了《风险资产估价与股票组合中的风险投资选择以及资本预算》（*The Valuation of Risk Assets and the Selection of Risky Investments in Stock Portfolios and Capital Budgets*），载于《经济学与统计学评论》第47卷，第1期（1965年2月），pp.13～37。

1966年《资本资产市场中的均衡》

简·莫森（1936—1987） 发表了《资本资产市场中的均衡》（*Equilibrium*

in a Capital Asset Market），载于《计量经济学》第 34 卷，第 4 期（1966 年 10 月），pp.768 ～ 783。

1999 年《风险资产的市场价值理论》

杰克 L. 特雷诺　发表了《风险资产的市场价值理论》（*Toward a Theory of Market Value of Risky Assets*），这篇文章写于 1962 年，但是直到最近才发表在《资产定价与投资组合业绩》（*Asset Pricing and Portfolio Performance*）一书中，该书由罗伯特 A. 科拉季先科编著（Risk Publications，1999 年），pp.15 ～ 22。

资本资产定价模型（CAPM）、均值 - 方差分析、市场投资组合、贝塔、风险溢价、系统性风险、联合正态协方差定理、托宾分离定理、同质信念

马科维茨（1952 年 3 月）和马科维茨（1959）研究的是可以推荐给理性投资者的决策法则（规范性的模型）。夏普（1964）则问道，如果经济系统中的每一个人都按照马科维茨的建议操作，情况会是什么样子（说明性的模型）。这促成了第一份公开发表的资本资产定价模型（CAPM）的出现。在 CAPM 中，预期证券收益（μ_j）等于无风险收益 r 加上市场范围内的风险规避指数（$\theta > 0$）与证券收益和市场组合收益之间协方差 [$\text{Cov}(r_j, r_M)$] 的乘积，即 $\mu_j = r + \theta\text{Cov}(r_j, r_M)$。

事实上，夏普的等式与上述等式有些差别。夏普令 $B_j \equiv \text{Cov}(r_j, r_G)/\sigma_G^2$，他指出 $B_j = -[r/(\mu_G - r)] + [1/(\mu_G - r)]\mu_j$，其中 G 是均值 - 方差有效投资组合，相互之间完全正相关（见夏普（1964），p.438，脚注 22）。值得注意的是，他并没有说 G 与包含所有证券的市场投资组合完全正相关。

此外，CAPM 等式可以被解释为对单期期末不确定现金流的折现。

为了说明这一点，令 $r_j \equiv X_j/P_j$，其中 P_j 表示证券 j 的当期价格，X_j 表示该证券的（随机的）期末价值（可能是价格加上股利）。那么 CAPM 等式可以重写为：

$$P_j = \frac{E(X_j)}{r + \theta \mathrm{Cov}(r_j, r_M)}$$

法玛（1968，p.37，等式18）将 CAPM 重新表述为现在最为流行的"β"形式：

$$\mu_j - r = (\mu_M - r)\,\beta_j，\quad 其中 \; \beta_j \equiv \frac{\mathrm{Cov}(r_j, r_M)}{\mathrm{Var}(r_M)} \tag{2-9}$$

这可以再变换为：$\beta_j = (\mu_j - r)/(\mu_M - r)$。在摄氏温度中，0℃表示水的结冰点；100℃表示水的沸点。与摄氏温度类似，贝塔系数度量的是证券的风险，市场投资组合的系数被设定为1。那么贝塔系数为2的证券的预期超额收益（相对于无风险收益）将是市场超额收益的2倍。在诸多版本的 CAPM 中，该版本是应用最持久的。

CAPM 模型是建立在马科维茨（1952年3月）、罗伊（1952）与托宾（1958）模型之上的，该模型假设所有的投资者在选择最优证券投资组合时只考虑组合收益的均值和方差。在投资组合方差相同的情况下，投资者追求预期收益最大化；在预期收益相同的情况下，投资者追求收益方差最小化。可以获得无风险证券，且假设证券市场是完美与竞争的。尽管假设投资者拥有相同的信念（对所有证券的预期收益与收益之间的协方差他们观点都是相同的），但他们可以有不同程度的风险规避（换言之，他们在投资组合的预期收益与收益的方差之间的权衡是不同的）。这意味着出于定价的目的，正确的证券风险测量因素不是自己收益的方差而应是系统性风险，即与市场投资组合之间的协方差。市场投资组合包含了经济系统中的所有证券，单个证券在所有证券市场中的权重取决于自身的价值。

鲁宾斯坦对资本资产定价模型（CAPM）的推导

下面是推导 CAPM 的一种方法（鲁宾斯坦，1973 年 10 月）：每一个投资者 $i=1$，2，$\cdots$，I 都要解决如下投资组合选择问题：

$$\max_{x_{ij}} E\left[U_i(W_1^i)\right]，限制条件是：W_1^i = W_0^i\Sigma_j x_{ij}r_j 且 \Sigma_j x_{ij}=1$$

解决这个问题关键是选择每种证券 $j=0$，1，$\cdots$，m 在投资组合中的比例 x_{ij}。根据惯例，我将证券 $j=0$ 设为无风险证券，证券 $j=1$，$\cdots$，m 为不同的风险证券。使用拉格朗日乘数技术，上述表达式可重写为：

$$\max_{|_{ij}} E\left[U_i(W \Sigma_j x_{ij}r_j)\right]- {}_i(\Sigma_j x_{ij} -1)$$

一阶条件（由于 $U'(W_1^i) > 0$，$U''(W_1^i) < 0$，这样可以保证描述最大化）是：

$$W_0^i E\left[r_j U'(W_1^i)\right] = \xi_i$$

对无风险证券（$j=0$）来说：$W_0^i r E\left[U'(W_1^i)\right]=\xi_i$。因此，

$$rE\left[U'(W_1^i)\right] =E\left[r_j U'(W_1^i)\right] =\mu_j E\left[U'(W_1^i)\right]+ \text{Cov}\left[r_j, U'(W_1^i)\right]$$

这样便有：

$$\mu_j=r+\{-E\left[U'(W_1^i)\right]\}^{-1}\text{Cov}\left[r_j, U'(W_1^i)\right]$$

根据托宾（1958），判定均值－方差偏好的一种方法是假定所有证券的收益 r_j 是联合正态分布的。由于联合正态分布随机变量的权重之和自身也是正态分布的，尤其 W_1^i 是正态分布的，那么（r_j 和 W_1^i）也是联合正态分布的。鲁宾斯坦（1973 年 10 月）和斯坦（1973）推导出的联合正态协方差定理认为：如果 x 和 y 是联合正态分布的，$g(y)$ 是 y 的任何可微分函数，且 $E|g'(y)| < \infty$，那么 $\text{Cov}[x, g(y)]=E[g'(y)]\text{Cov}(x, y)$。使用这个定理，可知：

$$\text{Cov}\left[r_j, U'(W_1^i)\right]=E\left[U''(W_1^i)\right]\text{Cov}(r_j, W_1^i)$$

将上式带入之前的结果：

$$\mu_j = r + \theta_i \, \mathrm{Cov} \, (r_j, \; W_1^i), \; \text{其中} \; \theta_i \equiv - \frac{E\left[U''(W_1^i)\right]}{E\left[U'(W_1^i)\right]} > 0$$

首先，重写表述为：

$$(\mu_j - r) \, \theta_i^{-1} = \mathrm{Cov} \, (r_j, \; W_1^i)$$

现在，将所有的投资者加总：

$$(\mu_j - r) \, \Sigma_i \, \theta_i^{-1} = \mathrm{Cov} \, (r_j, \; \Sigma_i \, W_1^i)$$

加总要求 $W_0^M \, r_M = \Sigma_i \, W_1^i$，这是因为各部分之和必定要等于市场投资组合。最后，带入之前的结果：

$$\mu_j = r + \theta \mathrm{Cov} \, (r_j, \; r_M), \; \text{其中} \; \theta \equiv W_0^M \, (\Sigma_i \, \theta_i^{-1})^{-1} > 0$$

....

CAPM 背后的关键直觉是托宾（1958）的投资组合分离定理：在存在无风险证券的情况下，投资者对风险资产比例构成的选择与他的风险规避程度无关，也与财富无关。在夏普均衡状态下，这意味着经济系统中的所有投资者风险证券的投资组合都是一样的（这是因为他们具有相同的信念、相同的均值 – 方差偏好，只是在风险规避与财富上存在差异而已）。换言之，富裕的且风险规避程度比较低的投资者可能将更多的钱财配置到风险投资组合上，但是这个投资组合的构成比例对所有的投资者来说都是一样的。如果在均衡状态，证券的供应等于证券的需求，那么这个投资组合一定是市场投资组合：如果所有的证券由某个人持有，这就是他们所能持有的唯一投资组合。这就是为什么所有的投资者在度量一只证券的风险时，使用的是证券的收益与市场投资组合收益之间的协方差。这是因为这个指标度量了该证券对投资组合收益方差的贡献。市场投资组合就是托宾的切线投资组合，因此它也是均值 – 方差有效的。该模型首次将市场投资组合放在了中心位置。

默顿（1990）在《连续时间金融》（*Continuous-Time Finance*）一书的第 2 章"投资组合选择与资本市场理论导论：静态分析"中，这样评论道：

因为在构建市场投资组合时可以不考虑偏好、财富分配或者证券的联合概率分布,这些模型(例如,CAPM)更可能生成可检验的假设。此外,市场投资组合效率为使用"代表性人"来推导整体经济模型中的均衡价格提供了坚实的微观经济学基础,即市场投资组合当且仅当存在一个凹面效用函数才是有效的,这使得在最初财富等于国家财富的情况下,使预期价值最大化会导致市场投资组合成为最优投资组合。(p.44)[19]

这既是一个好消息也是坏消息。说它是个好消息是因为度量风险的关键变量(市场投资组合的收益)现在终于被确定了;说它是个坏消息是因为将这个模型应用到现实问题时,原则上意味着必须知道这个世界上所有的资产价值是如何变动的——而这个数字很难在互联网上找到!

在金融学中,人们对 CAPM 等式的检验花费的精力是最多的。但是结果却是含糊不清的,而且在许多方面都是令人沮丧的。并不是说等式被证实是错误的,而是问题出在如何度量市场投资组合收益(罗尔,1977)和预期收益上。这使得很难证实模型的正确性。实际上,正如 CAPM 模型后来的归纳那样,该模型的中心内容是:在其他条件不变的情况下,证券的价格会提高(下降)到它们的报酬倾向整体消费或整体财富低(高)。直觉上,这源自消费者(投资者)边际效用递减。真正的定价等式可能并不是完全来自 CAPM,但是许多金融学家坚信,无论其形式如何它都会体现这个原则。

资本资产定价模型的发现是投资理论史上最为神秘的事件之一。尽管夏普毫无争议地获此殊荣,但对另外 3 位金融学家中到底是谁发现了 CAPM 却存在争议,他们是林特纳(1965 年 2 月)、莫森(1966)和特雷诺(1999)。真实的故事是怎样的呢?幸运的是,克拉格 W. 弗伦奇为这个谜提供了一个答案。[⊖]在马科维茨（1952 年 3 月）和托宾（1958）的启发下，这 4 位经济学家采用近乎相同的假设（均值 - 方差偏好、完美与竞争市场、存在无风险证券以及同质预期）且获得类似的两个结论：①所有的投资者不论他们在偏好与财富上存在怎样的差别，都会将财富在两项投资组合中配置：现金与市场投资组合；②类似的 CAPM 定价等式。有人可能辩称，夏普事实上并没有强调所有的投资者必须持有市场投资组合，因为他允许一些证券可用其他证券来复制，从而有证券收益的单数协方差矩阵。不过，在缺乏复制的条件下，事实上所有的投资者持有的都是市场投资组合。

现在看起来特雷诺和夏普是几乎同时独立发现了这些结果。特雷诺很早就将他的文章《市场价值、时间与风险》(Market Value, Time and Risk)（最早见 1961 年 8 月 8 日）传阅，这篇文章中已经包含了 1962 年文章的一些结果。而夏普的基本结果最先出现在 1961 年他的博士论文中。这篇博士论文的题目是 "基于一个简化的证券之间关系模型的投资组合分析"，对博士论文的拓展形成了最终版的 CAPM，且在 1962 年的一次讨论会上进行了陈述。早前，在 1960 年特雷诺把他 1961 年那篇文章的草稿寄给哈佛的林特纳，因此不清楚林特纳 1965 年的文章在多大程度上受到特雷诺的影响（不过林特纳在他的文章从未提过特雷诺）。由于莫森在自己的文章中引用到夏普，因此看来他的著作不是独立进行的。

与特雷诺、林特纳和莫森等其他公式相比，夏普使用的是几何学。在另外 3 篇文章中莫森的文章是最后写的，因此也是使用数学表述最清晰、最精确的。

在夏普的论文发表之后的 5 个月，林特纳（1965 年 2 月）的论文也发表了。林特纳的开篇使用的是托宾（1958）的分离定理，而后是均值 - 方差偏

⊖ 见弗伦奇（2003）:《特雷诺资本资产定价模型》，载于《投资管理学刊》第 1 卷，第 2 期（2003 年第二季度），pp.60 ~ 72。

好。尽管他声称，在二项效用或证券收益联合正态分布条件下，均值－方差偏好与预期效用最大化是一致的，但是林特纳并没有继续推演出具体的结果。不过他清晰地表述并证明了托宾（1958）的分离定理：在均衡状态假设投资者具有相同的信念，这会促使"投资者的最佳选择是相同的股票组合"，每只股票在这个组合中的比例"可被解释为第 i 只股票的整体市场价值与所有股票市值的比例"（p.25）。而且林特纳具有建设性地将 CAPM 的风险调整项分解为如下两项的乘积：①他所谓的"每元风险的市场价格"，所有证券的这项风险都是相同的；②股票的风险，每只股票的风险是不同的，在数量上这个风险等于每只股票各自收益的方差加上自己的收益与所有股票收益的协方差。不幸的是，林特纳的写作风格使得他的结果很难被理解。他的习惯是使用非常长的句子来陈述所有条件，并经常用斜体字来帮助读者摘取最重要的思想。尽管如此仍很难读出哪些是重要的、哪些是不重要的。例如，在股票风险问题上，他没有意识到在现实中会存在很多的股票，这使得股票自己的方差与协方差之和相比在决定风险方面是微不足道的。

证明：在大规模市场中自身方差对价值的负向效应

假设市场投资组合中的构成是 x_1, x_2, $\cdots$, x_j, $\cdots$, x_k, $\cdots$, x_m, 它们各自的收益是 r_1, r_2, $\cdots$, r_j, $\cdots$, r_k, $\cdots$, r_m, 其中 m 表示市场投资组合中证券的数量，这样市场投资组合的收益 $r_M = \Sigma_j x_j r_j$。对于给定的证券 k, $\mathrm{Cov}(r_k, r_M) = \mathrm{Cov}(r_k, \Sigma_j x_j r_j) = x_k \mathrm{Var}(r_k) + \Sigma_{j \neq k} x_j \mathrm{Cov}(r_k, r_j)$。假定所有的 $x_j = 1/m$, 所有的协方差都等于 Cov。那么：

$$\mathrm{Cov}(r_k, r_M) = \left(\frac{1}{m}\right) \mathrm{Var}(r_k) + \left(\frac{m-1}{m}\right) \mathrm{Cov}$$

因此，随着 m 增大，$\mathrm{Var}(r_k)$ 对 $\mathrm{Cov}(r_j, r_M)$ 的作用相对于 Cov 来说可以忽略不计。

林特纳后续文章对 CAPM 的解释就更为清晰。[一]他尝试将异质信念融入 CAPM 之中，但是却不能推出解析解的结果。林特纳 1970 年研究了 CAPM 的一个特例。[二]所有投资者的财富函数都是指数效用函数，差别在于指数（A）不同：

$$U\,(W_i) \sim -\,A_i e^{-W_i/A_i}$$

这样，他就可以推出之前证明结果的一个特例。其中，投资者风险规避函数的谐均值 $\theta_i = A_i$ 且 $\theta \equiv W_0^M\,(\Sigma_i\,\theta_i^{-1})^{-1}$，这个结果与威尔逊（1968）的类似。使用上述结果，林特纳成为第一个对 CAPM 进行比较统计的学者。例如他问道：在其他因素不变的情况下，当有越来越多的投资者加入市场中时，市场对风险是怎样定价的。最后，林特纳在投资者对证券收益均值与协方差的判断存在异质以及限定卖空的条件下进行了研究。[三]不幸的是，在这两个限制条件下他得出的结果过于复杂。

看起来莫森并不知道林特纳的文章，他更关注的是夏普的文章，他写道：

> 夏普的文章用准动态的术语讨论了资产价格的决定因素。他对市场特征的一般性描述类似于本文。而且，他的结论也与本文一致。但是，夏普在设置均衡条件上不够准确，这使得他的部分论证有些模糊。本文可视作对夏普文中模糊点的再阐述与进一步精确。（p.769）[20]

[一] 见林特纳（1965 年 12 月）：《证券价格、风险与投资分散化的最高收益》（*Security Prices, Risk and Maximal Gains from Diversification*），载于《金融学学刊》第 20 卷，第 4 期（1965 年 12 月），pp.587～615。

[二] 见林特纳（1970）：《风险的市场定价，市场规模与投资者风险规避》（*The Market Price of Risk, Size of Market and Investor's Risk Aversion*），载于《经济学与统计学评论》第 52 卷，第 1 期（1970 年 2 月），pp.87～99。

[三] 见林特纳（1969）：《纯粹竞争证券市场中的投资者差异判断的聚合与偏好》（*The Aggregation of Investor's Diverse Judgments and Preferences in Purely Competitive Securities Markets*），载于《金融与数量分析学刊》第 4 卷，第 4 期（1969 年 12 月），pp.347～400。

莫森在一开始的时候，设置了联立方程用以描述模型。他计算未知数，发现它们等于方程式的个数。莫森假设投资者要使效用函数最大化，在该效用函数中变量包括投资组合收益的均值和方差。不过，与夏普、林特纳（1965 年 2 月）及特雷诺不同，莫森没有明确地研究二项函数或联合正态分布的作用。他的结论是："在均衡状态下，每个投资者持有的风险资产的比例构成一定是相同的，价格由此决定。"（p.775）这意味着所有的投资者持有现金的同时也持有我们现在所称的"市场投资组合"。

CAPM 对后来的金融学学术研究产生了巨大的影响。现在许多专业人士一般都用 CAPM 来作为评价投资业绩的基础。而且，自其被发现以来它促进了指数基金的发展。资本资产定价模型这个称呼来自于夏普的文章，这篇文章是夏普获得 1990 年诺贝尔经济学奖的主要原因。

ॐ ॐ ॐ

1965 年《股票市场价格行为》

尤金 F. 法玛（1939 年 2 月 14 日—） 发表了《股票市场价格行为》（*The Behavior of Stock Market Prices*），载于《金融学学刊》第 38 卷，第 1 期（1965 年 1 月），pp.34 ~ 105。

随机游走、对数正态分布、肥尾、稳定帕累托假设、游程检验、过滤规则、有效市场、周末偏差与交易日偏差、共同基金业绩

法玛（1965）的经验研究激发出后续许多资产定价方面的理论研究，尤其是那些建立在随机游走模型和证券收益正态分布（或对数正态分布）之上的研究。与巴舍利耶（1900）、沃金（1949 年 5 月）、罗伯斯（1959）和亚历山大（1961）的想法一样，法玛认为随机游走（连续价格变化之间是序列独立的）是市场均衡的自然结果，这是因为如果证券价格不遵循随机游走，那么投资者就可以利用价格依存来赚取超常收益从而最终消除价格依存。不过，法玛没有认识到后来看起来很明显的事实，即在均衡状态下，用来折现未来现金流的因素不必是序列独立的，价格变化本身也不必是序列独立的。但是，实际上，随机游走与理性设定的均衡价格是几近相同的。

法玛的文章证实了股票收益呈自然对数概率分布。与肯德尔（1953）一样，他发现正态分布可当作第一位近似分布，但是他也观察到在均值附近和尾端有太多的观察值。即峰值远远高于3（正态分布的峰值是3）。根据曼德尔布罗特（1963）的说法，据他所知第一个发现股价序列肥尾现象的是韦斯利 C. 米切尔，他在1915年发表了《编制指数》（*The Marking of Index Numbers*）一文，该文是《美国和外国中的指数与批发价》（美国劳动统计局1915年底173号公告）的导言。奥斯本（1959）和亚历山大（1961）也注意到这个现象。法玛使用3种经验模型来分析这种差异：稳定帕累托分布（曼德尔布罗特对此模型进行过描述）、混合正态分布以及非平稳性。经过一番详尽讨论后，他认为经验证据支持稳定帕累托分布假说。然而，不幸的是稳定帕累托分布被后续的研究所摒弃，现在来看非平稳性是肥尾出现的主要原因。最早支持这一假说的文章是普雷斯（1967）和罗森堡（1972）。

法玛在研究纽约交易所（NYSE）的个股股价行为时的经验证据也支持了随机游走假说。他使用的方法包括序列相关检验、游程检验以及亚历山大（1961）版的过滤检验。曼德尔布罗特（1963）发现，股价大幅波动后会紧随着出现价格大幅波动，但是方向是不定的（因此不能借此获得利润）。这种现象与随机游走假说是不相符的。法玛推测，这种现象出现在有重大新信息冲击市场时，使得市场出现过度反应和反应不足。而后市场花费更多的时间来进行修正从而达到更为精确的一致。法玛的结论是：

有证据表明价格大幅波动后会紧随着出现方向不定的价格大幅波动。但是这种依存关系看起来并不是很重要。没有证据表明股价序列之间存在着对投资有重要影响的依存关系。换言之，股价序列的历史不能用来提高投资者的预期利润。（p.87）[21]

法玛用一句十分著名的话总结到：随机游走假说在观察上的确认"与'有效'证券市场的存在相一致，有效市场是指在给定的信息下，任何时点的真实价格都很好地估计了内在价值"（p.90）。

法玛最早注意到一个与随机游走假说相矛盾的重要经验现象：根据随机游走假说（雷格布尔特，1863；巴舍利耶，1900），证券收益在周末的变动（一般是指周五的收盘价相对于周一的收盘价）应该是周内某日收盘价相对于次日收盘价变动的 3 倍，但事实上前者的收益变动只比后者高 22%。例如，如果周内单日的年均标准差是 20%，那么周末收益变动的标准差只有 22% 而不是 35%。⊖

法玛也提出了自己对共同基金业绩的检验方法——但不久后就被那些考虑风险修正后收益的检验方法所超越，如特雷诺（1965）和夏普（1966）所使用的方法。法玛的结论与早期欧文·弗兰德、F. E. 布朗、爱德华 S. 赫尔曼以及道格拉斯·维克斯对共同基金业绩的研究相类似。⊜也与艾拉·霍罗威茨的研究结论相似。⊛他发现，既没有证据表明一般的基金业绩会超出市场业绩

⊖ 具体算法是，因为周内的单日标准差是 20%，因此波动就是（20%）^{2}，其 122% 等于 0.0488，标准差后就大约等于 22%。而根据随机游走假说周末的波动应该是周内单日波动的 3 倍，即方差是 3 ×（20%）^{2} = 0.12，即标准差大约等于 35%。——译者注

⊜ 见弗兰德 – 布朗 – 赫尔曼 – 维克斯（1962）：《共同基金研究：投资政策与投资公司业绩》（*A Study of Mutual Funds ：Investment Policy and Investment Company Performance*），州际商业与外国商业委员会报告，第 87 届国会第 2 次会议（1962 年 8 月 28 日）第 2274 号众议院报告。

⊛ 见霍罗威茨（1963）：《投资信托管理的质量变化》（*The Varying Quality of Investment Trust Management*），《美国统计协会学刊》第 58 卷，第 304 期（1963 年 12 月），pp.1011 ～ 1032。

也没有证据表明基金业绩会持续，这使得他对样本中的共同基金能否通过技能来战胜市场产生了怀疑。

∽ ∽ ∽

1965 年《股票市场中的风险规避：一些经验证据》

威廉·福塞思·夏普 发表了《股票市场中的风险规避：一些经验证据》（*Risk-Aversion in the Stock Market：Some Empirical Evidence*），载于《金融学学刊》第 20 卷，第 3 期（1965 年 9 月），pp.416 ～ 422。

资本资产定价模型（CAPM）、无风险收益、贝塔

夏普（1965）是首位发表了对 CAPM 经验进行检验的人士，后续的发表者数以百计。夏普使用年度收益研究了 1954 ～ 1963 年间的 34 只共同基金。他假设它们的投资组合是均值 – 方差有效的。在这种情况下，CAPM 预计这些基金的预期收益（μ_j）与收益的标准差（σ_j）之间应该存在如下线性关系：$\mu_j=a+b\sigma_j$，其中 $b>0$ 且 a 被解释为无风险收益。由于真实的（事前的）μ_j 和 σ_j 是观察不到的，为此夏普使用实现收益的均值和标准差来进行事后估计，这种方法现今仍在使用。他发现 $a=1.038$，$b=0.836$，而且在统计上十分显著，这样的结果证实了理论预期。

然而，理查德 R. 韦斯特指出，夏普对 CAPM 的检验可能根本就没有真正检验模型本身。$^{\ominus}$ 假设 34 只共同基金中的每一只基金 P 都由（$1-x_p$）比例的现金和 x_p 比例的市场投资（道琼斯工业平均指数，DJIA）构成

$\ominus$ 见韦斯特（1968）：《共同基金业绩与资本资产定价理论：一些评论》（*Mutual Fund Performance and the Theory of Capital Asset Pricing：Some Comments*），载于《商业学刊》第 41 卷，第 2 期（1968 年 4 月），pp.230 ～ 234。

（$0 < x_p \leqslant 1$），前者的收益率是 r 后者的收益率是 r_M。那么基金在任何时段的实现收益 $r_p = (1-x_p)r + x_p r_M$。在这种简单的情景下，基金收益的标准差 $\sigma_p = x_p \sigma_M$，且基金的贝塔 $\beta_p = x_p \beta_M$。假设这 34 只基金中的任何一只基金都持有 DJIA，虽然这明显不是事实，但与真实情况相差不会太多。这是因为夏普发现，基金收益与 DJIA 之间的协动可以解释基金收益波动的 90%。

现在假设市场处于上涨期间，即 $r_M > r$，我们来看看投资这些基金的结果。在这样一个期间，贝塔高的基金将会获得更高的回报（因为它们的投资组合中 x_p 比较高），CAPM 相应地得到证实。夏普的研究期间是 1953 ~ 1963 年，在这个期间中恰好 $r_M > r$。与之相反，1937 ~ 1946 年间 $r_M < r$。在这个期间中贝塔高的基金收益可能要低，从而使用夏普的方法可能会拒绝 CAPM。韦斯特的批评表明，在 20 世纪 60 年代末要设计一种能拒绝 CAPM 的统计检验仍是一个未解难题。

❧ ❧ ❧

1966 年《共同基金业绩》

威廉·福塞思·夏普　发表了《共同基金业绩》（*Mutual Fund Performance*），载于《商业学刊》第 39 卷，第 1 期增刊第 2 部分（1966 年 1 月），pp.119 ~ 138。

1966 年《共同基金能战胜市场吗？》

杰克 L. 特雷诺和 K. K. 梅祖　发表了《共同基金能战胜市场吗？》（*Can Mutual Funds Outguess the Market?*），载于《哈佛商业评论》第 44 卷，第 4 期（1966 年 7 ~ 8 月），pp.131 ~ 136。

资本资产定价模型（CAPM）、共同基金业绩、夏普比率、市场择时与挑选证券

截至此时，投资业绩仍只是简单地通过比较实现收益与市场指数之间的差异来度量，而没有进行风险调整。但是随着 CAPM 的发展，一项具体风险的调整就有理可依了。杰克 L．特雷诺提出，评价共同基金时使用实现的超常收益与实现的贝塔之间的比率 $(\mu_p-r)/\beta_p$。[⊖]而夏普（1966）建议使用如下这个比率 $S_p \equiv (\mu_p-r)/\sigma_p$，其理由是基金应当为其非完全分散化而接受惩罚。这个比率被夏普称作"奖励可变性比率"，现在这个比率被专业投资者称作夏普比率。

夏普使用这个指标对共同基金业绩的可持续性进行了首次检验。使用他在 1965 年研究中使用的 34 只基金作为样本，夏普比较了这些基金在 1944～1953 年与 1954～1963 年两个时间段的业绩。他发现有证据支持基金业绩的持续性，"投资者如果在第一个时间段持有业绩排名前 17 位的一只基金，那么在第二个时间段这只基金有 6/11 的概率排在前 17 位"（p.127）。不过，较低的管理费只能解释大部分而不能完全解释相对优质的业绩。管理费范围在 0.25%～1.50%（夏普并没有分析基金的换手率和载荷费对业绩的影响，载荷费一次大约占 8.5%）。将 34 只基金的实现夏普率（没有考虑载荷费）与 DJIA 的收益（没有考虑交易成本）相比较后，夏普得出结论认为"在 1954～1963 年，共同基金的业绩能做到与道琼斯投资组合一样好的概率是 1%"（p.137）。

扣除管理费的影响，有 11 只基金的夏普比率要高于 DJIA，而有 23 只基金的夏普比率要低于 DJIA。不过，如果加回管理费，那么这个比率将是 19 比 15。因此，夏普认为管理费是一般基金业绩低于 DJIA 的主要原因。如果

⊖ 见特雷诺（1965）:《如何对投资基金的管理进行评级》（*How to Rate Management of Investment Funds*），《哈佛商业评论》，第 43 卷，第 1 期（1965 年 1～2 月），pp.63～75。

没有这些费用，那么一般基金的业绩与 DJIA 相似。

....

夏普推出这个结论的过程如下：他为这 34 只基金中的每一只基金都计算了在 1954～1963 年这 10 年间的平均夏普比率。夏普比率的标准差是 0.080 57。假设夏普比率符合正态分布，那么基金夏普比率的样本均值的标准差是 0.080 57/$\sqrt{34}$ =0.013 83。基金的样本均值是 0.633 而 DJIA 的均值是 0.677。因此，样本基金均值要比 DJIA 的均值低 2.46 个标准差。那么实际基金均值高于 DJIA 的概率是 144 比 1。

....

特雷诺 – 梅祖（1966）是第一篇在 CAPM 的框架内检验共同基金市场择时能力的发表论文。基金会在市场处于牛市时将较多的资产投入市场，而在市场处于熊市时会投入较少的资产。对不能把握市场时机的基金而言，其"特征线"（描绘基金的超常收益与市场超常收益之间的函数）的形状将会是平的。而那些能够成功择时的基金，其特征线将是凸向原点的。因此，为了反映市场择时能力，特雷诺 – 梅祖（1966）在夏普（1963）的市场回归模型中加入了市场收益的平方这一项。该变量前的符号能够反映市场择时能力，成功择时的符号是显著为正，而那些不具预测能力的符号则不显著异于零。在他们的 57 只基金的样本中只有 1 只基金具有市场择时能力，且达到 95% 的显著水平。其他基金的特征线看起来都是线型的。他们十分恰当地引用约瑟夫·德拉维加（1688）的话作为结尾：

> 交易中的利润如同妖怪的宝藏。起初它们可能是红宝石，然后变成煤块，而后变成钻石，又变成燧石，接下来变成晨露，最终化为眼泪。

◈ ◈ ◈

1966 年《股价行为中的市场与行业因素》

本杰明 F. 金 发表了《股价行为中的市场与行业因素》（*Market and Industry Factors in Stock Price Behavior*），《商业学刊》第 39 卷，第 1 期，增刊第 2 部分（1966 年 1 月），pp.139 ～ 190。

1967 年《对两种投资组合选择模型的经验评价》

卡尔曼 J. 科恩和杰里 A. 波格 发表了《对两种投资组合选择模型的经验评价》（*An Empirical Evaluation of Alternative Portfolio-Selection Models*），载于《商业学刊》第 40 卷，第 2 期（1967 年 4 月），pp.166 ～ 193。

1974 年《通过分析收益共变来判定同类股票组》

小詹姆斯 L. 法雷尔 发表了《通过分析收益共变来判定同类股票组》（*Analyzing Covariation of Returns to Determine Homogeneous Stock Groupings*），载于《商业学刊》第 47 卷，第 2 期（1974 年 4 月），pp.186 ～ 207。

多因素模型、行业因素、部门因素、聚类分析

金（1966）研究了 1929 ～ 1960 年的 63 只纽约股票交易所（NYSE）的股票，这些股票来自多个行业。他证实股票的收益与市场组合的收益高度相关，这一点与夏普（1963）相符。不过，除了市场表征量外，金发现行业因素在解释股票收益的波动方面也有用处。这激起了人们去寻找那些能够揭示股价波动的其他因素的兴趣。这一行动一直延续至今。科恩 – 波格（1967）提出了多因素模型，从而扩展了单因素市场模型。首先，假设每只股票的实现收益与其所在行业（或部门）的实现收益之间是线性函数关系，再加上噪声项。然后，假设行业间通过协方差矩阵的形式相关。第二项扩展与上述内容

类似，只是假设行业的收益与实现的市场收益之间是线性函数关系，且加上噪声项。这些实现收益模型被预先假设潜在地与 CAPM 相符合。CAPM 认为，股价波动有很多来源，但只有一个来源即市场投资组合才被定价（即只有市场投资组合影响预期投资组合收益）。默顿（1973 年 9 月）和罗斯（1976 年 12 月）以不同的方式提出，在多因素实现收益模型中，其他因素也可能被定价。在那时这种想法多少被认为有点异端。

另一种判断哪些因素决定股票收益的方法是让数据自己说话。聚类分析就是其中一种简单易行的方法。法雷尔（1974）描述了这种逐步运算的方法：

（1）确定 n 个基本的标的变量（1961 ~ 1969 年间 100 只股票的每个月的收益）；

（2）用已知的共同因素对这些变量进行调整，而后使用这些调整后的变量替换原始的标的变量（$\varepsilon_j = r_j - a_j + \beta_j r_M$，其中 r_M 用标准普尔 425 指数的月度收益表示）；

（3）设 $x \leftarrow n$；

（4）计算 $1/2x(x-1)$ 简单匹配的相关系数；

（5）如果匹配相关系数为零或者为负值，那么就停止；

（6）将两个变量放在最高的匹配相关系数中；

（7）将两个变量整合成一个单一的组合变量；

（8）用这个组合变量替代两个变量，使得变量数降为 $x-1$；

（9）设 $x \leftarrow x-1$；

（10）如果 $x \neq 1$，那么转到第 3 步；否则停止。

最终这个过程会生成 4 个聚类：

聚类 1：（惠普公司、铂金埃尔默公司、安普、马里兰杯、巴勒司、安培、特灵公司、ITT、MMM、百特实验室），（真利时、摩托罗拉、宝丽来、德州仪器），（碧迪、国立现金出纳机公司），（康宁玻璃、国际香料与芳香、IBM、雅芳、施乐），伊士曼柯达，哈考特·布鲁斯出版公司，（Pam Am、UAL、联合飞机），旁氏，纳尔科，TRW，霍尼韦尔，默克。

聚类2：（弗吉尼亚电力、美国电力、中西部、佛罗里达电力、哥伦比亚燃气），（宝洁、通用食品、大通、可口可乐、环美、家庭金融公司、CIT、西北银行、CPC国际），（吉列、桂格燕麦、金宝汤、凯洛格），（好时、雷诺），美国家用产品，（卡夫、西尔斯、联合百货、纳贝斯克饼干）。

聚类3：（美国精益金属、肯尼科特铜业、美国冶炼、普尔曼），（克拉克设备、国际收割机、Joy、国际纸业、美国铝业），（伊顿、博格华纳、奥的斯、国家铅业），（伯利恒钢铁、国家钢铁、戈登丹佛、罗门哈斯、约翰曼维尔、英格索兰、固特异），（乔治太平洋、惠好），（卡特彼勒、铁姆肯、阳光、迪尔），（美国罐、大陆罐、联合货运、辛辛那提铣床、巴布科克和威尔科克斯、实快电力），（美标、孟山都、伯灵顿、莫哈斯科）。

聚类4：加州标准、德士古、泽西标准、美孚、印第安纳标准、海湾、联合石油、壳牌。

括号中的是次级聚类。例如，3家飞机公司很明显属于一个次级聚类，它们之间的相关度要高于与其他公司的相关度。粗略地看一下每一聚类中的股票后会发现，聚类1是成长股，聚类2是稳健股，聚类3是周期性股票，聚类4是石油股。让这个结论令人信服的原因是这些聚类的确定不是事先确定好的，而是数据自动分组生成的。每一聚类月收益的平均变动（每一聚类中以价值为权重做加权平均）中市场因素与聚类因素的比重如表2-3所示。

表　2-3　　　　　　　　　　　　　　（%）

聚类	市场因素比重	聚类因素比重
成长股	31	15
稳健股	29	12
周期性股	33	9
石油股	31	31

法雷尔指出，标准的股票分类是十分有用的技巧，它可以用来解释股票收益的横截面差异。马科维茨（1959）和夏普（1963）的市场模型中只有单一的市场因素指数，并假设残差收益之间在横截面上是不相关的，这留下了很多值得探究的空间。

约翰 D. 马丁和罗伯特 C. 克莱姆科斯基提出了一种方法，可以用来度量市场模型的缺陷。[一]回想一下，市场模型的表达式是：$r_j - r = \alpha_j + (r_M - r)\beta_j + \varepsilon_j$，在 $E(\varepsilon_j) = \rho(r_M, \varepsilon_j) = 0$ 的限定下确定 α_j 和 β_j，且假设任何两只不同的证券 j 和 k 之间的相关度为 0，即 $\rho(\varepsilon_j, \varepsilon_k) = 0$。投资组合 P 由 $(x_1, x_2, \cdots, x_m)$ 构成，$\Sigma_j x_j = 1$。投资组合收益的方差是：

$$\sigma_P^2 = \beta_P^2 \sigma_M^2 + \Sigma_j x_j^2 \omega_j^2 \tag{2-10}$$

其中，$\beta_P \equiv \Sigma_j x_j \beta_j$，$\sigma_M^2 \equiv \mathrm{Var}(r_M)$，$\omega_i^2 \equiv \mathrm{Var}(\varepsilon_j)$。由于 $\rho(\varepsilon_j, \varepsilon_k) = 0$，因此许多协方差项不会出现。如果有正向的行业或部门相关效应，那么 σ_P^2 的值会大一些。

∽ ∽ ∽

1967 年《价值线竞赛：对股价变动可预测性的检验》

约翰 P. 谢尔顿 发表了《价值线竞赛：对股价变动可预测性的检验》(*The Value Line Contest: A Test of the Predictability of Stock-Price Changes*)，载于《商业学刊》第 40 卷，第 3 期（1967 年 7 月），pp.251～269。

[一] 见马丁-克莱姆斯基（1976）：《同类股票分组对投资组合风险的影响》(*The Effect of Homogeneous Stock Groupings on Portfolio Risk*)，载于《商业学刊》第 49 卷，第 3 期（1976 年 7 月），pp.339～349。

个人投资者业绩

大多数对投资者投资业绩的检验关注的都是金融中介，比如共同基金。虽然我们很想研究个人投资者的投资业绩，但是一直以来很难获取到此方面的信息（直到最近这种情况才有所改观）。不过，1965～1966年间价值线公司举办的一场竞赛提供了一次研究18 565名个人投资者投资技能的机会。价值线将股票分为五等，预期收益最好的股票被归在第一等。要求参赛者在1965年11月25日，从350只第四和第五等股票中挑选出25只股票来构建一个投资组合。在这个投资组合中，25只股票所投入的钱是相等的。与此同时，价值线公司从100只第一等股票中挑选25只股票构建一个投资组合。在接下来的6个月，那些实现投资收益最佳尤其是比价值线公司的投资组合要好的个人投资者就是比赛的赢家。结果表明，只有20位投资者的投资收益优于价值线公司。但这并不是谢尔顿（1967）关注的焦点。他所关心的是，普通参赛者的业绩能否比18 565个随机挑选的投资组合的平均业绩好。谢尔顿的结论是，随机挑选的投资组合的平均收益是亏损5.95%，而参赛者挑选的投资组合的平均业绩是亏损4.77%。而且，由于样本很大，使得两者的差异（1.18%）在统计上十分显著，大约距离0有49个标准差。

唉，可惜的是这类积极的经验结果在经过更为仔细的分析后通常被否定。两年后，沃伦H. 豪斯曼认为，实际上样本数要比18 565少，这是因为参赛者选择投资组合时并不是相互独立的。例如，他们可能受到相同消息或相同特征股票（如具有较高的每股盈余增长）的影响。[⊖]事实上，数据也说明这些参赛者选股具有类似性。豪斯曼的结论是：

⊖ 见豪斯曼（1969）：《一篇关于"价值线竞赛：对股价变动可预测性的检验"一文的短论》（*A Note on "The Value Line Contest : A Test of the Predictability of Stock-Price Changes"*），载于《商业学刊》第42卷，第3期（1969年7月），pp.317～330。

事实上，投资者（或参赛者）倾向于彼此之间认同，但这并不意味着他们对价值知晓什么。在这种情况下，他们的业绩优于随机挑选股票的业绩就不是一个事实。尤其是当使用相关的概率指标来审视时，就会发现超出额是如此之小。正如谢尔顿所指出的那样，不可能在其他时点进行另一次替代性的观察。(p.320)[22]

∾ ∾ ∾

1967 年《证券价格的混合事件模型》

S. 詹姆斯·普雷斯　发表了《证券价格的混合事件模型》(*A Compound Events Model for Security Prices*)，载于《商业学刊》第 40 卷，第 3 期（1967 年 7 月），pp.317～335。

1972 年《股价变化分布》

彼得 D. 普雷兹　发表了《股价变化分布》(*The Distribution of Share Price Changes*)，载于《商业学刊》第 45 卷，第 1 期（1972 年 1 月），pp.49～55。

1972 年《具有非稳定方差特征的随机变量的行为与证券价格分布》

巴尔·罗森伯格　写就了《具有非稳定方差特征的随机变量的行为与证券价格分布》(*The Behavior of Random Variables with Nonstationary Variance and the Distribution of Security Prices*)，这是一篇从未发表的手稿，但是经常被引用。加州大学伯克利分校，商学研究生院（1972 年 12 月）。

1982 年《自回归条件异方差及对英国通货膨胀方差的估计》

罗伯特 F. 恩格尔（1942 年 11 月 10 日—）　发表了《自回归条件异方差

及对英国通货膨胀方差的估计》（*Autoregressive Conditional Heteroscadasticity with Estimates of the Variance of United Kingdom Inflation*），载于《计量经济学》第 50 卷，第 4 期（1982 年 7 月），pp.987 ～ 1008。

稳定帕累托假设、波动性、非稳定方差、随机波动、肥尾、极端峰值、自回归条件异方差（ARCH）

奥斯本（1959）和亚历山大（1961）在研究股票收益分布频率时发现了肥尾现象，曼德尔布罗特（1963）使用稳定帕累托分布来解释这个现象。但是，金融经济学家不愿意接受这个模型，主要是因为如果接受这个模型，那么他们就必须放弃使用方差来度量风险的做法（因为稳定帕累托随机变量的方差是无穷大的）。最终，稳定帕累托假设被证实是个死胡同，尤其是当替代性的解释，即对股票收益的有限方差解释被提出之后。普雷斯（1967）可能是第一个提出此类建议的学者，他首先将泊松跳跃过程应用到股价行为之中。普雷斯假设，连续的价格变化行为遵循的是如下模型：

$$\Delta P(t) \equiv \ln P(t+1) - \ln P(t) = \Sigma_k Y_k + \varepsilon(t) \qquad (2\text{-}11)$$

其中，求和是从 $n(t-1)$ 至 $n(t)$，$\varepsilon(t)$ 服从的是序列独立稳定的正态随机变量分布，即 $N(0, \sigma_1^2)$；$Y_1, Y_2, \cdots, Y_k, \cdots$ 是一个相互独立的正态分布随机变量序列，即 $N(\theta, \sigma_2^2)$；$n(t)$ 是一个泊松过程，其参数是 λt，代表着从时点 t 到时点 $t+1$ 期间发生的与股价相关的事件的预期次数。将 $n(t)$ 想象成交易次数也无妨，但不一定必须要这么想。很容易看出，有关 $\Delta P(t)$ 两个中心矩是：

$$E[\Delta P(t)] = \lambda\theta, \ \text{Var}[\Delta P(t)] = \sigma_1^2 + \lambda(\theta^2 + \sigma_2^2)$$

四个累计量分别是：

$$K_1 = E[\Delta P(t)], \ K_2 = \text{Var}[\Delta P(t)],$$
$$K_3 = \lambda\theta(\theta^2 + 3\sigma_2^2), \ K_4 = \lambda(\theta^4 + 6\theta^2\sigma_2^2 + 3\sigma_2^4)$$

标准化后的偏值和峰值是：

$$\text{Skw}\left[\Delta P\left(t\right)\right]=\frac{K_3}{K_2^{3/2}},\quad \text{Kurt}\left[\Delta P\left(t\right)\right]=\frac{K_4}{K_2^2}$$

普雷斯宣称，$\text{Skw}\left[\Delta P\left(t\right)\right]$的符号与$\theta$的符号相同，$\Delta P\left(t\right)$的分布的峰值要比正态分布的峰值高，且存在一个足够极端的$\Delta P\left(t\right)$值，在高于这个值的部分$\Delta P\left(t\right)$的分布的概率要大于正态分布的概率。$|\theta|$的值越小，所需要的这个极端值就越小。

为了从时间序列中估计$\left(\lambda,\theta,\sigma_1^2,\sigma_2^2\right)$这四个参数值，普雷斯建议使用匹配累计量的方法。假设$\Delta P\left(1\right)$，$\Delta P\left(2\right)$，$\cdots$，$\Delta P\left(t\right)$，$\cdots$，$\Delta P\left(T\right)$是一个可观察到的股价差分的时间序列，这个样本的非中心矩被定义为$m_r=\left(\Sigma_t\left[\Delta P\left(t\right)\right]^r\right)/T$，$r=1,\cdots,4$。普雷斯假设这个时间序列由不相关的但分布相同的随机变量构成。那么样本的累计变量是[⊖]

$$\underline{K}_1=m_1,\quad \underline{K}_2=m_2-m_1^2,\quad \underline{K}_3=m_3-3m_1m_2+2m_1^3,$$

$$\underline{K}_4=m_4-3m_2^2-4m_1m_3+12m_1^2m_2-6m_1^4$$

令$K_r=\underline{K}_r$，$r=1,\cdots,4$，然后通过这四个等式的求解计算出参数$\left(\lambda,\theta,\sigma_1^2,\sigma_2^2\right)$。普雷斯指出，一旦求解出$\theta$，那么另外三个参数可以用解析公式推出。

另外一种生成肥尾的方法是假设变量自身是随机变量，可以在每一个时间段取不同的值，而不是假设对数价格差分分布的方差是随机变量。普雷兹（1972）首先研究了这种可能性。在这种情况下：

$$\Delta P=\int f\left(\Delta P/\sigma^2\right)g\left(\sigma^2\right)d\sigma^2 \tag{2-12}$$

其中，$\sigma^2\equiv\text{Var}\left(\Delta P\right)$，$f$和$g$都是密度函数。积分是从 0 到 ∞。普雷兹将g设定为反向伽马分布。

不幸的是，这个模型有着严重的问题。普雷兹自己也注意到了，即真实存在的波动聚集问题。经常会出现连续数期的超常高波动和另外连续数期的

⊖ 参见莫里斯 G. 肯德尔，《高级统计理论》，第 1 卷，Hafner Publishing，1958 年，p.70。

超常低波动，但是，普雷兹已经假设方差的数据是随机的，那么今天不正常的高方差紧跟着可能是正常的方差。更好一些的假设是：假设方差变动值是一个独立同分布随机变量。这就能解释波动聚集现象。第一个提出这类模型的是罗森伯格（1972）。在罗森伯格之前，包括普雷斯和普雷兹在内的经济学家们都假设股价变动或（对数）收益是序列相同分布的。

罗森伯格使用标准普尔综合股票指数 100 年（1871～1971 年）的月度价格变化的对数值，计算出这个时间序列的标准化后峰值（第四中心矩与第二中心矩平方的比值）是 14.79，这个值比正态分布的峰值 3 要大很多。尽管假设每一只股票的价格变动都是正态分布的，但罗森伯格认为高峰值的出现可以用正态分布方差的不稳定来解释。他提出了一个模型，在这个模型中分两步描述了价格变动。首先，方差来自于一个给定的非稳定分布；接着，价格变化来自于一个拥有最新方差的正态分布。

他首先指出，当一个随机变量时间序列的方差不稳定（甚至不是随机的）时，总体的峰值要比单个变量的峰值（正态分布的峰值是 3）高。

··········

罗森伯格对非稳定方差会提高峰值的证明

假设单一证券在时间序列中价格自然对数的变化服从如下分布：$z_t \equiv \ln P_t - \ln P_{t-1} = \mu_t + \sigma_t \varepsilon_t$，$t=1$，2，$\cdots$，$n$，其中 ε_t 是序列独立且分布相同的随机变量，其均值为 0，方差为 1，峰值为 γ。一般而言，ε_t 能够遵循随机过程，如果是这样的话那么 σ_t 独立于 ε_t。不过，现在假设 σ_t 的未来值是已知的。设 y_t 是扣减均值版的 z_t，从而 $y_t \equiv z_t - \mu_t = \sigma_t \varepsilon_t$。那么，$E(y_t)=0$，$E(y_t^2)=\sigma_t^2$，$E(y_t^4)=\gamma \sigma_t^4$，其中 $\gamma \equiv E(\varepsilon_t^4)$。因此，$y_t$ 的标准化峰值等于：

$$\frac{E(y_t^4)}{E(y_t^2)^2} = \gamma$$

现在假设我能计算样本矩的预期值以及 y_t 的实现价值 $\underline{\mu}_1$，$\underline{\mu}_2$，$\underline{\mu}_4$：

$$E(\underline{\mu}_1) = E\left(\frac{\Sigma_t y_t}{n}\right) = 0$$

$$E(\underline{\mu}_2) = E\left(\frac{\Sigma_t y_t^2}{n}\right) = \Sigma_t \frac{E(y_t^2)}{n} = \frac{\Sigma_t \sigma_t^2}{n}$$

$$E(\underline{\mu}_4) = E\left(\frac{\Sigma_t y_t^4}{n}\right) = \Sigma_t \frac{E(y_t^4)}{n} = \frac{\gamma \Sigma_t \sigma_t^4}{n}$$

因此，实现收益 y_t 的标准化峰值是：

$$\frac{E(\underline{\mu}_4)}{\left[E(\underline{\mu}_2)\right]^2} = \left[\frac{\gamma \Sigma_t \sigma_t^4 / n}{(\Sigma_t \sigma_t^2 / n)^2}\right] = \gamma \left[n \frac{\Sigma_t \sigma_t^4}{(\Sigma_t \sigma_t^2)^2}\right]$$

很容易看到，如果 $\sigma_t = \sigma$，即方差是稳定的，那么 $n[\Sigma_t \sigma_t^4] / [\Sigma_t \sigma_t^2]^2 = 1$。但是，如果 σ_t 随着时间的变动而变动，那么 $n[\Sigma_t \sigma_t^4] / [\Sigma_t \sigma_t^2]^2 > 1$，因此 $E(\underline{\mu}_4) / [\underline{E}(\underline{\mu}_2)]^2 > \gamma$。

例如，假定 $n=2$，我设定 $a = \sigma_1^2$，$b = \sigma_2^2$，那么时间序列的标准化峰值是 $2(a^2 + b^2) / (a+b)^2$。如果 $a = b$，那么这个比率等于 1；但是如果 $a \neq b$，那么经过简单代数运算可知比率要大于 1。

....

然后罗森伯格使用一个简单的随机波动模型：下个月预计股价变动的平方是前 10 个月价格变动平方的固定线性函数：

$$y_t^2 = \alpha + \frac{\beta \Sigma_{k=2} y_{t-k}^2}{m-1} \tag{2-13}$$

其中，求和从 $k=2$ 到 $k=m=11$。对 1873 年 8 月至 1950 年 12 月的回归估计得出 $\alpha=0.001$，$\beta=0.666$，后者显著异于 0，t 值等于 10.06。这意味着这样简单的方差预测模型也能发挥作用。这可能是第一篇证实了后来为人们所熟知的波动聚集现象的发表了的文章。波动聚集现象是指方差倾向于随机变动但由于从长期来看变化较慢，从而使得有些时期保持着较低的方差而另外一些时期维持着较高的方差。这个简单的波动模型将 ε_t 的标准化峰值的最高限降至

4.61 ～ 6.19 之间。相对稳定波动模型而言，其峰值有显著的下降。而且，对长期的样本期间（如 2 个月、3 个月、4 个月、5 个月和 6 个月）来说，峰值的最高值更会降至 2.17 ～ 4.45 之间。罗森伯格强调，仅仅用一个十分简单的预测方差模型就可以使峰值显著下降，那么更为复杂的预测模型将使峰值降至接近于 3。罗森伯格预言般地宣称：

> 这表明：更好的预测方差模型将能完美地解释纽约交易所股票价格变动呈现非正态性的现象……频率经验分布出现的明显峰值是不同方差混合分布的结果……这项试验的结果对财务管理和证券市场理论具有广泛的应用前景，包括：①预测价格变动；②研究价格变动的影响因素是经济分析的一个领域；③在投资组合管理中需要对方差波动做出响应；④方差波动是如何通过影响投资风险而影响风险溢价，进而影响价格水平的。（pp.39 ～ 40）[23]

10 年后，恩格尔（1982）将罗森伯格之前应用于股价的模型称为自回归条件异方差（ARCH）模型（详见 p.988）。尽管罗森伯格的手稿被广泛地传阅和引用，但这篇文章从未发表。而且，恩格尔看起来并不知道这篇文章，因为他从未提到或引用过这篇文章。在 2003 年，恩格尔因为"使用时变波动模型（ARCH）分析经济时间序列"而获得诺贝尔经济学奖。

∽ ∽ ∽

1968 年《组合理论》

罗伯特·威尔逊 发表了《组合理论》（*The Theory of Syndicates*），载于《计量经济学》第 36 卷，第 1 期（1968 年 1 月），pp.119 ～ 132。

聚合、帕累托最优分享规则、观点一致的投资者、指数效用

威尔逊（1968）是一篇研究不确定条件下聚合问题的经典文献。假设一组人选择开展一项共同行动，而且自然地选择一种状态，在这种状态下大家共同决定这组人的全部收益。而后这组人要使用预先设定好的分享计划来把收益分给每个成员。假设每个成员使用自己的主观概率来评价潜在收益的预期效用。威尔逊的问题是：如何确定环境，从而在该环境下设定帕累托最优分享计划，使得团体如同单个参与者一样使用自己的效用函数和主观概率来实施相同的行动。威尔逊指出，这种参与者存在且只能存在于分享计划是线性的或者所有参与者都拥有相同的概率评价的情形中。他也指出，如果所有的参与者持有相同的概率评价，成员效用函数的凹度意味着团体效用函数的凹度。

这篇文章开启了后续的研究工作，即分享规则是通过完美且竞争的证券市场均衡来决定的。鲁宾斯坦（1974）在这个框架下推演出线性分享规则的蕴含。康斯坦丁尼德斯（1982）在这个框架下推演出如果所有参与者都拥有相同的概率评价的蕴含。威尔逊的文章也凸显了如下问题：在所有团体成员拥有指数效用函数但是拥有不同的概率评价的情况下（这种情况在后续的金融学研究中得到普遍使用），整体特征的独特性。

～～～

1968年《最优多期投资组合政策》

简·莫森　发表了《最优多期投资组合政策》（*Optimal Multiperiod Portfolio Policies*），载于《商业学刊》第41卷，第2期（1968年4月），pp.215～229。

1969 年《借助动态随机规划来进行终身投资组合选择》

保罗·安东尼·萨缪尔森 发表了《借助动态随机规划来进行终身投资组合选择》(*Lifetime Portfolio Selection by Dynamic Stochastic Programming*)，载于《经济学与统计学评论》第 51 卷，第 3 期（1969 年 8 月），pp.239 ～ 246。再版于《保罗 P. 萨缪尔森文集》第 3 卷（MIT Press，1972 年），pp.883 ～ 890。

1969 年、1970 年和 1971 年《风险、不确定寿命和保险下的最优投资和消费策略》《风险下的最优投资和消费策略》《在完全随机环境下的最优创业决策》

尼尔斯 H. 哈克森（1937 年 6 月 2 日—） 分别发表了《风险、不确定寿命和保险下的最优投资和消费策略》(*Optimal Investment and Consumption Strategies under Risk, an Uncertain Lifetime and Insurance*)，载于《国际经济研究》第 10 卷，第 3 期（1969 年 10 月），pp.443 ～ 466；《风险下的最优投资和消费策略》(*Optimal Investment and Consumption Strategies under Risk for a Class of Utility Functions*)，《计量经济学》第 38 卷，第 5 期（1970 年 9 月），pp.587 ～ 607；《在完全随机环境下的最优创业决策》(*Optimal Entrepreneurial Decisions in a Completely Stochastic Environment*)，载于《管理科学》第 17 卷，第 7 期（1971 年 3 月），pp.427 ～ 449。

多期投资组合选择、长期投资、投资组合调整、短视、逆向反推、动态规划、间接或溯源效用、时间附加效用、稳定绝对风险规避（CARA）、双曲线绝对风险规避（HARA）、对数效用、幂数效用、收费公路现象

凯利（1956）、拉塔尼（1959）、马科维茨（1959）和布雷曼（1961）研究了在多期后投资组合发生潜在调整的情况下财富效用最大化的问题。在投

资组合调整中，投资者每一期都在无风险资产和有风险资产之间对累计财富进行配置。这些学者将他们的分析限定在期末对数效用之上。与之相反，马科维茨（1952 年 3 月）、罗伊（1952）和托宾（1958）只研究了单期的投资组合选择，且限定在对均值 - 方差偏好的分析上。莫森（1968）研究了在多期情况下投资者使终期（即事先选择好的期间长度 T）期末预期财富效用最大化的问题。为了使研究简化，他故意忽略了菲尔普斯（1962）提到的中期会出现的财富退出用于消费的问题。

一般而言，由于投资者在期末之前任何时期的决策都取决于他后续可能采取的决策，那么他就需要使用动态规划的方法 [马科维茨（1959）首次提到这一点] 来解决这个问题，即投资者在倒数的 $T-1$ 期开始要使预期效用 $E[U(W_T)|W_{T-1}]$ 最大化。$E[U(W_T)|W_{T-1}]$ 是一个取决于 $T-1$ 期财富数额的函数。这会使 $T-1$ 期的财富的间接或溯源效用 $V_{T-1}(W_{T-1})$ 等于 $\max E[U(W_T)|W_{T-1}]$，其中随机财富结果 W_T 是在 $T-1$ 期的时候将财富 W_{T-1} 在无风险证券和有风险证券之间配置的结果。经过不断的后向递归作用，可知 $V_{T-2}(W_{T-2})=\max E[V_{T-1}(W_{T-1})|W_{T-2}]$，不断往复直至时点 1，投资者就能决定当前在无风险证券和有风险证券之间的最优配置，即要基于当期财富 W_0 使 $E[V_1(W_1)|W_0]$ 最大化。莫森的分析是建立在重要但是简单的随机游走假设之上的，即每一期的证券收益都独立于其他期的证券收益。

如果投资者能够短视地选择（即在每一个时点他都将决策当作最后一次决策），那么决策就变得十分简单了。因此，莫森问道：什么样的终期财富效用函数 $U(W_T)$ 才是投资短视的充分和必要条件？他的证明是，只有具有稳定相对风险规避（CRRA）的效用函数（对数效用和幂数效用）才具有此特性，即在每个时点 t，这些投资者都使用 $V_t(W_{t+1})=U(W_{t+1})$ 在无风险证券和有风险证券之间进行最优配置。换言之，在各期进行最优配置，投资者只需要知道当期的财富和收益就可以了，他不必考虑至终期 T 余下来的时间或当期之后的收益情况。

....

对 CRRA 是短视投资的充分条件的证明

CRRA 是短视投资的充分条件很容易理解。首先，投资者要使时点 T=2 的财富预期对数效用最大化：$E\left[U\left(W_2\right)\right]=E\left[\ln\left(W_2\right)\right]=E\left[\ln\left(W_0 r_{p1} r_{p2}\right)\right]$，其中 W_0 是已知的初始财富额，r_{p1} 是他所选择的投资组合在第一期（从时点 0 到时点 1）的随机收益，r_{p2} 是经过他调整（发生在时点 1）的投资组合在第二期（从时点 1 到时点 2）的随机收益，可知：

$$E\left[\ln\left(W_0 r_{p1} r_{p2}\right)\right]=E\left[\ln\left(W_0 r_{p1}\right)+\ln\left(r_{p2}\right)\right]$$

$$E\left[\ln\left(W_0 r_{p1}\right)+\ln\left(r_{p2}\right)\right]=E\left[\ln\left(W_0 r_{p1}\right)\right]+E\left[\ln\left(r_{p2}\right)\right]$$

$$E\left[\ln\left(W_0 r_{p1}\right)\right]+E\left[\ln\left(r_{p2}\right)\right]\sim E\left[\ln\left(W_1\right)\right]$$

符号"$\sim$"表示"近似于线性转换"。在这种情况下，第三步中的常数项 $E\left[\ln\left(r_{p2}\right)\right]$ 可以省略而不影响我们在时点 0 的投资组合选择。这会生成时点 1 的财富 W_1 的效用。因此，$V_1\left(W_1\right)=\ln\left(W_1\right)$，从而有短视投资效应。值得注意的是，对数效用下的短视投资是十分显著的，这是因为即便 r_{p1} 和 r_{p2} 是相关的，结果依然成立。这就是说，即使这些变量是相关的，我们仍有第二步，这是因为两个随机变量之和的预期值等于它们各自预期值之和，即使它们之间是相关的。

现在来看看幂数效用：$E\left[U\left(W_2\right)\right]=E\left[W_2^b\right]=E\left[\left(W_0 r_{p1} r_{p2}\right)^b\right]$，$0<b<1$。在这种情况下：

$$E\left[\left(W_0 r_{p1} r_{p2}\right)^b\right]=E\left[\left(W_0 r_{p1}\right)^b r_{p2}^b\right]$$

$$E\left[\left(W_0 r_{p1}\right)^b r_{p2}^b\right]=E\left(r_{p2}^b\right)E\left[\left(W_0 r_{p1}\right)^b\right]$$

$$E\left(r_{p2}^b\right)E\left[\left(W_0 r_{p1}\right)^b\right]\sim E\left(W_1^b\right)$$

在这种情况下，乘数项 $E\left(r_{p2}^b\right)$ 可以省略而不影响我们在时点 0 的投资组合选择。由于 $V_1\left(W_1\right)=W_1^b$，从而我们再次确认了短视投资效应。不过，要注意在此我们需要假设 r_{p1} 和 r_{p2} 是不相关的随机变量，否则第二步就不成立。换言之，两个随机变量乘积的预期值只有在这两个变量不相关的情况下才等于各自预期值的乘积。

而且，莫森指出在稳定相对风险规避（CRRA）情形下，在两项证券之间的最优分配比例也是独立于投资者的财富 W_t 的，而只与当期的证券收益相关。

对 CRRA 是投资选择独立于最初财富命题的充分条件的证明

这也很容易理解。在单期的情况下，投资者要使其未来财富效用 $E[U(W_1)]$ 最大化，其中未来财富 W_1 等于当期财富 W_0 乘以投资组合收益 r_p，即 $W_1 = W_0 r_p$。因此，投资者需要使 $E[U(W_0 r_p)]$ 最大化。一般而言，这个目标不能与最初财富 W_0 分割开来。但是，在对数效用 CRRA 的情况下，$U(W_1) = \ln(W_1)$，因此投资者需要使下列数值最大化：

$$E[U(W_1)] = E[\ln(W_0 r_p)] = E[\ln(W_0) + \ln(r_p)]$$
$$= \ln(W_0) + E[\ln(r_p)] \sim E[\ln(r_p)]$$

投资者的选择不会因为加入一个常数项而改变，因此，最初财富作为一个增加的常数项不会改变投资者的选择。

换幂数效用来看，$U(W_1) = W_1^b$，$0 < b < 1$：

$$E[U(W_1)] = E[(W_0 r_p)^b] = E[(W_0^b)(r_p^b)] = W_0^b E[r_p^b] \sim E[r_p^b]$$

投资者的选择不会受到新增正数乘数项的影响。最初的财富作为正数乘数项将不会影响选择。不难看出，这些效用函数详尽描述了那些初始财富不会影响选择的风险规避效用函数的集合。

如果这些收益是稳定的，那么投资者在每一期都会设置相同的投资组合比例。莫森把允许出现一些适度的未来预测定义为"半短视"，即知道未来的无风险收益和剩余时间，但仍不知晓当期之后的风险证券的收益。他指出，双曲线绝对风险规避（HARA）或者"类似"的效用函数是半短视的充分必要条件。尽管这些结果一般要严格依赖于证券收益的独立性假设，但莫森没有提到对数效用这个特例并不需要。

这种 HARA 级别的效用函数在后续的研究中扮演着重要角色，因为它们具有适宜的短视特征、分离特征（哈克森，1969 年 12 月；卡斯 - 斯蒂格利茨，1970）和聚合特征（威尔逊，1968；鲁宾斯坦，1974）。这使得它们在消费和投资组合决策中很容易获得已知解以及均衡价格。如下效用函数属于且详尽描述了 HARA：

（1）$U(W_t) \sim (b/(1-b))(A+BW_t)^{1-b}$（$B \neq 0$，1）

（2）$U(W_t) \sim -Ae^{-w_t/A}$（$B=0$）

（3）$U(W_t) \sim \ln(A+W_t)$（$B=1$）

其中，A 和 B 是常数，$b \equiv B^{-1}$。效用函数（2）是当 $B \to 0$ 时（1）的极限值，效用函数（3）是当 $B \to 1$ 时（1）的极限值。对数效用函数没有上下限的约束。$b < 1$ 的幂数效用函数有下限但没有上限，$b > 1$ 的幂数效用函数有上限但没有下限。这些函数是微分等式的解：

$$\frac{-U'(W_t)}{U''(W_t)} = A + BW_t \qquad (2\text{-}14)$$

等式的左边是绝对风险规避的倒数，有时被称作"风险容忍度"。因此，HARA 也被称作"线性风险容忍度"。很容易看出效用函数（2）是由那些具有稳定绝对风险规避（CARA）和效用函数（1）及（3）构成的。当 $A=0$ 时，包含那些具有稳定绝对风险规避（CRRA）的所有效用函数。B（或 b）经常被称作"谨慎度"。

莫森的文章结尾对投资组合的"收费公路"［这是源自利兰（1972）一文的非常恰当的称呼］现象做了一些评论。一个投资组合具有收费公路的特性是指：当投资者的投资期限无限长的时候，他的当前投资组合选择变得与投资期间无关。他注意到，HARA 具有这样的特征，这是因为从极限的角度来看，HARA 的投资者变成了 CRRA 的投资者。莫森推测，这些收费公路特征可能带来比 HARA 更广的效用函数。

萨缪尔森（1969）在广义多期消费附加效用函数下，拓展了莫森的结果。他指出，CRRA 效用是短视投资的充分条件。此外，萨缪尔森还指出消费者（或投资者）的投资组合中的比例选择与他的消费决策无关，这个结果和哈克森（1970）的一样。他指出，那种认为对数效用策略是唯一适合于长期投资者的理性风险规避投资的想法可以被永远的摒弃了。例如，CRRA 即便它是收费公路式投资的结果，但它只是对数效用的特例而不是唯一的对数效用。

哈克森（1971）是他所写的系列文章的第 3 篇［另外两篇分别是哈克森（1970）和哈克森（1969 年 10 月）］，也是最具概括性的一篇。该文建立在菲尔普斯（1962）的研究之上，它假设一个人努力使其一生消费的预期效用最大化，同时还要留下一笔遗产。他要在消费、遗产、寿险、许多风险证券和无风险证券（只是单期无风险）之间配置财富。允许个人拥有状态依存偏好以及不确定的寿命，而且他的投资机会（包括无风险收益）都随着时间变动而随机变动，且可能序列相关。

尼尔斯 H. 哈克森证实了莫森的观点，即终期财富函数的 CRRA 效用可能具有显著的收费公路特征。[一]对莫森结果的首次拓展则来自于海恩·埃利斯·利兰。[二]哈克森显著地降低了收费公路式投资的条件（一直都在证券收益

[一] 见哈克森（1974）：《等弹性效用的收敛与多期投资组合选择中的政策》（Convergence to Isoelastic Utility and Policy in Multiperiod Portfolio Choice），载于《金融经济学学刊》第 1 卷，第 3 期（1974 年 9 月），pp.201～224。

[二] 见利兰（1972）：《论收费公路式投资组合》（On Turnpike Portfolios），载于《投资与金融中的数学方法》，G. P. 赛格和 K. 希尔编著，1972 年。

序列独立的条件下)。他的结论是,"收敛的条件进一步弱化直至它们能包含大多数实践中感兴趣的效用函数"。斯蒂芬 A. 罗斯也推演出了相似的结果。⊖

巴里·戈德曼做了进一步的研究。他指出,对数效用作为 CRRA 最为重要的特例,对于那些财富函数有限终期效用的投资者而言,一般来说它不是一种好的收费公路式策略。⊖哈克森也证实,这些投资者的收费公路效用函数从未是对数效用的。

๑ ๑ ๑

1968 年《1945 ~ 1964 年间的共同基金业绩》

迈克尔 C. 詹森(1939 年—) 发表了《1945 ~ 1964 年间的共同基金业绩》(*The Performance of Mutual Funds in the Period* 1945-1964),载于《金融学学刊》第 23 卷,第 2 期(1968 年 5 月),pp.389 ~ 416。

共同基金业绩、阿尔法、贝塔、市场模型、幸运与技能

对共同基金业绩的度量不仅有助于投资者在不同的基金间进行资本配置,而且可能更为重要的是,它们为证券是否被合理定价提供了最佳的经验检验。与其他检验方法相比,该方法具有如下优点:①它们是以实际盈利或损失而不是纸上财富为基础;②它们是依赖投资技术和知识而获得的真实投资策略的结果,而不是想象策略的结果;③能够进行准确的检验,这些结果可以免

⊖ 见罗斯(1974):《投资组合的收费公路定理》(*Portfolio Turnpike Theorems for Constant Polices*),载于《金融经济学学刊》第 1 卷,第 2 期(1974 年 7 月),pp.171 ~ 198。

⊖ 见戈德曼(1974):《将最大预期对数效用"近优"政策应用于长期有界效用时的问题》(*A Negative Report on the "Near-Optimality" of the Max-Expected Log Policy As Applied to Bounded Utilities for Long-Lived Programs*),载于《金融经济学学刊》第 1 卷,第 1 期(1974 年 5 月),pp.97 ~ 103。

受数据挖掘和生存偏差的影响;④它们覆盖了 60 多年数千只基金的数据资料;⑤它们总结了很多聪明高薪的基金经理的成功经验,这些基金经理把他们绝大多数时间花费在寻找错误定价的证券上;⑥它们检验了很多投资策略,包括那些可能很难转化为可检验数字的策略。如果这些由成熟投资者掌管的基金不能战胜简单的买卖指数基金的策略,那么一般的投资者很难战胜市场,即便他们每日耗费数小时的心血。

詹森(1968)认为,特雷诺(1965)和夏普(1966)等早期对投资业绩度量的指标尽管可以对不同的投资组合的业绩进行排名,但不能提供一个绝对的比较标准。因此,詹森提出了非常著名的"阿尔法"业绩指标。夏普(1964)、林特纳(1965 年 2 月)、莫森(1966)和特雷诺(1999)的 CAPM 等式意味着:在均衡状态下对于任何投资组合 P:

$$\mu_P = r + (\mu_M - r) \beta_P \tag{2-15}$$

其中,r 表示无风险收益,μ_M 表示市场组合的预期收益,μ_P 和 β_P 分别表示投资组合的预期收益和贝塔值。詹森认为,如果投资经理能够选择一只优于市场业绩的投资组合,考虑到风险,那么该投资组合的预期收益:

$$\mu_P = \alpha_P + r + (\mu_M - r) \beta_P,\ 其中\ \alpha_P > 0 \tag{2-16}$$

这就是詹森的绝对业绩标准。詹森进而认为,既然投资经理不应故意选择阿尔法为负值的投资组合,那么如果投资经理没有能力的话,阿尔法应该为 0。

当然,这本身就与 CAPM 相矛盾,因为根据假设(尤其是假设所有的参与者拥有相同的信念),所有投资组合的 α_P 应当等于 0。而且,即便是允许 CAPM 出现错误定价使得一些投资组合的阿尔法是正值,那么其他一些投资组合的阿尔法就势必为负值(之前我在对市场模型的讨论中已经提到这一点)。但是詹森继续使用(上述细节从未阻止坚定的经验主义者的步伐)马科维茨(1959)和夏普(1963)的斜线模型或市场模型将预期收益转换为实现收益,他提出：

$$r_P - r = \alpha_P + (r_M - r)\beta_P + \varepsilon_P \qquad (2\text{-}17)$$

其中，r_P 和 r_M 是实现收益，且 $E(\varepsilon_j) = \rho(r_M, \varepsilon_j) = 0$。对于任何两只不同的证券 j 和 k，$\rho(\varepsilon_j, \varepsilon_k) = 0$，且假设它们的收益 r_j 和 r_k 是联合正态分布。詹森认为，这个等式能够代表证券经过一段时间的实现收益，也能代表横截面收益，对于相同的投资组合的 ε 的序列相关度为 0。如果不是这样，那么投资经理就可以通过这个信息获取超额的预期收益，这会成为投资组合阿尔法的一部分，因此最终 ε 的序列相关度一定为 0。

当然，任何将投资组合收益与市场收益回归获得的阿尔法只是阿尔法的估计值而不是真实值。幸运的是，我们可以应用高斯－马尔科夫定理，样本分布的阿尔法估计值遵守 $n_P - 2$ 个自由度的 t 分布，其中 n_P 表示投资组合 P 在观察期的个数。这样我们就可以判定阿尔法在统计上的显著性。

使用詹森所勾勒的市场模型需要严格要求投资组合的贝塔 β_P 跨期稳定。这是一个不现实的条件。不过，詹森很聪明地论辩到：这会使 β_P 向下有偏，从而对 α_P 的估计会出现向上有偏。不幸的是，詹森似乎犯了一个数学错误。事实上，对样本投资组合的贝塔值估计是向上有偏的，从而使对 α_P 的估计会出现向下有偏。

詹森分析中出现的一个明显错误

詹森认为投资组合的业绩有两个来源：市场择时和证券选择。存在一个正常的贝塔，在这个正常的贝塔周围基金经理会努力挖掘自己的市场择时能力。如果 β_N 表示正常贝塔，那么如果市场处于牛市，投资经理则会选择 $\beta_{pt} > \beta_N$；如果后来市场变成了熊市，那么他会选择 $\beta_{pt} < \beta_N$。为了反映这种行为，我们可以假设 $\beta_{pt} = \beta_N + \mu_{pt}$，其中 $E(\mu_{pt}) = 0$ 且 μ_{pt} 是正态分布。很明显，投资经理会努力使 μ_{pt} 与 $\pi_t \equiv r_{Mt} - \mu_{Mt}$ 正相关，这样我们可以假设 $\mu_{pt} = \alpha_p \pi_t + \omega_{pt}$，其中 $E(\omega_{pt}) = 0$，$\rho(\pi_t,$

ω_{pt}) $=0$，且 ω_t 是正态分布的。然后，詹森认为 $\alpha_p \geqslant 0$，这是因为如果 $\alpha_p < 0$ 是不理性的，那么 $\alpha_p=0$ 则意味着没有市场择时能力。

对 β_N 的最小二乘估计是 $\underline{\beta}_N$，其中

$$E(\underline{\beta}_N) = \frac{\mathrm{Cov}\big[(r_{pt}-r_t),(r_{Mt}-r_t)\big]}{\sigma_M^2} = \frac{\mathrm{Cov}\big[(r_{pt}-r_t),r_M\big]}{\sigma_M^2}$$

接着用市场模型替换 $r_{pt}-r_t$，然后用 $\beta_N+\mu_{pt}$ 替换 β_{pt}，用 $\alpha_p(r_{Mt}-\mu_{Mt})+\omega_{pt}$ 替换 μ_{pt}，则会有：

$$E(\underline{\beta}_N) = \frac{\mathrm{Cov}\begin{bmatrix} \alpha_p + \beta_N r_{Mt} - \beta_N r_t + \alpha_p r_{Mt}^2 - \alpha_p r_{Mt}r_t \\ -\alpha_p\mu_M r_{Mt} + \alpha_p r_t\mu_M + r_{Mt}\omega_t - r_t\omega_t + \varepsilon_{pt},\, r_{Mt} \end{bmatrix}}{\sigma_M^2}$$

消除协方差中的常数项，且根据零相关假设可将一些项设为 0：

$$E(\underline{\beta}_N) = \beta_N - \alpha_p(\mu_M + r) + \alpha_p\frac{\mathrm{Cov}(r_{Mt}^2, r_{Mt})}{\sigma_M^2}$$

很容易看出，对于任何随机变量 x，$\mathrm{Cov}(x^2, x) = E(x^3) - \mu\sigma^2 - \mu^3$。而且，对于任何随机变量 x，$E\big[(x-\mu)^3\big] = E(x^3) - 3\mu\sigma^2 - \mu^3$。现在，如果 x 是正态分布的，偏度 $E\big[(x-\mu)^3\big]=0$。整合在一起，$\mathrm{Cov}(x^2,x)=2\mu\sigma^2$，将这个结果代入上式，可得：

$$E(\underline{\beta}_N) = \beta_N - \alpha_p(\mu_M+r) + \alpha_p(2\mu_M) = \beta_N - \alpha_p(\mu_M+r) > 0$$

不过，这种偏差不会太显著，至少对詹森的样本来说是这样。回想一下，特雷诺 – 梅祖（1966）在他们的共同基金样本中没有发现市场择时能力的证据（即 $\alpha_p \approx 0$）。

詹森从威森伯格《投资公司》中收集到 1955 ~ 1964 年 115 只共同基金的年度价格和股利的数据，以及尽可能多的有关这些基金在 1945 ~ 1954 年间的数据。他使用市场模型为每只基金测量 1945 ~ 1964 年间的贝塔。所有基金的平均 β 是 0.840，因此如果不调整风险，那么与市场进行业绩比较就会

低估基金的业绩。市场模型回归的相关系数是 0.930，这表示与夏普之前的发现一样，即大多数基金的业绩变动能够通过市场收益来解释。与夏普（1966）一样，詹森的研究忽略了载荷费，这是因为研究目标是度量投资经理的预测能力而不是投资者收益。基金收益扣减管理费后的市场模型回归结果显示：阿尔法的平均值是 −1.1%，76 只基金的阿尔法值为负数，另外 39 只基金的阿尔法值为正数。如果使用毛收益（即把管理费加回来），那么阿尔法的平均值变为 −0.1%。考虑到基金持有少量的现金，那么平均阿尔法将变为 −0.04%，几乎等于零。而且，拥有正值阿尔法的基金与拥有负值阿尔法的基金数量大致相等。

尽管没有证据说明一般基金能够战胜市场，但至少有些基金或许能通过技能来战胜市场。用扣除管理费后的净收益为每只基金进行时间序列回归，詹森计算了这些基金的阿尔法值的 t 值。14 只基金的阿尔法值为负数，3 只基金的阿尔法值为正数且在 5% 的水平上显著。不过，这 115 只基金假设其残差收益 ε_p 为正态分布，在市场模型回归中只有 5 只或 6 只有正阿尔法值且能在 5% 的水平上显著。詹森的文章是这样结尾的：

> 上述有关共同基金业绩的讨论表明，不仅这 115 只基金平均而言不能很好地预测证券价格从而在业绩上优于"购买市场而后持有"的结果，而且鲜有证据支持任何一只基金能够显著地优于我们随机挑选的基金的业绩。值得注意的是，即便当我们度量基金业绩时不剔除管理费（即假设它们的记账、研究和其他佣金之外的费用都免费），这些结论依然成立。因此，平均而言这些基金的交易活动明显不太成功，甚至不能补偿它们的交易费。（p.415）[24]

不幸的是，在詹森的文章中有一个假设没有被检验，即不同基金投资组合的残差收益的横截面相关度为 0。即便将市场模型假设应用到单个证券 j 和

k 且 ρ (ε_j, ε_k) =0 是正确的 [我们知道事实不是这么回事儿, 见金 (1966)],
由于共同基金的投资组合包含许多相同的证券, 因此对于任意两个投资组合
P 和 Q, ρ (ε_P, ε_Q) =0 很有可能不成立。詹森需要这个假定来解释阿尔法在
横截面上的显著差异。如果所有的 115 只共同基金持有的是完全一样的投资
组合, 那么阿尔法在横截面上的差异就不显著了, 这是因为它们事实上都来
自同一计算样本。

　　大约 10 年后, 诺曼 E. 梅因斯再次证实, 即使是最谨慎的经验研究者都
不可能方方面面都考虑周全。⊖尤其是詹森假定基金分红在年末会被再投资于
同一只基金 (因为他使用的只是年收益)。詹森相信由此带来的偏差可以忽略
不计。梅因斯指出, 詹森所研究的时期股票收益显著上涨, 在这个时期上述
偏差可能就很重要。詹森也假定基金的贝塔在 20 年的观察期内是稳定的, 但
是度量阿尔法时他使用的是最近 10 年的贝塔。事实上, 根据梅因斯的观点,
大多数基金近 10 年的贝塔比第一个 10 年的贝塔低, 这会使度量出的阿尔
法出现下偏。对詹森的方法进行修正后重做的检验推翻了詹森的结论, 即一
般基金的阿尔法是 0 而不是负数。不过, 为了修正红利再投资的问题, 梅因
斯只收集到詹森 115 个样本中的 70 只基金的月度数据 (这些数据是共同基金
自愿提供的)。不幸的是, 不同的样本不仅不能与詹森的结果直接比较而且可
能被认为结果是有偏的, 这是因为可能只有那些业绩好的基金才愿意提供它
们的月度数据。

　　詹森的文章在检验投资者业绩的悠长历史中 [这个历史可能是由考尔斯
(1933) 开创的)] 堪称一座里程碑。它使很多金融经济学家相信, 不仅一般
的美国股票基金不能战胜价值加权的市场指数, 而且也没有证据说明会有基

⊖　见梅因斯 (1977):《风险、资本资产定价与对投资组合评估: 评论》(*Risk, the Pricing of
　　Capital Assets, and the Evaluation of Investment Portfolios: Comment*), 载于《商业学刊》第 50 卷,
　　第 3 期 (1977 年 7 月), pp.371 ～ 384。

金能不靠运气而战胜市场指数。

❧ ❧ ❧

1968 年《储蓄与不确定性：对储蓄的预防性需求》

海恩·埃利斯·利兰（1941 年 7 月 25 日—） 发表了《储蓄与不确定性：对储蓄的预防性需求》（*Savings and Uncertainty：The Precautionary Demand for Saving*），《经济学季刊》第 82 卷，第 3 期（1968 年 8 月），pp.465～473。

不确定性禀赋收入、替代效应与收入效应、预防性储蓄、绝对风险规避

考虑这样一个问题，即在不确定条件下消费者的两期交易问题：

$$\max_{C_0, C_1} U(C_0) + \rho U(C_1)，限制条件是：Y_0 + \frac{Y_1}{r} = C_0 + \frac{C_1}{r}$$

其中，Y_0 和 Y_1 是时点 0 和 1 的禀赋收入，r 是投资市场中的无风险收益，C_0 和 C_1 是消费者在时点 0 和 1 的消费选择。$U(\cdot)$ 是消费效用函数，ρ 是耐心因子［参见费雪（1930）］。一个有意思的问题是：在其他条件相同的情况下提高 r 会对未来的消费产生什么影响？一方面，提高 r 意味着相同的当前消费可允许将来有更多钱财用于消费，因此投资者会选择增加当前消费［因为 $U''(\cdot) < 0$］，这个动机被称作替代效应；另一方面，提高 r 也意味着牺牲当前消费而转为未来消费会更为有效，这是因为储蓄能够获得更高的利息。这个反向的动机被称作收入效应。

在其他条件相等的条件下提高未来收入 Y_1，无疑会减少当期为将来消费而准备的储蓄。利兰（1968）问了这样一个问题：在 Y_1 的均值固定时，在什么情况下提高 Y_1 的方差会促使人们放弃当前消费而为将来的消费增加储蓄，

即预防性储蓄？有人可能说风险规避会导致预防性储蓄。但是利兰指出这是不对的。利兰认为提高绝对风险规避［参见普拉特（1964）］才是预防性储蓄的充要条件。

∽　∽　∽

1969 年《股票价格针对新信息的调整》

尤金 F. 法玛、劳伦斯·费希尔、迈克尔 C. 詹森、理查德·罗尔　发表了《股票价格针对新信息的调整》（*The Adjustment of Stock Prices to New Information*），载于《国际经济评论》第 10 卷，第 1 期（1969 年 2 月），pp.1～21。

事件研究、股票分割、盈余宣告、市场模型、世界性重大事件、会计变更、大宗交易、二手信息

詹姆斯·克莱·多利开创了事件研究之先河。[一]事件研究法是对市场价格理性的基础性检验。如果股票市场运行正常，那么股票的价格应当：①好消息一公布就会立即上涨；②坏消息一公布就会立即下跌；③之前泄露的信息不会引起变化。多利研究了股票价格在股票分割发生后的行为，并简单地列示出股价上涨家数和股价下跌家数。在之后的 35 年，事件研究法逐步发展，控制住了整体市场价格运动和其他混淆事件。在 20 世纪 60 年代晚期，两份研究将事件研究法发展成熟：雷·鲍尔和菲利普·布朗（1968）对盈余宣告

[一]　见多利（1933）：《普通股股票分割的特征与程序》（*Characteristics and Procedure of Common Stock Split-Ups*），载于《哈佛商业评论》第 11 卷，第 3 期（1933 年 4 月），pp.316～326。

的研究[⊖]以及法玛 - 费希尔 - 詹森 - 罗尔（1969）的股价对股票分割宣告的响应研究。

后者的研究认为，股票分割本身不会影响公司的市场价值。例如，一家公司将其股票一股拆为两股，那么每股的股价也应相应减半。但是，让股票市场感到复杂的是股票分割所传递的信号。尤其是，一些公司经常在增加股利总额的同时进行股票分割。自约翰·林特纳（1956）一文[⊖]发表后，我们知道一旦公司提高股利之后就不愿意削减股利。因此提高股利会发出公司管理层对未来乐观估计的信号。结果使得股票分割宣告如果伴随的是股利提高，那么就会推升股价。

这篇文章的 4 个作者使用了马科维茨（1959）和夏普（1963）版的市场模型：

$$\ln r_{jt} = \alpha_j + \beta_j \ln r_{Mt} + \varepsilon_{jt} \qquad （2-18）$$

其中，r_{jt} 表示股票 j 在第 t 个月的收益，r_{Mt} 表示标准普尔 500 指数在第 t 个月的收益，ε_{jt} 遵守着市场模型的标准限制。对 1926～1960 年间的 622 只股票使用最小二乘法估计出（$\underline{\alpha}_j$，$\underline{\beta}_j$），这些股票共发生过 940 次股票分割。对于每一次股票分割，都将股票分割发生的月份设为 $t=0$，$t=-1$ 表示股票分割前的一个月，$t=1$ 表示股票分割后的一个月，依此类推。ε_k 表示第 k 个月残差的横截面均值：

$$\varepsilon_k = \frac{\sum_j \varepsilon_{jk}}{n_k} \qquad （2-19）$$

其中，n_k 表示第 k 个月发生的股票分割次数。值得注意的是，这个求和公式

⊖ 见鲍尔和布朗（1968）：《对会计收入数据的经验评估》（An Empirical Evaluation of Accounting Income Nmbers），载于《会计研究学刊》第 6 卷，第 2 期。

⊖ 见林特纳（1956）：《公司收入在股利、留存盈余与税收之间的分配》（Distribution of Incomes of Corporations among Dividends, Retained Earnings, and Taxes），载于《美国经济评论》，第 46 卷，第 2 期（1956 年 5 月），pp.97～113。

是对不同时期发生的不同股票分割的残差收益的求和。最后计算出累计平均残差:

$$E_m \equiv \Sigma_k \varepsilon_k \qquad\qquad （2\text{-}20）$$

该求和值是从 −29 个月（股票分割前 29 个月）计算到 m 个月。

对于研究样本中的所有股票分割来说，累计平均残差随着 m 从 −29 到 0 而逐渐攀升，在 m 从 0 到 30 期间而变得平稳。作者认为这正是理性市场的预期结果。在股票分割之前，要进行分割的股票平均而言都要经历股价上涨（尤其是那些预计会增加股利的股票），但是股票分割日之后就不会再有未反映到股价之中的分割信息。不过，如果将样本分为两部分，一部分是那些股票分割后提高股利的一组，而另一部分是股票分割后减少股利的一组，那么前者的累计平均残差会在股票分割后继续小幅上升，而后者的累积平均残差则会在股票分割后显著下降。但是由于大多数股票都会在股票分割后提高股利，因此总样本的累计平均残差大约为 0。作者把这当作支持理性市场的证据。

2 年后，维克托·尼德霍弗发表了另一篇事件研究论文。[⊖]如果股票市场是理性的，那么在产生重大的影响整个市场的事件情况下，股票市场指数应当会出现大幅度变化。为了检验这个推断，尼德霍弗找到了在 1950 ~ 1966 年间发生的 432 起世界性的重大事件。这些事件的选取标准是:《纽约时报》城市版中头条事件（通常是发生在之前一天上午 9：00 之前的事件）且占据前面 5 ~ 8 个版面的内容。正如所预期到的那样，事件发生后次日标准普尔综合指数变化的绝对值一般要比平常高很多。而且，曼德尔布罗特（1963）的预言也被证实，即股价的大幅变化会紧随着出现股价的大幅变化。但是曼德尔布罗特的另一个预言（即后续股价变化的方向是不定的）并没有得到证实。

⊖　见尼德霍弗（1971）:《世界性重大事件与股票价格》（*The Analysis of World Events and Stock Prices*），载于《商业学刊》第 44 卷，第 2 期（1971 年 4 月），pp.193 ~ 219。

事实上，尼德霍弗注意到法玛（1965）的结果适用于单只股票而不适用于股票指数。尼德霍弗发现，指数连续比指数反转出现的概率更高，因此市场一般在第一个后续日显现出对世界性事件反应不足。不幸的是，尼德霍弗结果的可靠性是令人怀疑的。他自己也承认并没有考虑到考尔斯（1960）首次提到的指数的陈旧问题。

1972 年，罗伯特 S. 卡普兰和理查德·罗尔使用法玛–费希尔–詹森–罗尔的相同方法进行了另一项事件研究。[一]他们检验了一个曾广为认同的观点，即影响每股收益的会计方法的变更会影响到股票价格。在卡普兰和罗尔开展这项研究之前，这个观点从未被系统地检验过。他们检验了两种会计方法的变化。第一，1964 年许多公司将投资税收信贷的收益从逐年摊销转为立即信贷。第二，1962 ～ 1968 年一些公司的折旧方法从加速折旧法转为直线折旧法。使用累计平均残差，他们发现没有证据表明这些会计方法的变化会对股价产生影响（尽管会很明显地影响每股盈余）。不过，这项研究存在一个问题就是：那些通过这些变化来提升报告盈余的企业可能属于自我选择的企业，这些企业的内部人预计企业未来的业绩不佳。

法玛–费希尔–詹森和罗尔的研究为有效市场假说的一个关键内涵提供了经验支持，即股票价格对相关新信息做出响应。它蕴含的另一面就是：股票价格不会对无关信息做出响应。迈伦·斯科尔斯（1972）可能是第一篇为这个观点提供证据的研究文章。[二]斯科尔斯指出，当卖方大量卖出股票时，尽管价格一般会应声而降，但是其价格大多会很快地回弹，这是因为投资者明

[一] 见卡普兰–罗尔（1972）：《投资者对会计信息的评价：一些经验证据》（*Investor Evaluation of Accounting Information ：Some Empirical Evidence*），载于《商业学刊》第 45 卷，第 2 期（1972 年 4 月），pp.225 ～ 257。

[二] 见斯科尔斯（1972）：《证券的市场：替代与价格压力以及信息对股票价格的作用》（*The Market for Securities ：Substitution versus Price Pressure and Effects of Information on Stock Prices*），载于《商业学刊》第 45 卷，第 2 期（1972 年 4 月），pp.179 ～ 121。

显会在近似的替代股票与该股票之间进行套利活动。

有关事件研究的最后一个例子是彼得·劳埃德·戴维斯和迈克尔·卡尼斯的研究。他们分析了 1970 ~ 1971 年间在《华尔街日报》"街头消息"栏目中出现的荐股的作用。[⊖]作者坚定认为这些股票推荐都只是建立在公开信息之上的，因此代表了二手的观点或分析。在完全理性的市场中所有的信息都会在公开之时立即反映到股价之中，因此股票价格不会对二手信息产生反应。尽管如此，但作者计算出栏目刊登日的平均超常收益分别是 1%（推荐购买的股票）和 -2%（推荐卖出的股票）。不过，考虑到交易成本，作者认为这仍不足以作为一种可获利的交易手段。理性市场预期仍不会被推翻。遗憾的是，作者并不能真正地确定栏目中的信息真的没有包含之前从未发布过的信息。

∽ ∽ ∽

1970 年《多期消费 – 投资决策》

尤金 F. 法玛　发表了《多期消费 – 投资决策》（*Multiperiod Consumption-Investment Decisions*），载于《美国经济评论》第 60 卷，第 1 期（1970 年 3 月），pp.163 ~ 174。1976 年又发表了《多期消费 – 投资决策：一项修正》（*Multiperiod Consumption-Investment Decisions：A Correction*），载于《美国经济评论》第 66 卷，第 4 期（1976 年 9 月），pp.723 ~ 724。

1974 年《对多期两参数模型的检验》

尤金 F. 法玛和詹姆斯 D. 麦克贝思　发表了《对多期两参数模型的检验》

⊖　见戴维斯 – 卡尼斯（1978）：《股票价格与二手消息的公布》（*Stock Prices and the Publication of Second-Hand Information*），载于《商业学刊》第 51 卷，第 1 期（1978 年 1 月），pp.43 ~ 56。

（*Tests of the Multiperiod Two-Parameter Model*），载于《金融经济学学刊》第
1 卷，第 1 期（1974 年 5 月），pp.43 ～ 66。

状态依存效用、跨期消费与投资、反向递归、隐含或溯源效用、风险规避

如果一个效用函数除了取决于消费额和（或）财富，还取决于其他最初的
不确定性状态，那么它就是状态依存效用。这种效用函数至少可以通过 6 种
重要的途径展现其依存性：①它可能依存于其他内生的最初不确定的状态，
例如健康或天气；②它可能依存于商品未来的不确定价格，而这些商品是消
费的对象；③它可能依存于不完美市场化资产的价值，如人力资本；④它可
能直接依存于其他经济人的选择，例如产品的外生性或者跟上同等地位人的
步伐；⑤它可能依存于尚未完成的计算或者未完成的自我认知的结果，而这
些都是随着时间的推移而逐渐成形的；⑥在多期模型中，它可能取决于一些
状态变量，这些状态变量归纳了投资机会集或随着时间而变动的尚未市场化
的人力资本。

法玛（1970 年 3 月）最先指出，如果一个消费者 / 投资者的终身消费效
用函数 $U（C_0，C_1，C_2，\cdots，C_{T-1}，W_T）$，其中 C_t 表示在时点 t 的消费额，W_T
表示在时点 T 去世的时候留下的遗产额］是单调递增的，并且在其一生中的
消费流中是严格凹面的，那么反向递归［例如莫森（1968）］的单期溯源效用
函数 $V_t（C_t，W_{t+1}|S_t）$ 也将是单调递增的且同期消费 C_t 和终期财富 W_{t+1} 是严格
凹面的，其中 S_t 是时点 t 发生事件。因此，消费者 / 投资者后续的单期决策继
承了他的终身消费效用函数中的风险规避特征。法玛而后推导出标准的金融
单期风险的风险规避消费模型所需要的关键条件，多期消费模型中包含的投
资组合选择，投资者在其终身的消费中都是风险规避的。法玛指出，这要求
溯源单期效用函数是独立于状态的，这样 $V_t（C_t，W_{t+1}|S_t）=V_t（C_t，W_{t+1}）$。这
通常要求证券价格的机会集遵循（可能是不稳定的）随机游走模式。

当然，法玛的结果不应当被理解成有了状态独立，溯源单期效用函数就是短视的，从而相同的函数可以不断地重复。事实上，他的结果允许这个函数依存于过去的消费水平、习惯模式以及至离世余下的时间（$T-t$）。

法玛和麦克贝思（1974）经验检验了这项要求的一个特例：为了使预期收益变动不受当期收益的影响而进行的套利。他们的经验研究结果支持了理论，尤其是他们研究了是否下一期的市场投资组合收益与无风险收益的表征量依存于它们的早期表征量。法玛和麦克贝思的结论是，在样本期1953 ~ 1972 年间，没有证据表明这些表征量的预期收益发生了任何变化，即明显不存在序列相关。尤其是，尽管名义利率存在波动，但几乎所有变化都来自于对通货膨胀预期的变化，而不是名义利率的变化。该项分析的一个副产品是：时点 t 的 1 月期美国国库券中所包含的预期通货膨胀可用来预测 t 到 $t+1$ 个月之间的实现通货膨胀率，因此滚动持有 1 月期国库券可以当作防止通货膨胀的策略。相反，普通股股票通常被当作规避通货膨胀的工具，但至少从短期来看普通股股票受困于其他影响其收益的因素，使得普通股股票在短期很难被当作规避通货膨胀风险的工具。

包含更复杂状态变量（而不仅仅是财富或消费）的理论模型包括理查德·罗尔（1973 年 11 月）和约翰 B. 朗（1974）。罗尔在单期经济框架下拓展了标准金融模型，可将其适用于消费物品（商品）价格不确定的情况。[一]朗（1974）则将模型拓展到多期，允许消费物品价格不确定以及投资机会集跨期随机依存。[二]

[一] 见罗尔（1973）：《资产、货币与不确定情况下的商品价格通货膨胀》（*Assets，Money and Commodity Price Inflation under Uncertainty*），载于《货币、信贷与银行学学刊》第 5 卷，第 4 期（1973 年 11 月），pp.903 ~ 923。

[二] 见朗（1974）：《股票价格、通货膨胀与利率的期限结构》（*Stock Prices，Inflation and the Term Structure of Interest Rates*），载于《金融经济学学刊》第 1 卷，第 2 期（1974 年 7 月），pp.131 ~ 170。

 possibility possibility possibility

1970 年《有效资本市场：理论与经验研究综述》

尤金 F. 法玛 发表了《有效资本市场：理论与经验研究综述》（*Efficient Capital Markets: A Review of Theory and Empirical Work*），载于《金融学学刊》第 25 卷，第 2 期（1970 年 5 月），pp.383 ～ 417。

1970 年《季度盈余报告与中间股票价格趋势》

查尔斯 P. 琼斯和罗伯特 H. 利曾伯格 发表了《季度盈余报告与中间股票价格趋势》（*Quarterly Earnings Reports and Intermediate Stock Price Trends*），载于《金融学学刊》第 25 卷，第 1 期（1970 年 3 月），pp.143 ～ 148。

有效市场、随机游走、弱式有效、半强式有效、强式有效、完全反映信息、最低限度理性市场与最高限度理性市场、完全可预期价格、鞅、盈余宣告

《有效资本市场：理论与经验研究综述》（1970 年 5 月）可能是迄今发表的金融经济学文章中被引用最多的回顾性文献。这篇文章令"有效市场"这个词颇为流行。有效市场是指价格"完全反映"了所有信息的市场。遵照哈里 V. 罗伯茨的建议，法玛这篇文章开创性地提出现在广为人知的 3 种假设：弱式有效（价格完全反映了历史价格）、半强式有效（价格完全反映了所有公开的信息，包括历史价格）、强式有效（价格完全反映了所有公开信息及私有信息）。许多金融学家现在将上述区分可能修改为："弱式有效"意味着价格完全反映了所有公开可获知的技术或市场生成的信息，例如过去的价格、交易量、卖空等。而"半强式有效"则意味着价格还完全反映了所有公开可获知的基础信息。

这种三分法最初的出现很明显是经验想法的产物。理论方面的学者绝不会凭空这样设想。但是大多数金融学家还是毫无批评地接受了这种分法。与之相反，鲁宾斯坦（2001）宣称在划分时应有理论基础：①最大程度理性市场，在其中由于所有的参与人都是理性的，因此市场会最大化的理性——这是大多数理论研究的通常假定；②理性市场，在这种市场中价格的制定好像所有参与人都是理性的；③最低程度的理性市场，尽管市场是不理性的但没有获取利润的机会。例如，我告诉你股票价格相对于基础面波动太大，市场可能是不理性的，但它仍可能是最低理性的，因为你没有办法从中获取利润。

要想使有效市场假说有牢固的根基，必须清晰准确地定义"完全反映"这个词汇。不幸的是，法玛的研究留下了太多缺憾也困扰了很多读者。设一只证券的当期（即时点 0）价格是 P_0，如果它完全反映了时点 0 可获知的信息集 Φ，那么：

$$E\left(P_1|\Phi\right)=E\left(r_1|\Phi\right)P_0 \qquad (2\text{-}21)$$

其中，r_1 表示证券在时点 0 与时点 1 之间的（随机）收益，P_1 表示证券在时点 1 的随机价格，$E\left(x|\Phi\right)$ 表示随机变量 x 在完全反映信息集 Φ 的信息后的预期价值。这明显是同义反复，因此不是一个有用的定义。尽管法玛讲得不够清楚，但这个定义在鲁宾斯坦（1975）的讨论中经过些许修改就不再会同义反复：

> 使用信息集 Φ 预测时点 1 将要实现的价格（P_1）分布概率。将数据输入预期收益的市场均衡模型中。在信息集 Φ 和市场均衡模型给定的情况下，时点 0 的证券价值就可以计算出来。将计算出来的价值与在市场中观察到的真实价格（P_0）进行比较，如果两者相同，那么就可以说真实的证券价格"完全反映"了信息集 Φ。[25]

法玛自己也承认，这种定义只能用于预期收益。包含内容更广的定义要有完全的概率分布预测，信息集 Φ 完全反映在当期的价格之中。不过，法玛认为用预期收益来定义在经验上更具有操作性。例如，随机游走模型是对有效性较强的一个定义，它要求收益的时间序列是相互独立的且分布相同。法玛也指出，在随机游走模型与使用过去信息来评估未来收益的分布（比如预测未来收益的均值和方差）之间并没有什么不一致。不过，随机游走模型的确说明过去收益的序列与预测值之间不相关。

5 年前，保罗·安东尼·萨缪尔森在随机游走与市场有效之间做了重要的区分。$^{\ominus}$假设存在一只证券，它在时点 T 的收益是 X_T，X_T 是个随机变量。假定这样一只证券的价格序列是 $\cdots P_{t-2}$，P_{t-1}，P_t，P_{t+1}，P_{t+2}，$\cdots$，时点 t 与 $t+1$ 之间的价格变化表示为 $\Delta P_{t+1} \equiv P_{t+1}-P_t$。萨缪尔森开始时把"完全预期价格"定义为，在每个时点 t（$t \leqslant T$）基于 t 时点可获取的信息集 Φ_t（尤其是包含了过去和现在的所有价格信息 $\cdots P_{t-2}$，P_{t-1}，P_t）财产的价格等于 X_T 的预期价值。即对所有的 $t \leqslant T$，都有：

$$P_t=E(X_T \mid \Phi_t) \tag{2-22}$$

特别是 $P_T=X_T$。而后萨缪尔森证明"价格是随机波动的"这是因为对所有 $t \leqslant T$，$P_t=E(P_{t+1} \mid \Phi_t)$ 或者说 $E(\Delta P_{t+1} \mid \Phi_t)=0$，且 $E(\Delta P_{t+1}, \Delta P_{t+2}\cdots \Delta P_T \mid \Phi_t)=E(\Delta P_{t+1} \mid \Phi_t) E(\Delta P_{t+2} \mid \Phi_t)\cdots E(\Delta P_T \mid \Phi_t)=0$。换言之，价格遵循的是鞅，且连续价格变化之间是相互无关的。

对萨缪尔森有关"完全预期价格"的证明

对鞅特征的证明遵循的是很普通的迭代预期法则。假设"完全预期价格"，即 $P_t=E(X_T \mid \Phi_t)$ 且 $P_{t+1}=E(X_T \mid \Phi_{t+1})$。因此，$E(P_{t+1} \mid \Phi_t)=E[E(X_T \mid \Phi_{t+1})$

$\ominus$ 见萨缪尔森（1965）：《对完全预期价格随机波动的证明》（*Proof That Properly Anticipated Prices Fluctuate Randomly*），载于《工业管理评论》第 6 卷，第 1 期（1965 年春季号），pp.321～351，重印于《保罗 A. 萨缪尔森论文集》第 3 卷（MIT Press，1972 年），pp.782～790。

$| \; \Phi_t] = E(X_T \mid \Phi_t) = P_t$，其中第二个等式遵守的是迭代预期法则，因为 $\Phi_t \subset \Phi_{t+1}$。

对连续价格变化之间是相互不相关的证明始于如下观察：即 Cov（ΔP_T，ΔP_{t+1}，$\Delta P_{t+2} \cdots \Delta P_{T-1}$）$<>0$，这意味着至少存在一个 Φ_{t-1}，这是因为 $\Delta P_{t+1} \Delta P_{t+2} \cdots \Delta P_{T-1} \subset \Phi_{T-1}$，那么 $E(\Delta P_T \mid \Phi_{T-1}) \neq 0$。根据换质位命题，第一个结论 $E(\Delta P_T \mid \Phi_{T-1}) = 0$，这意味着 Cov（$\Delta P_T$，$\Delta P_{t+1} \Delta P_{t+2} \cdots \Delta P_{T-1}$）$=0$。由于一般随机变量 $E(XY) = \text{Cov}(X, Y) + E(X)E(Y)$，我们一定有：

$$E(\Delta P_T \Delta P_{t+1} \Delta P_{t+2} \cdots \Delta P_{T-1} \mid \Phi_t) = \text{Cov}(\Delta P_T, \Delta P_{t+1}, \Delta P_{t+2} \cdots \Delta P_{T-1})$$
$$+ E(\Delta P_T \mid \Phi_t) E(\Delta P_{t+1} \Delta P_{t+2} \cdots \Delta P_{T-1} \mid \Phi_t)$$
$$= E(\Delta P_T \mid \Phi_t) E(\Delta P_{t+1} \Delta P_{t+2} \cdots \Delta P_{T-1} \mid \Phi_t)$$

这意味着如果"价格被完全地预期"，那么可用来预测下一期的预期价格的过去价格序列所包含的所有信息都包含在当前的价格之中。

法玛将有效市场分为 3 类，法玛这篇综述性文章开始回顾的是"弱式有效市场"的经验研究，包括法玛（1965）、亚历山大（1961）、亚历山大（1964）、法玛 – 布卢姆（1966）以及维克多·尼德霍弗和 M. E. M. 奥斯本（1966）。⊖尼德霍弗和奥斯本（1966）可能是最先对随机游走假说从交易层面进行系统性检验的。他们注意到市场发生反转的频率要比连续的频率高几倍。但是，这并不意味着能够给公众投资者提供赚取利润的机会。法玛在文中列举的有关半强式有效的文章包括：法玛 – 费希尔 – 詹森 – 罗尔（1969）关于股票分割的研究、鲍尔 – 布朗（1968）关于盈余宣告的研究、罗杰 N.

⊖ 见尼德霍弗和奥斯本（1966）：《股票交易所中的做市与反转》（*Market Making and Reversal on the Stock Exchange*），载于《美国统计学会会刊》第 61 卷，第 316 期（1966 年 12 月），pp.897 ~ 916。

沃德（1970）[⊖]和斯科尔斯（1972）。法玛对强式有效的讨论集中在詹森（1968）。在1970年，法玛得到如下结论：

> 总之，支持有效市场的模型的证据大量存在，而不支持的证据则是很少。（p.416）

正当法玛（1970年5月）宣告有效市场假说胜利之时，这座大厦的一角就开始出现崩塌。在另一篇事件研究中，琼斯－利曾伯格（1970）发现了看似违背市场理性的市场异象，无论在经济意义上还是在统计意义上都能带来显著的盈利机会。他们认为这可能是由于投资者对基本面信息反应较慢造成的。具体而言，他们把那些季报中盈余宣告超出预期很高（相对于过去8个季度的盈余趋势来说）的公司构建成一个投资组合。而后，他们把这个投资组合在第10个季度的第2个月（这样做是为了给盈余成为公开信息提供足够的时间）到第12个季度的第2个月之间的收益与经过风险调整的市场收益进行比较。他们发现，在1964年至1967年间的10个重叠期间中的每一期间，该投资组合的业绩都优于市场业绩，能带来经济意义上十分显著的收益。

∽ ∽ ∽

1970年《投资者偏好结构与资产收益以及投资组合配置的可分离性：对共同基金纯粹理论的贡献》

戴维·卡斯（1937年7月19日—）和约瑟夫 E. 斯蒂格利茨（1943年2月9日—）发表了《投资者偏好结构与资产收益以及投资组合配置的可分

⊖ 见沃德（1970）：《美联储贴现率变动的公共解释：来自"宣告效应"的证据》（*Public Interpretation of Federal Reserve Discount Rate Changes*：*Evidence on the "Announcement Effect"*），载于《计量经济学》第38卷，第2期（1970年3月），pp.231～250。

离性: 对共同基金纯粹理论的贡献》(*The Structure of Investor Preferences and Asset Returns*, *and Separablity in Portfolio Allocation*: *A Contribution to the Pure Theory of Mutual Funds*), 载于《经济理论学刊》, 第 2 卷, 第 2 期 (1970 年 6 月), pp.122 ~ 160。

双曲线绝对风险规避 (HARA)、投资组合分离、二次幂效用、稳定相对风险规避 (CRRA)、正态分布

双曲线绝对风险规避效用(包括对数、二次幂和指数效用)是投资组合分离的充分条件已经被证明了, 例如, 尼尔斯 H. 哈克森 (1969 年 12 月) 的研究。[⊖] 在不知道收益概率分布的情况下, 卡斯 – 斯蒂格利茨 (1970) 指出这些条件也是必要条件。不过, 他们也指出二次幂效用或稳定相对风险规避 (CRRA) 是投资组合分离的充要条件。他们还为竞争市场中的投资组合分离推导出了更一般性的条件。

一个相关的问题是, 在缺乏效用函数限制的情况下, 发现证券收益的联合概率分布。根据托宾 (1958), 正态分布是充分条件。斯蒂芬 A. 罗斯 (1978) 提出了, 拥有无风险证券的两资金分离的更一般性的充要条件。[⊖]

2001 年, 斯蒂格利茨因为在分析不对称信息市场中的杰出贡献而获得了诺贝尔经济学奖。

∽ ∽ ∽

⊖ 见哈克森 (1969):《风险处置和投资组合选择中的分离》(*Risk Disposition and the Separation Property in Portfolio Selection*), 载于《金融和数量分析学刊》第 4 卷, 第 4 期 (1969 年 12 月), pp.401 ~ 416。

⊖ 见罗斯 (1978):《金融理论中的共同基金分离——分离分布》(*Mutual Fund Separation in Financial Theory—The Separating Distributions*), 载于《经济理论学刊》第 17 卷, 第 2 期 (1978 年 4 月), pp.254 ~ 286。

1970 年《柠檬市场：质量不确定性与市场机制》

乔治 A. 阿克洛夫（1940 年 6 月 17 日—） 发表了《柠檬市场：质量不确定性与市场机制》（*The Market for "Lemons"：Quality Uncertainty and the Market Mechanism*），载于《经济学季刊》第 84 卷，第 3 期（1970 年 8 月），pp. 488 ～ 500。

逆向选择、不对称信息、理性预期

阿克洛夫（1970）解释了完美市场为什么不存在的原因之一。假设在二手车市场中，质量从非常好到非常差是连续分布的。同时假定卖车人知道汽车的质量，而买车人不知道车的质量。买车人知道汽车质量的概率分布，但是不知道具体某辆车的质量。那么买车人会预期能够买到一辆平均质量的车，结果他只愿意支付平均质量车的价钱。这样使得拥有优于平均质量车的卖车人不愿卖车而退出该市场。这会降低剩余车的平均质量。而后，购车人会进一步降低对剩余车的购买价格。反过来这又促使这些剩余车中较好车的卖主退出市场。这个过程会持续下去直至市场中再没有车可卖，从而导致市场的自我摧毁与消失。阿克洛夫举了另外一个好例子：65 岁以上的老人如果之前还没有医疗保险的话就很难获得医疗保险。尽管阿克洛夫的文章关注的是逆向选择问题，但同样重要的是这篇文章也是最先注意到：价格传递的信息（在本例中，就是卖车人所知道的）可以帮助经济人制定决策。

当市场面临自我摧毁之时，通常会出现一些特定的机制来支撑市场。第一道防线就是使用一些技术手段来减少信息不对称，例如重复从同一家卖家那儿购买，将产品进行分类，由第三方出版如《消费者报告》这样的评论，或者由优秀日用品签章（Good Housekeeping Seal）这样的第三方来进行认证。其他更有力的措施包括卖家对产品缺陷负责并提供最低的质量保证等。海恩·埃利斯·利兰（1979）[⊖]对最后一种方法做了研究，其中包括对阿克洛夫的柠檬例子的数学化模型。

2001年阿克洛夫因为在不对称信息市场分析中的贡献而获得了诺贝尔经济学奖。

∾　∾　∾

1970年《市场决定的风险指标与会计决定的风险指标之间的关系》

威廉H. 比弗、保罗·凯特和迈伦·斯科尔斯（1941年7月1日—） 发表了《市场决定的风险指标与会计决定的风险指标之间的关系》（*The Association between Market Determined and Accounting Determined Risk Measures*），载于《会计评论》第45卷，第4期（1970年10月），pp. 654～682。

1988年《负债率与普通股的预期收益：经验证据》

拉克斯麦·钱德·班德瑞　发表了《负债率与普通股的预期收益：经验证据》（*Debt/Equity Ratio and Expected Common Stock Returns：Empirical Evidence*），载于《金融学学刊》第43卷，第2期（1988年6月），pp. 507～528。

会计贝塔、财务杠杆、经营杠杆

比弗-凯特和斯科尔斯（1970）是最先使用基本的风险因素（如来源于会计报表的数字）来度量证券贝塔的。他们发现：股息率、财务杠杆以及盈余稳定性指标不仅与贝塔相关，而且能够比马科维茨（1959）和夏普（1963）

⊖　见利兰（1979）：《骗子、柠檬与特许：一个有关最低质量标准的理论》（*Quacks，Lemons，and Licensing：A Theory of Minimum Quality Standards*），载于《政治经济学学刊》第87卷，第6期（1979年12月），pp. 1328～1346。

使用市场模型度量的上一期"朴实"贝塔更好地预测下一期贝塔。

罗伯特 S. 哈马达（1969）[⊖]最早构建了贝塔与企业负债率之间的理论关系。令 B_j 和 S_j 分别表示企业 j 当前负债和权益的市场价值，β_j^* 表示另一家完全相同的但无举债的企业的贝塔，如果债务是无风险的，那么很容易看到：

$$\beta_j = \beta_j^* \left(1 + \frac{B_j}{S_j}\right) \tag{2-23}$$

马克·鲁宾斯坦（1973）[⊖]进一步指出，贝塔是如何取决于财务杠杆和经营杠杆（即产品的售价与变动成本的差异）的。

多年来，贝塔被认为是公司财务杠杆的增函数，如哈马达和鲁宾斯坦所认为的那样。尽管夏普（1964）、林特纳（1965 年 2 月）、莫森（1966）和特雷诺（1999）的 CAPM 意味着公司的财务杠杆应该通过贝塔间接地影响预期收益，但公司的财务杠杆并不会对预期收益具有独立的影响。班德瑞（1988）对这个论断进行了检验并获得了两个主要结论。他以 1948～1981 年间所有在纽约股票交易所上市的股票作为样本，研究了股票在 17 个 2 年期的实际收益率（扣除通货膨胀的影响）。他通过对样本期之前 2 年与之后 2 年的数据回归来获得贝塔值，用样本期初的负债率来表示财务杠杆（具体而言是用资产的账面价值减去权益的账面价值后的差值除以权益的市场价值）。首先，在制造业企业中，贝塔与财务杠杆的横截面回归平均有 0.51 的相关度，最低发生在 1958～1959 年间，相关度为 0.35，最高发生在 1952～1953 年间，相关度为 0.69。这支持了 CAPM 理论。其次，财务杠杆排在贝塔、企业规模之后成为解释实现收益的第三个因素，这意味着在制造业样本中财务杠杆最高的投资

⊖ 见哈马达（1969）：《投资组合分析、市场均衡与公司融资》（*Portfolio Analysis, Market Equilibrium, and Corporation Finance*），载于《金融学学刊》第 24 卷，第 1 期（1969 年 3 月），pp. 13～31。

⊖ 见鲁宾斯坦（1973 年 3 月）：《公司财务理论的均值–方差合成》（*A Mean-Variance Synthesis of Corporate Financial Theory*），载于《金融学学刊》第 28 卷，第 1 期（1973 年 3 月），pp. 167～181。

组合与最低的投资组合之间存在每年 5.83% 的差异。因此，除了对贝塔影响外，财务杠杆一般能提高实现收益，这是迄今为止仍未被理论解释的异象。

∾ ∾ ∾

1971 年《在连续时间模型中的最优消费和投资组合规则》

罗伯特 C. 默顿（1944 年 7 月 31 日—） 发表了《在连续时间模型中的最优消费和投资组合规则》（*Optimal Consumption and Portfolio Rules in a Continuous-Time Model*），载于《经济理论学刊》第 3 卷，第 4 期（1971 年 12 月），pp. 373～413。重印于罗伯特 C. 默顿所著的《连续时间金融》（*Continuous-Time Finance*）一书中的第 5 章（Blackwell，1990 年），pp. 120～165。

1973 年《跨期资产定价模型》

罗伯特 C. 默顿 发表了《跨期资产定价模型》（*An Intertemporal Asset Pricing Model*），载于《计量经济学》第 41 卷，第 5 期（1973 年 9 月），pp. 867～887。重印于罗伯特 C. 默顿所著的《连续时间金融》一书中的第 15 章（Blackwell，1990 年），并附有最新的脚注，pp. 475～523。

跨期消费与投资、HARA、CRRA、CARA、连续时间、连续状态 CAPM、跨期资产定价、随机微积分、状态依赖效用、随机机会集

罗伯特 C. 默顿于 1969 年将随机微积分（伊藤定理）引入金融理论用以解决萨缪尔森（1969）和哈克森（1970）提出的连续时间问题。⊖默顿

⊖ 见默顿（1969）：《不确定条件下的终生投资组合选择：连续时间情况》（*Lifetime Portfolio Selection under Uncertainty：The Continuous-Time Case*），载于《经济学与统计学评论》第 51 卷，第 3 期（1969 年 8 月），pp. 247～257。重印于罗伯特 C. 默顿所著的《连续时间金融》（*Continuous-Time Finance*）一书中的第 4 章（Blackwell，1990 年），并附有最新的脚注，pp. 97～119。

（1971）将他早前的结果拓展到更为一般的效用函数。离散时间的均值－方差结果得到了证券收益多元正态分布（与有限责任不符）以及二次效用（与超出一定财富水平的非饱和不符，意味着递增的绝对风险规避）的证实。这两个假说都存在严重的目的性问题。默顿的核心结论是要说明，我们可以推演出均值和方差的第三种最优组合决策：①所有证券收益都遵循几何布朗运动（即它们在所有时间段都呈对数正态分布）；②消费者或投资者在连续时间交易。

要明白这个作用原理，一个直观的方式就是考察一个正态对数分布证券收益的对数 $\ln r_j$。我们近似地让 $\ln r_j \approx r_j - 1$。既然 $\ln r_j$ 是正态分布，如果近似值是准确的，那么 r_j 自身也应该是正态分布。当然，随着 r_j 逼近于 1，这一近似就越准确。为了让近似有效，默顿特意作了如下假设：在无穷小的时间段来度量 r_j，而且连续的价格变化之间没有跳跃，这样，一段时间的 r_j 就总是趋于 1。换句话说，在他的连续时间、连续状态模型中，可以认为连续观测到的收益是正态分布的，即便在任何有限时间段里累积的收益并不是正态分布的（在任何有限时间段，他们是对数正态分布的，对数近似是不准确的）。这样，只要投资者能连续修正他的选择，在任何时刻均值－方差组合选择都是最优的。因而，均值－方差分析是有条件的：连续时间交易，而且连续状态收益。而我们是否希望满足这个条件取决于环境。

默顿还为双曲线绝对风险规避（HARA）效应函数推出了闭合式消费或投资组合结果。HARA 包含了他早前推算过的两个特例：固定相对风险规避（CRRA）和固定绝对风险规避（CARA）（如指数效用函数）。这些结果的绝妙特征之一在于，消费与投资组合决策的规则都是由证券收益一阶矩和二阶矩的简单函数形式表达。

如同夏普（1964）曾提出疑问：如果所有投资者都遵守马科维茨（1952年3月）的建议将会怎样？默顿（1973年9月）也提出问题：如果所有投资

者都遵循默顿（1971）的指示将会是怎样？通过假定经济体中的所有消费者与投资者都遵循他在 1971 年提出的最优消费和投资组合规则，而且假定在任何时间和状态市场都出清，他得到了一个均衡。如同所期望的，他最后得到一个资本资产定价模型，适用于连续时间和连续状态的即时时间段。该模型向前迈出了重要一步，因为这一单期 CAPM 被清晰嵌入在多期消费与投资的经济体中。

　　同样重要的是，默顿还推出了 CAPM 的扩展形式，其中，证券收益的机会集随时间变化而演变，是无风险局部收益演变的函数。默顿指出，这导致了另一 CAPM 条件，来自证券规避机会集未来变化的程度。与该结果相对应的是一个三基金分离定理，即所有投资者将财富划分成相同的三只共同基金：一个无风险证券、一个市场投资组合，第三只基金是套利基金，规避机会集随时间变化而变动的风险。默顿谨慎地挑选了这一直接来自其多期经济体广义 CAPM 的事物作为额外的风险源，说明了夏普（1964）、林特纳（1965 年 2 月）、莫森（1966）以及特雷诺（1999）的单期离散时间模型不必简单地用于解释即时时段收益。然而，不难看出，增加另一个风险源实际上使得效用函数变成状态依赖，消费者或投资者希望回避这一新的风险。状态依赖可以来自多个原因（见我对法玛（1970 年 3 月）的论述），如朗（1974）提出的不确定同期通胀，不仅仅来自机会集的变化，尽管它肯定是非财富风险的一个重要来源。

∽ ∽ ∽

1972 年《流动性、不确定性与信息积聚》

杰克·赫舒拉发（1925 年 8 月 26 日—2005 年 7 月 26 日） 发表了《流

动性、不确定性与信息积聚》(*Liquidity, Uncertainty and the Accumulation of Information*),收录于卡特和福特编著的《经济学中的不确定性与预期》(*Uncertainty and Expectations in Economics*)(Basil Blackwell,1972),pp. 136～147。

利率期限结构、不可逆反性

一个常被观察到的经验现象是,利率的期限结构通常是向上倾斜的。为了解释这一偏差,赫舒拉发(1972)透过金融市场,考察其背后的实物资产市场。他认为,出现这种偏差的必要条件是有关未来利率的不确定性以及将未来消费决策推迟到某种不确定性消除的时刻的能力。但这本身并不能创造偏差,只不过为偏差创造了条件。从根本上说,偏差源于生产的物理不可逆反性。如果既可以向前存储也可以向后存储,那么期限结构就不会出现偏差。而在现实生活中,虽然我们可以提前存储商品,但我们通常无法向后存储商品("反向存储")—有些类似于我们无法后退旅游一样。在赫舒拉发的三天模型中,消费可以经由如下两种方式从第0天转移到第2天:①以一种不可逆转的方式将资源调配给第2天(这是长期资产);②先将消费从第0天转移到第1天,然后依据可得的信息,将消费从第1天存储到第2天(这是短期资产)。第2种方式更为弹性,因为它可以充分利用多重信息。于是,实物资产市场将流动性优势传递给金融市场,这样,在均衡状态下,对短期和长期债券的边际需求是相等的:为了补偿短期债券的宝贵流动性,它的收益率必定低于长期债券。

～～～

1972 年《与风险相关的收益率：对最近一些发现的再检验》

默顿·霍华德·米勒和迈伦·斯科尔斯　发表了《与风险相关的收益率：对最近一些发现的再检验》(*Rates of Return in Relation to Risk*：*A Re-Examination of Some Recent Findings*)，收录于迈克尔 C. 詹森编辑的《资本市场理论研究集》(*Studies in the Theory of Capital Markets*)(Praeger，1972 年)，pp. 47 ~ 78。

1972 年《资本资产定价模型：一些经验检验》

费希尔·谢菲·布莱克、迈克尔 C. 詹森和迈伦 S. 斯科尔斯　发表了《资本资产定价模型：一些经验检验》(*The Capital Asset Pricing Model*：*Some Empirical Tests*)，收录于迈克尔 C. 詹森编辑的《资本市场理论研究集》(Praeger，1972 年)，pp. 79 ~ 121。

资本资产定价模型（CAPM）、分组数据、阿尔法、贝塔、零贝塔 CAPM

在对夏普 – 林特纳 – 莫森 – 特雷诺的资本资产定价模型（CAPM）进行检验的早期研究中，布莱克 – 詹森 – 斯科尔斯（1972）是最著名的。他们审慎地处理了一些统计问题，使得人们对先前一些检验产生了疑问。大多数早期的检验属于横截面检验，通过对如下模型回归实现：$R_j = \gamma_0 + \gamma_1 \beta_j + \varepsilon_j$，其中，$j=1, 2, \cdots, m$，是样本中的证券总数；$R_j \equiv r_j - r$ 与 $R_M \equiv r_M - r$ 为剩余已实现收益；$\beta_j = \text{Cov}(R_j, R_M)/\text{Var}(R_M)$ 是真实系统风险 β_j 的估计值。CAMP 清晰地预测：$\gamma_0 = 0$，且 $\gamma_1 = R_M \equiv r_M - r$。

乔治 W. 道格拉斯可能是最早进行这类检验的[⊖]。他发现，CAPM 的预

[⊖] 见道格拉斯（1969）：《权益市场的风险：对市场效率的经验检验》(*Risk in the Equity Markets*：*An Empirical Appraisal of Market Efficiency*)，载于《耶鲁经济文集》第 9 卷，第 1 期（1969 年春），pp. 3 ~ 45。

测，即所有证券的协方差将交换证券自身的方差，而且是已实现收益的影响因素——见夏普（1964）的讨论——并不能得到数据的支持。事实上，收益与方差相关，但与协方差无关。另外，道格拉斯还拿出了一份未公开发表的由约翰·林特纳做的相关检验，其中，林特纳发现，市场模型剩余风险影响着已实现收益，不管是经济意义还是统计意义都非常显著，这一结论再次与CAMP相反。米勒－斯科尔斯（1972）重新谨慎地做了检验，这次充分考虑了多方面因素，如利率变动可能引起的偏差、可能造成收益－贝塔关系中多重共线性的原因、残差的异方差（残差方差与收益水平相关）、贝塔的测量误差、剩余风险与贝塔的相关性、市场收益的不适当表征以及收益的非正态性和偏度。即便进行了如此细致的分析，他们仍然无法清晰地推翻道格拉斯和林特纳的研究结论。另外，米勒和斯科尔斯提供证据表明，单只证券的阿尔法与贝塔似乎负相关，这进一步说明，CAPM是不正确的，或者其经验验证存在误设定问题。

依据米勒和斯科尔斯的研究，布莱克、詹森和斯科尔斯认为横截面检验存在多个难题，他们提议应该进行与詹森（1968）类似的时间序列检验。检验回归方程为：$R_{jt}=\alpha_j+\beta_j R_{Mt}+\varepsilon_{jt}$，其中，剩余收益被假设为序列不相关、正态分布、均值为零而且与市场收益零相关。在该回归中，CAPM有个清晰的预测，即$\alpha_j=0$。注意，就马科维茨（1959）和夏普（1963）市场模型的主动假设而言，对于任何两只证券j和k，相关系数$\rho(\varepsilon_{jt}, \varepsilon_{kt})=0$的假设尚未提出。

遗憾的是，这种简单的时间序列检验无法集合不同证券的检验结果，因而对可得信息的利用不是很有效率。詹森（1968）解决该问题的方法是，将j解释为一只共同基金组合，并提出一个令人质疑的假设：剩余收益ε_{jt}横向零相关。布莱克、詹森以及斯科尔斯没有这样做，他们采取了一个更为聪明、经典的方法来克服这个问题：将数据分组为不同系统风险类别。具体来说，证券被划分为 10 个贝塔类别, 从第一类型的最低贝塔类别到第十类型的最高贝塔类别, 各个类别的证券占总体的 10%。接着, 对 $K=1$, 2, …, 10, 他们进行了回归: $R_{Kt}=\alpha_K+\beta_K R_{Mt}+\varepsilon_{Kt}$, 其中, α_K 和 β_K 为第 k 个分组的组合阿尔法和贝塔。该方法实现了提供贝塔观测值广泛分散数据的目标, 使得回归结果受贝塔测量误差的影响大大减小。

如果将证券分组时计算贝塔的时间段与估计各组组合阿尔法的时间段重复, 那么就会产生另一问题。显然, 证券数据在度量时使用随机误差, 结果造成至少部分证券, 比如贝塔值最低(或最高)的组, 出现贝塔值不合理地过低(或过高)。这意味着, β_1(或 β_{10})将偏低(或偏高)。为了避免这一问题, 布莱克、詹森和斯科尔斯在度量分组用的贝塔时, 使用较早的时间段(时间跨度为 5 年), 而回归用的时间段比较晚(时间跨度为 1 年)。虽然早期的贝塔与回归中的贝塔是独立度量的, 大家熟知的贝塔的稳定性, 尤其是组合的贝塔$^{\ominus}$, 意味着早期的贝塔与后面回归时段的贝塔会高度相关, 因此, 仍然可以很好地将所有的证券划分为不同的风险类别。

他们的研究样本覆盖了从 1926 ~ 1965 年所有的纽约股票交易所的股票, 研究使用月收益, 得到 10 个阿尔法 – 贝塔配对样本, 每一组配一个。分组贝塔从最低的 0.499 到最高的 1.561(显然是围绕在整体的贝塔值为 1 的附近)。与 CAPM 结论相反, 但与之前的米勒和斯科尔斯一致, 在时间序列分析中, 阿尔法在最高贝塔值的组合中为负, 而在最低贝塔值的组合中为正, 且大多数阿尔法系数都统计显著。布莱克(1972)将阿尔法与贝塔负相关视为存在借款约束的证据, 借款约束促使风险规避程度较低的投资者持有贝塔较高的股票作为负债的替代, 从而推动了股票的价格, 降低了其期望收益。不过, 道格拉斯和米勒 – 斯科尔斯发现剩余波动性有助于解释已实现组合收益的结

$\ominus$ 见马歇尔 E. 布卢姆(1971):《关于风险度量》(*On the Assessment of Risk*), 载于《金融学学刊》第 26 卷, 第 1 期(1971 年 3 月), pp. 1 ~ 10。

论没有得到证实。通过分组研究还发现，除贝塔最高的那组证券之外，对于所有其他组证券，相关系数 $\rho\,(R_{Kt},\,R_{Mt})>0.950$。因而，分组方法还有另一个好处，就是在相当程度上降低了残差 ε_{Kt} 的标准差，从而使得度量的组合阿尔法值更可能在统计上显著异于零。

布莱克、詹森和斯科尔斯还重新做了横截面检验，不过对模型进行了调整，允许截距为随机截距。这样做的一个理由来自布莱克（1972）和鲁宾斯坦（1973 年 1 月）的零贝塔广义 CAPM，该模型没有假设存在无风险借贷。这得到如下定价方程：

$$\mu_j = (1-\beta_j)\,\mu_Z + \beta_j\mu_M \tag{2-24}$$

其中，r_Z 是零贝塔组合的收益（且 μ_Z 是其期望值），为了系数估计的方便，该收益是最小方差零贝塔组合的收益。

通过两因素市场模型进行了检验：

$$r_{Kt} = (1-\beta_K)\,r_{Zt} + \beta_j r_{Mt} + \varepsilon_{Kt} = r_{Zt} + \beta_K\,(r_{Mt}-r_{Zt}) + \varepsilon_{Kt} \tag{2-25}$$

再次使用分组的方法，布莱克、詹森和斯科尔斯得出结论说，该模型得到了数据的支持：在整个 35 年的分析期，r_K 的均值（按时间平均）是 β_K 的线性函数（随着 K 从 1 到 10），函数的截距为 γ_0，斜率等于 r_M 的均值（按时间平均）减去 γ_0。而且，斜率为正，与广义模型一致，这意味着平均而言 $r_M>r_Z$。不过，既然截距 $r_Z>r_F$（整个时间段的均值）且斜率小于 r_M-r_F，那么标准的 CAPM 就遭到拒绝。另外，在 3 个非重叠的 9 年子时间段和最后一个 8 年子时间段，线性关系是很明显，但在不同时段截距和斜率则差异较大。事实上，在最后一个子时段（1957 年 4 月～1965 年 12 月）斜率为负（与两因素模型一致，但与标准的 CAPM 不符）。

遗憾的是，这些检验的一个严重失误在于没能辨别截距。尽管理论上显示截距可能是零贝塔组合的已实现收益，但由于组合收益是难以琢磨的，所以布莱克、詹森和斯科尔斯没有证实这一关系。因此，在两因素回归模型中，

r_{Zt} 不过是个有助于让模型呈线性的助推因素。

❧ ❧ ❧

1972 年《限制性借贷条件下的资本市场均衡》

费希尔·谢菲·布莱克（1938 年 1 月 11 日—1995 年 8 月 31 日） 发表了《限制性借贷条件下的资本市场均衡》（*Capital Market Equilibrium with Restricted Borrowing*），载于《商业学刊》第 45 卷，第 3 期（1972 年 7 月），pp. 444 ～ 455。

1973 年《参数偏好证券估价的基本定理》

马克·鲁宾斯坦（1944 年 6 月 8 日—） 发表了《参数偏好证券估价的基本定理》（*The Fundamental Theorem of Parameter-Preference Security Valuation*），载于《金融与数量分析学刊》第 8 卷，第 1 期（1973 年 1 月），pp. 61 ～ 69。

零贝塔 CAPM、投资组合分离、联合正态协方差定理、整体风险规避、非对称偏好 CAPM、协偏度

布莱克（1972）推广了不存在无风险证券的资本资产定价模型（CAPM）。他指出，一个零贝塔的风险组合其实就相当于无风险收益。其他人也在同一时间独立地推出过这一结论，不过该结论仍被称为布莱克模型（也许是因为布莱克是唯一一个选择用一整篇文章来进行阐述的人）。他还指出，即便在不存在无风险证券的情况下，一个由两只基金组成的投资组合分离特性仍然有效；对于联合正态分布收益，这类似于早期卡斯 – 斯蒂格利茨（1970）对二次效用的研究结果。

鲁宾斯坦（1973 年 1 月）使用清晰的证据，独立推导出了零贝塔 CAPM。

....

鲁宾斯坦对零贝塔 CAPM 的推导

以下是推导零贝塔 CAPM 的一种方法。假设每位投资者 i=1，2，$\cdots$，I 需要解决如下投资组合选择问题：

$\max_{\{x_{ij}\}} E\left[U_i\left(W_1^i\right)\right]$，约束条件为：$W_1^i = W_0^i \Sigma_j x_{ij} r_j$，且 $\Sigma_j x_{ij}$=1

对不同的风险证券 j=1，$\cdots$，m，投资者需要选择投资组合比例 x_{ij}。使用拉格朗日乘数法，上式可以表述为：

$\max_{\{x_{ij}\}} E\left[U_i\left(W_0^i \Sigma_j x_{ij} r_j\right)\right] - \xi_i\left(\Sigma_j x_{ij} - 1\right)$

由于 $U'\left(W_1^i\right)$>0，$U''\left(W_1^i\right)$<0，因此我们让一阶导数等于零，就可以得到期望效用最大化的条件：

$W_0^i E\left[r_j U'\left(W_1^i\right)\right] = \xi_i$（对所有 i 和 j）

用各证券的收益乘以各自的投资组合比例 x_{ij}（总和为 1），就得到任意组合收益 $r_P \equiv \Sigma_j x_{ij} r_j$，然后对所有证券进行加总，就得到：

$W_0^i E\left[r_P U'\left(W_1^i\right)\right] = \xi_i$（对所有 i 和 P）

结合上述两式，对任何证券 j 和任意投资组合 P，我可以替代出拉格朗日乘数，并得到：

$E\left[r_j U'\left(W_1^i\right)\right] = E\left[r_P U'\left(W_1^i\right)\right]$

因此，

$\mu_j E\left[U'\left(W_1^i\right)\right] + \text{Cov}\left[r_j, U'\left(W_1^i\right)\right] = \mu_p E\left[U'\left(W_1^i\right)\right] + \text{Cov}\left[r_p, U'\left(W_1^i\right)\right]$

自托宾（1958）开始，证明均值–方差偏好的一个方法就是假设所有证券的收益 r_j 是联合正态分布的。由于联合正态分布随机变量的加权和，尤其是 W_1^i，自身是正态分布的，这就说明 r_j 和 W_1^i 也是联合分布的。由鲁宾斯坦（1973 年 10 月）和斯坦（1973 年）推导出的联合正态方差定理如是表述：如果 x 和 y 为联合正态分布，$g(y)$ 是 y 的差分方程，且 $E|g'(y)|<\infty$，则 $\text{Cov}\left[x, g(y)\right] = E\left[g'(y)\right]$

Cov $[x, y]$。因而，我们进一步得到：

$$\mu_j E\left[U'\left(W_1^i\right)\right] + E\left[U''\left(W_1^i\right)\right] \text{Cov}\left[r_j, W_1^i\right]$$
$$=\mu_P E\left[U'\left(W_1^i\right)\right] + E\left[U''\left(W_1^i\right)\right] \text{Cov}\left[r_P, W_1^i\right]$$

接下来，将等式两边都除以 $E\left[U'\left(W_1^i\right)\right]$，定义 $\theta_i \equiv -E\left[U''\left(W_1^i\right)\right]/E\left[U'\left(W_1^i\right)\right]$ >0，再重新组合等式就得到：

$$(\mu_j-\mu_P)\theta_i^{-1}=\text{Cov}\left(r_P, W_1^i\right)+\text{Cov}\left(r_k, W_1^i\right)$$

把上式对所有投资者进行加总（按照我早前在夏普（1964）中使用的 CAPM 推导方法），就得到：

$$\mu_j=\left[\mu_P-\theta\text{Cov}\left(r_P, r_M\right)\right]+\theta\text{Cov}\left(r_j, r_M\right)，\text{其中 } \theta \equiv W_0^M\left(\Sigma_i\,\theta_i^{-1}\right)^{-1}>0（对所有$$
证券 j 和任意投资组合 P）

只要存在两只不同的证券（且投资者可以卖空），那么就可以构造一个贝塔为零（但方差为正）的投资组合 Z。对于这样一个组合，由于 $\text{Cov}\left(r_Z, r_M\right)=0$，我们最终得到：

$$\mu_j=\mu_Z+\theta\text{Cov}\left(r_j, r_M\right)^{[26]}$$

....

该文还首次用一般期望效用的术语来解释 CAPM 以及 $\mu_j=r+\theta\text{Cov}\left(r_j, r_M\right)$ 中的风险规避参数 θ。论文指出，该参数是所有投资者风险规避的集合，其中每位投资者风险规避程度是由某一与绝对风险规避类似的变量来表征。鲁宾斯坦（1973 年 10 月）指出，在离散时间与证券收益联合正态分布条件下，风险变量是 $-E\left[U''\left(W_1\right)\right]/E\left[U'\left(W_1\right)\right]$ 的集合[⊖]。在连续时间，默顿（1973 年 9 月）对每一个参与者也推出了一个类似的结果，但条件是风险变量正好等于以初始财务度量的绝对风险规避程度——它是当交易时间间隔逼近离散时间度量的 0 时风险的极限。

不过，鲁宾斯坦论文的核心是广义化基于投资组合收益高阶矩（如偏度

⊖ 见鲁宾斯坦（1973）：《风险溢价的比较静态分析》（*A Comparative Statics Analysis of Risk Premiums*），载于《商业学刊》第 46 卷，第 4 期（1973 年 10 月），pp. 605 ~ 615。

和峰度）偏好的资本资产定价模型。特别是，鲁宾斯坦推导出了基于分离特性三次效用下偏度偏好的 CAPM 的对数扩展形式。其结果最终就是在 CAPM 公式中增加了一项，以反映单只证券为市场组合增加偏度的程度：

$$\mu_j = r + \theta_1 \operatorname{Cov}(r_j, r_M) + \theta_2 \operatorname{Cos}(r_j, r_M, r_M) \qquad (2\text{-}26)$$

其中，$\operatorname{Cos}(r_j, r_M, r_M) \equiv E\left[(r_j-\mu_j)(r_M-\mu_M)^2\right]$，风险规避和偏度偏好意味着 $\theta_1>0$ 且 $\theta_2<0$。

在接下来的 27 年中，极少有研究再对偏度模型感兴趣。到 2000 年哈维和西迪克对该模型进行了经验验证[⊖]，其中假设投资者在各个持续时间度都持有证券，假设参数是非静止的，依赖于每个时段初始的信息。他们的研究说明，条件偏度有助于解释证券收益的横截面变化，甚至在缺乏基于规模和账面与市场价值比率等因素的情况下。他们发现，在他们的样本期，系统偏度会带来每年 3.6% 这一极高的风险溢价。另外，他们还说明偏度还可以解释以前人们发现的动量对收益的影响。

∽ ∽ ∽

1973 年《如何使用证券分析来提高投资组合选择》

杰克 L. 特雷诺和费希尔·谢菲·布莱克 发表了《如何使用证券分析来提高投资组合选择》（*How to Use Security Analysis to Improve Portfolio Selection*），载于《商业学刊》第 46 卷，第 1 期（1973 年 1 月），pp.66～86。

⊖ 见坎贝尔 R. 哈维和阿卡塔·西迪克（2000）:《条件偏度和资产定价检验》（*Conditional Skewness and Asset Pricing Tests*），载于《金融学学刊》第 55 卷，第 3 期（2000 年 6 月），pp. 1263～1295。

投资组合选择、资本资产定价模型（CAPM）、市场模型、投资组合分离、市场投资组合、无风险证券、阿尔法、贝塔、残余风险与系统性风险、市场择时与证券选择、卖空

马科维茨（1952 年 3 月）和罗伊（1952 年）提出的多种风险证券的均值 – 方差投资组合选择问题以及加入一个无风险证券后的选择问题（托宾，1958），似乎需要通过数量分析才能得到解决。然而，特雷诺 – 布莱克（1973）巧妙地说明了如何结合马科维茨（1959）和夏普（1963）的对角或市场模型 $r_j - r = \alpha_j + (r_M - r)\beta_j + \varepsilon_j$，通过解析形式推出解决方案。特别地，他们的研究说明了证券阿尔法（α_j）和证券剩余方差 $\omega_j^2 = \mathrm{Var}(\varepsilon_j)$ 之间的权衡是如何影响投资者投资组合的最优分配的。仔细审查他们的解决方案，不难推出这类模型（风险证券组合的最优比例构成与投资者风险规避无关）的投资组合分离特征，从而看出投资者信念的差异（反映在投资者分配给证券的阿尔法上）如何使得投资组合偏离市场组合，并筛选出证券选择以及投资组合状态的市场择机动因。

他们的解决技巧受到市场模型结构以及使用状态证券的便利的启发。对证券 j 的 1 美元投资被划分为三部分：① $1 - \beta_j$ 投资于无风险证券（收益为 r）；② β_j 投资于市场组合（收益为 r_M）；③ 1 美元投资于证券 j 但资金来自借款 $1 - \beta_j$ 美元以及卖掉 β_j 美元的市场组合投资。虽然后面的投资没有耗费什么成本，但它将带来一个随机收益，等于证券的剩余收益 ε_j。投资者可以考虑构建一个自己的投资组合：比例 γ 投资于无风险证券，比例 β 投资于市场组合，比例 h_j 投资于风险证券 j 的剩余收益。这样，他的组合收益 $r_P = \gamma r + \beta r_M + \Sigma_j h_j \varepsilon_j$，其中 $\Sigma_j h_j = 1$。β 可以解释为被动投资加上潜在的市场择机部分，而 h_j 解释为"积极赌博"。这种分解证券收益的方法有效地反转了矩阵，得到的证券实际持有比例 γ、β 和 $\{h_j\}$ 的解析形式解。

它们的解为

$$x_0 = 1 - \lambda^{-1} \left[\left(\frac{\mu_M - r}{\sigma_M^2} \right) + \Sigma_j (1 - \beta_j) \left(\frac{\alpha_j}{\omega_j^2} \right) \right]$$

$$x_j = \lambda^{-1} \left[\chi_j \left\{ \left(\frac{\mu_M - r}{\sigma_M^2} \right) - \Sigma_j \beta_j \left(\frac{\alpha_j}{\omega_j^2} \right) \right\} + \left(\frac{\alpha_j}{\omega_j^2} \right) \right], \quad 对所有 j = 1, \cdots, m$$

式中，$x_0 \equiv$ 无风险证券投资占投资组合 P 价值的比例；

$x_j \equiv$ 风险证券投资 j（$\Sigma_{j=0, \cdots, m} x_j = 1$）占投资组合 P 价值的比例；

$\chi_j \equiv$ 证券 j 占由所有可得证券组成的投资组合 M 的市场价值的比例，$\Sigma_j \chi_j = 1$；

$\lambda \equiv$ 对投资者风险规避的度量（λ 越大，投资者的风险规避程度就越高）；

μ_M, $\sigma_M^2 \equiv$ 投资组合 M 的收益的均值和方差 [27]。

接下来是几个可信的结论：

（1）指数基金条件。如果对所有 j 而言 $\alpha_j = 0$，那么投资者将可投资财富在无风险证券和一只指数基金 M 之间进行分配。

（2）市场择机条件。投资的市场择机部分取决于比率 $(\mu_M - r) / \sigma_M^2$；随着投资者对该比率的看法的变化，他将投资更多或更少于市场部分 M。

（3）证券挑选条件。如果 $\alpha_j > 0$，投资者对证券 j 的投资比例将高于市场比例 χ_j。

（4）规避可分散风险。剩余风险 ω_j^2 越大（其他因素保持不变），投资者持有证券 j 的比例就越低。

（5）组合分离。不难看出，投资者持有风险证券的比例与投资者的风险规避 λ 无关；要证明这一点，考虑任意两只风险证券的比例 x_j 和 x_k，计算比率 x_j / x_k。

遗憾的是，一旦引入卖空限制，就会破坏这些结论的解析特征。事实上，最优解总是为极大的多头与极大的空头并存。因此，即便交易成本极低或者对预期收益与风险的估计不存在不确定性，该最优解也是不现实的。为了直观地看清这一点，考虑一个极端的情况，假设两只证券的收益完全正相关，但价格有所不同。尽管这不是一个套利机会，在没有交易成本的情况下，投资者仍希望利用这一机会，在大量买多其中一只证券的同时相同规模地卖空另一只证券。埃尔顿 – 格鲁伯 – 帕德博格（1976）发现了一个相对简单的解答算法[⊖]，情况与特雷诺 – 布莱克类似，但不允许卖空。

$$\mathscr{G}\quad\mathscr{G}\quad\mathscr{G}$$

1973 年《看涨与看跌期权定价之间的关系：评论》

罗伯特 C. 默顿　发表了《看涨与看跌期权定价之间的关系：评论》（*The Relationship between Put and Call Option Prices：Comment*），载于《金融学学刊》第 28 卷，第 1 期（1973 年 3 月），pp. 183 ～ 184。

欧式期权与美式期权、支出保护、提前行权

仍有许多人相信，即便在标的资产价格保持不变的情况下，投资者的乐观主义也能同时使看涨期权上升且使看跌期权下降。然而，长期被实践的反转策略（买入看涨期权，卖空其标的资产，同时借出期权的行权价格）是能带来与看跌期权同样报酬的方法（当没有看跌期权可交易时，在实践中被用于从期权中获取看跌期权的方法）。尽管该策略早在 1688 年就已经被人所

⊖ 见埃德文 E. 埃尔顿、马丁 J. 格鲁伯和曼弗雷德 W. 帕德博格（1976）：《最优投资组合挑选的简单法则》（*Simple Criteria for Optimal Portfolio Selection*），载于《金融学学刊》第 31 卷，第 5 卷（1976 年 12 月），pp. 1341 ～ 1357。

熟知[注]，至少是在对远期契约的期权问题上，但斯托尔（1969）可能是第一个
将该关系用代数形式进行表述的人[注]。他证实到，在无套利和完备市场的双假
设下，该结论仍然成立。

看涨－看跌的平价关系式可能是最重要的期权套利关系式，表述为

$$P_0 = C_0 - S_0 d^{-t} + K r^{-t} \qquad （2-27）$$

其中，P_0 和 C_0 为相仿的看跌期权和看涨期权的同期价格，共同的行权价格为
K，共同的到期日为 t，标的资产的同时价格为 S_0，年度股息收益率为 d，年
度无风险收益率为 r。

··

对看跌－看涨期权平价的证明

来自看涨期权的收益可以写作 $\max(0, S_t - K)$，其中 S_t 表示标的资产在到期
日的价格。看跌期权的收益可以写作 $\max(0, K - S_t)$。在到期日对每个 S_t 值来说：

$$\max(0, K - S_t) = \max(0, S_t - K) - S_t + K$$

如果等式的两边都取现值，我们就有之前所说的看跌－看涨期权平价关系。

··

如同考克斯在考克斯－鲁宾斯坦（1985）中指出的，给定标的资产价格
和无风险收益率（以及股息收益率），看跌－看涨期权的平价关系意味着类似
的看跌与看涨期权的价值差异不能取决于标的资产的期望收益。为了证明这
一点，他观察到看跌－看涨期权的平价关系可以写为

$$C_0 - P_0 = S_0 d^{-t} - K r^{-t} \qquad （2-28）$$

因而，差异 $C_0 - P_0$ 只取决于 S_0、r、d、K 和 t。尽管差异与期望收益无关

[注] 见约瑟夫·德拉维加（1688）：《混沌中的混沌》（*Confusion de Confusiones*），重印于马丁．弗里
德森编著的《非同寻常的大众幻想与群众性癫狂》（John wiley & Sons，1996）。

[注] 见汉斯 R. 斯托尔（1969）：《看跌与看涨期权价格之间的关系》（The Relationship between Put and
Call Option Prices），载于《金融学学刊》第 24 卷，第 5 期（1969 年 12 月），pp. 801 ～ 824。

这一结论与大家的普遍观念向左，但如果不是这样，就将存在套利机会。

在默顿（1973 年 3 月）的评论中，他指出虽然看跌 – 看涨期权的平价关系符合欧式期权（即不能提前行使期权），但该关系不适用于美式期权，因为提前行使看涨或看跌期权将是最优的。萨缪尔森 – 默顿（1969）早已指出，受到支出保护的看涨期权永远都不应该被提前行权，但在没有分配保护的情况下，可以提前行权。在评论中，默顿认为看跌期权（无论是否支出）都应该提前行权。

默顿还进一步指出，值得提前行使大多数（如果不是全部）盈利的看跌期权，这具有重大的实践意义。

··

美式看跌期权的最优提前行权：一个极端的例子

要证明这点的一个简单方法就是考虑如下极端的情况：一年到期的美式看跌期权，行权价格等于 100 美元。接着假设其标的资产价格急剧下跌，降到接近零的水平。如果你现在行使看跌期权，你就几乎能得到 100 美元，接近你能从该期权得到的最高回报（假设该标的资产价格不会跌到零以下）。你可以选择现在得到（近乎）100 美元，或者等到日后再得到 100 美元。只要利率为正，你肯定愿意现在行权，这样就能将 100 美元用于再投资，赚取利息。

··

かかか

1973 年《价格、贝塔与交易所上市》

马歇尔 E. 布鲁姆和弗兰克·胡斯克 发表了《价格、贝塔与交易所上市》（*Price，Beta，and Exchange Listing*），载于《金融学学刊》第 28 卷，第 2 期

（1973 年 5 月），pp. 283 ～ 299。

1974 年《风险、投资策略与长期收益率》

马歇尔 E. 布鲁姆和欧文·弗兰德　发表了《风险、投资策略与长期收益率》（*Risk，Investment Strategy and the Long-Run Rates of Return*），载于《经济学与统计学评论》第 56 卷，第 3 期（1974 年 8 月），pp. 259 ～ 269。

1977 年《普通股的投资业绩与其市盈率的关系：对有效市场假说的一个检验》

S. 巴苏　发表了《普通股的投资业绩与其市盈率的关系：对有效市场假说的一个检验》（*Investment Performance of Common Stocks in Relation to Their Price-Earnings Ratios：A Test of the Efficient Market Hypothesis*），载于《金融学学刊》第 32 卷，第 3 期（1977 年 6 月），pp. 663 ～ 682。

1981 年《收益与普通股市场价值之间的关系》

罗尔夫 W. 班茨　发表了《收益与普通股市场价值之间的关系》（*The Relationship between Returns and Market Value of Common Stocks*），载于《金融经济学》第 9 卷，第 1 期（1981 年 3 月），pp. 3 ～ 18。

规模效应、贝塔、价格效应、M/B 异象

布鲁姆 - 胡斯克（1973）是经验金融经济学领域被埋没的一篇经典文献，它应该是最早发现最令人费解的"规模效应"异象的文献。文章使用 1932 ～ 1971 年纽约股票交易所的股票的月度数据，每月股票都按照月末价格排序成五等份，同时还依照根据前 60 个月收益数据进行回归得到的贝塔进行排序，同样排成五等份。这样，根据两种排序法，每月有 25 个投资组合。

这 25 个投资组合的月收益再对价格和贝塔进行回归，结果发现，在整个分析期，收益与贝塔正相关、不显著，但与价格显著负相关。但如果用收益对价格和投资组合的未来贝塔（用后 60 个月的数据度量）进行回归，则价格的系数仍为负，但系数的绝对值小于第一个使用过去贝塔进行回归得到的结果。总的来说，这些研究结论说明存在"价格效应"：低价格股票比高贝塔股票更可能具有更高的未来收益，而不管贝塔是用前 60 个月还是用后 60 个月的数据进行度量。另外，贝塔是随时间变化而变化的，用过去 60 个月的数据来计算现在的贝塔存在测量误差，且这个测量误差与价格相关：对于低价格股票，未来贝塔可能高于过去贝塔。例如，对于 1967 年 1 月定价的股票，由过去贝塔最高股票和价格最低股票组成的投资组合的未来贝塔为 1.49，而由过去贝塔最高股票和价格最高股票组成的投资组合的未来贝塔为 1.24。文章说明，不管你怎样截取时间，该差异总是存在。也就是说，保持过去贝塔不变，较低价格的股票拥有较高的未来贝塔。

该文章提出两个问题：①为什么价格能预期贝塔的变化？②为什么在考虑价格对未来贝塔的影响之后，价格还能预期收益？在 1973 年那个时候，可能有人会对问题①做出如下解释：在低价格股票投资组合中的股票都是价格最近开始下降的股票，由于企业只是定期地调整其资本结构，因此股价的下降会自动引起按市场价值计算的负债权益比率提高，这样，股票未来的贝塔就会高于过去。

虽然严格而论，布鲁姆和胡斯克度量的是价格效应而不是规模效应，但二者显然是紧密联系在一起的。事实上，低价格股票在市场价值规模上不仅小于高价格股票，而且在任一时间低价格股票都是最近才变得低价格，因而他们与过去相比其市场价值规模也变得较小。

随后一篇文献——布鲁姆-弗兰德（1974）更直接地检验了规模效应。该文章考察了 1938～1968 年不相重叠的 5 年期的股票收益。在每个 5 年期股票都按照贝塔分成十分位。比较平均加权投资组合与比例加权投资组合的5年期收益。平均加权投资组合代表小股票，而比例加权投资组合代表大股票。如果把整个分析期划分为3个10年，那么每个10年中两个5年期收益的平均值见表2-4：

表 2-4　5年期股票收益，按规模排序

贝塔十分位	1938～1948年		1948～1958年		1958～1968年	
	平均（%）	比例（%）	平均（%）	比例（%）	平均（%）	比例（%）
最低	62	44	85	75	103	92
2	96	54	96	112	101	91
3	93	71	105	130	101	84
4	93	69	97	204	101	56
5	94	73	90	126	124	90
6	119	86	103	101	104	88
7	108	76	104	125	142	78
8	105	66	94	107	130	116
9	128	109	102	162	153	108
最高	96	74	77	145	137	101

虽然作者没有提供对统计显著性的度量，但是经验表明，这里描述的规模效应肯定既在统计意义上显著，也在经济意义上显著，但并不总是一致。虽然总体看来小企业的表现好于大企业（保持贝塔不变），但也存在特殊的时间段里这种正常的关系发生反转。

作者总结到：

平均加权投资组合与比例加权投资组合在不同时段的业绩差异，也就是大型股票与小型股票在不同时段的业绩差异，说明还存在另一种（或者不止一种）重要因素影响着股票收益，而现有的收益影响模型没有考虑到该因素……平均加权投资组合与比例加权投资组合的收益差异非常大，仅仅由平均加权组合具有更多的流动性风险这一原因难以解释。我们需要进一步的检验来验证是否存在与规模相

关的因素能解释单只证券之间的收益差异。(p. 267) [28]

在布鲁姆和弗兰德之后,更为权威性的研究是 7 年后公开发表的班茨 (1981),该文被普遍认为是首先揭示了规模效应。奇怪的是,该文没有提到或引用早期布鲁姆 – 胡斯克或布鲁姆 – 弗兰德的相关研究。该文沿用布莱克和斯科尔斯(1974)的方法,将所有证券(在这里是指 1926 ~ 1975 年间所有纽约股票交易所的股票的月价格数据)根据重要变量市场价值比例划分为五个投资组合,每个投资组合又再按照贝塔分为 5 个子投资。这样,每月都有 25 个投资组合的收益数据。文章用收益对贝塔和重要变量(这里就是规模)进行回归:

$$\gamma_{jt} = \gamma_{0t} + \gamma_{1t}\beta_{jt} + \gamma_{2t}\left(\frac{\varphi_{jt} - \varphi_{Mt}}{\varphi_{Mt}}\right) + \varepsilon_{jt} \tag{2-29}$$

其中,φ_{jt} 被定义为证券 j 的市场价值比例,φ_{Mt} 为平均市场价值比例。与布鲁姆和胡斯克类似,班茨发现,虽然规模已能预期贝塔的变化,此外它对收益还有着独立的影响作用:在其他因素不变的情况下,小型企业的收益率较高。班茨发现,规模效应在经济意义上高度显著。为了形象说明其结果,班茨构造了一个零贝塔投资组合,买多规模最小的 10 家(或 50 家)企业股票,同时卖空规模最大的 10 家(或 50 家)企业股票,在 1931 ~ 1975 年每年的收益率居然高达 20%(或 12%)! ——而且这些收益都统计显著。如果用规模最大的 10 家(或 50 家)企业换成中等规模企业,零贝塔投资组合的收益结果仍然一样。这些结果显示,到目前为止,对收益影响最大的发生在规模最小的企业,这些企业似乎是定价偏低的大型企业。将分析期拆分为不相重叠的 5 年期时段后,作者发现,一共 9 个时间段中,有 7 个时段里规模最小的股票其业绩好于大型股票。而且在 1946 ~ 1955 年的 2 个 5 年时段里,规模效应的方向也发生了逆转。在这个 10 年里,大型股票的业绩超过了规模最小的股票。这证实了布鲁姆和弗兰德早期的发现。班茨总结到：

> 这样的效应没有理论依据。我们甚至不知道这个因素到底是规模自身呢，还是规模只是某一种或更多种我们不知道的、与规模密切相关的因素的表征。（p.16）

在班茨研究的那个时期，人们分析这个被遗漏的因素可能有市盈率、P/E 比率以及投资组合分散化程度等。例如，罗格 W.克莱因和维杰 S.巴瓦（1977）[⊖] 从理论角度提出，如果投资者面临相对较高的某些企业的信息搜集成本，这就会增加这些企业股票的预测风险。这样，投资者对这些股票的需求会降低，从而降低股票的价格并相应提高股票的已实现收益。因此，如果小规模企业的信息成本较高，它们对投资者而言风险就更高，于是拥有较低价格和较高的已实现收益。

另一个异象与 P/E 比率（按每股来说就是市盈率）有关。人们的分析普遍集中在市盈率较低的股票上。据说，这些股票的潜力被市场低估了，由低市盈率股票组成的投资组合其业绩将高于市场投资组合。虽然以前的大样本研究倾向于支持这一假说，但这些研究存在各种各样的问题，如生存偏差、未能调整风险、交易成本、差异税收以及交易策略的使用，等等，而巴苏（1977）是首篇提供可信证据的文献。

巴苏考察了 1957 年 4 月～ 1971 年 3 月的 753 只 NYSE 股票。每年年末每只股票的市盈率等于该股票 12 月 31 日的总市场价值除以报告年利润（扣除异常项目之前）。接着这些股票按照市盈率的高低进入五个投资组合，市盈率最高的股票组成第一个投资组合，依此类推。假定投资组合是在来年的 4

⊖ 见克莱因和巴瓦（1977）：《有限信息和预测风险对最优投资组合分散化的影响》（*The Effect of Limited Information and Estimation Risk on Optimal Portfolio Diversification*），载于《金融经济学学刊》第 5 卷，第 1 期（1977 年 8 月），pp.89 ～ 111。

月 1 日买入（这样保证盈利报告已经发表）并在接下来的 12 个月继续持有。在下一年的 4 月 1 日，每个投资组合的收入再投资于同一市盈率级别的重新调整后的投资组合。最高市盈率组合与最低市盈率组合的年复利收益率分别为 9.3% 和 16.3%，差异在统计意义上和经济意义上都显著。而且，前文所述的所有可能的解释（风险、交易成本等）都无法解释这一差异。

∽ ∽ ∽

1973 年《期权定价与公司负债》

费希尔·谢菲·布莱克和迈伦·斯科尔斯 发表了《期权定价与公司负债》(*The Pricing of Options and Corporate Liabilities*)，载于《政治经济学学刊》第 81 卷，第 3 期（1973 年 5 ~ 6 月），pp.637 ~ 659。

1973 年《理性期权定价理论》

罗伯特 C.默顿 发表了《理性期权定价理论》(*Theory of Rational Option Pricing*)，载于《贝尔经济学和管理科学学刊》(*Bell Journal of Economics and Management Science*) 第 4 卷，第 1 期（1973 年春季号），pp.141 ~ 183，重印于罗伯特 C.默顿所著的《连续时间金融》一书中的第 8 章（Blackwell，1990 年），并附有最新的脚注，pp.255 ~ 308。

1974 年《论公司债务的定价：利率的风险结构》

罗伯特 C.默顿 发表了《论公司债务的定价：利率的风险结构》(*On the Pricing of Corporate Debt：The Risk Structure of Interest Rates*)，载于《金融学学刊》第 29 卷，第 2 期（1974 年 5 月），pp.449 ~ 470。重印于罗伯特

C.默顿所著的《连续时间金融》一书中的第 12 章（Blackwell, 1990 年），并附有最新的脚注，pp. 388 ~ 412。

1976 年《期权价格中所隐含的股价率标准差》

亨利 A. 拉塔尼（1907—1984 年）和小理查德 J. 伦德尔曼（1949 年—） 发表了《期权价格中所隐含的股价率标准差》（*Standard Deviations of Stock Prices Ratios Implied in Option Prices*），载于《金融学学刊》第 31 卷，第 2 期（1976 年 5 月），pp. 369 ~ 381。

1977 年《或然求偿权定价与莫迪利亚尼 – 米勒定理》

罗伯特 C. 默顿 发表了《或然求偿权定价与莫迪利亚尼–米勒定理》（*On the Pricing of Contingent Claims and the Modigliani-Miller Theorem*），载于《金融经济学学刊》第 5 卷，第 2 期（1977 年 11 月），pp. 241 ~ 249，重印于罗伯特 C.默顿所著的《连续时间金融》一书中的第 13 章（Blackwell, 1990 年），并附有最新的脚注，pp. 413 ~ 427。

衍生工具、期权、期权定价、布莱克 – 斯科尔斯公式、对数正态分布、波动、动态策略、自我融资策略、套利、投资组合修改、复制投资组合、动态完善、下跌即撤销期权、对冲关系、牛型价差关系、蝶形价差关系、时间价差关系、支出函数、隐性波动、作为期权的公司证券、违约期权、状态价格

布莱克 – 斯科尔斯（1973）是有关衍生定价的经典文献。布莱克和斯科尔斯假设，一份标准欧式看涨或看跌期权的标的资产的收益服从奥斯本（1959）描述的几何布朗运动。因此，①标的资产的局部收益是连续的，也就是说，只有当价格经历了所有中间价格才能从 S_0 到 S_t；②标的资产收益的局部波动性是固定的。接着他们提供了期权定价公式的两个依据，其中一个基于默顿（1973 年 9 月）的跨期 CAPM 模型，另一个明显是根据默顿的建议基于这样一种思想：期权的自我融资策略和标的资产是局部无风险的。两个依据都得到相同的随机偏微分方程。在到期日期权价值 max（0，S_t-K）的条件约束下解该方程。其解就是著名的布莱克 – 斯科尔斯公式。该公式表达的是一份看涨期权的价值 C_0 与当前价格 S_0、股息收益率 d（不包含在原方程中）、标的资产的波动性 σ、无风险收益率 r、行权价格 K 以及到期时间 t 之间的关系：

$$C_0 = S_0 d^{-t} N(x) - Kr^{-t} N(x - \sigma\sqrt{t})$$

式中，
$$x \equiv \left[\frac{\ln(S_0 d^{-t} / Kr^{-t})}{\sigma\sqrt{t}}\right] + \frac{1}{2}\sigma\sqrt{t} \tag{2-30}$$

其中，N（·）是标准正态分布函数。该公式的高明之处就在于：给定 6 个影响因素，我们无须知道标的资产在整个期权周期之间的期望收益就可以知道期权的价值。

该公式对投资金融理论的真正重要性不在于公式本身，而在于它的推导过程。早在 10 年前，凯斯 M. 斯普伦克尔（1962）[⊖] 和詹姆斯·邦尼斯（1964）[⊖] 就推导过类似的公式。斯普伦克尔是在假定标的资产价格成对数正态分布的情况下通过整合期权收益从而推导出看涨期权的现行价格。其期权价格公式中包含标的资产的期望收益率 m 和一个未设定的期权收益风险调整后的贴现率 x。邦尼斯考虑的是斯普伦克尔公式的一个特例：投资者为"中性

[⊖] 见斯普伦克尔（1962）：《作为期望和偏好指示器的权证价格》（*Warrant Prices as Indicators of Expectations and Preferences*），载于《耶鲁经济学文集》第 1 卷（1962 年），pp. 178 ～ 231。重印于保尔 H. 库特勒的《股票市场价格的随机特性》（Risk Publications，2000），pp. 504 ～ 578。

[⊖] 见邦尼斯（1964）：《股票期权价值理论精要》（*Elements of a Theory of Stock-Option Value*），载于《政治经济学学刊》第 72 卷，第 2 期（1964 年 4 月），pp. 163 ～ 175。

风险偏好"，标的资产的期望收益率等于期权收益贴现率（$m=x$）。这样，他得到了后来著名的布莱克－斯科尔斯公式。尽管他宣称"投资看涨与看跌期权的投资者不关注风险，且他对不同股票期权使用相同的贴现率，但他没有将其解释为无风险收益率 $r-1$"。事实上，他计算该参数的方法是选择能使期权价格（根据他公式计算出来的）最能拟合市场价格的 x 值。第一位将 x 解释为无风险收益率 $r-1$ 的应该是爱德华 O. 索普，接着是加利福尼亚大学的一位数学家欧文，虽然他从未公开发表这一结果。但是，邦尼斯或索普都没能理解一个关键思想，即连续时间、连续状态的套利理论可以用来将这一贴现率与无风险收益率等同起来——而索普就差那么一步了，因为他已经清楚地明白买入标的资产进行动态套利期权的道理，这从他 1969 年写的文章⊖以及他与卡索夫合著的《跑赢市场》一书⊜可以看出。

在布莱克和斯科尔斯的第二个更有力的证据中，显然是受了默顿的建议，他们指出，标的资产和看涨期权的套利仓位可以选择成局部无风险的，无须知道资产的期望收益就可以纠正套利比率。随着标的资产价格的移动，不断通过套利的累积利润与损失来调整套利交易，那么交易就能一直保持局部无风险直至期权的到期日。在随后的研究中，该论据通常转而表述为：通过不断修改一个包含标的资产及其覆盖期权寿命期现金的"自我融资"投资组合，就可能复制期权的到期日回报。因此，如果没有套利，组建套利交易的初始成本必定等于期权的现行价格。事实上，正如考克斯曾指出的那样⊜，布莱克－斯科尔斯公式本身所说的初始套利组成部分肯定是：购买 $d^{-1}N(x)$ 单元的标的资产，每单元价值 S_0，资金来自无风险借款 $Kr^{-t}N(x-\sigma\sqrt{t})$。

⊖ 见索普（1969）：《有利游戏的最优博弈系统》（*Optimal Gambling Systems for Favorable Games*），载于《国际统计学会评论》第 37 卷，第 3 期（1969），pp. 273～293。

⊜ 见索普和卡索夫（1967）：《跑赢市场》（*Beat the Market*）（Random House，1967 年），特别见第 81～83 页。

⊜ 见考克斯和鲁宾斯坦（1985）：《期权市场》（*Option Markets*）（Prentice-Hall，1985 年）。

布莱克－斯科尔斯第一个证据的反转（从复制现金的股票和期权到复制期权的股票和现金）首次出现在默顿（1977）。默顿指出，这种看问题的方式很清楚地说明，期权的价值并不是被假定遵循伊藤过程，而是能证明他们的确服从伊藤过程（因为其自身的随机过程能通过正确管理一个包含标的资产和现金的投资组合而得到复制）。而且，我们可以确定一个即便不存在的期权的价值。

再回到阿罗（1953），阿罗十分困惑：正如前文所述，如果一个人充分考虑了与决策相关的状态的个数，那么构成整个市场的证券的数目将会无比大。虽然比状态－证券的思想稍微逊色，阿罗 1953 年的文章亦包含了他解决难题的主要方法：一个刚开始不完备的市场可以通过长时间投资组合调整的机会成功地变得完备起来——这是日后诸多跨期均衡模型以及现代期权定价理论背后的重要思想。

让我们看一个简单的例子，只考虑在三个未来日期中状态的演进。在图 2-1 中，现在日期（0）的状态假定是已知的。在日期 1 可能发生三种状态 A、B 和 C。每种状态在日期 2 又会产生三种新状态，同样，日期 2 的每种状态在日期 3 还会带来另外三种状态，这样，在日期 3 一共有 27 中可能的状态。正如在点数问题中的一样，知道较早日期的状态就能缩小在随后日期发生的状态的可能。因此，如果在日期发生 A，那么只有在 A 节点后的那些状态才会出现在日期 2；而在 B 和 C 后的那些状态便不会出现。

再假设，在一个经济体中，投资者在日期 0 购买证券，最终目的是为了在日期 3 积累财富。与帕斯卡和费马类似，阿罗考虑了两种组织证券市场的方式，一种可能是，在日期 0 有 27 只证券，各自在日期 3 获得不同的回报。有了 27 个状态和 27 只证券，我们就有了一个完备市场。投资者通过在日期 0 投资一个由 27 只证券组成的"购买并持有"投资组合，就可以在日期 3 区别所有 27 个状态。为了保留证券的个数，阿罗又接着提出，在日期 0 只有

3 只证券，这 3 只证券在日期 1 拥有不同的价值，覆盖 3 个状态 A、B 和 C；因此，市场刚开始是不完备的。现在如果状态 A 发生，那么在日期 1 一个由 3 只证券组成的新市场就形成了。这 3 只证券将在日期 2 拥有不同的价值，从而发生在日期 2 可能出现的 3 种状态。投资者可以将投资组合清算，再投资于那时可得的证券。同样，在日期 2，给定发生的状态，也会出现一个由 3 只证券组成的新市场，这 3 只证券将在日期 3 拥有不同的价值，从而发生在日期 2 可能出现的 3 种状态。在这个组织证券市场的第二种方法中，每个日期需要的证券数为 3，总共需要的证券数为 3+3+3=9。这种方法神奇地减少了市场完备所需的证券数。我们现在不需要 27 只证券，只需要有 9 只证券就可以得到完备市场。为了区分这两种组织市场的方法，金融经济学家们说，第二种方法是一个动态完备市场，因为投资者必须时常调整投资组合才能实现完备性的效果。[29]

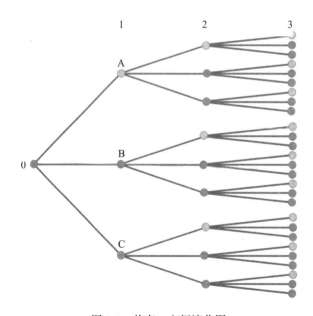

图 2-1　状态 - 空间演化图

不过，在上述例子中，日期 1 开放的市场在日期 0 并不存在。而布莱克－斯科尔斯却说明了同样的"长期"证券（初始在日期 0 就存在的证券）是如何随时间发生交易从而使得市场动态完备的。虽然必须开放的市场数目基本与阿罗的一致，但必须产生的最终交易工具数目却不相同。事实上，布莱克和斯科尔斯阐述了仅有两只证券就足以使得市场达到动态完备！因此，布莱克－斯科尔斯模型对资产定价基础工作的真正重要性在于它阐释了长期证券在市场完备中的作用。

除了这一点，阿罗与布莱克－斯科尔斯描述的情景本质上是非常接近的。为了直观地描述，假设你正试图决定现在持有什么样的证券。而现在市场是不完备的，没有足够的证券，你无法量身打造一个能在不远的将来为你带来最佳回报的"买入并持有"投资组合；你只能依靠在中间市场阶段不断调整你现在选择的投资组合从而弥补缺失的证券。但是要知道现在应该做什么，你必须先了解在每个中间状态你能够怎样调整你的投资组合。[30]

阿罗的解决方法并没有真正减少投资者做出现在决策所需要的信息量。投资者如何才能知道未来的状态价格如何呢？阿罗的方法最终并不令人满意。

对布莱克－斯科尔斯（1973）的期权定价模型也有相似的评判。该模型假设，标的证券的波动性和未来利率是可以提前预测的（而且保持不变）。但是要知道未来波动性和利率就相当于得提前知道未来市场的状态价格。[31] 更为一般地，当金融经济学家们假设投资者部分了解有关证券价格行为变化的随机过程时，他们更愿意采用阿罗解决问题的办法。例如，仅仅假设市场组合收益服从随机游走对未来状态价格的演变有着重要影响。由于状态价格取决于未来主观概率和风险规避，因而它对这些重要变量的变化有着重要影响。如果随着总体市场财富的变化社会风险规避程度也发生变化，那么市场组合收益就很难服从相同风险中立的概率分布，从而使得任一只股票的收益不可能拥有相同风险中立的分布，这违反了布莱克－斯科尔斯模型的一个重要假设。[32]

默顿（1973 年春季号）对布莱克－斯科尔斯（1973）的期权定价理论进行了多方面的扩展。他指出，在可预测变化的利率条件下，欧式期权应该根据利率按照一个在期权到期日到期的零息债券来定价。他加入了标的资产的预测股息收入，并设计了一个包含不确定未来无风险收益的广义化公式。他还为舶来期权，即"下跌即撤销"障碍期权（与标准期权的区别在于：在看涨期权的寿命期，如果期权标的资产的价格低于预先指定的障碍水平，期权就即可撤销），首次设计了一个解析公式。

另外，在一个比布莱克和斯科尔斯假设的更为一般的环境里，默顿仅仅假设无套利和市场完备，便推导出了许多将看涨或看跌期权的价格与标的资产的现行价格联系起来的"广义套利不等式"（"对冲关系"）、两只仅行权价格不同的类似期权之间的价值关系（"牛型价差关系"）、三只仅行权价格不同的类似期权之间的价值关系（"蝶型价差关系"），以及两只仅到期日不同的类似期权之间的价值关系（"时间价差关系"）。

对于美式看涨期权：

- 对冲关系：$S_0 \geq C_0 \geq \max(0, S_0-K, S_0 d^{-t}-K r^{-t})$。
- 牛型价差关系（对两只除了 $K_1<K_2$ 之外都类似的期权）：$C(K_1)>C(K_2)$，且 $C(K_1)-C(K_2) \leq K_2-K_1$。
- 蝶型价差关系（对三只除了 $K_1<K_2<K_3$ 之外都类似的期权）：$C(K_2) \leq \lambda C(K_1)+(1-\lambda)C(K_3)$，其中，$\lambda \equiv (K_3-K_2)/(K_3-K_1)$。
- 时间价差关系（对两只除了 $t_1<t_2$ 之外都类似的期权）：$C(t_2) \geq C(t_1)$。

如果看涨期权为欧式期权，那么对冲关系式就变为 $S_0 d^{-t} \geq C_0 \geq \max(0, S_0 d^{-t}-K r^{-t})$；牛型价差关系式变为 $C(K_1)>C(K_2)$，且 $C(K_1)-C(K_2) \leq (K_2-K_1)/r^{-t}$；只要标的资产在期权到期日之前有股息支出，时间价差关系式

就不必成立。

证明标准期权的蝶型价差关系式

为了说明它们是如何被证明的，我们看看蝶型价差关系式。在这里，为了简便起见，假设三只期权的行权价格是等差分布的，即 $K_3-K_2=K_2-K_1$；而且所有期权都是欧式期权。假设一只期权以行权价格 K_1 买入，两只期权以行权价格 K_2 售出，还有一只期权以行权价格 K_3 买入。那么该蝶型价差的支出为：

$$\text{Max}(0, S_t-K_1) - [2\max(0, S_t-K_2)] + \max(0, S_t-K_3)$$

再假设所有可能的 S_t 的数值范围为零到无穷。不难看出，上述支出函数不可能为负（可能为正）。因此，如果不存在套利，该式的现值，$C(K_1)-2C(K_2)+C(K_3)$，也肯定为非负。重新组合一下不等式就得到了蝶型价差关系式。

马克 B. 加曼（1976）[⊖] 指出，在没有对标的资产价格概率分布的限制以及假设标的资产自身是零行权价格的支出保护期权时，这些条件是保证在所有针对相同标的资产同时存在的期权之间不存在"买入并持有"套利机会的充分且必要条件。雅克夫 B. 博格曼、布鲁斯 D. 格朗迪和兹维·威纳（1996）[⊖] 研究了如下问题：从期权支出函数推导出的套利特征在多大程度上来自到期日之前的期权定价函数？他们说明，给定一个固定的无风险收益率和标的资产价格的单变量扩散过程（连续时间、连续状态过程，局部波动性仅是现行资产价格时间的连续函数），任何一个欧式期权衍生物（任意连续支出函数，因而不限于标准看涨与看跌期权）在其生命期都延承了其支出函数的重要特征：德尔塔的上下限、单调性以及标的资产价格的凹性或凸性。

⊖ 见加曼（1976）：《评估对冲投资组合的代数学》（*An Algebra for Evaluating Hedge Portfolios*），载于《金融经济学学刊》第 3 卷，第 4 期（1976 年 10 月），pp. 403 ～ 427。

⊖ 见博格曼 – 格朗迪 – 威纳（1996）：《期权价格的一般特性》（*General Properties of Option Prices*），载于《金融学学刊》第 51 卷，第 5 期（1996 年 12 月），pp. 1573 ～ 1610。

默顿还指出，标的资产投资组合期权的价格低于相应期权投资组合（每一期权对应相同标的资产中的一种资产）的价格。

布莱克 - 斯科尔斯公式的一个重要应用在于从期权价格中发现期权标的资产的风险中立分布。由于布莱克和斯科尔斯假设风险中立的对数正态分布，这就等于发现了其标准差。学者和从业者们都将此称为期权的"隐含波动性"。将布莱克 - 斯科尔斯公式倒过来，已知期权价格 C_0 求波动性 σ，就得到了期权的隐含波动性。虽然有限定性条件，然而这是由普通的证券价格求状态价格的首个实践方法。首次将其出版的是拉塔尼 - 伦德尔曼（1976）。

正如布莱克和斯科尔斯在文中指出的，以及文章标题所示的，该理论可以应用于公司证券（股票和债券），因为公司证券可以理解为期权。假如一家企业的融资完全由股票融资和发行一次零息债券组成。这样股东就拥有了一个"违约期权"：在债务到期日他们可以选择支付债务本金或选择违约。如果选择前者，他们就拥有公司支付债务之后的剩余；如果选择后者，他们将拱手将所有权让给债权人，自己一无所剩。只要公司在债务到期日的价值低于债务本金，股东就会行使违约期权。这样，可以将股票理解为一份针对企业价值的看涨期权，其行权价格等于债务本金，到期日即为债务的到期日。同理，债务也可以理解为一个投资组合，其中包含一个无违约风险的零息债券，该债券的本金和到期日与债务相同；一份针对企业价值的看跌期权，其行权价格等于债务本金，到期日为债务的到期日；详见我对莫迪利亚尼 - 米勒（1958）证明投资价值守恒定理证明时提出的股票和债券的支出关系式。

默顿（1974）将该思想应用于零息公司债券的定价，并指出，违约溢价是标的的公司波动性、债券到期日以及承诺本金支付与企业现行价值比率这三个因素的函数。在随后年份，模型得到其他人的扩展，用于分析可提前偿还与可转换的附息公司债券、次级债券、安全契约以及公司选择资产风险与公司资本结构构成之间的关系，后者带来了企业破产的内生性。事实上，正如随后研究工作所说明的，期权定价方法是评估一系列证券的重要工具。

评价布莱克、斯科尔斯和默顿贡献的另一方法是将布莱克－斯科尔斯模型视为将阿罗（1953）抽象研究结论具体化的大门。从 1953 年至 1973 年这 20 年，人们很难意识到状态证券的思想是一项多么重要的抽象理论。只要状态价格无法被测度，它们的实际应用就受到明显限制。但自 1973 年开始，随着之后布里登－利曾伯格（1978）以及鲁宾斯坦（1994）的细致研究以及交易所交易期权市场的同时扩展，度量状态价格的分布成为可能。基础金融理论与实践之间的新联系仍是一个值得关注的领域。

在经济学或金融学领域没有哪篇文献在如此短的时间内带来如此广泛的应用。在公开出版一两年内，布莱克－斯科尔斯公式成为美国第一批在新成立的芝加哥期权交易所进行交易的期权的定价标准。1973 年 4 月 23 日交易所第一天开门交易，几乎与布莱克和斯科尔斯的文章发表是同时的。事实上，布莱克－斯科尔斯公式，与其同名的广义化公式（考克斯－罗斯－鲁宾斯坦（1979）和伦德尔曼－巴特（1979））一道，成为人类历史上最为广泛使用的包含概率的运算法则。正如杰拉尔德 R. 福尔哈伯和威廉 J. 鲍莫尔（1988）[一]指出的，界于发明与应用之间的最短时间的经济创新容易是那些有助于克服未来不确定性的以及应用于这样的市场：进出容易从而竞争特别激烈——特别符合新期权定价理论的条件。

因为"为衍生物定价发明了一种新方法"，默顿和斯科尔斯 1997 年获得了诺贝尔经济学奖（布莱克于 1995 年英年早逝）。

〰 〰 〰

[一]　见福尔哈伯和鲍莫尔（1988）：《作为理论研究创新者的经济学家》（*Economists as Innovators Theoretical Research*），载于《经济学文献学刊》第 26 卷，第 2 期（1988 年 6 月），pp. 577～600。

1973 年《风险规避与股价的鞅性》

斯蒂芬 E. 勒罗伊 发表了《风险规避与股价的鞅性》(*Risk Aversion and the Martingale Property of Stock Prices*),载于《国际经济学评论》第 14 卷,第 2 期(1973 年 6 月),pp. 436 ～ 446。

有效市场、随机游走、鞅、风险规避、稳定相对风险规避(CRRA)

将萨缪尔森(1965)提出的有效市场概念正式化的早期研究从鞅的角度来定义有效市场:依赖于信息集 Φ 的任一证券的期望下一期价格等于现在价格的固定倍数,即 $E(P_{t+1}|\Phi)=kP_t$。这里的关键部分在于 k 是非随机的;否则,将出现同义反复。特别的,如果 Φ 等于证券过去收益的历史,即 $\Phi=r_{t-1}$,r_{t-2},r_{t-3},…时,上式应该成立。另一种等同的方法是从收益角度书写萨缪尔森的定义,其中,$r_t=P_{t+1}/P_t$,k 被定义为无条件期望收益 $E(r_t)$:

$$E(r_t | r_{t-1}, r_{t-2}, r_{t-3}, \cdots) = E(r_t) \qquad (2\text{-}31)$$

这意味着,给定当前价格,对证券过去已实现收益的了解无助于预测期望未来收益。为什么呢?这是因为即便它们可能有些帮助,它们的影响也已经反映在了证券的当前价格之中(巴舍利耶,1900;沃金,1949 年 5 月;沃金,1958)。

在风险中立的情况下,鞅的结果仍保持不变,因为此时 $E(r_t | r_{t-1}, r_{t-2}, r_{t-3}, \cdots)$ 等于无风险收益率 r。在风险规避的情况下,对大多数证券而言,CAPM 显示 $E(r_t)>r$。而且,勒罗伊(1973)宣称,在风险规避条件下,条件期望收益将是随机的,因而不等于其无条件数值。考虑市场组合:萨缪尔森的定义意味着 $E(r_{Mt} | r_{Mt-1}, r_{Mt-2}, r_{Mt-3}, \cdots)=E(r_{Mt})$。假如之前的市场组合收益很高,那么典型投资者的风险规避程度就会降低,因而在下一期要求较低的风险溢价。于是,$E(r_{Mt} | r_{Mt-1})$ 实现均衡,使得 $E(r_{Mt} | r_{Mt-1}) \neq E(r_{Mt})$。这样,条件期望就变成一个随机变量,因为它是随机变量 r_{Mt-1} 的函数。同

样，任何一只收益与市场组合收益相关的证券也有 $E(r_t \mid r_{t-1}) \neq E(r_t)$。因此，萨缪尔森对有效市场的定义在市场规避条件下变得无意义。

鲁宾斯坦（1976 年秋）比萨缪尔森稍进一步，从消费均衡的跨期可加效用出发研究说明，尽管勒罗伊的研究结论在风险规避情况下通常都成立，但也不一定。特别的，如果典型参与者是稳定相对风险规避（CRRA）且总消费服从随机游走，则市场组合的价格也将服从随机游走。因此，$E(r_{Mt} \mid r_{Mt-1}, r_{Mt-2}, r_{Mt-3}, \cdots)$ 是过去收益的固定倍数。

证券价格服从随机游走的假设比鞅限定要强得多，因为在这个假设中，下期收益的总体分布，不仅仅是均值，都与过去已实现收益无关。如果 $f(\cdot)$ 是收益的主观概率分布，随机游走要求：$f(r_t \mid r_{t-1}, r_{t-2}, r_{t-3}, \cdots) = f(r_t)$。显然，证券收益即便不服从随机游走，它们也能遵守鞅的限制。例如，考虑一只两期无风险零息债券。知道它在日期 0 的初始价格，它在日期 0 与日期 1 之间的收益完全决定了它在日期 1 和日期 2（到期日）之间的收益。因此，债券价格不服从随机游走。但它却满足鞅的限制条件，因为只要知道它在日期 1 的价格，不管它以前的收益如何，它在日期 1 和日期 2 之间的收益也就确定了。反过来，如果鞅的条件不能满足，那么证券价格就肯定不服从随机游走的条件。

の の の

1974 年《股息率与股利政策对普通股股价收益和价格的影响》

费希尔·谢菲·布莱克和迈伦·斯科尔斯 发表了《股息率与股利政策对普通股股价收益和价格的影响》（*The Effects of Dividend Yield and Dividend Policy on Common Stock Returns and Prices*），载于《金融经济学学刊》第 1 卷，第 1 期（1974 年 5 月），pp.1～22。

股利、定价因素与非定价因素

作为《金融经济学学刊》创刊号的首篇文章，布莱克-斯科尔斯（1974）提供证据表明，在考虑正常 CAPM 风险调整后，不管收益是税前还是税后度量，股息率都不是一个定价因素。布莱克和斯科尔斯解释说，该结果意味着，投资者应该忽略股息率与资本利得之间的区别，因为考虑它们之间的差异并不能明显地为投资者带来好处。如果投资者将投资集中于股利发放率较低或较高的股票，他就肯定失去了分散化的部分好处。作为一个推论，在投资者最优忽略股利的情况下，企业不能运用股利政策来影响公司股价（不考虑信号传递效应）。

为了考察这些问题，布莱克和斯科尔斯设计了一个新的经验研究方法。他们的目标是估计下面回归方程中的 γ_{2t}：

$$r_{jt} = \gamma_{0t} + \gamma_{1t}\beta_{jt} + \gamma_{2t}\left(\frac{\delta_{jt} - \delta_{Mt}}{\delta_{Mt}}\right) + \varepsilon_{jt} \qquad (2\text{-}32)$$

其中，δ_{jt} 被定义为证券 j 的股利收入，δ_{Mt} 被定义为市场组合的股利收入。对于每个月，他们的第一步就是将所有证券按照股利收入高低分为 5 个组合，再按照贝塔（按之前 5 年数据度量）将每个组合进一步划分为 5 个组合，这样一共得到 25 个投资组合。每个月这 25 个组合重新组成。第二步，从这 25 个中间投资组合中，构建一个最终的投资组合 P，25 个子组合权重的选择标准是最小化最终投资组合收益的方差。最终投资组合一般都是持有较多的高股利收入股票，持有较少的低股利收入股票，这样组合的整体贝塔接近于零，而收益方差较低。第三步，即便 β_P 接近于零，但为了消除非零贝塔带来的任何影响，他们对各个子时段回归下面的时间序列方程，从而为各方程各时段估计一个单独的 γ_2：

$$r_{Pt} - r_t = \gamma_2 + \beta_P(r_M - r) + \varepsilon_{Pt} \qquad (2\text{-}33)$$

回归结果显示，不管是对整个时间段还是对各个子时段，γ_2 在统计上都不显著。

$\backsim\ \backsim\ \backsim$

1974 年《关于证券市场的一个集合定理》

马克·鲁宾斯坦 发表了《关于证券市场的一个集合定理》（*An Aggregation Theorem for Securities Markets*），载于《金融经济学学刊》第 1 卷，第 3 期（1974 年 10 月），pp. 225 ~ 244。

1982 年《消费者异质与无需求集合情况下的跨期资产定价》

乔治·康斯坦丁尼德斯 发表了《消费者异质与无需求集合情况下的跨期资产定价》（*Intertemporal Asset Pricing with Heterogeneous Consumers and without Demand Aggregation*），载于《商业学刊》第 55 卷，第 2 期（1982 年 4 月），pp. 253 ~ 267。

1985 年《完美市场中的观点分歧：一个注释》

哈尔 R. 瓦里安 发表了《完美市场中的观点分歧：一个注释》（*Divergence of Opinion in Complete Markets : A Note*），载于《金融学学刊》第 40 卷，第 1 期（1985 年 3 月），pp. 309 ~ 317。

集合、异质信念、市场等价定理、投资组合分离、状态证券、一致的投资者和混合投资者、对数效用、一般人或典型人

鲁宾斯坦（1974）将威尔森（1968）提出的特别一般化的群体决策集理论应用于证券市场均衡问题。鲁宾斯坦推导了在多种状态下标准金融模型的条件。在这些状态中，虽然消费者/投资者在财富、耐心、风险规避以及信念方面可能存在异质性，但价格被设定时仿佛只存在一个典型的消费者/投资者，他的财富、耐心、风险规避以及信念是所有个体消费者/投资者上述特征的简单集合。

该文首次将市场等价定理运用于明显的不完备市场，但该市场具有投资组合分离的特征（所有投资者都从相同的两只共同基金中做出最优选择，其中一只是无风险的）；在那样的条件下，如果假设存在一个完全的状态价格集（完备市场），那么最优选择和均衡价格将是一样的。

··

简化状态证券的投资组合选择问题

看看标准投资组合选择问题：

$$\max_{\{x_j\}} \Sigma_s p_s \left[U \left(W_0 \Sigma_j x_j r_{sj} \right) \right], \text{约束条件为} \Sigma_j x_j = 1$$

其中，W_0 是当前财富，r_{sj} 是证券 $j=0$，1，2…，m 在状态 s 的收益，p_s 是状态 s 的主观概率，x_j 是证券 j 占投资者投资组合的比例。$x_j > 0$ 表示购买，$x_j < 0$ 表示售出，所有财富都分配给证券，这样 $\Sigma_j x_j = 1$。$W_{s1} \equiv W_0 \Sigma_j x_j r_{sj}$ 可以理解为随机未来财富——来自投资者决策（x_j）以及自然对发生状态的决策的总和结果。$U(W_{s1})$ 是给定未来财富 W_{s1} 的效用。为了找到最优投资组合决策，我通常使用拉格朗日乘数 λ，将问题改写为：

$$\max_{\{x_j\}} \Sigma_s p_s \left[U \left(W_0 \Sigma_j x_j r_{sj} \right) \right] - \lambda (\Sigma_j x_j - 1)$$

对 x_j 求微分，让导数等于 0，就得到条件：$\Sigma_s P_s \left[U'(W_{s1}^j) r_{sj} \right] = \lambda / W_0$。这是说，在投资组合的最优集中，所有证券所赚取收益的期望边际效用都是相等的，而且都等于 λ / W_0。一般来说，无法以解析形式解答该问题。为了说明清楚，我们假设有 3 种状态（$s=1$，2，3）与 3 只证券（$j=1$，2，3），用 r_{sj} 表示证券 j 在状态 s 的收益，我们可以如下表达：

$$p_1 \{ U' \left[W_0 \left(x_1 r_{11} + x_2 r_{12} + x_3 r_{13} \right) \right] r_{11} \}$$

$$+p_2\{U'\left[\ W_0\ (x_1r_{21}+x_2r_{22}+x_3r_{23})\ \right]r_{21}\}$$

$$+p_3\{U'\left[\ W_0\ (x_1r_{31}+x_2r_{32}+x_3r_{33})\ \right]r_{31}\}=\frac{\lambda}{W_0}$$

$$p_1\{U'\left[\ W_0\ (x_1r_{11}+x_2r_{12}+x_3r_{13})\ \right]r_{12}\}$$

$$+p_2\{U'\left[\ W_0\ (x_1r_{21}+x_2r_{22}+x_3r_{23})\ \right]r_{22}\}$$

$$+p_3\{U'\left[\ W_0\ (x_1r_{31}+x_2r_{32}+x_3r_{33})\ \right]r_{32}\}=\frac{\lambda}{W_0}$$

$$p_1\{U'\left[\ W_0\ (x_1r_{11}+x_2r_{12}+x_3r_{13})\ \right]r_{13}\}$$

$$+p_2\{U'\left[\ W_0\ (x_1r_{21}+x_2r_{22}+x_3r_{23})\ \right]r_{23}\}$$

$$+p_3\{U'\left[\ W_0\ (x_1r_{31}+x_2r_{32}+x_3r_{33})\ \right]r_{33}\}=\frac{\lambda}{W_0}$$

$$x_1+x_2+x_3=1$$

我们有 4 个方程，4 个未知数：λ 和（x_0，x_1，x_2）。但由于 $U'(W_1)$ 通常是 W_1 的非线性函数（由于风险规避的存在），因此这些方程无法通过解析方法解出。也就是说，每个未知数在方程式的左边，那么其右边仍含有其他未知数。

现在，我们假设存在一个完备市场，投资者可以购买完全的状态证券集。在这样的情况下，投资组合选择问题可以表述为：

$$\max_{\{x_s\}}\Sigma_s p_s\left[\ U\ (W_0x_sr_s)\ \right]-\lambda\ (\Sigma_s x_s-1)$$

其中，x_s 为状态证券占投资者投资组合的比例，该证券只在状态 s 下才有收益。r_s 为状态证券 s 的收益（如果状态 s 发生，该收益仅为非负）。这样，$W_{s1}\equiv W_0x_sr_s$ 可以理解为投资者在状态 s 的未来财富。与前面一样，不过这里对 x_s 求微分，我们得到：$p_sU'(W_0x_sr_s)\ r_s=\lambda/W_0$。再次，在三种状态下，我们需要解如下方程求出 λ 和（x_1，x_2，x_3）：

$$p_1U'(W_0x_1r_1)\ r_1=\frac{\lambda}{W_0},\ p_2U'(W_0x_2r_2)\ r_2=\frac{\lambda}{W_0},\ p_3U'(W_0x_3r_3)\ r_3=\frac{\lambda}{W_0}$$

$$x_1+x_2+x_3=1$$

显然，这些方程解起来要容易得多。

该文献区分了一致与混合的经济特征。在两种情况下，均衡价格被设定时，仿佛只有一个典型参与者，该参与者具有一致或混合的经济特征。混合特征只依赖于外生指定参数（特别地，它们不依赖价格），而一致特征还取决于类似于价格这样的外生于经济体的变量。

迈克尔·约翰·布伦南和艾伦·克劳斯（1978）[一]定义集合问题为均衡证券价格的派生问题，均衡证券价格取决于投资者的初始财富分配。这是一个比威尔森（1968）提出的更强的假设，因此结论肯定是威尔森结论的一个子集。虽然鲁宾斯坦推导了一系列集合的充分条件，但布伦南和克劳斯指出，那些仍然只是必要条件。早期提供确定经济体下类似结论的研究包括：① W. M. 戈尔曼（1953）[二]，其研究发现，集合的必要条件，正如布伦南和克劳斯所定义的，是投资者的恩格尔曲线必须是平行的直线。该条件首次是由乔瓦尼·巴蒂斯塔·安东内利（1886）[三]发现并非公开出版。②罗伯特 A. 波拉克（1971）[四]，其研究指出，投资者有线性恩格尔曲线的充分必要条件是 HARA 效用。

鲁宾斯坦（1974）还包含了一个关于异质概率信念集合的新结论，分析环境可能是最简单的理性竞争均衡模型，其中风险规避体现了这种形式的异质性。

[一] 见布伦南 – 克劳斯（1978）：证券市场集合的必要条件（*Necessary Conditions for Aggregation in Securities Markets*），载于《金融与计量分析学刊》第 13 卷，第 3 期（1978 年 9 月），pp. 407～418。

[二] 见戈尔曼（1953）:《社区偏好领域》（*Community Preference Fields*），载于《计量经济学》第 21 卷，第 1 期（1953 年 1 月），pp. 63～80。

[三] 见安东内利（1886）:《论政治经济的数学理论》（*On the Mathematical Theory of Political Economy*，原意大利文为 *Sulla teoria matematica della economia politica*），印于 JS. 奇普曼，L. 赫维奇，M. K. 里克特和 H. F. 索南夏因编著的《偏好、效用与需求》（Preferences, Utility and Demand)(Harcourt Brace，1971），pp. 333～360。

[四] 见波拉克（1971）:《可加效用函数和线性恩格尔曲线》（*Additive Utility Functions and Linear Engle Curves*），载于《经济学研究评论》第 38 卷，第 4 期（1971 年 10 月），pp. 401～414。

对异质信念经济系统的说明

特别地，令：

$s=1，\cdots，S$ 列举了可能状态的全部集合，其中只有 1 种会发生在日期 1。

π_s 是指当且仅当状态 s 发生时在日期收到的 1 美元在日期 0 的价格。

$i=1，\cdots，I$ 列举了经济体中不同投资者的集合，他们的唯一区别在于其分配给各个状态的概率。

p_s^i 为投资者 i 认为状态 s 将会发生的主观概率。

C_s^i 为投资者 i 选择将在状态 s 消费的金额。

W_0 为各位投资者在日期 0 的初始财富；在初始交易之前，它由日期 1 的给定禀赋构成。每个投资者 i 各个状态下消费额的选择受到约束：其现值等于投资者的初始财富（即 $W_0 \equiv \Sigma_s \pi_s \underline{C}_s = \Sigma_s \pi_s C_s^i$）。

假设每位投资者的目标是最大化日期 1 消费的期望对数效用 $\Sigma_s p_s^i \ln (C_s^i)$。因此，我们可以简洁地将每位投资者的问题写为：

$$\max_{\{C_s^i\}} \Sigma_s p_s^i \ln (C_s^i) - \lambda_i (\Sigma_s \pi_s C_s^i - W_0)$$

其中，λ_i 是投资者 i 的拉格朗日乘数。对 C_s^i 求微分，就得到最大化的一阶条件为：

$$\frac{p_s^i}{C_s^i} = \lambda_i \pi_s$$

通过对各个状态求和，利用特征 $\Sigma_s p_s^i = 1$，并代入财富约束，不难得出 $\lambda_i = 1/W_0$。将式子代入一阶条件等式，我们得到：

$$C_s^i = W_0 \left(\frac{p_s^i}{\pi_s} \right)$$

上式有着非常明确、直观的意义，即在其他条件一样的情况下，任何投资者在状态 s 下最优的消费额随着其当前财富（W_0）的增加而增加，随着他分配给状态 s 的概率的增加而增加，随着在状态 s 获得收益的成本的增加而减少。

而且，对所有投资者我们求上式之和，便得到：

$$C_s^M = W_0 \left(\frac{p_s^M}{\pi_s} \right)$$

其中，$C_s^M = (\Sigma_i C_s^i)/I$，$p_s^M = (\Sigma_s p_s^i)/I$。$C_s^M$的直观解释为人均消费。通过重新组合，我们可以看到，在均衡状态下，状态价格被设定，仿佛只存在一个典型参与者，他的主观信念p_s^M是经济体内所有投资者单独信念的简单算术平均。即，

$$\pi_s = p_s^M \left(\frac{W_0}{C_s^M} \right)$$

在其他条件不变的情况下，平均信念越高，状态价格就越高。[33]

我们现在面临一个重要的问题：投资者之间的异质信念在多大程度上影响均衡价格？特别是，不同投资者信念的日趋分散是否会对证券价格产生系统性影响？为了独立出单纯的分散影响，假设在一个给定状态不同投资者之间存在"均值保持展形"信念。信念变化的同时算术平均（均值）信念保持不变。例如只有 2 个投资者 $i=1$，2，且对于给定状态 s，$p_s^1 = 0.3$，$p_s^2 = 0.5$，平均信念 $p_s^M = (0.3+0.5)/2=0.4$，要使信念变化但均值保持不变，一个例子就是 $p_s^1 = 0.1$，$p_s^2 = 0.7$，平均信念 $p_s^M = (0.1+0.7)/2=0.4$ 仍保持不变。在这里，重要的只有均值；单纯的信念分散没有影响。因此，我总结说，在对数效应例子中，从同质信念变化到异质信念对当前价格没有影响，因为影响价格的投资者信念的唯一特征是他们在各个状态下的均值。

然而，瓦里安（1985）指出，对数效用是个很有效的（在许多其他情况都是如此）。例如，如果我们更为一般地假设所有投资者的效用函数都是稳定相对风险规避（对数效用只是其中的一个特例），在投资者风险规避程度比对数效用更高（或更低）的经济体内，信念的单纯分散只会降低（或增加）当前的证券价格。瓦里安总结说，由于多项经验证据表明投资者的风险规避程度

比对数效用更高，因此信念分散程度的增加会降低证券价格。

对瓦里安有关异质信念研究结论的直观解释

为了理解瓦里安分析背后的直观逻辑，我们首先再次看看对数效用的例子，投资者 i 对状态 s 的最优消费选择是：

$$C_s^i = \gamma_s p_s^i, \ \text{其中} \ \gamma_s \equiv \frac{W_0}{\pi_s}$$

接着我们刚才 2 位投资者的例子，信念分散增加的情况为 p_s^1 从 0.3 变为 0.1，p_s^2 从 0.5 变为 0.7。第一位投资者可以减少消费 $\Delta C_s^1 = \gamma_s (0.1-0.3) = -0.2\gamma_s$，第二位投资者可以增加消费 $\Delta C_s^2 = \gamma_s (0.7-0.5) = 0.2\gamma_s$，两者刚好抵消，$\gamma_s$（即状态价格）无须变化。然而，假设两位投资者具有更为普遍的指数效用函数 $[1/(1-b)]$ $(C_s^i)^{1-b}$。这里，b 表示（指数）风险规避，b 取最小值 0 时表示风险中立，b 增加表示风险规避程度越来越高。当 b 取 1 时，就变成对数效用函数。当 $b>1$，投资者的风险规避程度就高于对数效用投资者。使用该效用函数，一阶条件可以写成：

$$C_s^i = \gamma_s^i (p_s^i)^{1/b}, \ \text{其中} \ \gamma_s^i \equiv \left(\frac{1}{\lambda_i \pi_s}\right)^{1/b}$$

对 $b=2$，考虑信念分散的相同变化：如果状态价格保持不变，则两位投资者希望变化的状态 s 消费为：

$$\Delta C_s^1 = \gamma_s^1 (\sqrt{0.1} - \sqrt{0.3}) = -0.231\gamma_s^1$$

$$\Delta C_s^2 = \gamma_s^2 (\sqrt{0.7} - \sqrt{0.5}) = -0.130\gamma_s^2$$

有些两项变化不是正好抵消，s 的状态价格必要改变。事实上，如果价格没有变化，由于日趋悲观的投资者 1 预售出的大于日趋乐观的投资者 2 预买入的，状态 s 的价格将会下降使得两位投资者在状态 s 的消费变化额正好抵消。

康斯坦丁尼德斯（1982）同样将威尔森（1968）提出的特别一般化的群体决策集理论应用于证券市场均衡问题。康斯坦丁尼德斯推导出如下定理，作为假设典型人存在的依据。在一个具有完备、竞争、完全市场的交易经济体内，假设所有投资者 / 消费者拥有相同的信念和潜在不同的时性可加、状态依赖的效用函数，该函数为递增函数、严格凹性，并可导。另外还有一个类似的经济体（具有相同的均衡状态价格），该经济体内只有一个典型参与者（被赋予了总体消费额），他具有相同的信念，也同样有着时性可加的效用函数，同样是递增函数、严格凹性，并可导。康斯坦丁尼德斯指出，鲁宾斯坦（1976 年秋季号）的集合消费比得到一个典型投资者的条件严格得多。不过，总体上说，要清楚地说明典型投资者的特征如何是个体投资者特质的集合并不容易。就这一点而言，鲁宾斯坦的特殊案例是非常有效的。

಄ ಄ ಄

1975 年《单个投资组合的资产结构及对效用函数的一些意涵》

马歇尔 E. 布鲁姆和欧文·弗兰德 发表了《单个投资组合的资产结构及对效用函数的一些意涵》（*The Asset Structure of Individual Portfolios and Some Implications for Utility Functions*），载于《金融学学刊》第 30 卷，第 2 期（1975 年 5 月），pp. 585 ～ 603。

1975 年《对风险资产的需求》

马歇尔 E. 布鲁姆和欧文·弗兰德 发表了《对风险资产的需求》（*The Demand for Risky Assets*），载于《美国经济评论》第 65 卷，第 5 期（1975 年 12 月），pp. 900 ～ 902。

投资分散化、风险规避、资本资产定价模型（CAPM）

布鲁姆－弗兰德（1975 年 5 月）发现了不支持理性投资者行为假说的首批异象证据之一。通过使用包含美国个体纳税人持有的投资组合构成与规模的数据库（部分来自于所得税收益，它要求个体披露股利收入的来源），他们研究发现个体令人惊讶地非分散化，一般的家庭只有 2 个纳税人获得收益。然而，现代投资理论指出，个体投资者应该高度分散化。甚至净财富较高的家庭（除房子外财富超过 100 万美元）通常获取收益的来源也只有 14 个。夏普－林特纳－莫森－特雷诺 CAPM 意味着，每家企业必须拥有相同数量的股东；特别是，每位投资者必须是一位股东。可能的解释（持有共同基金、交易成本、锁定资本利得以及异质期望）都不能解释这一异象。不过，约翰 L. 埃文斯和斯蒂芬 H. 阿彻（1968）⊖的研究显示，仅有 10 只随机挑选的股票组成的投资组合，其收益的标准差也与由几百只股票组成的投资组合的标准差一样小。实际上，K. H. 约翰逊和 D. S. 香农（1974）⊖指出，给定随机挑选的证券，如果组成投资组合的权重不是同等加权，而是挑选最小化考虑股票收益相关性后风险值的权重，那么证券数目可以进一步减少。

在布鲁姆－弗兰德（1975 年 12 月）中，作者通过财富中无风险资产和风险资产的构成信息来推断投资者效用函数的特征（当然前提是假设投资者有效用函数）。他们发现，典型投资者的效用函数接近稳定相对风险规避函数，相对风险规避系数为 2，比对数效用函数的风险规避程度要稍高一些。

事实上，现代资产定价模型的所有经验研究都使用证券价格的已实现频

⊖ 见埃文斯－阿彻（1968）：《分散化与扩散降低：一份经验分析》（*Diversification and the Reduction of Dispersion：An Empirical Analysis*），载于《金融学学刊》第 23 卷，第 5 期（1968 年 12 月），pp. 761 ～ 767。

⊖ 见约翰逊－香农（1974）：《对分散化与扩散降低的评论》（A Note on Diversification and the Reduction of Dispersion），载于《金融经济学学刊》第 1 卷，第 4 期（1974 年 12 月），pp. 365 ～ 372。

率分布作为出现在理论中期望分布的表征。因此，如果模型被拒绝，我们很难说问题是出在模型上还是出在标量表征上。约翰 G. 克拉格和伯顿 G. 马尔基尔（1982）[⊖]首次深入研究资产定价模型，尝试直接度量投资者预期。特别地，他们搜集了 19 家投资管理公司的预测，覆盖 1961～1969 年的 175 家企业。他们总结到，使用这些预测作为期望的表征与使用历史收益率相比，模型的表现更好。最为有趣的结论是，不同投资公司对同一事件增长预测的分散程度比历史已实现方差或者贝塔能更好地度量证券风险。

〰 〰 〰

1975 年《作为预测通货膨胀指标的短期利率》

尤金 F. 法玛 发表了《作为预测通货膨胀指标的短期利率》（*Short-Term Interest Rates as Predictors of Inflation*），载于《美国经济评论》第 65 卷，第 3 期（1975 年 6 月），pp. 269～282。

1981 年《股票收益、实体经济、通货膨胀与货币》

尤金 F. 法玛 发表了《股票收益、实体经济、通货膨胀与货币》（*Stock Returns, Real Activity, Inflation, and Money*）载于《美国经济评论》第 71 卷，第 4 期（1981 年 9 月），pp. 545～565。

费雪效应、名义利率与实际利率、通货膨胀、股价和通货膨胀

费雪效应将名义利率与实际利率和通货膨胀率联系起来（费雪，1930）。

⊖ 见克拉格 - 马尔基尔（1982）：《期望与股票价格结构》（*Expectations and the Structure of Share Prices*）(University of Chicago Press，1982 年)。

在没有套利和通胀可预测的完备市场上，我们很容易得到名义无风险收益（r）等于实际无风险收益（ρ）乘以通货膨胀收益（i）：$r=\rho i$。事实上，由于"气垫策略"名义收益不可能低于 1，因而纠正后的关系为 $r=\max(1, \rho i)$。推广到不确定通货膨胀的情况，该关系式意味着 $r=\rho E(i)$。法玛（1975）其实考察过该假设的另一等同版本，即名义无风险收益率等于实际无风险收益率与预期通货膨胀率之和。因此，市场对通货膨胀的预期隐含在同期的名义无风险收益之中。下面是一个正常运转市场的重要例子：在这样一个市场中设定的证券价格包含了对未来经济事件的重要预测信息，在这里指未来通货膨胀预测。而且，如果市场是理性的，所有相关的、具有成本搜集效益的信息都会反映在价格之中。因此，如果我们能找到一个从无风险证券价格提取预测信息的低成本方法，我们就没有理由聘请专业的金融经济学家从事经济研究来预测通货膨胀。

早期人们从观测到的名义利率提取对通胀有效预测的尝试并不令人乐观。法玛首次指出这是可以做到的，至少在 1953 年 1 月至 1971 年 7 月这段时间使用 1～6 个月的美国国库券来度量名义利率、用消费者价格指数（CPI）来度量通货膨胀率是可以做到的。他的核心思想是假设这段时间实际利率是稳定的，这样名义利率的一切波动都是由市场对未来通货膨胀率预测的变化引起的。法玛回归了如下方程：$i_t=-\alpha_0+\alpha_1 r_t+\alpha_2 i_{t-1}+\varepsilon_t$，方程中的 i_t、r_t 和 i_{t-1}（过去的通货膨胀率）被解释为相应时段的已观测到比率。他的模型预期：$\alpha_0=$ 实际利率，$\alpha_1=1$，$\alpha_2=0$，且 ε_t 的序列相关系数为零。简单地说，他的结论证实了预期，包括实际利率的稳定性。另外，他估计出 r_t 的变动解释了 1 月国库券 i_t 变动的 30%，以及 6 月国库券 i_t 变动的 65%。

随后，法玛和吉本斯（1984）⊖改进了法玛的早期模型，允许实际利率截

⊖ 见法玛和吉本斯（1984）:《通货膨胀率预测的比较》(*A Comparison of Inflation Forecasts*)，载于《货币金融学学刊》第 13 卷，第 2 期（1984 年 5 月），pp. 327 ～ 348。

距服从缓慢移动的随机游走。法玛（1981）使用改进后的模型，通过限定回归系数 $\alpha_1=1$ 和 $\alpha_2=0$，估计预测到的通胀（$-\alpha_0+\alpha_1 r_t$）和未预测到的通胀（ε_t）。得到这一结论后，法玛紧接着检验了股票市场收益与通货膨胀之间的关系。很自然地，人们可能会想，与国库券一样，名义股票收益在高通胀时较高，而且可能是它们潜在的风险调整后实际收益为缓慢移动随机游走。人们还会想到，股票应该是应对通胀很好的对冲工具。然而，在1953～1980年间，结果正好相反。详见林特纳（1975）⊖在美国金融学会上的主席致辞。

法玛尝试用"表征量观"来解释这一现象。他提出：①股票收益与有利的实际经济工具变量如产业生产等正相关；②通货膨胀（尤其是预期通货膨胀）与这些实际变量负相关；③因此股票收益与通货膨胀负相关。这样，如同分析国库券和通胀关系一样，法玛再次将理性市场假设从严重的危机之中拯救出来。接着他们进一步搜集证据，从经验上说明股票收益带来了其他经济变量。但是为什么产业生产会与通胀负相关呢？法玛的数量理论认为，产业生产的预期增长带来了对货币实际需求的增加，而由于货币量通常无法足够增长，因而需要通过降低通胀来满足增加的货币实际需求。

∽ ∽ ∽

1975年《阿罗－德布勒经济系统中的证券市场效率》

马克·鲁宾斯坦 发表了《阿罗－德布勒经济系统中的证券市场效率》（*Securities Market Efficiency in an Arrow-Debreu Economy*），载于《美国经济评论》第65卷，第5期（1975年12月），pp. 812～824。

⊖ 见林特纳（1975）：《通货膨胀与证券收益》（*Inflation and Security Returns*），载于《金融学学刊》第30卷，第2期（1975年5月），pp. 259～280。

有效市场、完全反映的信息、无交易定理、状态证券、一致信念、帕累托最优

鲁宾斯坦（1975）尝试对"均衡价格反映信息"一词赋予特定的含义。尽管该词很重要，但在过去的时间里它却一直在文献中被模糊地使用。鲁宾斯坦的核心思想是将该词的概念与投资组合修改联系起来。试想这样一个经济体，众多消费者/投资者都有各自不同的信念和偏好（除了所有人都是风险规避且拥有消费可加效用函数之外）。在日期 0，可以获得长期的状态证券以备日期 1 和日期 2 的消费。在日期 1，没有新的状态证券出现，但会出现新的信息，而且是异质地分配给投资者，潜在地改变了所有消费者/投资者的信念以及用于日期 2 消费的状态证券的均衡价格。如此设定使得新信息是日期 1 参与者不得不修改之前已买好的用于日期 2 消费的投资的唯一愿意。如果一个参与者不改变投资组合，而且乐意继续持有原来的投资，那么我们可以判断说不管价格发生怎样的变化，他都认为新信息已经反映在修改后的价格之中。

接着，文章推导出一个处理价格演变跨期结构的直观的特定条件，即跨期结构并不依赖于偏好和禀赋，这是投资者不修改其投资组合的充分必要条件。如果条件成立，同时已知投资者在日期 0 的所有期望，那么他对任一状态证券从日期 0 到日期 2 复合收益率的预期除以从日期 0 到日期 1 无风险收益率等于他对该状态证券在日期 1 至日期 2 之间收益率的预期——一种"无偏状态价格"条件。该条件是投资者认为日期 1 收到的新信息已经反映在用于日期 2 消费的修改后均衡价格之中的必要条件。事实上，该条件与用于日期 2 消费状态证券序列收益零相关的条件并不一致，这意味着即便价格已经充分反映了所有信息，简单随机游走模型也并不一定是均衡的自然结果。

该方法似乎与格罗斯曼（1976）提出的充分反映信息的价格的概念相左。

格罗斯曼的模型更关注分散的信息是如何进入价格的。为了做出有意义的说明，他不得不考察一个限定性较强的经济体（与这里的例子相比），假设投资者已经充分了解经济体的结构（其他投资者的偏好和禀赋），从而推断他们从现有价格中漏掉的信息，而且他们知道所有投资者都拥有相同的信息。与此相反，该文并不知道投资者形成信念的过程。他们很可能是遵循格罗斯曼提出的框架。但文章中信念的形成以及定价条件是新信息完全反映在价格之中的充分必要条件。

对于所有反映在价格之中的日期 0 和日期 1 的信息，鲁宾斯坦使用了"一致信念"的思想：所有消费者／投资者需要类似信念集，这样在另一个类似的经济体中所有价格（在日期 0 和日期 1）将保持不变。只要满足以下条件，所有信息就都反映在价格之中：所有参与者都分享信息以达成完整协议，而且他们的新信念将是一致信念。不过，文章没有对此条件进行说明，没有说明如何实现这一试验条件。格罗斯曼深入一步，描述了不同投资者拥有的完全不同的信息是如何变得由投资者共享并进而反映在价格之中的。但是他对效率的定义限制性太强，使得其成为经验现实的可能性大大降低。与此相反，即便所有投资者最后并不拥有相同信念，一致信念的概念也允许市场是信息有效的，而不管投资者是刚开始就没有一致信念，还是他们在形成理性预期的过程中没能从价格之中推出其他投资者的相关信息。

值得指出的是，鲁宾斯坦提出的有效市场概念与后来保罗·米尔格罗姆和南希·斯托克利（1982）[⊖]提出的著名的"无交易定理"密切相关。投资者在第一时段已经移动到他们的帕累托最优位置，接着新信息出现，而价格立即做出调整，同时交易缺失。

在一篇完成于 1975 年但直到 1987 年才发表（虽然作者尝试投稿多次）的

⊖ 见米尔格罗姆–斯托克利（1982）：《信息、交易与共有知识》（*Information*，*Trade and Common Knowledge*），载于《经济理论学刊》第 26 卷，第 1 期（1982 年 2 月），pp. 17～27。

论文中，贾菲和鲁宾斯坦（1987）[⊖]的观点明显早于米尔格罗姆－斯托克利
（1982）。该文考虑了一个"完全个人市场"，在该市场中，除了自己的资源、
品味和信念，每位投资者知道所有其他消费者的资源和品牌，而且知道他自
己和其他所有人拥有的信息"类型"。即投资者对所有投资者信息程度的排序
都有一致认识，尽管他们不知道其他投资者拥有的信息内容。接着该文证明，
在这样的市场中，投资者不依赖他们的信念就能辨别帕累托最优配置。这就
得到了"无交易"定理，即在这样的市场中，如果初始配置是帕累托最优，
那么没有投资者会进行交易，且信息的私有价值为零。

♋ ♋ ♋

1973 年《"增长最优"模型的证据》

理查德·罗尔 发表了《"增长最优"模型的证据》（*Evidence on the
'Growth-Optimum' Model*），载于《金融学学刊》第 28 卷，第 3 期（1973 年 6
月），pp. 551～566。

1975 年《具有对数效用的多期状态偏好模型中的市场均衡》

艾伦·克劳斯和罗伯特 H. 利曾伯格 发表了《具有对数效用的多期状态
偏好模型中的市场均衡》（*Market Equilibrium in a Multiperiod State-Preference
Model with Logarithmic Utility*），载于《金融学学刊》第 30 卷，第 5 期（1975
年 12 月），pp. 1213～1227。

⊖ 见贾菲和鲁宾斯坦（1987）：《个人市场与非个人市场中信息的价值》（*The Value of Information
in Personal and Impersonal Markets*），收录于汤姆·科普兰编著的《现代金融与产业经济学》
（*Modern Finance and Industrial Economics*）（Basil Blackwell，1987 年）。

1976年《一般对数效用模型可以作为金融市场基本模型的有力案例》

马克·鲁宾斯坦　发表了《一般对数效用模型可以作为金融市场基本模型的有力案例》(*The Strong Case for the Generalized Logarithmic Utility Model as the Premier Model of Financial Markets*)，载于《金融学学刊》第 31 卷，第 2 期（1976 年 5 月），pp. 551～571。本文的完整版收录于海姆·利维和马歇尔·萨纳特编辑的《不确定条件下的融资决策》(*Financial Decisions Making under Uncertainty*)(Academic Press，1977 年)。

对数效用、对数效用CAPM、聚合、异质信念、一致信念、有限责任、无违约年金、跨期投资组合分离

罗尔（1973 年 6 月）在最大化期末财富对数效用的基础上，提出并验证了 CAPM 的替代模型。

$$\mu_j = r + \text{Cov}\left(r_j, \ -\frac{r}{r_M}\right) \qquad (2\text{-}34)$$

上式替代了由夏普（1964）、林特纳（1965 年 2 月）、莫森（1966）以及特雷诺（1999）提出的更为复杂的 CAPM 公式：$\mu_j = r + \theta\text{Cov}(r_j, r_M)$。如果简便性是理论所需，那上式就很难被驳倒。

克劳斯-利曾伯格（1975）扩展了罗尔的模型，用于分析多期消费。研究说明，模型仍然得出了非常简单的投资组合决策和均衡定价关系。他们还指出，模型能方便地调整以适应异质消费者信念，这点在鲁宾斯坦（1974）中也得以体现。他们认为，该模型是 CAPM 强有力的竞争对手，因为它的表述和推导更为简单，而且能轻松地允许出现异质信念还不用对概率分布如联合正态分布做出外生性假设。即便投资机会是随机的，如同默顿（1973 年 9 月）对连续时间分析所说明的那样，它们也不会使得单期定价关系变得复杂。

而且，CAPM 即便得到联合正态分布的支持，但与市场组合的有限责任不相符（尽管连续时间版本并不是这样），而对数模型意味着市场组合总是得到正值。

我们身边有许多"标准金融模型"的例子，该模型仍然允许所有决策变量和价格有解析解。鲁宾斯坦（1976 年 5 月）认为基于时性可加效用函数的完备市场模型只是其中一个例子。该多期消费 / 投资组合均衡模型具有如下特征：①它要求递减的绝对风险规避，同时允许不同参与者之间出现递增、稳定或递减的相对风险规避；②它假设对证券收益的同期或跨期随机过程不存在外生的指定要求；③在初始财富、生命期、时间与风险偏好以及信念方面允许存在异质性；④它最终得到一个对消费 / 投资决策和分享规则的详细说明；⑤它解释了对各种到期日无违约风险债券与期权的需求；⑥它解决了集合问题；⑦它得到一个对证券价格同期和跨期过程的完整内生性说明，其中包括无偏期限结构和市场组合随机游走的简单充分必要条件。

该文首次观测到的均衡的特征之一是一个跨期分离定理，其中一只基金为无违约风险年金（即不同到期日的零息债券的平等加权投资组合）。它替代了单期模型以及多期模型中对未来无风险收益实施外生性说明的无风险证券。因而这是第一个解释对不同到期日无违约风险债券需求的均衡模型。该模型说明，除了市场组合之外，经济体希望参与者能得到的第一批投资组合之一就是无违约风险年金。与早期文献联系起来，在默顿（1973 年 9 月）的广义 CAPM 中，投资者持有不明投资组合，目的是为了对冲未来机会集的变化。鲁宾斯坦将其辨明为含有各种到期日零息债券的投资组合。这些多期分离结果在鲁宾斯坦（1981）[⊖] 中得到进一步扩展。扩展说明，在一个除了拥有指数效应之外其他都类似的三日经济体中，所有消费者 / 投资者将在三只共同基

⊖ 见鲁宾斯坦（1981）：《金融理论的离散时间合成》（*A Discrete-Time Synthesis of Financial Theory*），载于《金融学研究》第 3 卷（JAI Press），pp. 53～102。

金之间分配财富：①市场组合；②无违约风险年金；③持有长期债券（在日期 2 到期）同时卖空短期债券（在日期 1 到期）的第三只基金。对第三只基金的需求来自对日期 2 的异质时间偏好。比一般人对日期 2 消费更有耐心（或更不耐心）的消费者/投资者将购买（或销售）这只基金，因为他们预防投资机会变化的愿望更加迫切（或更不迫切）。

ഗ ഗ ഗ

1976 年《股价波动变化研究》

费希尔·谢菲·布莱克 发表了《股价波动变化研究》（*Studies of Stock Price Volatility Changes*），载于《1976 年美国统计学会年会议录》（*Proceedings of the 1976 Meetings of the American Statistical Association*），商业与经济学部分（1976 年 8 月），pp. 177 ～ 181。

1979 年《复合期权的估价》

罗伯特·格斯科（1944 年 7 月 7 日—） 发表了《复合期权的估价》（*The Valuation of Compound Options*），载于《金融经济学学刊》第 7 卷，第 1 期（1979 年 3 月），pp. 63 ～ 81。

1983 年《转移扩散期权定价》

马克·鲁宾斯坦 发表了《转移扩散期权定价》（*Displaced-Diffusion Option Pricing*），载于《金融学学刊》第 38 卷，第 1 期（1983 年 3 月），pp. 213 ～ 217。

1996 年《关于期权定价的注释 I：方差扩散的稳定弹性》

约翰 C. 考克斯 写就了《关于期权定价的注释 I：方差扩散的稳定弹性》（*Notes on Option Pricing I：Constant Elasticity of Variance Diffusions*），未出版，斯坦福大学（1975 年 9 月）。最终以《方差扩散期权定价模型的稳定弹性》（*The Constant Elasticity of Variance Diffusion Option Pricing Model*）为题发表，载于《投资管理学刊》纪念费希尔·布莱克专刊（1996 年 12 月），pp. 15 ～ 17。

波动、随机波动、复合期权、方差稳定弹性（CEV）扩散模型、财务杠杆、经营多元化、短视、连续时间连续状态 CAPM

布莱克（1976）是首篇从经验上验证在股票价格时间序列中股票收益波动性倾向与股票价格反向波动的文献。特别地，如果一只股票价格迅速上升（或下降），其收益的波动性就会下降（或上升）。具有该特性的理论模型由考克斯（1996）提出。

虽然考克斯曾简单地假设波动性与价格负相关，但具有这种反向关系的另一期权定价模型则是由格斯科（1979）提出的。与默顿（1974）一样，格斯科假设一家企业所有证券的市场价值服从几何布朗运动（即服从对数正态随机游走）。[34] 在这种情况下，如果企业负债，随着股票价格上升，尽管债务的价值也可能上升，但企业股票价值的增加会更加迅速。这将降低企业用市场价值度量的债务对权益之比。负债的降低会减少投资者持有企业股票的日后风险（以及波动性）。因此，存在股票价格上升同时波动性下降的情况。

该模型在鲁宾斯坦（1983）中得到进一步延伸。鲁宾斯坦说明了通过对股票价格波动性企业影响因素的深入研究可能得到股价波动与股票收益波动性之间或正或负相关关系的结果。他提出，企业资产可以粗略分为两类：以前投资带来的相对低风险的资产以及可以在将来带来盈利投资的相对高风险机会的现值。随着企业股票价格的迅速上升，通常第二类资产的价值会比第一类资产增加得快。这会使得企业资产组合的构成更加偏向于风险资产类型。于是这就增加了股票的波动性。如果资产组合效应比格斯科考虑的杠杆效应强，那么净效应将会是股票收益波动与股票价格同方向变化。该研究预测，股票价格与其波动性之间相关关系的符号和大小视企业不同而不同，不仅取决于企业财务杠杆的大小，而且取决于企业相对低风险资产与相对高风险资产的构成比例。

                                      ~~ ~~ ~~

1976 年《收益固定分布与资本市场中的投资组合分离：一个基础性矛盾》

巴尔·罗森堡和詹姆斯 A. 奥尔森　发表了《收益固定分布与资本市场中的投资组合分离：一个基础性矛盾》(*The Stationary Distribution of Returns and Portfolio Separation in Capital Markets：A Fundamental Contradiction*)，载于《金融与数量分析学刊》第 11 卷，第 3 期（1976 年 9 月），pp. 393～402。

投资组合分离、固定

罗森堡–奥尔森（1976）是首篇指出在均衡模型中对证券价格跨期过程强加外生性假设存在危险的文献。由均衡决定的过程特征可能使得外生性假设出现不一致其中一个例子就是模型假设有许多不同的风险证券，它们的收益是独立同分布的，交叉相关系数结构固定。可能出现一个均衡与该假设一致，但是如果有另外的假设使得投资组合分离（有一个无风险证券和市场投资组合），那么该均衡就出现了不一致。罗森堡和奥尔森指出，收益独立同分布与投资组合分离在一起就使得所有风险证券在相同时期收益完全相同——

结果就是模型只有一只风险证券。

默顿（1973 年 9 月）针对两只基金分离的跨期资产定价模型就是陷入这种陷阱的一个例证。这个问题很容易解释。在模型中，每日影响投资组合选择的唯一状态变量是可获得财富和可获得证券的收益率。在投资组合分离情况下，消费者/投资者的最优投资组合中风险证券的适当构成比例仅仅取决于证券收益的联合分布，但如果每日的分布相同，那么每日的构成比例也必须相同。既然所有参与者都持有相同的风险组合，那么这个组合肯定是市场组合，因此，每天市场组合的构成比例也必须相同。但这点要想成立，而且股票数量不变，那么每只证券相对于其他证券的相对价格也必须保持不变。唯一一种可能就是所有风险证券的收益都是一样的。

~ ~ ~

1976 年《不确定收入流的估价及期权定价》

马克·鲁宾斯坦 发表了《不确定收入流的估价及期权定价》（*The Valuation of Uncertain Income Streams and the Pricing of Options*），载于《贝尔经济学与管理科学学刊》第 7 卷，第 2 期（1976 年秋季号），pp. 407 ~ 425。

CRRA 跨期 CAPM、不确定收入流定价、市场的单一价格法则、套利、状态价格、消费 CAPM、局部预期假说、无偏期限结构、随机游走、期权定价、时性可加效用、对数效用、布莱克 – 斯科尔斯公式、权益风险溢价之谜、联合正态协方差定理

鲁宾斯坦（1976 年秋）提出了一个根据随机贴现因子进行资产定价的模

型以及 CRRA 离散时间跨期均衡模型的特例。该模型日后替代 CAPM，成为新离散时间金融理论的推动器以及首次强调"风险溢价之谜"一文梅拉－普雷斯科特（1985）的基础。

鲁宾斯坦的第一个陈述是，即便在不完备市场，假设存在市场的单一价格法则和投资者非饱和（即无套利），价格等于未来加权现金流的期望价值，现金流的权重等于所有证券的权重，即 $P_j=E(X_jZ)$，其中 P_j 为证券 j 的当前价格，X_j 为它的现金流，Z 为随机贴现因子（对所有证券都一样），E 为期望算子。通常该式写为 $1=E(r_jZ)$，其中 $r_j \equiv X_j/P_j$。

在 20 世纪 70 年代早期，研究已经得到了状态价格思想、在解决投资者投资组合选择以及均衡价格中应用完备市场的概念以及将状态价格视为主观概念与风险规避调整因子的乘积。但状态价格存在的最基本条件问题仍没有完全得到解决，尤其是在不完备市场情况下。

鲁宾斯坦从单一价格定理推导出了状态价格的存在。该定理说明，不同状态下拥有相同回报的两只证券（或证券组合）必须具有相同的当前价格。显然，如果这一点不满足，就很容易出现套利：卖空高价证券，用部分收入购买低价证券，获得差价。假设将"伪状态价格"定义为实际数字 λ_s，对任何证券（或投资组合）都一样，这样证券价格 P 就与其回报 X_s 相关：$P=\Sigma_s\lambda_sX_s$。与状态价格 π_s 不同，数字可是为正也可以为负。现在我可以为这些数字的存在表达一个简单的条件：

当且仅当存在伪状态价格，单一价格定理才成立。

对单一价格定理与伪状态价格之间关系的证明

定理得到两个独立的观点：

（1）如果单一价格定理成立，那么就存在伪状态价格。

（2）如果存在伪状态价格，那么单一价格定理就成立。

为了证明第二个观点，考虑两只证券（或投资组合），其收益分别为 X_{s1} 和 X_{s2}。如果伪状态价格存在，就存在 λ_s 使得它们的价格 $P_1=\Sigma_s\lambda_s X_{s1}$，$P_2=\Sigma_s\lambda_s X_{s2}$。显然，如果对所有状态 $X_{s1}=X_{s2}$，那么 $P_1=P_2$，因而单一价格定理成立。

要证明第一观点，我们知道，同时线性方程组理论指出，有解的充分必要条件是方程的任何线性组合（实际上是对原始证券重新做了一个投资组合）必须是方程左边的值都为 P。转化为证券语言，这就是市场的单一价格定理。

特别地，如果有 m 个方程，n 个未知数，而且 $m>n$，若要有解，必须要从余下 n 个方程中的线性组合中得到 $m-n$ 个方程。用金融学术语来表述就是，有 m 只证券，n 个状态，而且 $m>n$。若要状态价格存在，对 $m-n$ 只证券中的任意一只它必须能从其他拥有相同回报的 $m-n$ 只证券中构建一个投资组合。在这种意义上，$m-n$ 只证券必定是多余的。例如：

$$P_1=1\lambda_1+2\lambda_2+2\lambda_3$$

$$P_2=1\lambda_1+1\lambda_2+1\lambda_3$$

$$P_3=1\lambda_1+1\lambda_2+0\lambda_3$$

这得到了我们早期说过的资产、现金与衍生物的例子——详见阿罗（1953）的分析。这些方程是线性独立的，因为任何两个的线性组合都不能得到剩余第三个的回报。在这个例子中，伪状态价格存在（事实上，如果证券的数目与状态数目一样多，就将得到唯一解）。假设还有第四只证券存在：

$$P_4=0\lambda_1+1\lambda_2+4\lambda_3$$

为了检查伪状态价格（λ_1，λ_2，λ_3）是否仍然存在，我首先从前三只证券中构建一个投资组合，复制新证券的收益。如果我购买 1 单位的证券 1，1 单位的证券 2，卖掉 2 单位的证券 3，在每个状态下我们就能得到与证券 4 相同的收益：

$$[0\ 1\ 4]=[1\ 2\ 3]+[1\ 1\ 1]-2[1\ 1\ 0]$$

因此，如果单一价格定理成立，新证券的价格就必须是 $P_4=P_1+P_2-2P_3$。

该结论并不需要金融学通常使用的较为严格的假设，如投资者理性、风险规避、集合、完备市场、正态性等。但单一价格定理本身并不意味着无套利。例如，与单一价格定理相符合的是，收益为［1，2］和［3，4］的两只证券售价相同。但在该例中，λ_1 和 λ_2 都必须为负，即单一价格定理本身并不一意味着 $\lambda_s > 0$。为了得到正的状态价格，鲁宾斯坦另外假设，任何状态收益越高的证券其当前价格越高。在这一假设下，λ_s 必须为正而且等于状态价格 π_s。

该文还预示了资产定价理论的几个发展：①以消费为基础的跨期资产定价模型（布里登，1979）；②权益风险溢价之谜（梅拉 – 普雷斯科特，1985）；③稳定相对风险规避（CRRA）在促成无偏期限结构中的特殊作用，该期限结构被定义为"局部期望假说"——不论到期日，所有债券的下期期望收益都是相同的——之后的考克斯 – 英格索尔 – 罗斯（1981）。鲁宾斯坦还推导出了市场投资组合价值服从随机游走的充分必要条件。

有关发展①，鲁宾斯坦指出，如果证券 j 每日的现金流（X_{jt}）和集合人均消费（C_t）是双变量正态分布（但随机证券现金流的时间序列结构是不受限制的），在消费是时性可加效用的标准金融模型中，证券 j 在当前日期 0 的价格 P_j 为：

$$P_j = \Sigma_{t=1} \frac{E(X_t) - \theta_t \mathrm{Cov}(X_{jt}, C_t)}{R_{Ft}} \qquad (2\text{-}35)$$

一个现值的确定性等值公式，其中 $1/R_{Ft}$ 是在日期 t 到期的无违约风险零息债券的当前价格，是日期 t 现金流的风险规避。

有关发展②，该文说明，仅依靠效用约束即 CRRA，在消费具有时性可加效用的标准金融模型中：如果集合消费的增长率 r_C 服从随机游走（对数效用这一特例不需要这一前提），那么市场组合的收益（r_M）与集合消费的增长率（r_C）就完全正相关，两者区别只有一个正的倍数，即在日期 t 随机结果

$r_{Mt}=k_{t}r_{Ct}$，其中 k_{t} 是一个随时间变化而变化的正倍数。从这里我们不难看出的 r_{Mt} 和 r_{Ct} 对数方差，$\sigma_{Mt}^{2}=\mathrm{Var}_{t}(\log r_{M})$ 与 $\sigma_{Ct}^{2}=\mathrm{Var}_{t}(\log r_{C})$ 在所有日期必须相等，即 $\sigma_{Mt}^{2}=\sigma_{Ct}^{2}$。这是后来被称为权益风险溢价之谜的本质。这里我们可以看出，标准模型更深层次的推导源自 $\rho(r_{Mt}, r_{Ct})=1$ 这一特性。

有关发展③，鲁宾斯坦指出，在 CRRA 和消费具有时性可加效用的标准金融模型中：如果集合消费增长率服从随机游走，那么①市场组合服从（可能非平稳的）随机游走，以及②利率的期限结构是无偏的，因为在各日所有到期日的无违约风险零息债券的下期预期收益是一样的。从上段的推论中我们立即可以观察到随机游走。这可能是学术文献中第一次说明①市场组合随机游走或②期限结构无偏性的推导是均衡的结果而不是简单假设具有均衡特性的结果。

约翰 C. 考克斯、乔纳森 E. 英格索尔和史蒂芬 A. 罗斯（1981）[一]描述了对无偏期限结构的四种潜在不相容的定义。他们指出，在利率不确定的连续时间，只有一种假设与均衡相符：局部期望假设，即所有无违约风险的债券不论到期日长短其局部期望收益都相同。例如，假设①预期的未来即期汇价等于今天的相应远期汇价，或②由短期债券组成的投资组合的期望最终收益等于当前购买的到期日相同债券的收益，这些并不符合均衡。尽管局部期望假设可能与均衡一致，但它并不必须如此。符合均衡的特例由鲁宾斯坦（1976 年秋）提出。

鲁宾斯坦使用与均衡和风险规避一致的简单公式（依赖于消费附加对数效用的特例）来对将在多日内收到的不确定收入流进行估值。公式可以简单地表述为：

㊀ 见考克斯-英格索尔-罗斯（1981）：《对利率期限结构传统假设的重新审视》（*A Re-Examination of Traditional Hypotheses about the Term Structure of Interest Rates*），载于《金融学学刊》第 36 卷，第 4 期（1981 年 9 月），pp. 769～799。

$$PV_0\left[\,X_0,\,(X_1),\,(X_2),\,\cdots,\,(X_T)\,\right]$$
$$= X_0 + E\left(\frac{X_1}{R_{M1}}\right) + E\left(\frac{X_2}{R_{M2}}\right) + \cdots + E\left(\frac{X_T}{R_{MT}}\right) \qquad (2\text{-}36)$$

其中，$R_{MT} \equiv r_{M1}r_{M2}\cdots r_{Mt}$ 为市场组合累计到日期 t 的收益，(X_t) 为日期 t 收到的现金流集，$PV_0(\,\cdot\,)$ 为所有未来现金流在日期 0 的现值，而期望 E 是根据日期 0 对未来现金流的主观信念来进行估值的。该结果非常简单，我们想想就能知道：通过紧缩对现金流进行跨期时间与风险的调整（即除以同期市场组合的累积收益），取期望值，然后加总。虽然很简单，但现金流或市场组合收益要求无概率限制、无时序或横截面相关。

该文的一些结论依赖于从鲁宾斯坦（1973 年 10 月）借鉴来的联合正态变量的特殊数学特征。该特征大大简化了金融学当时以及后来研究的许多结论。联合正态协方差定理表述为：如果 x 和 y 为联合正态分布，$g(y)$ 是 y 的任意差分方程，且 $E|g'(y)|<\infty$，则 $\mathrm{Cov}\left[\,x,\,g(y)\,\right] = E\left[\,g'(y)\,\right]\mathrm{Cov}(x,\,y)$。该式常被称为"斯坦定理"，因为斯坦（1973）[注]在同一时间也独立推导出该式。

鲁宾斯坦（1976）另一著名之处在于将离散时间资产与期权定价模型联系起来。萨缪尔森 – 默顿（1969）已经指出，在离散时间以及对市场组合的期权，得到布莱克 – 斯科尔斯公式的另一路径是假设典型投资者在期权到期日财富的效用函数为 CRRA 以及市场组合收益为对数正态分布。鲁宾斯坦指出，在那种情况下（甚至包括多期消费），对于任何收益与市场组合为联合对数正态分布的任意标的资产的期权，类似于布莱克 – 斯科尔斯（1973）的公式都成立。

很明显，由于 CRRA 的短视特征（莫森，1968），离散时间 CRRA 模型

[注] 见斯坦（1973）：《多变量正态分布均值的估计》（*Estimation of the Mean of a Multivariate Normal Distribution*），载于《渐进统计学布拉格研讨会论文集》（1973 年 9 月）。

与连续时间模型是同等重要的。短视是指投资组合决策并不取决于持有期的长短。因此，随着到下一次有机会修改投资组合的时间接近零，CRRA 投资者就没有理由修订其投资组合；这样，在连续时间里他做出的投资组合决策与离散时间一样。任何依赖于连续交易且不依赖于投资者偏好的结果（如布莱克 – 斯科尔斯公式）在 CRRA 离散时间状态下不会改变。知道这些后就不难理解布伦南（1979）[⊖]为什么说，在没有连续交易机会、标的资产收益是主观对数正态分布的市场，典型参与者的稳定相对风险规避不仅是得到布莱克 – 斯科尔斯公式的充分条件，而且是必要条件。

罗伯特 E. 卢卡斯（1978）[⊖]提出了一个标准金融模型的特例，该模型中有多个日期、多种状态，投资机会集被假设服从马尔可夫过程（就集合消费水平而言）。该假设比随机游走宽松，因为它允许各期集合消费增长率依赖于期初的集合消费水平，但明显比鲁宾斯坦（1976 年 5 月）以及鲁宾斯坦（1976 年 8 月）不对过程施加任何限制要严格。虽然卢卡斯的文章被广为引用，但回顾早期研究很难发现它的边际贡献在哪里。卢卡斯似乎认为，他的创新之处在于"未来消费对现在消费的替代率递减不符合……马丁格尔特性能近似描述状态价格的条件"。但在我看来这一点在几篇早期研究中已经表达得很明显了——例如，勒罗伊（1973）和鲁宾斯坦（1975）。

⌇⌇ ⌇⌇ ⌇⌇

⊖ 见布伦南（1979）：《离散时间模型中或然求偿权的定价》（*The Pricing of Contingent Claims in Discrete-Time Models*），载于《金融学学刊》第 34 卷，第 1 期（1979 年 3 月），pp. 53 ~ 68。

⊖ 见卢卡斯（1978）：《交易经济中的资产价格》（*Asset Prices in an Exchange Economy*），载于《计量经济学》第 46 卷，第 6 期（1978 年 11 月），pp. 1429 ~ 1445。

1976 年《当交易者拥有分散信息时的竞争性股票市场的效率》

桑福德 J. 格罗斯曼　发表了《当交易者拥有分散信息时的竞争性股票市场的效率》（*On the Efficiency of Competitive Stock Markets Where Traders Have Diverse Information*），载于《金融学学刊》第 31 卷，第 2 期（1976 年 5 月），pp. 573 ～ 585。

1978 年《异质信息市场中的"市场效率"》

斯蒂芬·菲格莱维斯基　发表了《异质信息市场中的"市场效率"》（*Market "Efficiency" in a Market with Heterogeneous Information*），载于《政治经济学学刊》第 86 卷，第 4 期（1978 年 8 月），pp. 581 ～ 587。

有效市场、理性预期、信息聚合、指数效用、一致信念、达尔文生存法则

在卢卡斯（1972）和格林（1973）的基础上，格罗斯曼（1976）用模型正式表达了哈耶克（1945）的思想，即竞争市场的均衡价格是信息聚合。道理在于一个理性投资者会试图了解其他投资者从均衡价格本身中了解到的信息。格罗斯曼在假设指数效用和正态分布的基础上得到了一个反映该循环特征的解析形式例子，从威尔森（1968）我们就知道这一假设具有期望的聚合特性。在他的模型中，信息是真正分散的：每位投资者得到他自己的私有信号，且相信他的信息不会比其他投资者了解得更多。格罗斯曼的自我实现期望均衡具有如下特性，即所有分散信息都反映在当前价格之中，该价格同时还为投资者提供了促使他们得到那些相同均衡价格的信息。

在一篇更为简单的较早期文献中，理查德 E. 基尔斯德姆和伦纳德 J. 米尔曼（1975）[⊖]构建了一个模型，单一参与者掌握的信息完全反映在当前价格之

⊖　见基尔斯德姆－米尔曼（1975）：《信息和市场均衡》（*Information and Market Equilibrium*），载于《贝尔经济学学刊》第 6 卷，第 1 期（1975 年春），pp. 357 ～ 376。

中，因为均衡价格与相关信息之间存在一对一的关系。均衡出现是因为知道均衡定价函数的不知情投资者可以反推出信息，而随着市场不断地重新聚合，不知道均衡定价函数的不知情投资者通过基于过去观测价格累积的贝叶斯期望也可以逐渐判断出信息。

对格罗斯曼而言，理性定价之所以出现是因为信息聚集行业的竞争性进入。然而，由于格罗斯曼假设所有投资者拥有指数效用，他就放弃了研究财富分配对均衡价格理性的影响以及检验促成理性定价重要因素有效性的机会。正如保罗 H. 库特勒（2000，p. 94）[⊖]写到的：

> 给定真实世界的不确定性，许多真实的和实际的投资者将拥有许多，或者同样多的，价格预测。……如果某一投资者群体在预测股票价格上总是强于一般人，他们将积累财富，赋予他们的预测越来越多的权重。在这个过程中，他们使得当前价格越来越接近真实价值。

该理性定价的观点显然与弗里德曼（1953 年秋季号）有关利润最大化的生存观点非常类似。

鲁宾斯坦（1974）和克劳斯 – 利曾伯格（1975）指出，在完备、竞争证券市场下的完全市场单期经济体中，如果所有投资者 i 都有未来财富 W_1^i 的对数效用函数 $U_i(W_1^i) = \ln W_1^i$，但拥有不同的主观概率信念 p_s^i（各状态 s）和当前财富 W_0^i，均衡状态价格将被设定，似乎只有单一投资者，其在各状态 s 的主观概率 p_s 按照如下规则构建：

$$p_s = \Sigma_i \left(\frac{W_0^i}{W_0^M} \right) p_s^i, \text{ 对所有状态 } s \text{ 有 } W_0^M \equiv \Sigma_i W_0^i \qquad (2\text{-}37)$$

⊖ 见库特勒（2000）:《股票市场价格的随机特征》(最早发表于 1964 年，再版于 Risk Publications，2000 年)。

该简单模型阐明了价格是如何由经济体中所有投资者异质信念聚合决定的，其中个体信念的权重为各投资者的相对当前财富。财富更多的投资者对市场价格起着更大的影响。

这些静态结果由菲格莱维斯基（1978）用动态模型表示出来。他提出一个问题，随着时间的变化，库特勒对理性定价的预测是否会发生？为了简便起见，菲格莱维斯基假设存在一系列市场，在各时期期末，自然状态决定单一证券的正确价格，而在各时期起初市场参与者依据他们自身对期末价格的猜测进行买卖。这就非常像赛马赌博，每赛10次市场重新集合，每次都有10个相应结果，这些结果决定了实际回报。在这两个例子中，凯恩斯"选美竞赛"的难题都得以避免。交易前，每位交易者在各时期期初收到自己的信息，所有交易者的信息聚合在一起就决定了市场价格。部分交易者会比其他人得到更好的信息。各交易者根据信息预测的价格，再乘以由各自相对财富和风险规避决定的权重，得到的线性组合就等于市场均衡价格。在各个时期，正好在价格上涨之前将证券售出的交易者其财富将转移给刚买入的交易者，反之亦然。这样随着时间的推移，该过程不断持续，部分交易者会变得越来越富有，而另一些交易者则变得越来越贫穷。菲格莱维斯基比较了这些均衡价格与理性价格，在这里理性价格是指如果一位交易者知道了所有实际交易者手中的信息那么他将会预测的价格。

该模型的重要结论在于信息不足的交易者不会被市场驱逐出去。刚开始，他们的信息在决定市场价格时可能被赋予了过多的权重，但是随着他们财富的逐渐减少，其权重也会越来越低，这样，他们就不会再输钱给信息充足的交易者。虽然普遍的倾向是不会偏离理性价格太远，但市场实际制定的价格从不会正好等于理性价格，除非出现意外情况。因此，库特勒对了一半！

જ જ જ

1976 年《资本资产定价的套利理论》

斯蒂芬 A. 罗斯 发表了《资本资产定价的套利理论》(*The Arbitrage Theory of Capital Asset Pricing*),载于《经济理论学刊》第 13 卷,第 3 期(1976 年 12 月),pp. 341～360。

套利定价理论(APT)、投资分散化、大数定律、多因子模型、APT 与 CAPM、投资组合分离、定价因素与非定价因素、市场投资组合

罗斯(1976 年 12 月)是推导出近似套利定价模型的一篇经典文献,该模型后来被称为套利定价理论(APT)。APT 背后的直观意义早在 8 年前就由埃文斯 – 阿彻(1968)进行过经验阐述。他们指出,当随机挑选的股票加入到投资组合中时,投资组合收益的标准差将迅速收敛于市场收益的标准差。市场上,10 只随机挑选股票的 6 个月收益标准差比所有 470 只证券构成的投资组合收益的标准差大约高出 1%。

罗斯的 APT 从一个多因素模型开始,等式左边是证券收益 r_j,其期望收益为 μ_j,等式后边有足够多的影响因子 F_k,使得剩余组成部分 ε_j 对各只证券是独立的:

$$r_j=\mu_j+\Sigma_k\beta_{jk}F_k+\varepsilon_j, \text{ 对所有证券 } j, \; l=1, \; 2, \; \cdots, \; m,$$
$$\text{因子 } h, \; k=1, \; 2, \; \cdots, \; K \tag{2-38}$$

定义 $E(\varepsilon_j)=E(F_k)=\rho(\varepsilon_j, F_k)=0$,对 $h\neq k$, $\rho(F_h, F_k)=0$,且 $\mathrm{Var}(F_k)=1$;假设对 $j\neq l$, $\rho(\varepsilon_j, \varepsilon_l)=0$,且 $\mathrm{Var}(\varepsilon_j)$ 有有限上限。这样,通过构造其他证券的投资组合来模拟这些因子,某只特定证券的收益就可以被复制为因子模型中的残差项——这是"套利定价理论"名字的由来。接着罗斯指出,在一个"大型"市场(有众多证券,每只相对于整个市场来说都微乎其微),大数定律可能使得剩余风险不被定价。这导致了期望收益的多因素模型,是 CAPM 的另一个替代模型,如夏普(1964):

$$\mu_j = r + (\mu_1 - r)\,\beta_{j1} + (\mu_2 - r)\,\beta_{j2} + \cdots + (\mu_k - r)\,\beta_{jk} + \cdots + (\mu_K - r)\,\beta_{jK} \qquad (2\text{-}39)$$

其中，r 为无风险收益，而 μ_1，μ_2，$\cdots$，μ_k，$\cdots$，μ_K 为因子模拟的期望收益。

　　该模型的假设比 CAPM 更为宽松（不要求投资者偏好假设而且对概率分布的假设也比较松），同时结论也不太具体，因为因子的数目以及因子本身并不确定。而且，哪些因子将最终被定价在均衡中（即，对许多因子来说可能 $\mu_k = r$，因而不影响期望收益）也是未知的。

　　尽管两个模型外表看起来迥异，其实二者非常类似。在近似的情况下（APT 本身的近似），CAPM 其实藏身于 APT 之中。APT 认为，影响证券期望收益的有多个因素。而夏普（1964）、林特纳（1965 年 2 月）、莫森（1966）以及特雷诺（1999）的 CAPM 认为市场投资组合是其中一个因素，而且是唯一被定价的因素：所有投资者，不论偏好，都将财富分配于两只共同基金中，其中一个是无风险基金，一个是市场投资组合。这样，即便是因为证券都同时依赖市场投资组合之外的原因各证券之间相互相关，这对投资者也无关紧要，因为他们只持有市场组合。例如，如果他们额外还持有另一风险证券组合，能保护他们规避机会集的变化，如默顿（1973 年 9 月）提出的，投资者仍需担心证券收益与该投资组合之间的相关关系。该担心会进入他们的效用函数，并得到默顿的三基金分离定理。相应地，这是确定被定价的另一 APT 因子，而所有其他因子仍然未被定价。因此，真正区分 CAPM 与 APT 的是更为完全的特定资产定价模型的分离特性。

　　罗斯（1977）对 APT 的直观介绍居然（可能是无意地）发表在罗斯（1976 年 12 月）对其极为复杂、详尽的阐述之后，因此读者需要先读后发表的文章。

$\backsim$　$\backsim$　$\backsim$

1977年《对资产定价理论检验的批判 I：论该理论的过去与潜在可检验性》

理查德·罗尔（1939年10月31日—）发表了《对资产定价理论检验的批判 I：论该理论的过去与潜在可检验性》（*A Critique of the Asset Pricing Theory's Tests*，*Part I*：*On Past and Potential Testability of the Theory*），载于《金融经济学学刊》第4卷，第2期（1977年3月），pp. 129～176。

资本资产定价模型（CAPM）、均值－方差效率、市场投资组合

正如林特纳（1965年2月）、莫森（1966）以及特雷诺（1999）所指出的，在CAPM条件下，市场投资组合是均值－方差有效的。也就是说，给定期望收益水平，市场投资组合的方差比其他任何组合的方差都要低。事实上，无风险证券与市场组合的结合（覆盖所有期望收益水平）是唯一均值－方差有效的投资组合。罗尔（1977）转而论述，如果市场投资组合是均值－方差有效的，那么CAPM的期望收益定价关系成立。因此，CAPM的经验内容最终变成这样一个定理，即市场投资组合是均值－方差有效的；它只能在这一基础上被接受或被拒绝。罗斯（1977年3月）[⊖]也提出了这一点。

罗尔进一步提出，任何均值－方差有效的投资组合必须满足CAPM期望收益定价关系式，不管经济条件如何（即便CAPM是错的）。也就是说，如果 P 是一个均值－方差有效的投资组合，且证券 j 在该组合之中，那么 $\mu_j = r + (\mu_p - r)\beta_{jP}$，其中 $\beta_{jP} \equiv \mathrm{Cov}(r_j, r_P)/\mathrm{Var}(r_P)$。这从均值－方差投资组合优化问题的一阶条件可以很容易地得出。

在实践中，投资者只能使用，经验研究者也只能检验使用真实市场投资

⊖　见罗斯（1977）：《资本资产定价模型、卖空限制与相关问题》（*The Capital Asset Pricing Model (CAPM)*，*Short-Sale Restrictions and Related Issues*），载于《金融学学刊》第32卷，第1期（1977年3月），pp. 177～183。

组合表征的 CAPM。在该文发表许多年以前，人们普遍认为如果 CAPM 无法被经验研究证实，那么原因应该是 CAPM 本身是对的，但市场投资组合的表征是不对的。在该文发表之后，人们开始明白，即便 CAPM 得到了经验研究的证实，也只能说明市场投资组合的表征是均值－方差有效的，而不能说明CAPM 本身就是对的。例如，假设有这样一个真实模型，除了与市场投资组合收益存在协方差之外，还如鲁宾斯坦（1973 年 1 月）指出的一样与市场存在协偏度，或者如默顿（1973 年 9 月）与表征投资机会的随机变化的表征变量存在协方差。当然，真实的市场投资组合得满足真实模型。不过，我们仍然能观察到，使用标准普尔 500 指数作为特别的市场投资组合表征，该表征投资组合是均值－方差有效的，因而满足 CAPM 定价关系式（即便 CAPM 是个错误的模型）。于是我们陷入了进退两难的地步。假设市场投资组合表征不是真实的市场投资组合：①如果 CAPM 是对的，我们可以因为表征错误而拒绝它（在罗尔文献发表之前人们就知道了）；②如果 CAPM 是错的，即便表征是错的，但它也可能恰好是均值－方差有效的（直到罗尔文献发表才被人理解），因而得到接受。

罗尔相信，现实中要度量市场投资组合的收益是不可能的，因此 CAPM根本是无法被证实或被驳倒的。杰伊·山肯（1987）⊖提供了工具来验证联合假设：CAPM 是有效的；真实但未知的市场投资组合收益与市场投资组合表征的收益之间的相关关系至少是个提前指定的数目。

౯ ౯ ౯

⊖ 见山肯（1987）：《多标量表征和资产定价关系：与罗尔批判商榷》（*Multivariate Proxies and Asset Pricing Relations：Living with the Roll Critique*），载于《金融经济学学刊》第 18 卷，第 1 期（1987 年 3 月），pp. 91 ～ 110。

1977 年《对封闭式投资公司份额的估价》

伯顿 G. 马尔基尔 发表了《对封闭式投资公司份额的估价》(*The Valuation of Closed-End Investment Company Shares*),载于《金融学学刊》第 32 卷,第 3 期(1977 年 6 月),pp. 847 ~ 859。

封闭式基金折价、封闭式基金与开放式基金、有效市场

如果证券投资组合与其组成证券一样也在市场上交易,那么有人就会朴实地认为在理性市场中,证券投资组合的价值应当等于构成证券的价值之和。如果不是这样,那么很明显就会存在套利机会。如果该投资组合交易的频率比构成证券高(或低)的话,那么投资者可以通过购买(或卖出)单只证券且卖出(或买进)该投资组合的方式复制该投资组合。然而,即便没有卖空限制,只要有少数投资者试图实施这一策略,它就可能失败,因为投资组合与单只证券相比将持续过高定价或过低定价,这样套利利润就无法实现。另一套利策略是以折扣购买投资组合,取得投资组合的控制权,然后等到其构成证券的市场价格较高时再卖出投资组合。然而,在实际操作中,为了取得投资组合控制权而购买足够份额的行为会将股份价格提高至他们准备溢价售出的水平,这时基金的主要顽固持有人拒绝卖出。这一正向倾斜的供给曲线通常会置这种买光策略于亏损境地。

开放式(共同)基金在每天交易结束时都会为自己的份额报价,以示愿意以净资产价值(即按构成证券当日收盘价格计算的投资组合价值)买入或卖出份额。事实上,这种基金排除了任何前文所述的套利机会。而封闭式基金虽然也像交易所股票一样交易,但它们不为自己的份额报价。因此对封闭式基金而言,相对于净资产价值的折价或溢价都是有可能的。

封闭式基金可能是那些经常以低于净资产价值较高折价进行交易的投资组合的最为明显的例子,折价常常高达 10% ~ 20%。这种封闭式基金异象成

为理性市场假设最为严峻的挑战。每一只股票都可以理解为一份实体物质的封闭式基金,但由于潜在的协同效应,它比实际的封闭式基金更为复杂。如果市场无法为简单的封闭式基金定价,它又如何能给单只股票准确定价呢?

不少金融经济学家都试图证明封闭式基金折价是与理性市场相一致的。马尔基尔(1977)就是早期这类狂想骑士之一。他考虑了如下解释:①内含的资本利得增值;②受限股票所有权;③持有外资股票;④封闭式基金管理者的劣等表现;⑤投资组合的高换手率以及交易成本;⑥高额管理费用。他考察了从1967年至1974年的24只封闭式基金。然而,这些理性解释似乎只能解释很小比例的折价。他观察到,当市场下滑时,封闭式基金折价缩小,而当市场上扬时,折价扩大。这一现象事实上表明,与单只股票相比,封闭式基金能更好地对抗市场风险,因而应该以一定溢价售出。

在另一份研究中,雷克斯·汤普森(1978)[一]指出,以折价销售的封闭式基金其业绩要高于市场,似乎与理性定价假设不符。

～～～

1977年《收益、风险与套利》

斯蒂芬A.罗斯 发表了《收益、风险与套利》(*Return*, *Risk*, *and Arbitrage*),收录于欧文·弗兰德和詹姆斯·比克索编辑的《金融学中的风险与收益》(*Risk and Return in Finance*)(Ballinger,1977年),pp. 189～218。

[一] 见汤普森(1978):《封闭式基金份额折价与溢价的信息含量》(*The Information Content of Discounts and Premiums on Closed-End Fund Shares*),载于《金融经济学学刊》第6卷,第2期(1978年),pp. 155～186。

基础定理、市场的单一价格法则、套利、状态价格、完全市场、资本资产定价模型（CAPM）、布莱克－斯科尔斯公式、完美市场、价值附加

罗斯（1977）为罗斯（1976 年 12 月）的套利定价理论（APT）提供了一个直观的介绍。该文还对金融经济学一些重要结论进行了简单介绍和证明。阿罗（1953）推导了在均衡中存在状态价格的充分条件。罗斯和鲁宾斯坦指出，尽管偏好凹性对阿罗的其他结论很重要，但对于状态价格的存在并不是必需的。罗斯定义"无套利"为这样一种情况：一个人无法从现有证券中构造一个投资组合，这些现有证券的特征是，在所有状态下都有非负收益，至少在一个状态下有正收益，而成本为零或为负。罗斯为"金融经济学最基本定理"给出了第一个完整清晰的表述：

当且仅当状态价格存在时无套利存在。[35]

（详见 pp. 201～203，214～215。）[36] 罗斯的证据是一个非饱和投资者的均衡环境，但他对偏好无限制。该证据首次公开发表于考克斯－罗斯（1976）⊖（特别见 p. 385）。罗斯在罗斯（1978 年 7 月）⊜中为其结论提供了一份正式的证明，该文获得 1978～1979 年度的利奥·梅内姆奖。该奖项是芝加哥大学为商学院教师发表杰出论文而颁发的。瓦里安（1987）⊜对罗斯的研究进行了精彩地总结。

与无套利相关的另一条件为单一价格定理，意思是两个投资组合不可能

⊖ 见考克斯－罗斯（1976）：《对金融期权定价理论最新研究结论的回顾》（*A Survey of Some New Results in Financial Option Pricing Theory*）载于《金融学学刊》第 31 卷，第 2 期（1976 年 5 月），pp. 383～402。

⊜ 见罗斯（1978）：《风险收入流估值的一个简单方法》（*A Simple Approach to the Valuation of Risky Streams*），载于《商业学刊》第 51 卷，第 3 期（1978 年 7 月），pp. 453～475。

⊜ 见瓦里安（1987）：《金融经济学的套利原则》（*The Arbitrage Principle in Financial Economics*），载于《经济观察学刊》第 1 卷，第 2 期（1987 年秋），pp. 55～72。

收益相同而成本却不同。无套利意味着单一价格定理，但单一价格定理并不一定代表无套利。金融模型通常使用的前提是无套利是一个不输定理：如果它是对的，就有助于我们理解证券价格；如果它是错的，那我们的分析能帮助我们辨认任何能为我们带来利润的套利机会。这样我们就不难理解为什么在实际生活中套利机会那么少，是因为在完备市场中仅有一位"理性"投资者的交易活动就能消除套利。

罗斯假设，存在完美市场，其中没有交易摩擦（如买卖佣金、价差、卖空限制、不同证券收取不同税收以及杠杆约束）。在这种情况下，投资者就可以从可获得的证券集中构建任意投资组合，使得投资组合的收益等于构成证券收益之和。在该例中，单一价格定理意味着现值附加，即既然两者收益相同，那么投资组合的成本或者现价就等于投资组合中所有证券的成本之和。

罗斯的无套利定理

为清晰起见，我们假设只有三种状态 $s=1$，2，3 和三只证券 $j=1$，2，3；X_{sj} 为证券 j 在状态 s 下的收益；P_j 为证券 j 的价格。我们构建一个投资组合，持有每只证券 n_j 个单位（如果买入 $n_j>0$，如果卖出，$n_j<0$）。这样，每个状态下投资组合的收益为：

状态 1 的收益 $=n_1X_{11}+n_2X_{12}+n_3X_{13}$

状态 2 的收益 $=n_1X_{21}+n_2X_{22}+n_3X_{23}$

状态 3 的收益 $=n_1X_{31}+n_2X_{32}+n_3X_{33}$

投资组合成本 $=n_1P_1+n_2P_2+n_3P_3$

可以说，无套利意味着不管我们选择什么样的投资组合权重（n_1，n_2 和 n_3），如果状态 1 的收益 ≥ 0，状态 2 的收益 ≥ 0，状态 3 的收益也 ≥ 0，那么投资组合的成本 ≥ 0（最后一个不等式表示只要有一个状态的收益为正，那么投资组合的成本就为正）。

定理提出两个观点:

(1)如果无套利,就存在状态价格。

(2)如果存在状态价格,就无套利。

第二个很好证明,我先证明第一个。假设当 $\pi_s > 0$ 时存在状态价格:

$$P_1 = \pi_1 X_{11} + \pi_2 X_{21} + \pi_3 X_{31}$$

$$P_2 = \pi_1 X_{12} + \pi_2 X_{22} + \pi_3 X_{32}$$

$$P_3 = \pi_1 X_{13} + \pi_2 X_{23} + \pi_3 X_{33}$$

考察一个收益为非负的投资组合:

$$n_1 X_{11} + n_2 X_{12} + n_3 X_{13} \geqslant 0$$

$$n_1 X_{21} + n_2 X_{22} + n_3 X_{23} \geqslant 0$$

$$n_1 X_{31} + n_2 X_{32} + n_3 X_{33} \geqslant 0$$

上式左右两边同时乘以(正的)状态价格 π_1, π_2 和 π_3 并不改变不等式:

$$\pi_1 n_1 X_{11} + \pi_1 n_2 X_{12} + \pi_1 n_3 X_{13} \geqslant 0$$

$$\pi_2 n_1 X_{21} + \pi_2 n_2 X_{22} + \pi_2 n_3 X_{23} \geqslant 0$$

$$\pi_3 n_1 X_{31} + \pi_3 n_2 X_{32} + \pi_3 n_3 X_{33} \geqslant 0$$

把上面三个不等式加起来,得到:

$$n_1(\pi_1 X_{11} + \pi_2 X_{21} + \pi_3 X_{31}) + n_2(\pi_1 X_{12} + \pi_2 X_{22} + \pi_3 X_{32})$$
$$+ n_3(\pi_1 X_{13} + \pi_2 X_{23} + \pi_3 X_{33}) \geqslant 0$$

将括号中的项式代成当前价格,就得到:

$$n_1 P_1 + n_2 P_2 + n_3 P_3 \geqslant 0$$

即这样的投资组合必须有非负成本,第二个观点得证。

现在看看第一个观点:如果无套利,就存在状态价格。如果无套利,单一价格定理必须成立,从我们以前的分析知道伪状态价格 λ_s 也就存在。而且这些价格必须为正。

如果存在完全市场,这个很好证明。在完全市场中,我们总是能构造这样一个投资组合:在一种状态下收益为 1 美元,而在其他所有状态收益都为 0。这样的证券价格不可能为负，因为如果这样就存在套利机会；因此，伪状态价格必须为正。既然我们可以对任何状态都可以进行同样的分析，那么所有伪状态价格都必须为正，从而状态价格 π_s 也为正。

另一方面，如果市场不完全，那么尽管无套利仍然意味着存在正的伪状态价格，但证明要复杂得多。事实上，发现这一证明是罗斯对金融学文献最大的贡献。我不在这里赘述，详细的证明请见约翰 H. 科克兰（2001）的《资产定价》（*Asset Pricing*）⊖ 一书。不过，我仍希望读者从直观上就能接受这一结论。[37]

....

对于状态价格的存在，鲁宾斯坦和罗斯都没有要求必须存在完全市场。如果不同证券的数目少于状态的数目，只要无套利，那么能解释所有证券价格的状态价格就依然存在。不过，状态价格不再是唯一的，即存在几个状态价格集，都能解释现有证券的价格。这意味着，如果我们给经济体增加一只证券，再仅仅根据无套利原则来猜测它的准确价格，是无法做到的。然而，即便是证券数目少于状态数目，这些证券的价格仍会围绕任何新增证券价格的周围设定套利的上限和下限。

如果不同证券的数目等于状态数目（一个完全市场），状态价格将是唯一的（如前所述）。现在我们给经济体增加任意一只新证券，只要无套利，我们就能根据其他证券的价格准确为该新证券定价。这就是现代期权定价理论描述的情况。其基本定理保证，衍生物和其他证券一样，可以根据它们收益的加权平均进行定价：$P = \Sigma_s \pi_s X_s$。现代理论的聪明之处在于找到了一个实现完全市场和精确计算状态价格（π_s）的方法。在该例中，期权的价格可以由其他相关证券特别是标的资产和无风险债券的价格确定。

运用该基本定理就能很轻松地证明现值的价值附加定理：两笔现金流的现值等于其现值之和。瓦里安（1987）阐述了如何使用基本定理来证明一份

⊖ 见科克兰（2001）：《资产定价》，Princeton University Press，2001 年，p. 72。

标准欧式期权价值的套利下限。

运用基本定理证明欧式期权价值的下限

π_s= 当且仅当时间 t 发生状态 s 时收到 1 美元的现值

S_s= 资产在时间 t 状态 s 的收益

S_0= 资产的现值

d= 资产在时间 t 内的收益率

r= 时间 t 内的无风险收益率

C_0= 一份标准欧式期权的现值，期权在状态 s 的收益为 max（0, S_s-K)

K= 期权的行权价格

如果无套利，根据基本定理，一定存在状态价格 π_s>0，这样：

$$S_0=\Sigma_s\pi_sS_s, \quad 且\ r^{-t}=\Sigma_s\pi_s$$

$$C_0=\Sigma_s\pi_s \max（0, S_s-K)$$

从上式可以得到 $C_0 \geqslant \Sigma_s\pi_s(S_s-K) = (\Sigma_s\pi_sS_s) -K (\Sigma_s\pi_s) =S_0d^{-t}-Kr^{-t}$。

而且，如果 $S_0d^{-t}-Kr^{-t}<0$，显然 $C_0 \geqslant 0$。因此，$C_0 \geqslant \max（0, S_0d^{-t}-Kr^{-t})$

该基本定理还可以用于推导 CAPM 的估值公式。从无套利假设开始，这意味着任何证券 j 的价格 P_j 与其现金流 X_{sj} 与状态价格 π_s>0 的乘积相关：

$$P_j=\Sigma_s\pi_sX_{sj} \tag{2-40}$$

将状态价格分解为主观概率 p_s、风险规避调整 Y_s 与无风险收益率 r，即 $\pi_s=p_sY_s/r$。然后使用期望符号就得到：

$$P_j = \frac{\Sigma_s p_s(X_{sj}Y_s)}{r} = \frac{E(X_jY)}{r}$$

对任意两个随机变量 x 和 y，$E(xy)=$Cov$(x, y)+E(x)E(y)$，且 $E(Y)=1$：

$$P_j = \frac{\text{Cov}(X_j, Y) + E(X_j)}{r}$$

假设无股利，证券的收益率 $r_j \equiv X_j/P_j$，这样等式两边都除以 P_j 就得到：

$$1 = \frac{\text{Cov}(r_j, Y) + E(r_j)}{r}$$

重新排列后得到：

$$E(r_j) = r + \text{Cov}(r_j, -Y) \qquad\qquad (2\text{-}41)$$

要解释我们刚才做的工作，我们可以说，如果无套利，就必须存在一个随机变量 Y，对所有证券（以及投资组合[38]）都一样，使得任意证券（或投资组合）的期望收益都等于无风险收益加上风险调整。

该结论非常吸引人，因为它来自金融经济学最基本的假设：无套利（以及完备市场）。很高兴我们至少知道，不管什么影响着 Y，只要知道了如何度量该变量，我们就能用它来计算所有证券以及投资组合的价值。但它也让人担忧，因为不知道到底什么决定 Y。为了找到 Y，CAPM 做了进一步的假设，包括投资者理性与风险规避、证券收益的联合正态分布以及所有投资者都持类似信念等。这样，正如我前文所述的——详见夏普（1964）的分析——可以得到，Y 以一种简单的方式受到市场投资组合的影响。但正如过去 30 年资产定价研究所指出的那样，我们可以进行其他假设，然后推导出其他的 Y，进而得到与经验现实更为接近的模型。

从基本定理角度出发我还推导出了布莱克－斯科尔斯（或标准二项式）公式。模型有 7 个假设，从最宽松的开始，以最严格的结束：

（1）至少存在一只标的股票、（无风险）现金和一份期权；

（2）在这些证券之间不存在套利；[39]

（3）没有期权，市场是完全的；

（4）通过动态完整性市场得以保存；

（5）只需要两只证券就能使市场达到动态完整；

（6）各个日期状态重新组合；

（7）未来的状态价格与今天的状态价格相同。[40]

第 1 个假设和第 2 个假设给了我们三个假设：对当前股票价格 S_0、无风险收益率 r 以及当前期权价格 C_0，分别有：

$$S_0 = \Sigma_s \pi_s X_s \tag{2-42}$$

$$r^t = \frac{1}{\Sigma_s \pi_s} \tag{2-43}$$

$$C_0 = \Sigma_s \pi_s \max(0, X_s - K) \tag{2-44}$$

X_s 是在期权到期日标的股票价格，K 是期权的行权价格，t 是其至到期日的年度化时间，π_s 是状态价格。

第 3 个假设告诉我们，如果我们知道所有证券包括期权的当前价格（包括 S_0 和 r），我们就能推导出用这些证券价格表述的状态价格（如同前例中所述的）。接着我们可以使用这些状态价格来求剩余的期权价格。最后我们就可以得到将期权价格 C_0 与股票价格 S_0、无风险收益率 r 以及经济体中许多其他证券的价格联系起来的关系式。

根据阿罗（1953）得知，第 4 个假设意味着，我们可以通过不断修改投资组合从而保存市场的数目。我们可以得到一个股票价格的演变图，类似于布莱克 - 斯科尔斯（1973）所分析的状态空间演变图。

布莱克 - 斯科尔斯（1973）的贡献在于给出了另外三个非常聪明的假设。首先，他们假设只需要两只证券——股票和现金，就能保证市场动态完整。这表示在任何一天投资者都可以构造一个由这两只证券组成的投资组合，该投资组合能在下一期重新创造期权的收益模式。这意味着状态空间演变受限于股票价格随时间的二项式移动，如图 2-2 所示。

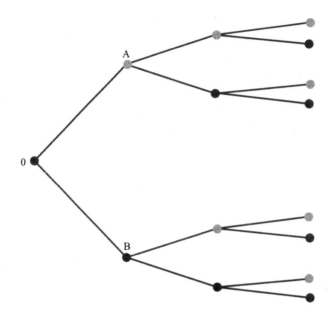

图 2-2 二项式状态空间移动

暂时停在该假设，我们可以得到布莱克－斯科尔斯模型的一个重要特征：如果已知股票价格的状态空间演变，即便不知道任何其他证券的价格，根据 S_0 和 r 我们就可以算出当前期权价格 C_0。[41] 事实上，已经有人付出巨大努力尝试在这样的路径依赖环境中为期权估值；但是如果没有进一步的假设，就无法得到反映期权价值的简单公式，而且期权通常是利用帕斯卡－费马（1654）的数学后向递归方法来估值的。

为了得到这一公式，布莱克－斯科尔斯假设状态空间重新组合，这样，在图 2-3 "重组二项式状态空间演变" 中来自不同状态的节点结合在一起。

没有假设 7，二项式可以随时间上下移动，取决于同时的股票价格。例如，波动性（反映在移动规模中）在股价高时较小，而在股价低时较大。[42]

最后，布莱克和斯科尔斯假设，状态价格是不变的，这样，在任何节点如果 π_μ 和 π_d 是日期 0 的状态价格，那么它们也是所有未来节点的状态价格：

在布莱克－斯科尔斯的术语中，股票波动性是固定的，且无风险收益也是固定的，因为 $r=1/(\pi_\mu+\pi_d)$。总之，从之前给定的假设 1 和假设 2 得到的等式开始，布莱克和斯科尔斯成功地找到了能得到他们公式的状态价格。根据标准二项式期权定价模式，n 次二项式上（u）下（d）移动直至到期日的状态价格变成：

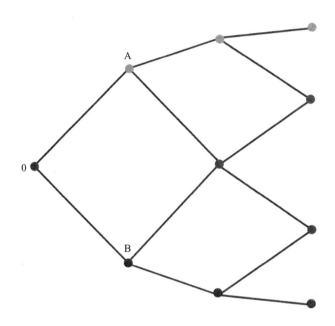

图 2-3　重组二项式状态空间演变

$$C_0=\sum_{s=0,\cdots n}\pi_s\max\left[\,0\,,\ S_0u^sd^{n-s}-K\,\right] \tag{2-45}$$

而且，

$$\pi_s=r^{-n}\left[\frac{n!}{s!(n-s)!}\right]q^s(1-q)^{n-s}\ ,\ \ 且\ q\equiv\frac{r-d}{u-d}$$

得到这一步，经济学就结束了；再用点考克斯－罗斯－鲁宾斯坦（1979）说明的数学方法，就能推导出著名的布莱克－斯科尔斯公式了。

斯图尔特 C. 迈尔斯（1968）[1]根据投资者可以交易一个收益覆盖所有状态所有日期的完整状态证券集思想，推出了许多推论。特别是，他从个体消费者/投资者的角度，推导出了为不同时期现金流进行估值的基本表达式，表达式为期望现金流的加权之和，其中每笔现金流的权重为该状态和日期消费的边际效用除以当前消费的边际效用。

在不一定完整的市场环境中，约翰 B. 朗（1972，特别见 pp. 169 ～ 170）[2]也独立地推出了一个相似的等式。

阿夫拉姆·贝加（1971，特别见 p. 364，公式 3.4.3）可能是最早呈现用类似方法得到前文 CAPM 证据的文献。[3]然而，尽管贝加提出了定价关系式 $P=\Sigma_s\pi_s X_s$ 和不等式 $\pi_s>0$，他并没有考察状态价格存在的条件，而且他做了不必要的完全市场假设。很明显他试图保持较高程度的适用性，他没有像迈尔斯（1968）和鲁宾斯坦（1976 年秋季号）那样对状态价格（π_s）和边际效用之间的关系进行探讨。

〜 〜 〜

1977 年《风险、不确定性与观点分歧》

爱德华 M. 米勒 发表了《风险、不确定性与观点分歧》（*Risk, Uncertainty, and Divergence of Opinion*），载于《金融学学刊》第 32 卷，第

[1] 见迈尔斯（1968）：《证券估值的时间状态偏好模型》（*A Time-State-Preference Model of Security Valuation*），载于《金融与计量分析学刊》第 3 卷，第 1 期（1968 年 3 月），pp. 1 ～ 33。

[2] 见朗（1972）：《消费投资决策与证券市场均衡》（*Consumption-Investment Decisions and Equilibrium in the Securities Market*），收录于迈克 C. 詹森编著的《资本市场理论研究》（*Studies in the Theory of Capital Markets*）（Praeger，1972），pp. 146 ～ 222。

[3] 见贝加（1971）：《不确定下资本成本结构》（*The Structure of Cost of the Capital under Uncertainty*），载于《经济学研究评论》第 38 卷，第 3 期（1971 年 7 月），pp. 359 ～ 368。

4 期（1977 年 9 月），pp. 1151～1168。

卖空、异质信念、投资组合分离、有利赌博定理、信息聚合

有关卖空和股票价格的学术研究在 21 世纪早期出现了复兴。文献认为，几个明显反常的证券价格行为的例子，究其根本可能原因在于没能完全理解卖空限制的后果。

有关不确定下市场均衡的标准金融范式是夏普（1964）、林特纳（1965 年 2 月）、莫森（1966）以及特雷诺（1999）的 CAPM。该模型有个跟我们相关的重要假设：所有投资者对所有证券未来收益联合分布的信念是一样的。在这一情况下，如同我们从该模型的投资组合分离特性中所知道的：如果所有投资者有着相同的信念而且存在无风险证券，则每位投资者都会将财富分配于现金、一只共同基金以及包含市场所有证券的市场投资组合之中。阿罗（1965/B）已经证明，在一个非常一般的风险规避环境下，每位投资者都将至少把部分财富投资于一笔有利投机。而市场投资组合就是一笔有利投机（因为它的均衡期望收益超出无风险收益），所有投资者都会做多市场。这样，卖空限制就不存在约束效应，因为没有投资者会做空市场（以及任何风险证券）。投资者会贷出、借入以及购买风险证券，但不会卖空。然而，一旦允许存在异质信念，在其他条件一样的情况下，那些对某些证券收益持足够悲观态度的投资者就会希望卖掉这些证券，而相对乐观的投资者则会采取相反的交易行为。

最有意思的市场分割形式可能来自卖空限制。这些限制特别有趣，是因为①他们与异质信念联系在一起（如前所述，在同质信念的初始 CAPM 中，这些限制是不具约束力的）；②每位投资者选择受其约束的程度（与纯分割模型不同）；③以及现实美国市场的一些特征造成了对卖空的限制：

（1）要想卖空，就必须要找到贷方，而且贷方还要有动力临时参与股

份。卖空的收入作为保护股票贷方的质押物。返回给卖空者的质押利率被称为"退税率"。为了鼓励贷方贷出股份，退税率必须低于质押物能赚取的完全利率。这样，贷方就赚得利率与退税率之间的差异。在供给十分有限的时期，退税率甚至可能为负，这样卖空者不仅赚不到任何卖空收入，而且还要给贷方支付额外的费用。

（2）为了理解损失卖空头寸的非对称性，考虑"用手头证券卖空"：同时买卖相同证券。如果投资者没有收到任何卖空收入的利息，即便他必须投资自己的资金来买入，他也只能获得零回报。如果卖空是对称的，投资者应该能赚取投资的无风险收益（如果他赚到卖空收入的利息，这就会发生）。

（3）如果卖空发生之后，经纪商再也找不到贷方愿意继续卖空交易，那卖空方就被迫提前平仓。

（4）卖空可能会伤害另一类投资者，他们在"卖空逼仓"中成功地垄断了股票的不稳定供应。

（5）投资者不能在低于或等于之前交易价格后卖空。

（6）如果股价猛然升高，比卖空方全部清仓的价格高出100%，那么他遭受的损失比当股价猛然下跌（因为有限责任，跌100%）时买入方遭受的损失要大，然而，通过买入看跌期权来卖空就没有这个缺陷。

（7）不论卖空持有期长短，卖空的所有利润和损失都不利地被当成短期资本利得。

（8）许多机构投资者，尤其是共同基金，被合同排除在卖空行列。

通过买入看跌期权来卖空很大程度上绕过了前6大障碍。不过，尽管在看跌期权购买中损失卖空收入利息不是清晰可见的，但是可以依据看涨–看跌的平价关系式从看跌期权相对于类似看涨期权的价格中推断出来。几份经验研究表明，看跌期权购买者获得的隐含退税率往往明显低于市场无风险收益率。例如，斯蒂芬·菲格莱维斯基和格温德琳 P. 韦伯（1993）[⊖]和奥费克 – 理查德森 – 怀特洛（2002）[⊜]

类似这样的非对称限制使得米勒（1977）提出，相对悲观的投资者往往不会在市场中表达意见，因为他们发现卖空的成本非常高昂。而另一方面，相同的情况却不会阻止乐观的投资者发表看法。因此，特别当投资者对股票的看法存在巨大分歧而且卖空很困难时，米勒认为，当前的股票价格往往只反映更为乐观的信息，因为潜在卖空者的负面信息从来不会进入股价之中。哈耶克（1945）的信息聚合模型失败了，这些股票的当前价格高出当所有信息都反映在价格之中时的股票价格。

早在 40 年前威廉姆斯（1938）就观察到了一个类似的现象：

> 在多个股票市场上，每只股票只会被那些比其他人更看好该股票的人持有，那些更喜欢其他股票的人不会成为该股票的所有者，即便他们愿意接受对该股票以及对所有其他股票的观点。……换句话说，在一个多只股票市场上，大多数人都会认为除了他们自己持有的股票之外所有股票的价格都太高了。如果大多数人对其他人投资的看法是对的，那么股票的价格将普遍偏高，因为几乎每只股票都有其独特之处，从而吸引自己特殊的拥护者，他们将股票的价格抬高。如果每只股票都是某投资者的最爱，那么人们需持怀疑态度对待每个价格。（pp. 28～29）[43]

从某种意义上说，威廉姆斯 – 米勒的观点可以追溯到林特纳（1969）。显

⊖ 见菲格莱维斯基 – 韦伯（1993）:《期权、卖空和市场完整性》（*Options*, *Short Sales*, *and Market Completeness*），载于《金融学刊》第 48 卷，第 2 期（1993 年 6 月），pp. 761～777。

⊜ 见奥费克 – 理查德森 – 怀特洛（2002）:《有限套利和卖空限制：来自期权市场的证据》（*Limited Arbitrage and Short Sale Restrictions: Evidence from the Options Markets*），载于《金融经济学学刊》第 74 卷（2004 年 11 月），pp. 305～342。

然是林特纳首次正式分析了在卖空约束下（卖空被禁止）的均衡价格信息。尽管米勒引用了林特纳的文章，但奇怪的是他只提到了文章与卖空限制不相关的部分。而后来成为卖空文献核心的异质信念与卖空之间的清晰联系是由林特纳提出来的。

　　为了推出更为具体的结论，除了 CAPM 常用的假设（见林特纳，1970）之外，林特纳另外假设，所有投资者都有指数效用函数（见威尔森，1968），为了得到参与者信念不同情况下的聚集解析形式结果。林特纳的第一个重要结论是，对给定证券，其均衡价值只取决于那些持有该证券的投资者。那些在没有卖空限制时随时准备将股票出售、在有卖空限制时不持有股票的投资者对股票的均衡价格没有直接影响。也就是说，只有那些最终持有该证券的投资者的偏好和信念才对其均衡价格有着直接影响。那些不持有证券的投资者只通过影响大家共同持有的其他证券的价格从而对该证券价格产生间接影响。例如，假设有三只证券 1，2，3 以及两位投资者 A 和 B。在均衡状态下投资者 A 持有证券 1 和 2，投资者 B 持有 2 和 3。这样，投资者 B 通过影响证券 2，进而影响投资者 A 对证券 1 的需求，从而间接影响证券 1。令人奇怪的是，林特纳并没有得出威廉姆斯 - 米勒的结论，即因为证券由相对乐观的投资者持有，因而定价会偏高。相反，林特纳认为，任何证券的定价都只直接取决于持有该证券的投资者的信念和风险规避，在决定价格的过程中，那些持有较多数量证券的投资者的信念和风险规避将被赋予更多的权重。事实上，如同林特纳指出的（pp. 395 ～ 396），在他的模型中，其他条件不变的情况下，持有证券的投资者越少（按他的术语，"市场越小"），该证券的风险溢价就越高，其市场价格也就越高。实际生活中，由于投资者青睐的证券数目通常较少，其分散化的程度较低，持有的投资组合方差较高。这样就降低了人们对风险证券的喜好以及风险证券的价格。林特纳还指出，只有当部分投资者就是对部分证券毫无兴趣且从不交易时，有卖空限制的市场与无卖空限制的市场之间才存在正式的联系——该联系由默顿（1987）进行修正。林特纳只对纯分割问题得出结论，不然他本可以得出与威廉姆斯和米勒完全相反的结论：卖空限制，通过降低市场规模，从而降低了证券价格。

罗伯特·杰若（1980）[⊖]进一步改进了威廉姆斯 – 米勒的假说。马科维茨（1952 年 3 月）和罗伊（1952 年）的均衡 – 方差投资组合选择模型得到一个令人不安的结论：在无卖空限制的情况下，最优投资组合往往包含大量做多某些证券，而持有的资金来源于大量卖空另一些证券。在极端的情况下，假设证券 A 和 B 的收益完全正相关，但投资者认为证券 A 的期望收益要稍高于证券 B。他会充分利用两者期望收益的细微差异，卖掉大量的证券 B，用其收入买入大量的证券 A——几乎是个无风险的套利。在这种情况下，对卖空实施限制不仅禁止了卖空证券 B，抬高了其价格，而且明显减少了投资者持有证券 A 的规模，从而降低了 A 的价格。杰若总结说，综合考虑这些因素后就能得到，卖空限制能提高某些证券的价格同时压低另一些证券的价格。不过，他还证明出，在林特纳的异质期望模型环境中，如果投资者出现不一致的唯一来源在于他们的期望收益（特别是当投资者对方差的信念是一样时），那么对卖空的限制就只会提高风险证券的价格。

尽管在米勒的文献之前还有威廉姆斯（1938）、林特纳（1969）、夏普（1970）[⊖]以及其他文献，但米勒的文献首次强调该假设的几个推论。米勒还观察到大量的异象，这些异象与标准模型相冲突，但有可能从非对称的卖空限制中找到解释：

（1）不难发现，权证，尤其是接近到期日的权证，往往价格较高，正如

⊖ 见杰若（1980）：《异质期望、卖空限制与均衡价格》（*Heterogeneous Expectations, Restrictions on Short Sales, and Equilibrium Prices*），载于《金融学学刊》第 35 期，第 5 卷（1980 年 12 月），pp. 1105～1113。

⊖ 见夏普（1970）：《投资组合理论与资本》（*Portfolio Theory and Capital*）（New York：McGraw-Hill，1970 年）。

索普－卡索夫（1967）提出的那样。这是因为在高隐含杠杆情况下，乐观投资者最感兴趣的就是这些证券。

（2）从三段论来看，由于观点的分歧往往带来风险增加，同时依据米勒的理论，观点分歧最大的证券其定价往往最高，因此对存在观点分歧的证券，风险增加和过高定价（以及低期望收益）往往同时出现。例如，股票 IPO 时的过高定价这一异象原因可能在于 IPO 时投资者对该股票的意见分歧最大。

（3）高换手率与观点相对分歧往往同时出现；因此，高换手率是观点分歧的市场痕迹证据。我们不难再次发现，正如菲利普 L. 库利和罗德尼 L. 罗恩菲尔特（1975）宣称的那样，换手率高的股票其收益较低。[⊖]

（4）罗森堡－麦吉本（1973）[⊖]提供证据表明，高换手率和高贝塔经常同时出现。因此，我们会观察到高贝塔股票的收益低于 CAPM 所预测的，如布莱克－詹森－斯科尔斯（1972）所发现的。

（5）米勒推测，封闭式基金折价异象产生的原因至少部分来自卖空限制。事实并不是封闭式基金以折价出售，而是个别证券正以溢价出售。对个别证券比较乐观的投资者不能通过购买股票的投资组合而充分利用其信念，相反他们比较偏好购买特殊的股票。

威廉姆斯－米勒的观点还有一个不幸的负效应：既然如哈耶克（1945）所认为的那样价格不会反映所有潜在投资者的信念，那我们用已实现收益来推断他们的事后概率分布就会存在偏差，正如经验研究通常假设的那样。

⊖ 见库利－罗恩菲尔特（1975）：《影响股票收益因素的比较多变量分析》（*A Comparative Multivariate Analysis of Factors Affecting Stock Returns*），载于《金融评论》（1975 年），pp. 31～41。

⊖ 见罗森堡－麦吉本（1973）：《对普通股系统风险与特殊风险的预测》（*The Prediction of Systematic and Specific Risk in Common Stocks*），载于《金融与数量分析学刊》第 8 卷，第 2 期（1973 年 3 月），pp. 317～333。

如同约兰·梅沙（1983）[⊖]指出的那样，林特纳的模型没能讲到投资者不持有特定证券的决策内部化。为了得到纯粹的结果，梅沙设计了一个林特纳卖空限制下异质信念指数效用 CAPM 的特例。特别地，他假设除了对均值的看法不一样之外，投资者的偏好和信念是类似的；对每只证券的均值，投资者的信念是连续地从最悲观到最乐观。为了避免持有证券 j 的决策会依赖其他风险证券的价格以及期望收益，梅沙聪明地假设，每只证券的已实现收益都有一个结构，如同马科维茨（1959）和夏普（1963）的对角线或市场模型，$r_j-r=\alpha_j+(r_M-r)\beta_j+\varepsilon_j$，其中，多头和空头都允许出现在市场因素中，所有投资者对市场因素的概率信念都是一样的。这就意味着，投资者分散化严格限定于不同的阿尔法 α_j。另外，为了避开证券禀赋带来的烦琐性，他假设所有投资者都是从拥有 100% 的现金开始，然后开始交易、持有风险证券。这样，持有证券 j 的投资者将是那些阿尔法最高的投资者。对任一证券 j，都存在一个特定的 α_j^*，阿尔法低于该值的所有投资者都不会持有证券，而阿尔法高于该值的投资者才会持有证券。除了受到标准的 CAPM 中其他变量的影响，均衡价格还收到持有该证券的投资者 n_j 的个数以及平均阿尔法值 $(\Sigma_k\alpha_k)/n_j$ 的影响。其中，求和是从 1 到 n_j，只对持有多头的投资者。

菲格莱维斯基（1981）[⊖]对威廉姆斯－米勒的假说进行了早期的直接验证。该假说意味着，如果某投资者能辨认信念差异极高的股票和时间，那么他就应该能发现那时的股票被过高定价。菲格莱维斯基使用空头的在外发行股票的比例作为反映信念分散的指标。考虑到卖空的巨大成本，那些选择卖空的投资者与选择持有的投资者相比，肯定拥有非常负面的信息。也有人认

⊖ 见梅沙（1973）：《论观点分歧与资本市场的不完备》（*On Divergence of Opinion and Imperfections in Capital Markets*），载于《美国经济评论》第 73 卷，第 1 期（1983 年 3 月），pp. 114 ～ 128。

⊖ 见菲格莱维斯基（1981）：《卖空限制的信息效应：一些经验证据》（*Informational Effects of Restrictions on Short Sales：Some Empirical Evidence*），载于《金融与数量分析学刊》第 16 卷，第 4 期（1981 年 11 月），pp. 463 ～ 476。

为：卖空头寸较高的股票将被定价偏低，因为在某个时点卖空者需要购买股票来平仓，这会促使未来价格上升。菲格莱维斯基选择 1973～1979 年为研究时段，其经验证据支持了威廉姆斯－米勒的假说，也支持了他利用卖空头寸比率作为反映信念分散程度的做法，但那些被找到的股票其价格并没有高得足以弥补大多数投资者卖空所损失的利息。他的结论还证实了早先发表的约瑟夫 J. 赛尼卡（1967）[一]对卖空头寸可预测性的研究结论。赛尼卡研究更早期的时段 1946～1965 年，使用头寸公开的半月公告。

陈－洪－斯坦（2002）[二]使用所有权"宽度"来验证威廉姆斯－米勒假说。他们用市场上做多投资者的数量来度量股权宽度，以此反映被抑制的卖空需求（即投资者越少，被抑制的需求就越多，因为此时更难找到股份贷方）。如果该指标有效且假设被证实，那么股权宽度的下降就能预测未来股票收益的下降。陈、洪和斯坦使用共同基金样本证实了这一预期。之所以选择共同基金样本是因为他们能找到相应的股权宽度信息。他们假设，这些基金的所有投资者是做多头，因为极少共同基金从事卖空交易。就这一样本而言，他们的预期被证实。而且，他们还指出，股权宽度与动能正相关。因此，人们观察到的动能可以预测收益这一异象[三]，部分原因可能就是因为动能是股权宽度变化的一个副产品，而根据威廉姆斯－米勒的假说，股权宽度变化会引起股票收益的变化。

威廉姆斯－米勒假说还可能解释人们最近发现的异象。卡尔 B. 迪特尔、

[一] 见赛尼卡（1967）：《卖空头寸：熊市还是牛市？》(*Short Interest: Bearish or Bullish?*)，载于《金融学学刊》第 21 卷，第 1 期（1967 年 3 月），pp. 67～70。

[二] 见陈－洪－斯坦（2002）：《所有权宽度与股票收益》(*Breadth of Ownership and Stock Returns*)，载于《金融经济学学刊》第 66 卷，第 2～3 期（2002 年 11 月 /12 月），pp. 171～205。

[三] 见杰格迪什－谢里登·蒂特曼（1993）：《买入赢方和卖出输方的收益：对股票市场效率的启示》(*Returns to Buying Winners and Selling Losers: Implications for Stock Market Efficiency*)，载于《金融学学刊》第 48 卷，第 1 期（1993 年 3 月），pp. 65～91。

克里斯托夫 J. 马洛伊、安娜·谢尔比纳（2002）[⊖]试图解释分析师盈利预测中较为分散的股票其未来收益为什么低于其他类似股票。威廉姆斯 – 米勒假说认为，预测差异代表了分析师对股票收益看法的分歧，因而该假设可以用来解释未来较低的股票市场收益（因为这些证券最可能被过高定价了）。另外的观察支持了这一解释：小股票的分散效应更明显，这些股票特别难被卖空，没有在交易所交易的机会，但卖空可以通过卖掉看涨期权或买入看跌期权轻松实现。对那些增长型股票，分散效应也较明显，这些股票收益预测的一定分散程度代表了投资者对当前价格存在较高的分歧。

❧ ❧ ❧

1978 年《期权与超级股份的福利效应》

尼尔斯 H. 哈克森　发表了《期权与超级股份的福利效应》（*Welfare Aspects of Options and Supershares*），载于《金融学学刊》第 33 卷，第 3 期（1978 年 6 月），pp. 759 ~ 776。

期权、完美市场、投资组合分离、市场投资组合、异质信念、市场等价定理

为了获得阿罗（1953）所描述的完备市场的好处，我们似乎需要与世界状态数目一样多的证券。但是，在某些特定的情况下，证券数量能大大精简。CAPM 分离定理就说，只需要两只证券：一只无风险证券和一只市场指数基金。默顿（1973 年 9 月）表示，可能需要第三只基金，投资者才能应对投资

⊖　见迪特尔 – 马洛伊 – 谢尔比纳（2002）：《观点分歧与股票收益横截面》（*Differences of Opinion and the Cross Section of Stock Returns*），载于《金融学学刊》第 57 卷，第 5 期（2002 年 10 月），pp. 2113 ~ 2141。

机会的随机变化。鲁宾斯坦（1976年5月）指出，这种基金的一个代表就是将在投资者寿命末期到期的无风险年金（类似于美国的社会保障）。这样，假设无风险证券被理解为无风险年金，即便在投资机会随机的情况下也能实现跨期的两基金分离。

哈克森（1978）发现了另一种减少证券数目的方法，同时还能满足投资者的需求。他允许风险规避型投资者的财富效用函数为任意的、异质的。他还假设状态的概率信念也是任意的。他的核心限定是假设，即便不同投资者拥有不同信念，但他们出现不一致的唯一来源在于对市场投资组合的结果看法不一样。由于投资者对单只证券收益的主观概率依赖于市场投资组合的结果，而前者又是一样的，因此，对市场投资组合的状态证券是市场唯一需要的证券。换句话说（市场等价定理），在一个完美市场会得到相同的配置和价格。

布里登和利曾伯格（1978）更进一步分析了消费的跨期时间附加效用函数。他们指出，如果在消费总体水平条件下，所有消费者/投资者对各状态的概率达成一致认识，那么仅仅通过交易总体消费的状态证券就能有效实现市场完美。他们将此解释为分散化的结果。考虑一类子状态，其中总体消费是一样的，但证券有着不同的收益，依赖于总体消费。消费者/投资者将不会选择在不同状态下改变消费，因为那样做将增加他们无法弥补（如通过高期望收益）的不必要的风险，这样的条件风险在均衡中是不会被定价的。没有条件一致的假设，参与者将会采取反向的状态预测，从而需要更多的证券。这使得按照宏观状态表示的现金流估值公式大大简化。在一般情况下，对于日期 $t=0$，1，$\cdots$，T 以及日期事件 $s(t)$，

$$PV_0(X_0, \{X_1\}, \{X_2\}, \cdots, \{X_T\}) = \Sigma_t \Sigma_{s(t)} \pi_{t,s(t)} X_{t,s(t)} \qquad (2\text{-}46)$$

其中，$\pi_{t,s(t)}$ 为状态证券的当前价格，当且仅当在日期 t 发生日期事件 $s(t)$ 时该证券才支付 1 美元。

考虑宏观日期时间 $S(t)$，这样对所有日期事件 $s(t) \in S(t)$，总体消费水平 $C_{t, s(t)}$ 都是一样的。在布里登和利曾伯格的条件下，之前的现值公式简化为

$$PV_0 \left[X_0, (X_1), (X_2), \cdots, (X_T) \right] = \Sigma_t \Sigma_{S(t)} \pi_{t, S(t)} E \left[X_t \mid S(t) \right] \qquad (2\text{-}47)$$

其中，$\pi_{t, s(t)}$ 为当且仅当宏观状态 $S(t)$ 发生时收到 1 美元的当前价格，$E[\cdot]$ 为取决于 $S(t)$ 的 X_t 的主观期望价值。

在实践中，该式意味着，如果投资者不一致的主要来源与总体市场收益有关，状态证券或市场投资组合期权都能满足大多数的市场风险分布函数。罗斯（1976 年 2 月）[一] 已经指出，一整套标准期权可以取代状态证券实现市场完美。

哈克森的文献比美国发明可在交易所交易的指数期权领先了 5 年。如今，尽管单只权益的期权市场已经发展了 10 年，而且上千只权益的期权正在交易，但仅仅标准普尔 500 以及标准普尔 100 两只指数期权的日交易量就超过了所有权益期权的交易量。

∽ ∽ ∽

1978 年《不完美市场中的均衡：对投资组合中证券数量的限制》

海姆·利维 发表了《不完美市场中的均衡：对投资组合中证券数量的限制》（*Equilibrium in an Imperfect Market*：*A Constraint on the Number of Securities in the Portfolio*），载于《美国经济评论》第 68 卷，第 4 期（1978 年 9 月），pp. 643～658。

[一]　见罗斯（1976）:《期权与效率》(*Options and Efficiency*)，载于《经济学季刊》第 90 卷，第 1 期（1976 年 2 月），pp. 75～89。

1987年《不完全信息条件下的一个资本市场均衡简单模型》

罗伯特C.默顿 发表了《不完全信息条件下的一个资本市场均衡简单模型》（*A Simple Model of Capital Market Equilibrium with Incomplete Information*），载于《金融学学刊》第42卷，第3期（1987年7月），pp. 483～510。这是默顿在美国金融学会上的主席致辞。

市场分割、非市场化资产、资本资产定价模型（CAPM）、被忽视的股票

对交易障碍如交易成本、卖空等进行建模存在难以解决的可追踪性问题。避免这些问题的一个方法是外生性强加某种形式的市场分割，投资者就是被禁止持有、交易或卖空某些证券。对此进行最早以及最简单描述的是戴维·迈尔斯（1972）[⊖]。迈尔斯分析了标准夏普-林特纳-莫森-特雷诺CAPM的广义化形式，允许每位投资者的投资组合中包含非市场化资产，例如未来劳工收入的现值。在另一篇文章中，肯尼斯·约瑟夫·阿罗和R. C.林德（1970）[⊖]分析了一家企业投资者的人数对该企业实体投资的社会最优贴现率的影响。他们发现，在一个分割的市场上，该贴现率与股权宽度显著负相关，这意味着通过公共融资（即联邦政府）的投资，与通过私人融资的投资项目相比，其贴现率通常要低，因为前者有更多（隐含的）投资者。

鲁宾斯坦（1973年12月）[⊖]提出的另一个非常简单的例子把本文的核心

⊖ 见迈尔斯（1972）：《非市场化资产与不确定下资本市场均衡》（*Nonmarketable Assets and Capital Market Equilibrium under Uncertainty*），收录于迈克尔C.詹森编著的《资本市场理论研究》（*Studies in the Theory of Capital Markets*）（纽约，1972年），pp. 223～249。

⊜ 见阿罗-林德（1970）：《不确定性与公共投资决策估值》（*Uncertainty and the Evaluation of Public Investment Decisions*），载于《美国经济评论》第60卷，第3期（1970年6月），pp. 364～378。

⊜ 见鲁宾斯坦（1973）：《分割证券市场中的公司金融政策》（*Corporate Financial Policy in Segmented Securities Markets*），载于《金融与数量分析学刊》第8卷，第4期（1973年12月），pp. 749～761。

思想道了出来。

....

被分割证券市场的例子

书写夏普－林特纳－莫森－特雷诺 CAPM 的一个方式为：

$$E\left(W_1^M\right) - rW_0^M = \left(\frac{\theta}{I_M}\right)\mathrm{Var}\left(W_1^M\right)$$

式中，$r=$ 无风险收益率；

$W_t^M =$ 在日期 $t=0$，1 整体市场财富的美元价值；

$I_M=$ 经济体中的投资者数量，假设是相等的；

$\theta=$ 对典型投资者风险规避程度的度量。

理解该等式的方法是把它看成一个给定其他变量求当前财富 W_0^M 的公式。

假设经济体被分解为两个相似但分开的部分 J 和 K，这样：

$$W_1^M = W_1^J + W_2^K \qquad I_J = I_K = \frac{1}{2}I_M$$

$$E\left(W_1^J\right) = E\left(W_2^K\right) \qquad \mathrm{Var}\left(W_1^J\right) = \mathrm{Var}\left(W_1^K\right)$$

对两个类似的更小的经济体，我们有：

$$E\left(W_1^J\right) - rW_0^M = \frac{\theta}{I_J}\mathrm{Var}\left(W_1^J\right) \text{且} E\left(W_1^K\right) - rW_0^K = \frac{\theta}{I_K}\mathrm{Var}\left(W_1^K\right)$$

现在市场已经完全被分割，经济体 J 中的投资者只能交易该经济体中的证券，而经济体 K 中的投资者也只能交易 K 中的证券。国际金融学的一个典型例子就是把 J 和 K 当成没有交叉证券与投资者的两个国家。

我要问的问题是，分割市场是否会增加或减少整体当前财富，即 $W_0^M > W_0^J + W_0^K$ 还是 $W_0^M < W_0^J + W_0^K$？

对较大经济系统 M 我们重写方程：

$$E\left(W_1^J + W_0^J\right) - rW_0^M = \frac{\theta}{I_J + I_K}\mathrm{Var}\left(W_1^J + W_1^K\right)$$

接着我们减去对于经济体 J 和 K 的单独方程，我们得到：

$$W_0^M > W_0^J + W_0^K, \text{当且仅当} \rho(W_1^J, W_1^K) < 1$$

其中，$\rho(W_1^J, W_1^K)$ 为 W_1^J 和 W_1^K 的相关系数。（这里假设分割原始市场后 θ 将保持不变；尽管这并不总是正确的，但考虑 θ 的变化是第二位的。）[44]

从直观上我们可以看出，只要两个较小经济体 J 和 K 的未来市场财富不是完全正相关的，那么每个市场的投资者都能从两个市场的融合中获益。因为市场融合之后，投资分散的机会增多，投资者的投资组合风险大大降低。当前财富在合并后的经济体中变得更加重要。在国际金融学中，这是国际投资分散化的最主要例子，市场规模的扩大往往会提高证券价格。

布鲁姆-弗兰德（1975 年 5 月）写到，投资者通常持有由较少证券组成的投资组合。夏普-林特纳-莫森-特雷诺的 CAPM 表明，每家企业必须拥有相同数量的股东；特别是，每位投资者必须是一位股东。该发现促成了利维（1978）的研究。利维修改了原来的 CAPM，他假设，每位投资者 i 在其投资组合（包括风险证券和无风险证券）中持有的风险证券数目是外生指定的 m_i。因此，尽管所有证券都有投资者持有，但并不是所有投资者都持有相同的风险证券。在横截面回归中：

$$r_j - r = \gamma_0 + \gamma_1 \beta_j + \gamma_2 \omega_j^2 + \varepsilon_j \tag{2-48}$$

其中，$r_j=$ 证券 j 的已实现收益；$r=$ 相应的无风险收益；$\beta_j=$ 证券 j 度量的贝塔；$\omega_j^2=$ 市场模型回归残差项（ε_j）的方差；$\varepsilon_j=r_j$ 中未被解释的部分。

原始的 CAPM 预测，$\gamma_0=0$，$\gamma_1=r_M-r$，且 $\gamma_2=0$，其中，r_M 为市场投资组合的收益。事实上，几乎每个研究人员都发现 $\gamma_0>0$，$\gamma_1<r_M-r$，且 $\gamma_2>0$。利维指出，理论上他的模型可以同时解释经验研究与 CAPM 的所有三个偏差。特别是，当大多数投资者在投资组合中持有相当少量的证券时，ω_j^2 成为比证券风险 β_j 更为重要的因素就不足为怪了。在利维的模型中，β_j 反映了证券 j 的收益与包含市场所有证券的投资组合收益之间的相关关系。一个只持有极少证券的利维型投资者是不会关心市场这个整体的。

分析市场分割的更为一般的模型包括维航·伊朗萨和埃铁尼·洛斯奇（1985）[⊖]。在该文中，有一群不受限制的投资者可以交易所有证券，还有另一群受限制的投资者只能交易部分证券。所有投资者都能交易的证券被称为合格证券，而那些只有不受限制投资者能交易的证券称为不合格证券。显然，合格证券的定价过程中似乎市场未被分割，而那些不合格证券的价格则比在完全未分割市场上的要低（作者所称的"超级"风险溢价）。这里的直观意义与鲁宾斯坦（1973 年 12 月）的简单分析一样。

描述得最为精细的市场分割模型要属默顿（1987）。默顿使用的模型与利维非常相似，外生地假定不同投资者只能交易部分证券，每位投资者都只能将财富分配于少量几只不同的证券。位于利维所有假设之首的是，他使用马科维茨 – 夏普的市场模型，假设所有投资者还能投资"指数基金"，该基金能反映所有现有证券受市场风险影响的普遍程度。不同投资者了解不同的部分证券，但同时了解同一证券的所有投资者对该证券收益分布重要参数的认识是一致的。因此，默顿的模型属于具有同质信念的市场分割模型。

除了受到布鲁姆 – 弗兰德（1975 年 5 月）结论的启发之外，默顿还受到阿维纳·阿贝尔、斯蒂芬·卡维尔和保罗 J. 斯特雷贝尔研究[⊖]的影响。该文指出，"被忽略"的企业但并不一定是小型企业（即较少有机构追踪的企业）往往有着比预期更高的实现收益，即便是在考虑"小企业效应"之后仍然如

⊖ 见伊朗萨 – 洛斯奇（1985）:《温和市场分割下的国际资产定价：理论与验证》（*International Asset Pricing under Mild Segmentation*: *Theory and Test*），载于《金融学学刊》第 40 卷，第 1 期（1985 年 3 月），pp. 105 ~ 124。

⊖ 见阿贝尔（1985）对三人研究的总结:《一般股票：新包装下的老产品》（*Generic Stocks*: *An Old Product in a New Package*），载于《投资组合管理学刊》第 11 卷，第 4 期（1985 年夏），pp. 4 ~ 13。

此。事实上，他们提供证据表明，一旦控制了疏忽，规模对收益就不再有单独的影响。他们提出假设，被忽略的或一般的企业往往收益较高，因为投资者需要补偿他们花费更多力气获得这些企业的信息。与那些知名企业以及规模较大的企业相比，获得不知名企业的信息显然要困难得多。他们发现，与广泛被关注的企业相比，分析师对这些被忽略企业的盈利预测存在较大分歧，这一结论支持了作者提出的假设。他们认为，马克·莱茵格纳姆（1983）[一]发现的一月效应如果是由年末税收引起的，那么该效应就应该更多出现在被忽视企业中，因为知名企业的大量股票常常持有在免税机构的手中。而且，所有企业发布新信息都集中在一月份，但在消除不确定性方面，这种信息发布对被忽略的企业而言更为重要。他们的证据表明，一月份的盈利预测分歧给所有企业都带来了季节性低潮，但这种低潮对被忽略的企业来说尤为明显。

在众多结论之中，默顿证实了更为简单的分割模型：价格随市场规模的变化而变化。特别是，当其他因素都一样的情况下，受共同因素影响（类似于 β）更大的企业，其剩余方差更大（类似于 ω_j^2），市场价值越高，投资者就更少，其价格往往越低而期望收益越高。最为有趣的结论是他指出，企业市场价值与整体市场财富之比度量的不是规模，企业规模应该用企业市场价值除以考虑投资企业的投资者的总体财富（p. 495）。这些结论背后简单的意思是，如果典型投资者不得不约束于少数证券而不是市场投资组合，那么投资者从分散化中获得的好处就比较少，对持有的风险证券的当前估值就比较低。同样，如果较少投资者必须持有同一家企业的股票，那么通过分散化降低风险的程度就降低，投资者愿意为该企业股票支付的价格就较低。

෮ ෮ ෮

[一] 见莱茵格纳姆（1983）：《一月份小企业的异常股票市场行为：对年末税收效应的经验验证》（*The Anomalous Stock Market Behavior of Small Firms in January: Empirical Tests for Year-End Tax Effects*），载于《金融经济学学刊》第 12 卷，第 1 期（1983 年 6 月），pp. 89～104。

1978 年《期权价格中暗含的状态或然求偿权的价格》

道格拉斯 T. 布里登（1950 年 9 月 29 日—）和罗伯特 H. 利曾伯格　发表了《期权价格中暗含的状态或然求偿权的价格》（*Prices of State-Contingent Claims Implicit in Option Prices*），载于《商业学刊》第 51 卷，第 4 期（1978 年 10 月），pp. 621 ~ 651。

期权定价、状态价格、蝶形价差、对数正态分布、布莱克－斯科尔斯公式、CRRA 跨期 CAPM

使用均值－方差法来进行投资组合选择和均衡在实践中已经得到广泛的应用。然而，状态价格法尽管在理论上十分有用，但是很难应用。实际应用状态价格法要以度量状态价格作为基础。直到 1972 年迈克尔·詹森还这样写道：[一]

> 尽管状态偏好（状态价格）法要比均值－方差法更为普遍使用，且它能为研究理论问题提供一个精巧的框架，不幸的是很难赋予其经验内容。

随着布莱克－斯科尔斯（1973）期权定价模型的发展，所有的一切都变了。拉塔尼－伦德尔曼（1976）在十分严格的风险中性正态对数分布下，指出如何通过交易所交易的期权的价格获知缺失的状态价格分布参数。布里登－利曾伯格（1978）又指出，如何在不用假设风险中性分布的情况下进行上述推断。他们根据拥有相同到期时间的相同标的资产的标准欧式期权的当前价格来推断状态价格。

[一] 见詹森（1972）：《资本市场：理论与实践》（*Capital Markets：Theory and Evidence*），载于《贝尔经济学与管理科学学刊》第 3 卷，第 2 期（1972 年秋季号），pp. 357 ~ 398。

布里登－利曾伯格状态价格公式的背后直觉

首先，将状态空间设置为离散。假定到期日证券价格在最低值 K_i 和最高值 K_{i+1} 之间。这个区间的离散状态价格可以通过研究蝶形价差来获得大概值：购买一个行权价格为 K_i，价格为 $C(K_i)$ 的看涨期权，再购买一个行权价格为 K_{i+1}，价格为 $C(K_{i+1})$ 的看涨期权；同时卖出两个行权价格为 $K \equiv (K_i + K_{i+1})/2$，价格为 $C(K)$ 的看涨期权。那么这个蝶形期权的价格等于 $C(K_i) - 2C(K) + C(K_{i+1})$。令 $\Delta K \equiv K - K_i = K_{i+1} - K_0 [C(K_i) - 2C(K) + C(K_{i+1})] / (\Delta K)^2$ 这个比率能被解释为近似等于有限微分 $\partial^2 C / \partial K^2$ 的值，反过来等于状态价格密度。

在这篇涉猎范围很广的文章中，布里登－利曾伯格还在时性可加 CRRA 消费效用下评估不确定现金流的价值，结果与鲁宾斯坦（1976 年秋季）类似。罗森堡－奥尔森（1976）也指出默顿（1973 年 9 月）的连续时间连续状态证券定价模型意味着所有证券的收益都是相同的。布里登－利曾伯格进一步指出，默顿的模型也意味着消费者 / 投资者一定拥有 CRRA 来维持稳定的机会集合。这意味着默顿的模型是鲁宾斯坦（1976 年秋季号）离散时间 CRRA 均衡模型的特例。在鲁宾斯坦的模型中风险证券的收益遵循的是几何布朗运动，无风险收益是稳定的，交易是连续发生的。

೨೨ ೨೨

1978 年《有关市场有效的一些异象证据》

迈克尔 C. 詹森 发表了《有关市场有效的一些异象证据》（*Some Anomalous Evidence Regarding Market Efficiency*），载于《金融经济学学刊》第 6 卷，第 2 期（1978 年），pp. 95～101。

有效市场

詹森（1978）是《金融经济学学刊》最有名的一期内容的首篇文章，它是金融学界学术文章的转折点。自此之后，质疑市场价格理性的研究很难发表，这是因为大多数金融经济学家都对理性市场具有强烈的先验为主的信念，这使得即便有抵触的证据也被认为是经验设计上出了问题。正如詹森所说的如下这段著名的话：

> 我相信在经济学中没有其他命题能拥有比有效市场假说更确凿的经验证据。这个假说在很多的市场中被检验过，除了极少数例外，这些市场的数据都符合这个有效市场假说。它们包括纽约股票交易所，美国股票交易所，澳大利亚、英国和德国股票市场，不同的商品期货市场，柜台交易市场，公司债与政府债市场，期权市场以及纽约股票交易所席位市场。然而，用托马斯·库恩在其名著《科学革命的结构》中的语言方式，我们正进入一个阶段，在这个阶段出现了许多与理论不符的零散证据但仍缺乏核心性证据。随着更好的数据能够获得（如每日的股价数据）以及我们计量技术的提升，我们可以找到过去的粗糙数据和技术不能发现的不一致。这是我们不能忽视的证据。（p. 95）[45]

这一期的《金融经济学学刊》刊登的文章还包括股价对盈余宣告的滞后反应，封闭式基金折价带来的潜在赚钱机会，违背标准期权价格的套利条件（默顿，1973 年秋季），使用期权隐性波动包含的信息来盈利的交易策略（拉塔尼－伦德尔曼，1976），一个有关本质上相同的两项投资却存在不同价格的例子，使用股票分割信息获得的超常收益（法玛－费希尔－詹森－罗尔，1969）。质疑理性市场的研究开始大量涌现。

∽ ∽ ∽

1979年《期权定价：一个简化的方法》

约翰 C. 考克斯、斯蒂芬 A. 罗斯和马克·鲁宾斯坦 发表了《期权定价：一个简化的方法》（*Option Pricing：A Simplified Approach*），载于《金融经济学学刊》第 7 卷，第 3 期（1979 年 9 月），pp. 229 ~ 263。

1979年《两状态期权定价》

小理查德 J. 伦德尔曼和布利特 J. 巴特 发表了《两状态期权定价》（*Two-State Option Pricing*），载于《金融学学刊》第 34 卷，第 5 期（1979 年 12 月），pp. 1093 ~ 1110。

期权定价、二项式期权定价模型、布莱克－斯科尔斯公式、重新组合二叉树、后向递归、提前行权

考克斯－罗斯－鲁宾斯坦（1979）是一篇十分有名的文章，该文发展了二项式期权定价模型。该文（简称 CRR）假设在连续存在的市场中的每个时点只存在两种证券，一种是无风险的（现金），另一种是有风险的（标的资产）。假定风险证券在每个交易日之间都经历二项式收益，即要么上涨要么下跌，假设上涨或下跌的幅度是相同的。从图形来看，这就是价格的二叉树的结合体，见罗斯（1977）的讨论。每次市场重新收敛（即二叉树中的结点），投资者都修订他的投资组合，周而复始。由于在每个时日，证券数量（两个）与可能出现的事件数量（两个）是相同的，因此市场是动态完全的。如果再考虑另一只证券（一份期权），其收益完全取决于原来风险证券在到期日的已实现价格，而且假设没有套利，那么这只新增的证券就是多余的，因为其收益

可以通过不断修订原来两只证券组成的投资组合而得以复制。该策略带来一个复制投资组合，能完全模拟新增证券的收益。因此，我们根据最初风险证券的当前价格以及无风险收益率，就可以算出任意证券的当前价值。CRR 用参数表示了最初风险证券的二项式过程，随着连续二项式价格变化（以及连续修订复制投资组合的机会）的时间间隔趋于零，最初风险证券的价格过程就逼近几何布朗运动。他们提出，新增的证券是一份标准的看涨期权。于是期权的当前二项式价值的极值就趋于其布莱克－斯科尔斯价值。

与布莱克－斯科尔斯（1973）的方法相比，二项式法具有三项优势：①数学结构简单，又能阐释清楚基本的经济学；②由于它的证明只需要最基础的数学知识，因此它比布莱克－斯科尔斯期权定价方法更受专业人士的青睐，而且它毫无疑问地促进了全球衍生物的迅速发展；③以及通过方便地修改后向递归运算方法就能处理估值证券类型大量扩散的问题。例如，该方法可以用来评价发生在未来一天的任何证券的收益，而且是该日标的风险证券价格的任意函数。CRR 指出，略微调整一下递归演算法就能对美式期权（可以在到期日之前执行的期权）进行估值。美式期权是收益不仅取决于到期日标的资产价格而且取决于标的资产到达路线的一类衍生物的例子。随后其他人的研究说明了如何使用二项式方法来评估大量外来的或者非标准的衍生物，包括基于顾后特性的路径依赖衍生物、收益取决于多只风险证券的衍生物、收益取决于其他衍生物的衍生物、具有前向特性的衍生物、到期日可扩展的衍生物以及收益发生在不同日期的衍生物等。

从资产定价更为一般的角度来看，二项式方法极大地扩展了均衡模型能处理的长期证券的复杂性。文章指出，由默顿（1969，1971，1973 年 9 月）提出的连续时间、连续状态的模型可以建模为适当参数化的离散时间过程，这样，随着连续收益的时间间隔趋于零，所有证券的收益过程都趋于多变量几何布朗运动。刚开始，人们对如何将这种类推应用于不止一只风险长期证券的更为复杂的经济体存在疑问。在默顿的连续时间、连续状态经济体，为了通过修订投资组合实现市场完美，我们需要与状态变量数量一样多的长期风险证券，这样套利推理才能进行。为了说明这一复杂性，假设只有三只证券：一只无风险证券，两只风险证券（A 和 B），每只都有二项式收益。在单一时期，将有四个联合结果（A 和 B 都上升；A 上升，B 下降；A 下降，B 上升；A 和 B 都下降）。然而，出现了四个状态，而证券只有三只；此时第四只证券（譬如一份看涨期权）的价值就无法简单通过套利推理来求得。不过，何华（1990）[⊖]指出，这一推理是可以进行的。他证明，如果 A 和 B 的分布能简化成只有三个结果而且被适当参数化，那么套利推理就能进行，而且在连续时间、连续状态极限收敛于几何布朗运动。这是一个重要的结论，因为它说明了如何将二项式模型用于模拟一个拥有大量状态变量的连续时间模型，使得离散时间与连续时间、连续状态模型之间的差异变得毫无实际意义。

考克斯－罗斯（1976）就曾隐约出现过该模型，该文分析了一个连续时间的二项式跳跃模型（特别见文章 p. 389）。用于期权定价的离散时间二项式方法最初由夏普（1978）[⊖]提出。后来伦德尔曼－巴特（1979）独立提出了许多模型的推论。

$\wp$ $\wp$ $\wp$

1979 年《随机消费与投资机会条件下的跨期资产定价模型》

道格拉斯 T. 布里登　发表了《随机消费与投资机会条件下的跨期资产

⊖　见何华（1990）：《从离散到连续时间或然求偿权价格的收敛》（*Convergence from Discrete-to Continuous-Time Contingent Claims Prices*），载于《金融学研究评论》第 3 卷，第 4 期（1990），pp. 523 ～ 546。

⊖　见夏普（1978）：《投资学》（*Investments*）（Prentice-Hall，1978）。

定价模型》（*An Intertemporal Asset Pricing Model with Stochastic Consumption and Investment Opportunities*），载于《金融经济学学刊》第 7 卷，第 3 期（1979 年 9 月），pp. 265 ~ 296。

跨期消费与投资、消费 CAPM、连续时间、连续状态 CAPM、消费贝塔、市场投资组合、对数正态分布、随机机会集

默顿（1973 年 9 月）推演出了投资机会随机变动情况下的跨期资产定价模型。这个模型随着时间的推移促成了多贝塔 CAPM 的出现，每增加一个状态变量就多出一个贝塔。布里登（1979）指出，在默顿的连续时间连续状态的框架下，如果贝塔被定义为相对于整体消费增速的幅度，而不是相对于市场投资组合收益的幅度，那么这个模型就可以大幅度地被简化，这是因为多贝塔项可以收缩为单一贝塔，这个贝塔反映了一只证券的收益相对于整体消费增长的敏感性。布里登也指出，每一个消费者 / 投资者都会选择能使其消费与整体消费相关度最高的投资组合。

单一贝塔的结论最早出现在鲁宾斯坦（1976 年秋季）的离散多期一般 CAPM 中，该模型具有现金流和消费联合正态分布的特征。布里登 – 利曾伯格（1978）也指出，在离散时间的联合对数正态分布中它也成立。如果所有证券的收益遵循连续状态过程，那么对证券而言在连续时间也是成立的。这意味着，在消费 CAPM（CCAPM）的经验应用中，可以不用像市场投资组合收益表述的单一因素 CAPM 那样必须确认或度量潜在的多因素。不过，必须度量整体消费，在实际中这是一项很困难的任务。而且，如果除了随机变化的投资机会集，还有别的原因解释为什么财富函数的间接效用是状态依赖的，那么就没有必要度量多余的贝塔项。

现代时期：
1980 年之后

1980 年《谁应当购买投资组合保险?》

海恩·埃利斯·利兰 发表了《谁应当购买投资组合保险?》(*Who Should Buy Portfolio Insurance?*),载于《金融学学刊》第 35 卷,第 2 期(1980 年 5 月),pp.581～594。

2000 年《论动态投资策略》

约翰 C.考克斯和海恩·埃利斯·利兰 发表了《论动态投资策略》(*On Dynamic Investment Strategies*),载于《动态经济学与控制学刊》第 24 卷,第 11～12 期(2000 年 10 月),pp.1859～1880。

市场投资组合、动态策略、路径依赖

利兰(1980)指出:假定证券是均衡定价的,投资者的财富分布是他在不同状态中的最优选择,那么可以通过投资者将来的财富分布来推断他的效用函数的定量特征。尤其是,利兰回答了为什么有些投资者偏好状态财富报酬是市场投资组合收益的凸函数,而另一些则偏好财富报酬是市场投资组合收益的凹函数。如何选择取决于投资者财富变化时风险规避变化率相对于市场整体变化率的程度。

在大多数研究中,最优自我融资动态策略源于预先设定的风险偏好。而考克斯－利兰(2000)则反向解决问题:给定一个动态策略,如果它是自我融资拥有路径独立的结果,那么是否与未来财富的预期效用最大化相一致?

这篇文章关注于一种选择：遵循几何布朗运动的单一风险证券（市场投资组合）与现金（外生性决定的稳定无风险收益）之间进行选择。一个关键性的结论是：路径独立的动态策略是预期效用最大化的必要条件。

1980 年《论信息有效市场的不可能性》

　　桑福德 J. 格罗斯曼和约瑟夫 E. 斯蒂格利茨　发表了《论信息有效市场的不可能性》(*On the Impossibility of Informationally Efficient Markets*)，载于《美国经济评论》第 70 卷，第 3 期（1980 年 6 月），pp.393 ～ 408。

1981 年《在噪声理性预期经济系统中的信息聚合》

　　道格拉斯 W. 戴蒙德和 R.E. 维罗查　发表了《在噪声理性预期经济系统中的信息聚合》(*Information Aggregation in a Noisy Rational Expectations Economy*)，载于《金融经济学学刊》第 9 卷，第 3 期（1981 年 9 月），pp.221 ～ 235。

2001 年《理性市场存在与否？肯定的案例》

　　马克·鲁宾斯坦　发表了《理性市场存在与否？肯定的案例》(*Rational Markets: Yes or No? The Affirmative Case*)，载于《金融分析师杂志》第 57 卷，第 3 期（2001 年 5 ～ 6 月），pp.15 ～ 29。

市场效率、理性预期、信息聚合、理性预期均衡、掌握信息的投资者与不掌握信息的投资者、过度自信、超有效市场

　　格罗斯曼 – 斯蒂格利茨（1980）试图解释格鲁斯曼（1976）的循环论证之谜：如果所有的信息都被完全反映到价格之中，那么投资者就没有动力首先去收集信息，从而就没有信息包含在价格之中，但是这样的话投资者又将会有动力去收集信息，如此往复。因此，收集信息这项激励就不存在均衡——这就是这篇文章题目的渊源。为了解决这个难题，他们提出了如下模型：假定存在两只证券，一只是无风险证券，另外一只是风险证券。风险证券的收益包含两部分，第一部分是通过支付成本（c）获得的可观察到的收益（θ）；第二部分是不可观察的（ε），它的均值是零，且与可观察收益是零相关。同时假定有两类人：一类是拥有信息的交易者，他们支付 c 观察到第一项收益，这部分人所占的比率是 λ；余下占比 $1-\lambda$ 的无信息交易者则两项内容都没观察到。除此之外，交易者都是相同的（相同的禀赋、相同的偏好、在观察到第一项收益之前他们也都拥有相同的信念）。尽管无信息交易者不能观察到 θ，但是他们能观察到当前的价格 P。正如格鲁斯曼（1976）所说，这些交易者在形成自己的预期过程中会根据 P 来获取尽可能多的有关 θ 的信息。因此，在这层意义上，他们被假设是拥有理性预期的。如果 x 表示风险证券的供给，那么均衡价格就可以被解释为 $P_\lambda(\theta, x)$ 这个函数。假设所有交易者都知道他们是相同的。因此，所有交易者都知道均衡价格函数 $P_\lambda(\theta, x)$。因此，如果所有的交易者知道整体供给 x，那么他们就能通过观察价格 P 而轻松地决定 θ。从而我们拥有完全显示的理性预期均衡。但是，这又恰好是之前的循环论证。

为了打破这项循环论证，格罗斯曼和斯蒂格利茨假定无信息的交易者不能观察到 x，因而他们不能通过 P 推断 θ。这使得均衡只是局部显示。完全均衡会让交易者选择是否成为拥有信息的交易者。随着越来越多的交易者成为拥有信息的交易者，拥有信息的好处开始下降直至增加的交易者付出 c 的成本成为信息交易者却不能带来好处为止。为了获得简化的结果，假设所有的投资者都拥有指数效用函数，θ 和 ε 是联合正态分布的随机变量。

他们的结论是：当拥有信息的交易者数量十分少或者十分多的时候（即 λ 接近于 0 或者 1 的时候），市场就会萧条下去，甚至可能不存在市场。另一个结论是：尽管信念上的差异最初看似会促使市场发展，但市场的创立又恰恰会降低促使它们发展的原因，最终导致市场的消失。最终的结果是，市场在反映信息方面不能是完全有效的。但是从更深的层面来看，市场能够是有效的，因为它能充分反映信息使得获取信息的边际利润为零。

正如我们所看到的那样，格罗斯曼（1976）提出了一个完全显示理性预期均衡，在此之中，诸多参与者的不同信息汇聚成价格。另一方面，格罗斯曼－斯蒂格利茨（1980）提出了一个局部显示理性预期均衡，在此之中，每一个交易者关于整体禀赋认知的不确定性催生了噪声，但是他们并没有对分散信息的聚合模型化。戴蒙德－维罗查（1981）则把这两项工作都做了：他们对分散信息的聚合进行了模型化，并通过模型指出关于整体禀赋认知的不确定性催生的噪声是如何导致局部显示（即"噪声"）理性预期均衡的。在他们的模型中，每一个参与者（具有相同的理念）都观察到风险证券实现收益的独立信号以及整体禀赋的独立信号。如果参与者在整体禀赋认知上并不存在不确定性，那么戴蒙德－维罗查（1981）的模型与格罗斯曼（1976）的模型是相同的。

鲁宾斯坦（2001）将格罗斯曼－斯蒂格利茨（1980）的研究更进一步，他假设参与者存在过度自信。鲁宾斯坦认为，过度自信会促使参与者在信息收集上花费过多，超出了成本－效率点，这使得价格最终反映了过多的信息从而出现"超理性"。这意味着任何新投资者都会发现，他不能在进一步的信息投资上获得公平收益。经验证据支持了这一点：专业化管理的积极股票型基金赚取的收益还不及费用支出。

֍ ֍ ֍

1980 年《对市场预期收益的估计：一项解释性研究》

罗伯特 C. 默顿　发表了《对市场预期收益的估计：一项解释性研究》(*On Estimating the Expected Return of the Market：An Exploratory Investigation*)，载于《金融经济学学刊》第 8 卷，第 4 期（1980 年 12 月），pp.323～361。

预期收益、随机游走、市场投资组合、权益风险溢价、样本统计与总体统计、跳跃过程或泊松过程

默顿（1980）可能是第一个仔细思考如何度量权益风险溢价的学者。默顿指出，根据股票收益的历史数据来估计未来的收益均值要比估计其方差还要困难。不幸的是，如何在股票与其他证券之间进行资金配置这项最基础的金融决策，很大程度上要取决于你对权益风险溢价的判断。

为了说明这个问题，假设收益的对数是独立同分布的（i.i.d.）。假定我们研究 t 年时间中的 n 个观察值，其中 $h \equiv t/n$ 是样本期间。很容易证明，年均化的样本均值 $\bar{\mu}$ 是总体均值 μ 的无偏预测值，且样本均值的方差等于 σ^2/t，其中 σ^2 表示年均化的总体标准差。值得注意的是，给定 t 样本均值的方差不取决于观察的频率（n 或 h）。另一方面，年均化的样本方差 $\bar{\sigma}^2$ 也是 σ^2 的无偏估计值，样本方差的方差是 $2\sigma^4/(n-1)$。与样本方差不同，不仅样本均值不会随着样本频率的增加而提高，而且在实践中对股票的投资组合来说，样本均值的方差即便在多年观察之后也保持较大数额。而且，如果没有 i.i.d. 假设，均值的估计问题可能就更困难了。估计个股预期收益的问题是金融经济学中最具挑战性、最痛苦也是最重要的问题。

对随机游走模型中样本均值无偏性的证明

为了说明如何推演结果，我们从随机游走模型开始：

$$\ln r_k = \mu h + \sigma \sqrt{h}\, \varepsilon_k$$

对于序列独立观察值 $k=1$，2，$\cdots$，n 其中 $E(\varepsilon_k)=0$ 且 $\mathrm{Var}(\varepsilon_k)=1$。

样本均值被定义为：$\bar{\mu}h \equiv \sum_k (\ln r_k)/n$。两边取预期：

$$E(\bar{\mu}h) = E\left(\frac{\sum_k \mu h + \sigma \sqrt{h}\varepsilon_k}{n}\right) = \mu h + \sigma \sqrt{h}\frac{E(\varepsilon_k)}{n} = \mu h$$

因此，$E(\bar{\mu})=\mu$，因此 μ 是无偏的。

....

1976 年默顿为了防止被误解又增加了一项说明。[一]他注意到，如果证券收益在连续时间极限中不是遵循几何布朗运动，而是遵循混合布朗运动泊松跳跃过程（这个跳跃过程曾被默顿在期权定价中所使用过[二]），那么样本方差的方差随着 h 趋近于 0（t 保持固定）而接近一个正的最低边界值。如果这个过程的跳跃部分充分显著，那么估计样本方差会与估计样本均值一样困难。加入跳跃会使问题进一步复杂化。

这促使默顿寻找一种能更好地预测权益风险溢价（纽约交易所股票指数包含股利的月度收益减去相应的美国国库券月度收益）的方法。他假设在给定的时期股票市场投资组合收益遵循的是几何布朗运动。尽管他允许波动随着月份的不同而不同，不过基于"探索性研究"的目的，他还是假设在度量波动指标的当月波动是足够稳定的。他研究了在估计风险溢价的时候可能出现的三种约束条件。第一，风险溢价是正值而且与股票收益的方差成正比：$(\mu-r)/\sigma^2 = a_1$，其中 $a_1>0$；这个结论来自于典型性投资者稳定相对风险规避

[一] 见默顿（1976 年 5 月）：《标的股票价格收益中的设置对期权定价的影响》(*The Impact of Option Pricing of Specification in the Underlying Stock Price Returns*)，载于《金融学学刊》第 31 卷，第 2 期（1976 年 5 月），pp.333 ~ 350。

[二] 见默顿（1976 年 1 ~ 3 月）：《当标的股票收益是非连续时的期权定价》(*Option Pricing When Underlying Stock Returns Are Discontinuous*)，载于《金融经济学学刊》第 3 卷，第 1 期（1976 年 1 ~ 3 月），pp.125 ~ 144，重印于罗伯特 C. 默顿所著的《连续时间金融》，第 9 章（Blackwell，1990 年），pp.309 ~ 329。

（CRRA）市场均衡模型。默顿（1973 年 9 月）和鲁宾斯坦（1973 年 10 月）都指出，可将 a_1 解释为所有投资者风险规避之和的指标。第二，风险溢价是正值而且与股票收益的标准差成正比：$(\mu-r)/\sigma=a_2$，$a_2>0$。第三，风险溢价是正值且是常数：$\mu-r=a_3$，$a_3>0$。默顿将第三种情况称作是"艺术状态"模型。如果方差每个月都变化，那么不同的模型将会带来不同的预测值。事实上，罗森堡（1972）已经证实这是正确的。

从方法论上来看，默顿假设上述 a_j（$j=1$，2，3）的分布是始终如一的，从而将上述的限定（即风险溢价是正值）包含进来。而后他使用贝叶斯定理 [1]，以可观察的历史数据来估计 a_j 的事后分布。他研究了不同的子期间，期间跨度最短的是 1 年最长的是 52 年（从 1926 年到 1978 年）。他假定 a_j 是稳定的，但是在不同的子期间存在差异。他指出，正如我们所预想到的那样，如果用于决定事后分布的历史期间中包含较大的负收益观察值的话，非负的限定条件就很重要了。

默顿得出三个主要的结论。第一，对非负的要求会显著影响所有 a_j 这三个指标。因此，他建议对风险溢价的估计应审慎地建立在非负这项限定之上。第二，这三项受到限定的 a_j 指标意味着完全不同的权益风险溢价。第三，回归估计的时候应该将实现收益除以指标度量当月的方差，从而修正方差不稳定的问题（即异方差问题）。

෴ ෴ ෴

1981 年《论市场择时与投资业绩 I：一个关于市场预测的价值均衡理论》

罗伯特 C. 默顿 发表了《论市场择时与投资业绩 I：一个关于市场预

测的价值均衡理论》（*On Market Timing and Investment Performance I：An Equilibrium Theory of Value for Market Forecasts*），载于《商业学刊》第 54 卷，第 3 期（1981 年 7 月），pp.363 ～ 406。

投资业绩、市场择时、幸运与技能

　　默顿（1981）发现了一种方法，可以在不用假设市场是如何调整风险收益的情况下，检验市场择时能力。默顿的结果不受投资收益的概率分布以及投资者的偏好与财富的影响。不过，市场择时者只能预测股票的业绩是否能高于债券，从而进行投资，但并不能预测业绩能具体超出多大数额。

　　首先，来看一下完美的市场择时预测。假定你投资于一只共同基金，这只基金能丝毫不差地预测一年之内股票市场是否能比无风险债券表现更好。假设你当前投入了 1 美元，r_M 是将钱投入股票市场后一年的收益，r 是将钱投入无风险债券上获得的价值。该基金不能买空卖空。如果基金认为 $r_M > r$，那么它把所有的钱财都投入股票市场。如果 $r_M \leqslant r$，那么基金就把所有的资产投入到债券之上。默顿指出，该基金能够用于投资的当前价值等于 $1+P$，P 表示一项行权价等于 r 到期日为一年的看跌期权的现值。

．．．

　　为了理解得更清楚，假设基金的报酬等于 $\max(r, r_M) = r_M + \max(0, r-r_M)$，那么报酬的现值等于 $1+P$，即行权价格为 r 的看跌期权的现值。使用布莱克 – 斯科尔斯（1973）的期权定价模型，可以很容易地得出 $P = [2N(\sigma/2) - 1]$，其中 $N(\cdot)$ 表示标准正态分布函数，σ 表示股票投资组合收益对数的年均化波动。

．．

　　更现实的情况是假设市场择时预测不是完美的：

　　$p_1 =$ 现实情况是 $r_M \leqslant r$ 且预测准确的条件概率；

　　$1 - p_1 =$ 现实情况是 $r_M \leqslant r$ 且预测不准确的条件概率；

　　$p_2 =$ 现实情况是 $r_M > r$ 且预测准确的条件概率；

$1-p_2=$ 现实情况是 $r_M>r$ 且预测不准确的条件概率。

很明显，如果 $p_1=p_2=1$（在这种情况下，$p_1+p_2=2$），那么基金具有完美的预测能力。默顿也指出，如果 $p_1+p_2=1$，那么表明基金不具备预测能力。假设 $p_1+p_2\geqslant1$（即基金不具备负向预测能力），同时假设如果基金预测 $r_M\leqslant r$，那么它将所有的钱财完全投资在债券之上，而且假设你对与 r_M 无关的风险都不关心。那么，默顿指出：将 1 美元投资于不完美预测能力的基金的现值等于 $1+P(p_1+p_2-1)$。$P(p_1+p_2-1)$ 就是预测的现值（或者称作基金为其提供的服务所能要到的最高费用）。如果基金具有完美的预测能力，那么 $P(p_1+p_2-1)=P$；如果不具备完美的预测能力，那么 $P(p_1+p_2-1)<P$。

对默顿市场择时能力结论的证明

将基金不完美预测所能获得的收益与如下投资组合的收益进行比较：

将资产中 p_2 比例投资于市场

将资产中的 $\lambda\equiv P(p_1+p_2-1)$ 比例投资于行权价格等于 r 的看跌期权

将资产中的 $(1-p_2-\lambda)$ 比例投资于债券

那么这个投资组合的收益等于：

$$p_2r_M+\frac{\lambda\max(0,r-r_M)}{P}+(1-p_2-\lambda)r$$

这个投资组合收益会带来四种结果：

（1）$r_M\leqslant r$ 且预测是正确的：$r-\lambda r-(1-p_1)(r-r_M)$

（2）$r_M\leqslant r$ 且预测是不正确的：$r_M-\lambda r+p_1(r-r_M)$

（3）$r_M>r$ 且预测是正确的：$r_M-\lambda r-(1-p_2)(r_M-r)$

（4）$r_M>r$ 且预测是不正确的：$r-\lambda r+p_2(r_M-r)$

每一项结果都由三项之和来表示：第一项是 r 或 r_M，即通过预测获得的收益；第二项是常量 $-\lambda r$；第三项是随机量，取决于 r_M-r 的大小。如果预测很完美，那

么 $p_1=p_2=1$，那么我们只有结果 1 和 3。在结果 1 中，基金的收益是 r，投资组合的收益是 $r-\lambda r$。在结果 3 中，⊖基金的收益是 r_M，投资组合的收益是 $r_M-\lambda r$。因此，预测一直能带来 λr 的超额收益，超额收益的现值等于 $\lambda r/r=\lambda=P$。

在不完美的预测中，$p_1<1$，$p_2<1$，或者二者兼有。那么预测能带来的收益等于 λr 加上一个正的或者负的随机变量。不过，如果能够确认随机项的预期值为零且其风险与市场无关，那么我们就能将其忽略。从而使得预测的现值等于 $\lambda r/r=\lambda=P(p_1+p_2-1)$。

条件于 $r_M \leqslant r$ 的随机项的预期收益等于:

$$p_2[-(1-p_1)(r-r_M)]+(1-p_1)[p_1(r-r_M)]=0$$

条件于 $r_M>r$ 的随机项的预期收益等于:

$$p_2[-(1-p_2)(r_M-r)]+(1-p_2)[p_2(r_M-r)]=0$$

这不仅意味着随机项的无条件预期收益等于零，而且这也意味着随机项的收益与市场无关。因此，我们在为预测估价的时候可以忽略随机项的作用。这使得预测的现值等于 $P(p_1+p_2-1)$。

默顿的主要结论是: $p_1+p_2>1$ 是成功市场择时的充要条件。值得注意的是，成功预测的无条件概率 $p>1/2$ 并不意味着具有预测能力。例如，有一位基金经理一直预测 $r_M>r$。如果有 75% 的时间 $r_M>r$，那么他准确预测的概率 $p=3/4$，即便他并没有预测能力。按照默顿的标准，对于这样一位投资者来说因为 $p_1=0$，$p_2=1$，那么 $p_1+p_2=1$。更一般的情况是，假设投资者通过抛掷硬币来预测市场，硬币出现反面的概率是 q，如果硬币出现反面（正面）时，投资者预测 $r_M \leqslant r$（$r_M>r$）。那么 $p_1=q$，$p_2=1-q$，因此 $p_1+p_2=1$，再次表明投资者没有预测能力。假设 $p(1)$ 是基金经理甲成功预测的无条件概率，$p(2)$ 是基金经理乙成功预测的无条件概率。遵循上述的方法，因为 $p(1)>p(2)$，

⊖ 原文是"在结果 2 中"，应该是作者笔误。——译者注

但它本身并不意味着基金经理甲的预测比基金经理乙的预测更有价值。总而言之，默顿总结到："关键不是市场择时者能有多少次预测正确，而是他何时能准确预测。"（p.388）

在后续的一篇文章中，罗伊 D. 亨里克森和罗伯特·默顿（1981）从经验研究的角度贯彻了默顿的业绩指标。[⊖]首先，他们假设基金经理的预测是可观察的。在这种情况下，只需要简单地数数基金经理在下行市场行情中能成功把握时机的次数（如在 N_1 次预测中成功 n_1 次），以及在上涨行情中能够成功预测的次数（如在 N_2 次预测中成功 n_2 次）。那么 n_1/N_1 是 p_1 的估计值，n_2/N_2 是 p_2 的估计值。不过，在许多现实情境中，基金经理的预测是不能观察到的，预测业绩只能通过基金收益的时间序列来推断。在这种情况下，哈里克森和默顿不得不使用参数检验。他们在市场模型回归（马科维茨，1959；夏普，1963）中新加了一项（并不是特雷诺 – 马祖（1966）所用的收益平方），是行权价为 r 的看跌期权的收益。詹森（1972）[⊖]曾提出：单独使用收益率是不能区分市场择时与证券选择能力的。哈里克森和默顿指出，他们使用方法可避免这个问题。

の の の

1984 年《橙汁与天气》

理查德·罗尔 发表了《橙汁与天气》（*Orange Juice and the Weather*），

[⊖] 见亨里克森和默顿（1981）：《论市场择时与投资业绩 II：评价预测技能的统计过程》（*On Market Timing and Investment Performance II：Statistical Procedures for Evaluating Forecasting Skills*），载于《商业学刊》第 54 卷，第 4 期（1981 年 10 月），pp.513 ~ 533。

[⊖] 见詹森（1972）：《市场预测的最优效用与投资业绩评价》（*Optimal Utilization of Market Forecasts and the Evaluation of Investment Performance*），载于《投资与金融的数学方法》，乔治 P. 塞格尔和卡尔·希尔编辑（North Holland，1972 年）。

理性预期均衡模型中，投资者就是从当前价格与过去价格两方面来学习的。[⊖]

施韦特（1989）使用1885～1927年的道琼斯指数和1928～1987年的标准普尔指数的每月的日交易数据来进行分析，他们用工业品增长率波动、产品价格通货膨胀波动、财务杠杆以及过去市场波动来对当前市场波动进行回归，产生的 R^2 能有0.57。不过，过去市场波动对 R^2 的贡献最大，而这并不是理性市场所必需的。剔除过去市场波动这个因素，R^2 就会降到0.208。此外，施韦特也未能解释为什么在经济大萧条期间，股票收益的波动会出现显著的增长。

宾德和默吉斯（2001）使用1929～1989年间的标准普尔指数日度数据来进行分析，他们用同期的整体价格水平波动、无风险利率、Baa级与Aaa级公司债券之间的收益差异（用以反映权益风险溢价）、公司预期毛利（用以同时反映财务杠杆和经营杠杆）来对实现的月度波动进行回归。一个简单的模型证明这些因素都是能决定市场波动的理性因素。尤其是最后四个变量能够解释市场波动的反周期行为。他们发现这些变量在统计上都是显著的，R^2 达到0.512。第四个解释变量甚至在经济大萧条期间也能显著（但是这些回归不能解释1987年10月的股市大崩盘）。

෴ ෴ ෴

1985年《权益溢价之谜》

雷尼思·梅拉和爱德华 C·普雷斯科特（1940年12月26日—） 发表了《权益溢价之谜》(*The Equity Premium*：*A Puzzle*)，载于《货币经济学学刊》

_⊖ 见布朗和詹宁斯（1989）：《论技术分析》(*On Technical Analysis*)，载于《金融研究评论》第2卷，第4期（1989年），pp.527～551。

第 15 卷，第 1 期（1985 年 3 月），pp.145 ～ 161。

1990 年《习惯塑造：对权益溢价之谜的一个解答》

乔治 M. 康斯坦丁尼德斯 发表了《习惯塑造：对权益溢价之谜的一个解答》（*Habit Formation*：*A Resolution of the Equity Premium Puzzle*），载于《政治经济学学刊》第 98 卷，第 3 期（1990 年 6 月），pp.519 ～ 543。

权益风险溢价之谜、CRRA 跨期 CAPM、时加波动、习惯塑造、波动、过度波动、风险规避

梅拉－普雷斯科特（1985）注意到，基于稳定相对风险规避效用函数的标准金融模型对如下这个现象不能做出合理的解释：经验上观察到的市场投资组合风险溢价与经验上观察到的整体消费波动相差无几，这意味着典型投资者要求的风险规避必须不合理地高。他们的文章也认为，标准金融模型的变形模型也不能解决这个问题，为此他们将之称为"权益风险溢价之谜"。鲁宾斯坦（1976 年秋季号）曾预测到这样的结果，他指出在相同的经济系统中市场投资组合的收益与整体消费的增长完美正相关，且具有相同的对数波动。

他们这篇文章与罗伯特 J. 希勒（1981）[⊖]的文章共同标志着投资理论的一个分水岭。从此时开始，标准金融模型的经验预期结果（例如，风险溢价的规模、市场投资组合收益的可变性、利率水平）开始被更严肃地审视。学者们开始通过多种方式来调整标准模型，使其所有的预测结果与现实尽可能地相符。对风险溢价之谜的研究鼓励将标准金融模型向不同方向拓展，且催生了许多并不成熟的胜利宣告。随着更多相关谜团的出现、更多自由度很少

⊖ 见希勒（1981）:《股票价格是否波动太大以至不能用后续的股利变化来解释？》（*Do Stock Prices Move Too Much to Be Justified by Subsequent Changes in Dividends?*），载于《美国经济评论》第 71 卷，第 3 期（1981 年 6 月），pp.421 ～ 436。

由于理性预期的存在，那么所有的投资者都会考虑悲观主义者知道的坏消息没有反映到价格中的程度，相应地调低价格以便反映未知的悲观信息。因此，与威廉姆斯 – 米勒的假说不同，价格平均而言不会过高（也不会过低）。不过，关键的问题是只有预期到的负面消息而不是真实知道的负面消息反映到价格之中。当乐观者知道了坏消息从而价格出现下跌，此时理性交易者会预期之前的悲观者会进入市场进行购买，从而缓和下降。不过，偶尔会出现这样的情况：最初没有反映到价格中的坏消息可能出奇地糟糕。这时，价格下跌的幅度要比悲观者准备入市购买前所预期的还要大——因而，发生了股票市场崩溃。值得注意的是，这种效应是不对称的，因为在市场上涨时期所有隐秘的积极信息都包含在价格之中。因此，戴蒙德 – 维罗查的模型预测：观察到的股票收益应该左偏，即在均值附近价格大幅下跌出现的频率要高于价格大幅上涨的频率。

　　戴蒙德 – 维罗查模型也为反映现实金融市场提供了一个很好的例子。这个市场中充斥着分散的基本面信息，同时对交易有一定的约束，与哈耶克（1945）不同，市场价格并不是反映投资者集合智慧，而是伴随着时间的推移，交易本身就逐步反映出了分散化的信息。与此同时，价格甚至可以在缺乏基本面信息的情况下理性地发生变化。弗伦奇 – 罗尔（1986）发现：交易所开盘时的股票波动要比收盘时的股票波动要高。上述这个观点为解决弗伦奇 – 罗尔（1986）的发现提供了一种理性方法。戴维·罗默（1993）⊖ 则提供了另外一种方法，该方法可以不依赖于约束性卖空，在缺乏基本面消息的情况下理性决定的价格也可以波动。这些思想表明，行为主义者宣称的"过度波动是市场不理性的证据"事实上是理性市场中投资者使用价格趋势、交易量和其他技术信息来了解还未反映在当前价格中的分散化的基本面信息。

⊖　见罗默（1993）：《无消息时的理性资产价格运动》（*Rational Asset-Price Movements without News*），载于《美国经济评论》第 83 卷，第 5 期（1993 年 12 月），pp.1112～1230。

当然，尽管理性预期经常被当作优秀金融模型的一个假设，但是许多聪慧的观察家还是相信，从现实来看，理性预期还是不能解释现实行为，因此不要太把它当回事。正如菲格莱维斯基（1981）所支持的那样，如果卖空头寸比例是一个有关信念分散的很好的表征量，那么可以通过研究卖空头寸大幅度变化的宣告是否能预计较低的未来收益（威廉姆斯－米勒理论）还是价格随着宣告而迅速调低（戴蒙德－维罗查）来验证威廉姆斯－米勒理论或戴蒙德－维罗查理性预期修正模型。在戴蒙德－维罗查的模型中，由于投资者不能通过报价流量来区分是一般的卖出还是卖空，那么卖空头寸增加的消息（因为它反映了悲观信息）在宣告时候将会导致股票价格立即下跌。此外，交易相对清淡的时日可能也可以当作信念分散比较大的指标，因此，它扮演的信息角色与卖空头寸增加的宣告类似。

森查克（Senchack）和斯塔克斯（Starks）（1993）[⊖]检验了戴蒙德－维罗查模型中暗含的这么一项内容：既然假设卖空者拥有的悲观信息一般并没有准确地反映在价格之中（即只有对该信息的无偏猜测才能准确反映在价格中），那么卖空增加的消息将会降低先前持有这些证券的人们的相对乐观情绪，从而证券的价格将会下降。而且，卖空者所承担的显著成本意味着卖空一定是因为有非常负面的信息。正如我曾主张的，威廉姆斯－米勒的假设并没有预测这一点，因为在他们的假设中投资者没有从其他投资者的交易中进行学习。最明显的检验是研究：是否当前卖空头寸的宣告与同期的收益负相关。森查克和斯塔克斯不仅从经验研究上证实了这一点，而且他们还指出，对那些拥有交易所交易期权的股票来说，这个相关性要弱一些，交易所交易期权允许间接卖空，这再次证实了戴蒙德－维罗查模型暗含的另一项内容。

⊖ 见森查克和斯塔克斯（1993）：《卖空约束与卖空头寸宣告的市场反应》（Short-Sale Restrictions and Market Reaction to Short-Interest Announcements），载于《金融与数量分析学刊》第28卷，第2期（1993年6月），pp.177～194。

洪和斯坦（2003）的模型与戴蒙德 – 维罗查的模型非常相似。洪和斯坦认为，他们的模型能够解释股灾的三个明显特征：

（1）第二次世界大战后的经验证据表明，股价波幅最大的 10 次事件中，有 9 件是股价下跌（唯一一件上涨是发生在 1987 年 10 月 19 号股灾两天后）。

（2）这些波动大多数并没有伴随着明显的重大信息（尤其是股灾幅度最大的 1987 年股灾）。

（3）在股灾中，股票间的相关性（无论是国内还是国际）看起来会迅速大幅增强。

很容易理解为什么前两个特征与卖空模型相符。如果一些股票价格的下降揭示出未预期到的负面系统性信息，那么第三个特征也能解释了。与第一个特征相关的另一项经验观察是：无论是时间序列还是隐性期权概率分布，股票指数收益都是负向偏斜的，而且这种负向偏斜会随着时间的拉长而削弱。这些观察都可以通过洪 – 斯坦模型解释。

他们的模型也预测到：超常的大额交易量往往伴随着股票市场大幅的下跌而不是大幅的上涨。这种负向收益偏斜与交易量之间的关系被陈 – 洪 – 斯坦（2001）的研究所证实。[⊖]这项结果也得到了帕特里克·丹尼斯和斯图尔特·梅休（2002）[⊜]的支持。他们的结论是：在股票收益负向偏斜增大的期间，往往伴随着超常的大幅市场波动。正如洪和斯坦所指出的那样，关于股灾的其他类型的解释既不能解释不对称性（即为什么第二次世界大战后在美国出现的股市大跳跃基本上是股灾）（行为理论），也不能解释为什么股灾发生

⊖ 见陈 – 洪 – 斯坦（2001）：《预测股灾：交易量、过去收益及股价的条件偏斜》（*Forecasting Crashes：Trading Volume，Past Returns，and Conditional Skewness in Stock Prices*），载于《金融经济学学刊》第 61 卷，第 3 期（2001 年 9 月），pp.345 ～ 381。

⊜ 见丹尼斯和梅休（2002）：《风险中性偏斜：源自股票期权的证据》（*Risk-Neutral Skewness：Evidence from Stock Options*），载于《金融与数量分析学刊》第 37 卷，第 3 期（2002 年 9 月），pp.471 ～ 493。

时往往并没有伴随着明显的消息出现（波动反馈理论）。看来只有把卖空理论
与投资者异质结合在一起才能解决股灾发生时的三个特征。不过，世界绝不
会像我们想象的那么简单，股票指数的收益偏斜现象无论是时间序列还是隐
性期权方面都是负向的，但是个股收益的偏斜现象却是正向或者至少是负向
偏斜较低。这个现象还没得到很好的解释。在他们文章的结论中，洪和斯坦
写道：

> 卖空约束如何影响股价这个问题最近重新引起了理论研究和经
> 验研究的兴趣，可将本文视作这个领域的内容……本文研究证实，
> 卖空约束扮演的角色可能不仅限于对直接交易成本的影响……但仍
> 有很多问题亟待解决，首先要理解为什么有如此多的投资者的行为
> 模式看起来好似承担了高得惊人的卖空成本，其次要研究这类行为
> 对股票价格的影响。(p.516) [2]

正如洪和斯坦所称的，有关卖空与股价之间关系的最大谜团可能是如下
问题：为什么只有如此少量的股票被卖空？例如，在 1976 ～ 1993 年，在纽
约交易所上市的 80% 的股票的卖空头寸占不到流通股的 0.5%。菲格莱维斯基
（1981）报告称，1973 ～ 1979 年标准普尔 500 公司中前 10% 的公司平均卖空
头寸也占不到 1%。不过，奥菲克和理查德森（2003）的研究表明，近年来卖
空头寸有了大幅度地提高。他们的研究样本是美国 2000 年 2 月份的 4200 只
股票，这些股票的平均卖空头寸大约是 2%。奥菲克和理查德森强调，网络股
明显具有较高的卖空头寸，大约接近 3%。前 5% 的网络股的卖空头寸比例能
达到 10.5%。如何解释这种现象呢？即便存在对称的卖空条件，仍有许多理
由能解释为什么卖空明显少于买多：

- 既然买多必须要事先存在等额的流通外在股，而卖空一定会引起对买
  多的抵消，因此卖空的股份数量一定少于买多的股份数量。

- 在投资者同质的市场中，由于他们都持有相同的市场指数基金，那就不会有卖空的需求。即便在标准的金融均衡模型 CAPM 之中，也没有投资者会卖空。
- 相对悲观的投资者可以持有少量的买多仓位而无须一定卖空。
- 对于许多证券来说，可以通过交易其衍生产品来实现卖空（卖出期货、卖出看涨期权或者买入看跌期权）。根据 2003 年 10 月的数据，对那些拥有上市期权的股票来说，尽管卖空头寸（即卖空占流通外在股的比例）一般大约仅为 2%，但是把股票指数或个股的看涨和看跌期权以及股指期货加进来的话，那么卖空头寸总量能达到大约 6%。

最近，查尔斯 M. 琼斯和欧文 A. 莱蒙特（2002）提供了对卖空收益的利息损失程度的详细估计，[⊖]估计期覆盖了 1926 ～ 1933 年。那时纽约证券交易所中存在一个借贷股票的集中市场。两位作者使用这些估计来检验米勒的预测（我想也是威廉姆斯的预测），即对卖空的限制会催生过高定价，且带来较低的后续收益。他们发现，那些定价过高的股票，即便剔除成本也能为卖空者带来丰厚的利润。

吉因·达瓦里奥（2002）[⊖]对琼斯和莱蒙特（2002）的研究做了补充。这篇文章从一家大型融券中介获得了 2000 ～ 2001 年 18 个月的数据，基于这些数据作者记录下了卖空成本。达瓦里奥使用多个表示观点巨大分歧的表征量再次证实了威廉姆斯－米勒假说，这些表征量包括高额的换手率、分析师预测的大幅分歧、较高的市盈率、较低的现金流与股价比值（最后两个指标为观点分歧创造了不确定性和空间）。达瓦里奥的研究还报告称：在他的样本中

⊖　见琼斯和莱蒙特（2002）：《卖空约束与股票收益》(*Short-Sale Constraints and Stock Returns*)，载于《金融经济学学刊》第 66 卷，第 2 ～ 3 期（2002 年 11 ～ 12 月），pp.207 ～ 239。

⊖　见达瓦里奥（2002）：《融券市场》(*The Market for Borrowing Stock*)，载于《金融经济学学刊》第 66 卷，第 2 ～ 3 期（2002 年 11 ～ 12 月），pp.271 ～ 306。

的每个月，被迫提前平仓的卖空大约能影响 2% 的借贷股票。但是卖空的成本（包括利息损失和潜在被迫平仓）看起来并不足以解释卖空较少出现这个现象（即便把通过衍生产品交易等隐形卖空包括在内也是这样），尤其对那些标准普尔 500 这样的公司来说，卖空成本是很低的。

另一个与之相关的谜团是：为什么很多投资者没有利用机会借出他们的股票？安德烈斯·阿尔马森、基思 C. 布朗、默里·卡尔森、戴维 A. 查普曼 2004 年的研究[⊖]表明，70% 的机构投资者被合约禁止从事卖空，余下的 30% 中也只有 10% 真正地实施过卖空。不过，当借出证券能够获得的收益足够高的时候，持有股票的投资者还是会借出股票的。例如，最近 3Com 公司对 Palm 公司的剥离就意味着借出股票能获得高额的收益。在 2000 年 3 月初，3Com 公司将其全资下属的子公司 Palm 公司的 5% 的股份进行了剥离，并声明将于 7 月 27 日将剩下的 95% 的股份分配完毕。那时，3Com 公司的每一股可以获得 1.483 股的 Palm 公司股份。这表明，3Com 公司的股价至少是 Palm 公司的股价的 1.483 倍。4 月 18 日，查尔斯·施瓦布对两家公司的报价分别是：

$$3\text{Com 公司：} 39\frac{3}{8}\text{美元} \qquad \text{Palm 公司：} 30\frac{1}{2}\text{美元}$$

在这些条件下，看来存在一个套利机会，即你每买一股的 3Com，就卖空 1.483 股的 Palm：

4 月 18 日的现金流：−39.375 美元 +1.483 × 30.50 美元 =5.85 美元

7 月 27 日的现金流：0 美元（因为已被平仓）

不过，卖空 Palm 公司的代价是很昂贵的。事实上，Palm 公司股票的出借者要求的费用（大约 5.85 美元）将迫使套利机会消失。

⊖ 见阿尔马森 – 布朗 – 卡尔森 – 查普曼（2004）：《为什么要约束你的基金经理？》(*Why Constrain Your Mutual Fund Manager?*)，载于《金融经济学学刊》第 73 卷，第 2 期（2004 年 8 月），pp.289 ~ 321。

作为一种替代方法，投资者可以使用交易所交易期权来间接卖空。从看跌 – 看涨期权的平价关系（斯托尔，1969）来看：

$$-S_0=P_0-C_0+Kr^{-t}$$

换言之，以 S_0 的价格卖空不付股利的股票可以用如下方式复制：以 P_0 的价格购买欧式看跌期权，同时以 C_0 的价格卖出欧式看涨期权，两个期权的行权价都是 K，到期时间都是 t（r 表示无风险零息债券的收益）。在 4 月 18 日，估计 $r=1.06$，那么使用上述等式就可以通过期权价格推断股票价值，如表 3-1 所示。

表　3-1

期权	t	K	C_0	P_0	推出的 S_0
8 月 25 日	0.334 25	25	7.125	5.375	26.27
8 月 30 日	0.334 25	30	4.675	8.35	25.85
8 月 31 日[①]	0.334 25	35	3.125	3.125	25.70

①原书为 8 月 35 日，疑有误。

因此，推断出的股票价格的平均值是：（26.27 美元 +25.85 美元 +25.70 美元）/3=25.94 美元。通过期权市场以这个价格间接卖空股票将会导致现金流：

$$-39.38 \text{ 美元} +1.483×25.94 \text{ 美元} =-0.91 \text{ 美元（亏损）}$$

因此，这也不行。期权市场的存在已经完全消除了套利机会。但是最关键的谜团仍未破解：买多的股票一定比卖空的股票多，因此一定有人还持有 Palm 股票而没借出，那么为什么持有 Palm 股票的人不出借股票来获取 5.85 美元的利润呢？

在存在证券出借成本的情况下，证券的均衡价格可能是不确定的。在此重述一下达雷尔·达菲、妮科尔·加里努、拉瑟·海加·佩德森（2002）⊖

⊖ 见达菲 – 加里努 – 佩德森（2002）：《证券出借、卖空与定价》（*Securities Lending, Shorting and Pricing*），载于《金融经济学学刊》第 66 卷，第 2 ~ 3 期（2002 年 11 ~ 12 月），pp.307 ~ 339。

所举的例子，假设乐观主义者认为股票的价值是 100 美元，而悲观主义者认为股票的价值仅有 90 美元。如果不可以卖空，那么将由乐观主义者决定市场价格，即 100 美元。但是如果假定存在一个可以出借股票的市场，悲观主义者可以借入股票卖空，且假定乐观的出借人具有市场主导权。在这种情况下，悲观主义者最多愿意支付 10 美元（100 美元 –90 美元）借入股票，那么借款费用就是 10 美元。但是，此时乐观主义者可能会愿意为股票出价 110 美元，这是因为他手里现在持有 100 美元的股票价值加上 10 美元的出借费。因此，股价会涨到 110 美元。现在，悲观主义者愿意支付 20 美元（110 美元 –90 美元）借入股票，因此股价会涨到 120 美元，以此类推。这种上涨的趋势最终会停止，此时所有尚未出借的流通在外股停留在那些由于某种原因不愿出借的投资者手中。具有讽刺意味的是，允许卖空时的股票价格可能要比禁止卖空的股票价格更高，甚至要比大多数乐观的投资者的定价还要高！

理性市场理论家希望借此能解释网络泡沫现象。事实上，伊莱·奥菲克和马修·理查德森 2003 年的研究[⊖]指出，卖空网络股的折扣率每年要比非网络股低 1%～1.5%。而且，其他限制网络股卖空的迹象包括：较高的卖空头寸和看跌–看涨平价波动。作者还提出：在购买网络股时，个人投资者扮演的角色要比机构投资者还重要，这支持了投资信念高度分散的假说。对理性市场的倡导者来说，不幸的是尽管能够部分支持威廉姆斯–米勒假设，但这些效应并不能足以解释网络股泡沫的上涨阶段。

不过，该文的作者强调与对卖空的严格限制类似的措施能够解释网络泡沫的破灭。股票 IPO 阶段对内部人锁定了大量的股票，而此时正处在网络股的上涨期间（1998 年年初至 2000 年 2 月），但是当泡沫破灭开始的时候正是

⊖ 见奥菲克和理查德森（2003）：《网络狂潮：网络股价格的涨跌》（*DotCom Mania*：*The Rise and Fall of Internet Stock Prices*），载于《金融学学刊》第 58 卷，第 3 期（2003 年 6 月），pp.1113～1137。

这些股票锁定解禁的时候（2000 年 3 月～ 2000 年 12 月）。这意味着掌握着信息的悲观股东可能在市场上涨期间进入市场，他们的卖出行为至少促成了泡沫破灭，而之前的乐观投资者现在开始把这些新入市的投资者信念考虑在内，从而进一步加速了泡沫破灭。

$\backsim \backsim \backsim$

1994 年《隐性二叉树》

马克·鲁宾斯坦 发表了《隐性二叉树》（*Implied Binomial Trees*），载于《金融学学刊》第 49 卷，第 3 期（1994 年 7 月），pp.771 ～ 818。美国金融学会主席致辞。

衍生工具、期权、期权定价、二项式期权定价模型、隐性二叉树、重组二叉树、反向递归、状态价格、随机波动

考克斯 – 罗斯 – 鲁宾斯坦（1979）以及伦德尔曼 – 巴特尔（1979）的二项式期权定价模型都假设，在描述证券价格演进的二叉树中的每一个结点，标的风险证券的收益上涨与下跌的幅度是相同的。这会形成不断组合的树状物，在树的末端会形成价格二项式分布，随着连续结点的时间趋近于零，价格的二项式分布趋近于对数正态分布。不幸的是，许多证券的价格并不是完全近似于风险中性对数正态分布。事实上，在交易所交易的以股票市场指数为标的的欧式期权就不能用布莱克 – 斯科尔斯公式来反映。为了解决这个问题，鲁宾斯坦（1994）让二叉树中的每个结点的二项式收益都可以存在差异，但是它仍然保有标准的二项式模型的特征，在树的末端，在给定的结点，通向那个结点的所有路径的风险中性概率是相同的。他指出，有了这样的一般化处理，仍可以为那些拥有任意到期日且标的资产价格属于风险中性分布的期权

进行估价，而且仍可以使用反向递归程序来很方便地获得当前的期权价值。

这篇文章的第 2 部分提出了一种运算法则，它可以根据几个标准的欧式期权（这些欧式期权具有相同的标的资产，到期期间也一样，只是在行权价格上存在差异）的到期日市场价格来推断到期日风险中性分布。在此之前，布里登 – 利曾伯格（1978）已经指出，使用无限数量的期权，这些期权的行权价格从零到无穷，这样做也可以推断到期日风险中性分布。鲁宾斯坦使用二次规划近似技术，只需要有限数量的期权就可以把这种推断技术应用到实践之中。

综合来看，鲁宾斯坦这篇文章指出，如何通过期权来推断给定未来日期的状态价格分布，而且推断状态价格分布的整个随机过程。与布莱克 – 斯科尔斯（1973），考克斯 – 罗斯 – 鲁宾斯坦（1979）以及伦德尔曼 – 巴特尔（1979）相比，鲁宾斯坦的这种一般化处理允许标的资产的波动是当期标的资产价格与时间的函数。即便有这样的一般化处理，恢复性随机过程仍然限于重新组合的依赖于时间的马尔科夫过程。

∽ ∽ ∽

1995 年《权益估价中盈余、账面价值与股利》

詹姆斯 A. 奥尔森 发表了《权益估价中盈余、账面价值与股利》（*Earnings，Book Values，and Dividends in Equity Valuation*），载于《当代会计研究》第 11 卷，第 2 期（1995 年春季号），pp.661 ~ 687。

股利、盈余、股利折现模型、净盈余关系、超常盈余折现模型、投资机会法、经济附加值（EVA）

证券分析师和会计学家长期以来都希望能找到一种简便的方法使用会计

报表中的信息来决定股票的价格。威廉姆斯（1938）认为，只需要简单地把企业未来的股利折现就可以了。不过，正如奥尔森（1995）所指出的：

> 新古典证券估价中的一个明显的自相矛盾之处是：预期股利的现值决定企业的价值，然而如果股利政策是无关的，那么预测后续股利也是无关的。（当所有的股利政策都产生相同的市场价值时，谁还会去预测下一年的股利？）本文强调会计数据在解决这个矛盾中所扮演的关键角色。[3]

其中一种方法是把未来股利表述为当期股利的函数，正如威廉姆斯（1938）的永续股利增长模型那样。但是这并不能令人满意，这是因为在不改变当前股价的情况下，未来股利序列也可以发生变化。有人可能会想到对未来盈余进行折现，但是这会遇到双重计算的问题。奥尔森试图寻找一种迂回的方法。为了简化起见，他假设风险中性并从股利折现模型开始：$P_0 = \sum_t E[D_t]/r^t$，其中求和是从 1 到 ∞，股利 D_t 可视作股利减去资本分配后的净额。他使用会计学家所谓的"净盈余关系"（clean-surplus relation）替代其他的会计变量来表示股利：$Y_t = Y_{t-1} + X_t - D_t$，这个公式表示在时点 t 的账面价值等于时点 $t-1$ 的账面价值加上时点 t 的盈余减去时点 t 的股利。代入现值公式：

$$P_0 = Y_0 + \Sigma_t E\left(\frac{X_t - r^* Y_{t-1}}{r^t}\right) \tag{3-1}$$

其中求和是从 1 到 ∞ 且 $r^* \equiv r-1$。括号中的内容可被解释为"超常盈余"，这是因为它表示的是高出账面价值公允收益的盈余。这个等式出现在普雷赖克（1938）之中，[○]最早可追溯到美国财政部 1920 年的《诉讼与审查备忘录》

○ 见普雷赖克（1938）：《经济理论的年度调查：折旧理论》（*Annual Survey of Economic Theory：The Theory of Depreciation*），载于《计量经济学》第 6 卷，第 3 期（1938 年 7 月），pp.219 ～ 241（尤其是 p.240）

（*Appeals and Review Memorandum*）第 34 卷之中。

值得注意的是，这个公式与米勒－莫迪利亚尼（1961）的盈余流量法很相似：

$$P_0 = \Sigma_t \left(\frac{X_t - \Sigma_\tau r^* I_\tau}{r^t} \right) \tag{3-2}$$

其中第一项和是从 1 到 ∞，第二项求和是从 1 到 t，I_t 表示时点 t 的投资，不同的是前者使用的是账面的时间序列而不是投资。奥尔森的公式也与米勒－莫迪利亚尼（1961）的投资机会法很相似：

$$P_0 = \frac{X_0}{r^*} + \frac{\Sigma_t I_t (\rho_t - r^*)/r^*}{r^t} \tag{3-3}$$

其中求和是从 1 到 ∞，X_0 表示时点 0 的盈余，ρ_t 表示时点 t 实施的投资获得的年度收益率。很容易看到：$X_0/r^* = Y_0 + Y_0 (\rho_0 - r^*)/r^*$，其中 ρ_0 表示时点 0 账面价值赚取的收益率。

然后，奥尔森假设：①超常盈余与股利无关，②或者 I_t 和 ρ_t（投资政策）与股利无关，③或者股利引起的投资变化是价值中性的。例如，通过降低支付股利为投资融资赚取的收益只能是 r^*。这些情况中的任何一种，P_0 都独立于股利政策。在假设①下，这个结论很明显成立；在假设②下按照米勒－莫迪利亚尼（1961）的分析也成立；在假设③下按照布伦南（1971）和鲁宾斯坦（1976 年 9 月）的分析结论也成立。这些假设中的任何一个都遵循更基础的一个观念，即一家追求股价最大化的企业不会让其股利政策支配投资政策。

为了论证当期股价只取决于同期会计信息，奥尔森接下来假设：①超常盈余是最近期间超常盈余、除了超常盈余之外的其他信息以及噪声的线性函数；②其他信息本身是其过去水平与噪声的线性函数。这种设定是相当武断的，其有效性很明显要依赖于经验验证。这种方法可视作威廉姆斯（1938）永续股利增长模型的复杂版，在威廉姆斯（1938）的模型中未来股利是当期股利的简单函数。

根据先前的研究，我认为奥尔森的文章在理论上的贡献甚微。虽然如此，他的文章还是对后续的经验研究做出了很重要的贡献，它为使用会计数据来解释股价设定了新方向。在此之前，这类研究使用不受股利折现模型约束的会计数据来解释价格，如果股利折现模型受到约束且可预测盈余，那么股利将是盈余的简单函数（可能是线性函数）。而奥尔森的方法在股利折现模型受到约束的情况下，不用预测股利，而是预测超常盈余或超常盈余的决定因子。维克多 I. 伯纳德从经验角度证实：股票价格之间的横截面差异用超常盈余的预测值来解释要优于用股利的预测值来解释。[一]

杰拉尔德 A. 费尔特姆和詹姆斯 A. 奥尔森（1995）论证了奥尔森提出的框架在理论上的优势。[一]他们对金融资产与经营性资产分别使用净盈余会计，并假设金融资产的市场价值与账面价值相同。毫不奇怪，这将会引出一个使用账面价值和超常经营性收入来表述的现值关系，这与奥尔森用账面价值与超常盈余来表述现值关系相类似。会计盈余最有趣的特征之一是其通常是有偏的，因此大多数股票的账面价值要低于市场价值。费尔特姆和奥尔森对稳健性会计从数学角度做了定义：在时点 t，市场价格与账面价值之间的差异是正值。为了在未来盈余与当期盈余及账面价值之间建立联系，他们使用了一个带噪声项的线性时间序列模型，以此来决定未来的经营性盈余与经营性资产。他们也指出，时间序列系数是如何取决于会计是否是无偏的或者是稳健的。

与超常盈余紧密相关的概念是"剩余收入"，它是指税后净经营性收入减

[一]　见伯纳德（1995）：《费尔特姆 – 奥尔森框架对经验研究者的意义》（*The Feltham-Ohlson Framework：Implications for Empiricists*），载于《当代会计研究》第 11 卷，第 2 期（1995 年春季号），pp.733 ～ 747。

[一]　见费尔特姆 – 奥尔森（1995）：《经营性资产与金融资产的估价及净盈余会计》（*Valuation and Clean Surplus Accounting for Operating and Financial Assets*），载于《当代会计研究》第 11 卷，第 2 期（1995 年春季号），pp.689 ～ 731。

去总资本成本（负债加上权益）与资本总量（即扣除折旧与摊销后的用于经营性活动的资产）的乘积。如果没有负债融资，那么超常盈余与剩余收入将是相等的。斯特恩·斯图尔特公司研发的 EVA（经济附加值）指标就是年度剩余收入，不过这个指标对净经营性收入进行了一系列的会计修正，例如对研发与市场推广费用的摊销，将经营性租赁记录为资产，将存货会计的后进先出法（LIFO）转化为先进先出法（FIFO），并使用 CAPM 来度量资本成本。斯特恩·斯图尔特认为，这些调整能将剩余收入转变成度量管理业绩的指标。乔尔 M. 斯特恩（1999）[⊖]这样说道：

> 即便金融学教授教导他们的学生折现与 NPV 是价值的基本决定因素，但对 EPS 的关注仍旧在企业内部占据着统治性地位。为什么企业会排斥 NPV？NPV 存在的问题在于它是一个多期的"存量"价值指标，不能用于单期的业绩评价。EVA 则解决了这个问题，它将 NPV 分解成年度甚至月度的经济增加值。在足够长的时间里，用 EVA 和 NPV 来评价业绩能获得相同的结果。不过，由于 EVA 是一个"流量"指标而不是一个"存量"指标，那么它可以用于各期的业绩评价与激励系统之中。（p.102）[4]

1995 年《对规模异象的批评》

乔纳森 B. 伯克（1962 年 4 月 22 日— ） 发表了《对规模异象的批评》(*A Critique of Size-Related Anomalies*)，载于《金融研究评论》第 8 卷，第 2 期（1995 年夏季号），pp.275 ～ 286。

⊖ 见斯特恩（1999）：《斯特恩·斯图尔特关于 EVA 在欧洲使用的圆桌讨论》（*Stern Stewart Roundtable on EVA in Europe*），载于《应用公司财务学学刊》第 11 卷，第 4 期（1999 年冬季号），pp.98 ～ 121。

规模效应、定价因素与非定价因素

规模异象已经被许多学者研究过，它是金融学中与当前资产定价范式最相抵触的现象之一。例如，法玛和弗伦奇（1992）就曾做过研究。[一]规模异象是指企业规模（用市场价值度量）与股票的市场收益负相关。规模效应也拓展到其他与规模相关的变量，如市盈率、股息率、负债率以及股票面值与市值比率。许多研究者只是简单地将规模效应归结为风险的表征量。不幸的是，很难为规模与风险之间的关系提供理论基础。

伯克（1995）非常聪明地解释了为什么规模效应并不是异象。而且，他对规模异象的解释并没有依赖于企业规模与风险之间的特定关系。为了更好地理解这一点，我们假设存在两家企业，它们拥有相同的未来现金流量。如果其中一家企业的风险要高于另外一家，那么它的当前市场价格就要低些。这即意味着具有较低市场价值的企业将拥有较高的未来预期收益，这与所谓的规模异象相符。正如伯克所说，这个结果也意味着企业的市场价值将能给任何的资产定价模型增加解释力。这个结果的美妙之处在于它的间接论证与符合直觉。

伯克通过一些经验检验支持了他的理论。[一]在其中一项检验中，伯克研究了是否规模指标要比市场价值与企业的平均收益更相关。根据传统的对规模效应的解释，应该是这样的。但伯克并不这么认为。对企业规模测度的四个指标是：股票的面值、销售额、雇员数量、固定资产的构建成本。使用这些指标，伯克发现它们与平均收益并不存在相关关系。这符合他的理论。

[一] 见法玛–弗伦奇（1992）：《预期股票收益的横截面》（*The Cross-Section of Expected Stock Returns*），载于《金融学学刊》第 47 卷，第 2 期（1992 年 6 月），pp.427 ～ 465。

[一] 见伯克（1999）：《关于规模异象的当前处境》（*A View of the Current Status of the Size Anomaly*），收录于唐纳德·凯姆和威廉·津巴编辑的《证券市场不完善与世界上的股票市场》。cambridye University Press，1999 年。

∽ ∽ ∽

1996 年《在拥有异质投资者的纯粹交易经济中的利率期限结构》

王江 发表了《在拥有异质投资者的纯粹交易经济中的利率期限结构》(*The Term Structure of Interest Rates in a Pure Exchange Economy with Heterogeneous Investors*),载于《金融经济学学刊》第 41 卷,第 1 期(1996 年 5 月),pp.75 ～ 110。

一般人或典型人、聚合、谨慎、稳定相对风险规避(CRRA)

伯纳德·杜马斯(1989)[⊖]研究了一个拥有两个投资者的经济系统,其中一个投资者具有对数效用而另一个投资者具有幂数效用。在这种情况下,不同投资者之间的财富配置会影响到均衡价格。尽管,杜马斯成功地推演出一些可比较的静态结果,但是他不能推演出解析解。

不过,王江(1996)推演出了解析解的均衡结果,在这个经济体系中投资者个人具有 CRRA 效用的函数但函数的幂不同。例如,他假定一个经济体系中只有两个消费者(投资者),其中一个具有对数效用而另一个具有平方根效用。王江指出,对某些幂次的具体组合,解析解的结果是可以获得的。然后,他研究这些结果在数量上是如何与一个存在着 CRRA 典型参与者的经济系统不同的。

∽ ∽ ∽

⊖ 见杜马斯(1989):《资本市场中的两人动态均衡》(*Two-Person Dynamic Equilibrium in the Capital Market*),载于《金融研究评论》第 2 卷,第 2 期(1989 年夏季号),pp.157 ～ 188。

1997 年《论共同基金业绩的可持续性》

马克 M. 卡哈特　发表了《论共同基金业绩的可持续性》（*On Persistence in Mutual Fund Performance*），载于《金融学学刊》第 52 卷，第 1 期（1997 年 3 月），pp.57 ～ 82。

1997 年《用基准特征来度量共同基金业绩》

肯特·丹尼尔、马克·格林布莱特、谢里登·蒂特曼、拉斯·魏玛斯　发表了《用基准特征来度量共同基金业绩》（*Measuring Mutual Fund Performance with Characteristic-Based Benchmarks*），载于《金融学学刊》第 52 卷，第 3 期（1997 年 7 月），pp.1035 ～ 1058。

2000 年《共同基金业绩：将其分解为选股能力、天才、风格、交易成本和费用》

拉斯·魏玛斯　发表了《共同基金业绩：将其分解为选股能力、天才、风格、交易成本和费用》（*Mutual Fund Performance*：*An Empirical Decomposition into Stock-Picking*，*Talent*，*Style*，*Transactions Costs*，*and Expenses*），载于《金融学学刊》第 55 卷，第 4 期（2000 年 8 月），pp.1655 ～ 1695。

共同基金业绩、业绩持续性、三因素与四因素模型、阿尔法、动量、幸运与技能

使用与法玛–弗伦奇（1992）三因素模型风格类似的四因素模型（在法玛–弗伦奇模型中加入了 1 年期的动量因素），卡哈特（1997）为 1962 ～ 1993 年 1892 家股票型基金公司计算出了詹森阿尔法。该样本包含了所有该期间的基金公司从而避免了生存偏差。四因素模型在解释投资组合收益方面

要比单因素 CAPM 模型或三因素法玛 – 弗伦奇模型表现得更好。他发现，在修正了四个因素以及交易成本和管理费上的持续性差异之后，很少有证据能支持投资经理具有稳定的选股能力，即便有少许的选股能力也会在 1 年后消失。他同时认为，尽管基金遵循动量策略看似能带来较高的收益，但是这些收益大部分是靠运气获得的，这是由于基金将大部分仓位置于先前表现良好的股票的缘故。卡哈特也宣称：共同基金赚取的所谓高收益甚至不能补偿费用，事实上，基金的管理费每增加 1.5%，基金获得回报只增加 1%，而且周转率的增加也会降低净收益。

当专业的投资组合经理提出，要基于基本面分析来建立投资策略的时候，这意味着他希望这项策略能够比简单的、单纯机械的以股票特征（如账面与市值之间的比率、规模、动量）为基础的策略表现得好。不过，像先锋公司这样的公司曾指出，简单机械的投资策略的执行成本要比大多数共同基金所使用的主观策略的成本低。因此，如果积极的共同基金的业绩不能超过机械策略的业绩，那么它们就可能在浪费资源。[5]

有了这项判断，丹尼尔 – 格林布莱特 – 蒂特曼 – 魏玛斯（1997）尝试改进先前机械地复制单个共同基金业绩的方法。詹森（1968）和格鲁伯（Gruber）（1996）[⊖]等之前的研究曾通过将市场、规模和成长性等因素与基金投资组合的收益回归，来分析市场、规模和成长性等因素的作用。然而，丹尼尔 – 格林布莱特 – 蒂特曼 – 魏玛斯则使用基金的持股数据来进行研究。他们首先将股票的收益与这三个因素进行匹配，即股票的市场价值、账面价值与市场价值比率以及之前 1 年的收益，然后按照股票占投资组合的权重来进行汇总。这种方法具有如下几项优点：①它能更好地将基金收益与机械策略

⊖ 见格鲁伯（1996）：《又一项难题：积极型共同基金的成长》（*Another Puzzle：The Growth in Actively Managed Mutual Funds*），载于《金融学学刊》第 51 卷，第 3 期（1996 年 7 月），pp.783 ~ 810。本文是在美国金融学会上的主席致辞。

进行匹配, 只留下少量基金收益不能被解释; ②它可将基金收益整体分解为"平均风格"收益、"特征选择"收益和"特征择时"收益等项, 而这些项的总和就是基金的总收益。具体而言, 在每个季度初, 把在纽约股票交易所、美国股票交易所以及纳斯达克交易所上市的所有股票, 按照规模、账面价值与市场价值之比以及动量三个指标进行划分, 每个指标都划分为五等份。这样就有了 $5 \times 5 \times 5 = 125$ 个价值加权投资组合。在每个季度, 每只股票都要与单只消极投资组合进行比对, 股票与投资组合在上述三个因素上具有相同的价值。"特征选择"收益就是在本季度股票收益与匹配投资组合收益的差值。一只基金在较长时间的收益就是连续季度的复利收益。

在"特征选择"方面, 他们获得的结果与卡哈特的阿尔法类似, 不过他们的结果在统计上更为显著。他们证实了卡哈特的结论, 即基金业绩的可持续性几乎可以完全用它在上述三个因素上的特征来解释, 而且没有证据支持择时能够获得收益。他们也指出, 最出众的股票选择出现在样本期 (1975 ~ 1994 年) 的前 5 年。

股票型共同基金的历史业绩, 可能是支持发达金融市场的价格是理性决定的这个假说的最重要的经验证据。与其他经验证据不同, 共同基金的业绩是基于真实的利润而不是纸上富贵。它绕过了不同的异常投资策略能否真正被执行这个问题, 而不管共同基金遵循的是什么策略。谨慎地处理了生存偏差后, 数据挖掘或其他经验问题发生的可能性就比较小。但是, 我们可以看看 60 年来那些聪明绝顶拿着高薪的基金经理的投资业绩。如果这些人都不能战胜市场, 那么至少可以说我们很难战胜市场。如下这些投资业绩问题已经得到研究:

（1）共同基金的平均业绩是否能够战胜市场指数, 比如标准普尔 500 ?

（2）如果问题（1）的答案是否定的, 那么是否能有一小组共同基金通过能力超过市场平均业绩?

（3）是否有证据表明共同基金的业绩具有可持续性？

（4）如果共同基金的业绩要比指数基金（如先锋公司标准普尔 500 指数基金）能够多获得收益，那么多出来的这部分收益有多少能由下列因素解释：①股票选择；②市场择时；③投资风格差异；④交易成本与周转率上的差异；⑤管理费的差异；⑥现金占资产比例的差异？

投资者在决定是投资于消极型基金还是投资于积极型基金的时候，上述这些问题都很重要。例如，假设积极型基金的平均业绩不如市场平均业绩（问题（1）），那么即便有些共同基金能够通过自身能力战胜市场（问题（2）），但是如果基金并没有显示出业绩的可持续性（问题（3）），那么也不可能事前辨识出高业绩基金。因此，消极型投资将更受偏好。另一种情况是，即便积极型共同基金的业绩不如市场业绩，但它的风险可能比较低（问题（4）），那么它可能仍受偏好。现实中，投资者对这两类基金各有偏好，例如在 2000 年最大的两只股票型共同基金中，一只是积极型基金（麦哲伦投资基金），另一只是消极型基金（先锋公司标准普尔 500 指数基金）。

魏玛斯（2000）使用一个新的数据库对问题（1）至问题（4）做了解答。他研究了 1975 ～ 1994 年美国所有的股票型基金，总计 1788 只。他的数据库既包括那些在这 20 年间存活下来的基金，也包括那些由于清算或者合并而消失的基金，从而避免了之前研究存在的生存偏差问题。他的分析只限于那些持有分散化美国股票投资组合的基金（这些基金可能自称是"激进成长型""成长型""成长和收入型"或者是"平衡型"基金），而没有包括国际基金、债券基金、商品基金、房地产基金或其他行业基金。

魏玛斯度量业绩时假设整个共同基金行业持有的是一个单一投资组合，即由所有基金收益的价值加权平均。他每季度度量一次这些价值加权平均收益，而后把这些季度收益通过复利的方式计算出更长期间的收益。他使用丹尼尔 - 格林布莱特 - 蒂特曼 - 魏玛斯（1997）的股票匹配方法对三种特征因素进行了调整，即调整了规模、账面价值与市场价值比率、之前年度的股票收益（用于反映动量）。

他将这些共同基金的年平均收益分解为如下几项（单位：%）：

证券价格研究中心（CRSP）价值加权收益	15.60
持有基准风格的投资组合获得的收益	+0.60
持有能够超出基准风格投资组合收益的股票	+0.71
持有的非股票证券	−0.70
管理费	−0.79
交易成本	−0.80
平均净收益	14.62

同期标准普尔 500 的收益是 15.4%，这与 CRSP 价值加权收益非常接近。几乎与此同期，先锋公司标准普尔指数基金的管理费是 0.28%，交易成本是 0.07%。因此，假设我们能做到完美的跟踪（这是一个合理的推测，因为可以通过先锋公司披露的年报来跟踪），那么先锋公司的平均净收益将是 15.05%，这要比积极管理型基金高出近 0.5%。

魏玛斯同时发现，由于持有了非股票证券，共同基金在市场表现较好的年份的业绩不如市场平均业绩。他也发现，换手率越高的基金一般越易获得高收益，这支持了积极管理的价值。

魏玛斯对积极型共同基金业绩的度量结果可能被高估了，主要有如下 6 个原因：

（1）持有一些非股票型证券可能是有效基金投资的必需副产品；

（2）在接下来的 5 年，即 1995 ～ 1999 年，积极型基金的业绩表现要比消极型基金的业绩表现更差；

（3）如果将样本期间分为连续的 4 个 5 年期，那么可发现，很多表现优嘉的积极型基金出现在第一个 5 年，即 1975 ～ 1979 年，那时基金的数量

较少、规模较小。这样的结果与问题（2）相结合，就能看出在最近的 20 年
（1979 ～ 1999），消极型基金要比基金型基金表现得更好；

（4）基准风格投资组合可能没能完全修正省略的风险，如流动性风险；

（5）对于需要纳税的投资者而言，消极型基金的低换手率及相应较少地
实现资本利得的做法可能具有明显的税收优势；

（6）没有考虑基金的载荷费。

∽ ∽ ∽

1999 年《最优投资、成长期权与证券收益》

乔纳森 B. 伯克、理查德 C. 格林、瓦森特·奈卡 发表了《*最优投资、
成长期权与证券收益*》（*Optimal Investment，Growth Options，and Security
Returns*），载于《金融学学刊》第 54 卷，第 5 期（1999 年 10 月），pp.1553 ～
1607。

实物期权、资本预算、时变预期收益

将企业的成长机会视作期权这种理念可能最早出现在费雪（1930），不
过，斯图尔特 C. 迈尔斯和斯图尔特 M. 特恩布尔（1977）则是最先对这种理
念进行正式研究的。⊖伯克 - 格林 - 奈卡（1999）提出了一个动态企业模型，
在该模型中，企业投资于成长机会的期权被清晰地模型化。在此之前，资产
定价理论一直忽视了企业资产负债表中的内生性资产构成，而这中间可能孕
育着丰富的时变预期收益理论。这十分重要，因为最近对几个经验难题的解

⊖ 见迈尔斯 - 特恩布尔（1977）：《资本预算与资本资产定价模型：好消息与坏消息》（*Capital
Budgeting and the Capital Asset Pricing Model：Good News and Bad News*），载于《金融学学刊》
第 32 卷，第 2 期（1977 年 5 月），pp.321 ～ 333（参见 p.332）。

答要么归因于投资者行为偏差，要么归因于时变预期收益。与此同时，时变预期收益缺乏合理的理论基础来解释经验难题。

这篇文章是从最基础的问题来对时变预期收益进行模型化的最早研究之一。之所以这样说，是因为该文对资产与成长机会中包含的期权进行了区分，同时请参见鲁宾斯坦（1983）。这可能是企业资产最重要的横截面与时间序列特征，它可以解释时变预期收益。这篇文章首先指出，成长机会的最优实践导致了企业资产基础和系统性风险按照预期的方式发生变化。然后，该文通过模拟的方法指出这些动力能够同时解释几个观察到的经验发现：①短期的反向投资策略的业绩；②长期的动量策略的业绩；③利率与市场风险溢价之间的反向关系；④账面价值、市场价值与资产收益之间的时间序列及横截面关系。本文让行为主义者在抛弃传统的理性分析法之前有所顾忌，它十分完美地指出：理性主义者的方法看似失败，其实可能只是因为被太幼稚地应用了。

∾ ∾ ∾

2001 年《当市场不完善时的状态依赖偏好的聚合》

艾伦·克劳斯和**雅各布·萨吉**　写就了《当市场不完善时的状态依赖偏好的聚合》（*Aggregation of State Dependent Preferences When Markets Are Incomplete*），未发表手稿，加州大学哈斯商学院，伯克利（2001 年）。

偏好不确定性、学习、完美市场、聚合

克劳斯 – 萨吉（2001）研究了一个具有前景且十分有趣的标准多期均衡模型，它是金融学中广泛使用的模型。这两位作者允许消费者对自己的未来

偏好存在不确定性（即不能完全认知自己），从而令现有的模型更一般化。虽然如此，他们还是假设消费者对可能的将来偏好具有概率评估。为了反映消费者的缺乏自我认知，该文假设消费者偏好不仅取决于消费而且取决于不具体的状态变量。为了刻画这个均衡，他们十分聪明地假设：影响价格的未来状态能够在完全市场中被对冲掉。不过他们仍假设，那些不影响价格但影响消费者效用的未来状态是不确定的（因此市场是不完全的）。

加入的状态变量应能反映：①能影响到效用的其他外在因素，如消费者健康或天气；②商品的未来价格；③不能完全市场化的资产的价值，如人力资本；④被低估的计算结果；⑤不完全的自我认知。

尽管这个模型具有很高的一般性，但是仍获得了一些有力且有些奇怪的结论。第一，尽管市场不完善不会影响风险的市场价格（即整体夏普率），但它会影响无风险收益，从而影响未来整体消费（整体财富）的现值，并通过这条途径影响权益风险溢价。第二，尽管时间偏好整体率是随机的，但这种不确定性不会影响风险溢价。第三，相对风险规避的波动率要比相对风险规避的水平更能影响权益风险溢价。第四，状态变量的不确定性越高，权益风险溢价就越低。有些人可能希望该文的通用性可以帮助解释风险溢价过大的问题，但不幸的是该文让权益风险溢价之谜更复杂了！

〜〜〜

2003 年《泡沫与崩溃》

蒂利普·阿布鲁和马库斯 K. 布伦纳涅尔　发表了《泡沫与崩溃》(*Bubbles and Crashes*)，载于《计量经济学》第 71 卷，第 1 期（2003 年 1 月），pp.173 ～ 204。

2005 年《最优预期》

马库斯 K.布伦纳尔和乔纳森·帕克　发表了《最优预期》（*Optimal Expectations*），载于《美国经济评论》第 95 卷，第 4 期（2005 年 9 月），pp.1092 ～ 1118。

泡沫、股票市场崩溃、掌握信息的投资者与不掌握信息的投资者、概率与偏好的分离、幸运

在阿布鲁和布伦纳涅尔（2003）的模型中，"前泡沫"开始在时点 t_0，在这个时点市场价格开始超出完全信息的价格。之所以发生这种情况是因为市场中存在许多噪声交易者，他们可能很愚蠢地进行交易，这并不影响什么。与此同时存在另外一组拥有信息的交易者。因为信息在市场中的传播需要时间，而且分析信息也需要时间，因此这些交易者是逐渐知道泡沫正在形成之中的。具体而言，设想存在 21 位掌握信息的交易者，并假设在接下来的 21 天中每一天只有一位交易者知道泡沫正在形成中。每一位交易者都知道最终会有 21 位交易者了解泡沫的信息。同时，假定每一个交易者都拥有一个单位的资本，并假设需要 15 个交易者才能使泡沫破灭，而且每个交易者都知道这些信息。还要假定当交易者了解到泡沫信息之时，他并不知道有多少其他的交易者也知道了泡沫信息（这是关键）。

真正的泡沫出现在拥有信息的交易者作为一个整体拥有足够的资本来使泡沫破灭之时——即前泡沫出现的 15 天之后。阿布鲁和布伦纳涅尔（2003）宣称，一般而言泡沫不会在 t_0+15 这个时点破灭而是在此之后。这是这篇文章的关键之处，但我不是十分理解。不过我很喜欢他们的铺垫设定，这些设定看起来反映了真实世界泡沫的一些关键性特征。在 t_0+15 这个时点之后我们就处在理性模型之中，在这篇文章发表之前我们会预计泡沫会马上破灭。一般被人所接受的理论是：一旦大量的交易者持有足够多的套利资本使得套利减少，

那么套利最终就会消失。但是这篇文章的两位作者并不这么认为。

让我们假设已经有 14 位交易者知道泡沫正在形成中。这可能出现在前一个泡沫出现后的 14 天。此时即便他们全部卖出证券也不能使泡沫破灭。到第 15 天，第 15 个交易者获知信息。他的加入将使泡沫破灭，但他自己并不知道这一点。不过，他知道将有 21 个交易者最终都获知信息，他想自己可能只是第 10 个获知此信息的交易者，因此他猜想泡沫并不会破灭。当然，他也会担心既然泡沫正在形成中那么如果他继续等待的话泡沫可能要破灭。因此，他必须权衡等待中的预期收益与预期损失。可以想象，如果泡沫价格以加速度上涨，他可能就决定最好再等一段时间（他猜想要让 15 个交易者都知道泡沫的信息可能还需 4 ～ 5 天的时间）。

布伦纳涅尔 – 帕克（2005）则研究了长久以来的一个有趣的心理（或行为）问题：许多人的选择概率会受到他们自身偏好的影响。当评价要如何选择之时，他们会提高自己偏好的结果的概率而降低不喜欢的结果的概率。其中一个例子就是：在大多数西方宗教中，有关死后生活的观念。首先，人们会过高地估计死后会存在某些意识，然后他们就会在某些宗教中制定一些教义以此希望死后能获得效用最大化。结果这使得他们在有生之年对自己所做的大多数事情都很满意，认为它们都会体现在天堂之中，甚至难以忍受的贫困也变得可以忍受了。不过，他们有自己的权衡。他们可能必须过着清心寡欲的生活而放弃尘世的欢愉。这种选择带来的实际效用可能十分负面，以致他们可能妥协，尝试着有限的放任，从而在两个世界中都达到最优。

布伦纳涅尔和帕克试图为这种偏离标准理性的行为创设一个数学模型，然后检验它给金融学中几个基础性问题带来的影响。在模型中，他们假设投资者要使"预期幸福"最大化，即 $E\{E^*[U(W)]+U(W)\}$，而不是标准模型中的预期未来财富效用最大化 $E[U(W)]$。在 $E\{E^*[U(W)]+U(W)\}$ 中，第一个期望是主观或真实概率，第二个期望是"最优概率"，它是指能使预期幸福最大化的概率，因此是一个内生问题。毫不奇怪，两位作者指出，投资者倾向于比纯粹的理性投资者承担更多的风险，因为他们的行为表明他们相信风险能带来更高的预期收益。（这可被视作赌博，而这在"天堂"可是被禁止的！）如果存在着多只证券，那么这些投资者持有的投资组合的分散化程度要不及纯粹的理性投资者。在另外一个两人交易均衡的例子中，作者假设这两位投资者只是在禀赋上存在差异。因为他们都要使预期幸福最大化，每个人都认为自己的禀赋要比他人的禀赋价值更高。这些出现在均衡中的不同信念是内生的。每个投资者都相信无论怎样他都会最幸福。之所以出现赌博是因为对概率的认知不同。

这两位作者认为，这类行为可以解释本土偏好现象。在跨期储蓄和消费模型中，消费者会比完全理性的参与者消费更多而储蓄更少（参与者都是过度自信的，因为他们低估风险；他们也都是不现实的、乐观的，因为他们高估预期收益）。每一期消费者都会诧异自己最终选择的消费要比预期消费低。保险并不会流行，甚至引入期权来确保收入都可能降低预期幸福。在他们的模型中，参与者可能还会推迟解决不确定性问题。他们的模型中没有学习过程，不过作者认为连续过度自信和乐观主义与许多的经验观察是相吻合的。

注　释

前言

　　1. 我最近发现 1940 年意大利数学家布鲁诺·德·菲内蒂（Bruno de Finetti）要比马科维茨和罗伊提前 12 年阐述了均值-方差投资组合理论，包括使用投资组合方差来度量风险、证券收益的协方差与投资组合方差之间的关系等式、均值-方差有效集合，以及使用临界线算法来求解投资组合选择问题。尽管德·菲内蒂的文章用公式阐述了一般的二次规划问题，也包括了一般情况涉及的卖空约束，但只有不相关收益这一特殊情况被完全求解。他的文章是使用意大利文书写的，这使得该文不为金融经济学家所知晓，直至最近被我注意到并翻译成英文。

古代时期：1950 年之前

　　1. 翻开内含《阿基米德方法》的"阿基米德重写本"的最近翻译版，最后一页显然是准备开始另一项工作，而这项工作似乎与组合数学相关。

　　2. 帕斯卡和费马接着考虑了参与者不止两人时的一个重要推论。假设选手 A 还需要 1 分赢得比赛，而选手 B 和 C 各需要 2 分才能赢得比赛。此时，游戏最多需要进行三轮就能知道比赛结果。一个可能的结果是（$a\,b\,b$）。在这个结果中，尽管 A 和 B 最后的得分是一样的，但赢家仍然是 A，因为他是第一个率先获得所需分数的选手。这个简单的例子说明了我们现在称为"路径依赖"的重要性。例如，美式期权就具有路径依赖的特征：如果改变一项标的资产在不同时期收益的排列次序，那么该期权购买者的收益就会随之发生变化。

3. 忍不住扯出个题外话，在 300 多年之后有人指出惠更斯的这个结果可能有问题。Ivo Schneider 在 *Christian Huygens' Non-probabilistic Approach to the Calculus of Games of Chance*（载于 *De Zeventiende Eeuw* 第 12 卷，第 1 期（1996 年），pp. 171 ～ 185）一文中首次提出，该表得到的分配结果是受惠更斯假设限定的。每个参与者获得三种奖金 A、B 或 C 的机会是均等的，而且所有赌资都将付给参与者，但是如果我们自然地假定某位参与者获胜且在进行支付以后，他获得的奖金仍高于其他两位参与者，此时，我们就会发现不一致的地方。例如，如果 P1 获胜，显然我们可以得到 A>B，但如果是 P2 获胜，在进行支付之后，他只得到 C<A。难道当时最具数学头脑、分析谨慎的惠更斯出错了吗？从实质上看，惠更斯的分析确实存在问题。但从技术上看他并没有犯错，因为他从没有明确表示 A>B，C。

4. 萨维奇（1954，pp.94 ～ 95）明显错误地将发现有限效用的功劳归于克拉默所写的信件。对萨维奇出错的原因，Gilbert W. Bassett Jr 在 *History of Political Economy*，第 19 卷，第 4 期（1987 年），pp. 517 ～ 523 的论文 *The St. Petersburg Paradox and Bounded Utility* 中进行了详细分析。我是从经济史学家 Joseph Persky 那里知道这些的，他曾请作者寄了份文章的复本给我。

5. 阿罗与 Jerzy Neyman 编写的《数学统计与概率伯克利研讨会论文集》，1951 年，版权属于 University of California Press。经 University of California Press 许可由 Copyright Clearance Center 以普及版形式再版。

6. 亚伯拉罕·棣莫弗所著的《运气学说》（*The Doctrine of Chances*）首次出版于 1718 年。第 2 版出版于 1738 年，内容包含了他最重要的研究成果——二项式的正态逼近。该部分内容他曾于 1733 年单独出版，名称为 *Approximatio ad Summam Terminorum Binomii* (*a+b*)" *in Seriem Expansi*，内容长达 7 页。在作者去世后，该书第 3 版于 1756 年问世（New York：Chelsea Publishing Company，1967 年）；该书部分内容《对运气的测度》（*De Mensura Sortis*）最早以 52 页拉丁文的篇幅发表在《皇家学会哲学学报》（*Philosophhical Transactions of the Royal Society*），第 27 卷（1710 ～ 1712），pp.213 ～ 264。

棣莫弗对数学的贡献巨大，包括他研究的无限差分的结果、有限序列理论以及以他名字命名的三角定理。他对人寿年金的研究使他在保险学乃至投资学发展史上享有尊贵的低位。不过，他最为伟大的成就显然还是最早出版的中心极限定理以及二项式的正态逼近。

在这里，我们看到斯蒂格勒法则的又一例证：法则或公式往往不是以它最早的发现者命名的。如，正态分布有时被人称为"高斯"分布。高斯是位伟大的数学家，他在棣莫弗去世 23 年后才出生。*Approximatio* 这本书最近才被 Carl Pearson 发现。Pearson 于 1924 年发表了 *Historical Note on the Origin of the Normal Curve of Errors*，载于 *Biometrika*，第 16 卷，第 3～4 期（1924 年 12 月），pp. 402～404。该文对这本书进行了描述。*Approximatio* 首次描述了正态分布事件，该书的英文版出现在棣莫弗《运气学说》第 2 版（1738 年）中，内容广为流传。*Approximatio* 还首次阐述了 n 级阶乘的表达公式：$n! \approx 2.5074 \left(\sqrt{n} \right) e^{-n} n^n$。该公式现在被我们错误地称为斯特灵公式（Sterling's formula），其实斯特灵的贡献不过是将公式中的 2.507 4 修改为 $\sqrt{2\pi}$。

7. Jules Regnault 于 1863 在 *Calcul des chances et philosophie de la Bourse* 一书中就得到了该结果。他是通过对股票价格波动的经验观察而得到该结论的。

8. 资料来源：Paul Anthony Samuelson，PBS television program "NOVA 2074 : The Trillion Dollar Bet"，broadcast February 8，2000.www.pbs.org/wgbh/nova/stockmarket. For program purchase : http : //shop.wgbh.org/webapp/wcs/stores/servlet/ProductDisplay : productId=11 030&storeId=11 051&catalogId=10051&langId=−1。

9. 资料来源：Irving Fisher，*The Theory of Interest*：*As Determined by Impatience to Spend Income and Opportunity to Invest It*（New York：Macmillan，1930）；reprinted（New York：Augustus M.Kelley，1955），p.315。

10. 同上，p.313。

11. 同上，p.341。

12. 资料来源：Joan Violet Robinson，"What Is Perfect Competition?" *Quarterly Journal of Economics* 49，No.1（November 1934），pp.104～120（p.119）。

13. 资料来源：Fisher，*Theory of Interest*，pp.194～199。

14. 同上，p.316。

15. 转载得到了 Blackwell Publishing 的允许。

16. 摘录于 *The Intelligent Investor*：*The Classic Text on Value Investing* by Benjamin Graham.The Original 1949 Edition，featuring a new Foreword from John C. Bogle.Copyright 1949 by Benjamin Graham; Foreword copyright © 2004 by John C.Bogle. 转载得到了 Harper-

Collins Publishers，Inc 的允许。

17. 同上。

18. 资料来源：Warren E.Buffett，"The Superinvestors of Graham-and-Doddsville，" *Hermes*，Columbia School of Business（Fall 1984），pp.4 ～ 15.1984 年版权。转载得到了允许。

19. 尽管巴菲特对现代金融理论十分熟悉，但是看似他误解了这个理论。由于投资分散化的存在，现代理论认为价格是由所有投资者的边际投资者决定（或者在特殊的情况下是由一般投资者决定），而不是巴菲特所认为的由单个最无理性的投资者决定。

20. 资料来源：Buffett，"The Superinvestors of Graham-and-Doddsville"，pp.4 ～ 15。

21. 既然这是一本历史书，那么讲讲"破产"（bankruptcy）这个词的起源也无妨，"破产"这个词起源于意大利文"banco"，它是指在文艺复兴时期的威尼斯，借钱人树立的一个长椅子，如果借钱人被人发现欺诈搞鬼，他就会被迫关门并在公众面前将该长椅子砸坏以示羞辱——因此这个词有了后缀 ruptus。

22. 资料来源：John Maynard Keynes，*The General Theory of Employment，Interest and Money*（Palgrave Macmillan，1936），pp.153 ～ 155.转载得到了 Palgrave Macmillan 的允许。

23. 资料来源：John Maynard Keynes，"The General Theory of Employment"，*Quarterly Journal of Economics* 51，No.2（February 1937），pp.209 ～ 223。

24. 奇怪的是，尽管戈登和夏皮罗很明显知道威廉姆斯这本书，但他们并没有将公式的荣誉授给威廉姆斯。相反，他们这样写道：

J. B. 威廉姆斯的书《投资价值理论》是有关这个问题的杰作。在这本书中威廉姆斯解决了增长的问题。不过，他提出的模型是武断的且很复杂，因此增长的问题仍然是个定性现象。资料来源：Myron J.Gordon and Eli Shapiro，"Capital Equipment Analysis：The Required Rate of Profit"，*Management Science* 3，No.1（October 1956），pp.102 ～ 110（p.105）。

然后，他们继续推导出了与威廉姆斯相同的简单公式。

25. 转载得到了 Fraser Publishing 的允许，www.fraserpublishing.com.All rights reserved.

26. 同上。

27. 资料来源：Friedrich August von Hayek，"The Use of Knowledge in Society"，*American Economic Review* 35，No.4（September 1945），pp.519～530（pp.526～527）。

28. Adam Smith（June 5，1723-July 17，1790），*An Inquiry into the Nature and Causes of the Wealth of Nations*，Great Books of the Western World：Smith（Franklin Center，PA：Franklin Library，1978）。

29. 资料来源：von Hayek，"The Use of Knowledge in Society"，p.527。

30. 更准确地讲，马科维茨假定了期望理论对效用理论违背的三种情况中的两种：①与当前财富相比，效用的正态性；②原点左边的陡峭的凸起部分。此外，卡尼曼和特沃斯基还呈现了第三种情况，③效用的概率权重之和等于1。

31. M.G.Kendall，"The Analysis of Economic Time-Series，Part I：Prices"，*Journal of the Royal Statistical Society*：Series A（*Genera*）116，No.1（1953），pp.11～34。

32. 资料来源：Holbrook Working，"The Investigation of Economic Expectations"，*American Economic Review* 39，No.3（May 1949），pp.150～166。

古典时期：1950～1980年

1. 大多数资料（包括《巴莱特常用引用语》第17版，2002年）都把这条建议归功于马克·吐温（1835年11月30日—1910年4月21日）。吐温在《威尔森的悲剧》一书中的第15章的开篇这样写道：

> 看啊，愚蠢的人"并没有所有的鸡蛋都放在一个篮子里"——应了那句谚语"分散钱财也分散了注意力"，而聪慧的人"把所有的鸡蛋都放在一个篮子里——并看好篮子！

此前几年，吐温听取了安德鲁·卡内基的这条建议，这是卡内基自己从业的经验，吐温把这条建议融入到了自己的书中。卡内基的建议看起来借鉴了塞万提斯的观点。塞万提斯（1547—1616年）在《唐吉珂德》（1605年）第三卷第一部分第9章中写道：

> 聪明的人今日会为明日着想，他不会冒险把所有的鸡蛋放在一个篮子里。

2. 转载得到了Blackwell Publishing的允许。

3. 同上。

4. 1999 年 版 权，CFA Institute. 转 载 自 *The Financial Analysts Journal*， 得 到 CFA Institute 的允许。All rights reserved。

5.Kendall，"Analysis of Economic Time-Series"。

6. 经常有人认为最后一点出现在弗里德曼的文章中，但我必须承认我从未在弗里德曼的文中找到。

7. 转载得到了 Blackwell Publishing 的允许。

8. 资料来源：Franco Modigliani and Merton Howard Miller，"The Cost of Capital, Corporation Finance and the Theory of Investment"，*American Economic Review* 48，No.3（June 1958），pp.261 ～ 297（p.271）。

9. 资料来源：Walter A.Morton，"The Structure of the Capital Market and the Price of Money"，*American Economic Review* 44，No.2（May 1954），pp.440 ～ 454（p.442）。

10. 资料来源：Franco Modigliani and Merton Howard Miller，"The Cost of Capital, Corporation Finance and the Theory of Investment"，*American Economic Review* 48，No.3（June 1958），pp.261 ～ 297（p.271）。

11. 转载得到了 Fraser Publishing 的允许，www.fraserpublishing.com.All rights reserved.

12. 资料来源：Holbrook Working，"A Theory of Anticipatory Prices,"*American Economic Review* 48，No.2（May 1958），pp.188 ～ 199（p.196）。

13. 转载得到了 Blackwell Publishing 的允许。

14. Proceedings of the Berkeley Symposium on Mathematical Statistics and Probability by Leo Breiman.Copyright 1961 by the University of California Press. 经 University of California Press 许可由 Copyright Clearance Center 以普及版形式再版。

15. 资料来源：Hans-Werner Sinn，"Weber's Law and the Biological Evolution of Risk Preferences：The Selective Dominance of the Logarithmic Utility Function"，CESifo Working Paper No.770（September 2002），pp.3 ～ 4。

16. 这个例子用我们先前的定义表述：$W(s)$ =1 2 3 4 5 6，对状态 s=1，2，3，4，5，6，$p_A(s)$ = 0 0.5 0 0 0 0.5 且 $p_B(s)$ = 0.5 0 0 0.5 0 0 0。

17. 转载得到了 Blackwell Publishing 的允许。

18.令人吃惊的是，直到最近人们才知道在此之前大约 10 年，布鲁诺·德·菲内蒂（1952，pp.685 ～ 789）就提出了绝对风险规避的概念，这篇文章是用意大利文写的，我相信该文从未被翻译成英文。根据读过此文的克鲁迪奥·阿布尼斯（Claudio Albanese）的说法，德·菲内蒂对绝对风险规避进行了定义。

19.转载得到了 Blackwell Publishing 的允许。

20.同上。

21.资料来源：Eugene F. Fama，"The Behavior of Stock-Market Prices"，*Journal of Business* 38，No.1（January 1965），pp.34 ～ 105（p.87）.转载得到了 the University of Chicago Press 的允许。

22.资料来源：Warren H.Hausman，"A Note on 'The Value Line Contest：A Test of the Predictability of Stock-Price Changes'"，*Journal of Business* 42，No.3（July 1969），pp.317 ～ 330.转载得到了 the University of Chicago Press 的允许。

23.资料来源：Barr Rosenberg，"The Behavior of Random Variables with Nonstationary Variance and the Distribution of Security Prices"（unpublished but frequently cited working paper），Graduate School of Business，University of California at Berkeley（December 1972），pp.39 ～ 40。

24.转载得到了 Blackwell Publishing 的允许。

25.资料来源：Mark Rubinstein，"Securities Market Efficiency in an Arrow-Debreu Economy"，*American Economic Review* 65，No.5（December 1975），pp.812 ～ 824。

26.资料来源：Mark Rubinstein，"The Fundamental Theorem of Parameter-Preference Security Valuation"，*Journal of Financial and Quantitative Analysis* 8，No.1（January 1973），pp.61 ～ 69。

27.资料来源：Jack L.Treynor and Fischer Sheffey Black，"How to Use Security Analysis to Improve Portfolio Selection"，*Journal of Business* 46，No.1（January 1973），pp.66 ～ 86.转载得到了 the University of Chicago Press 的允许。

28.转载得到了 Blackwell Publishing 的允许。

29.阿罗的例子事实上有些不同。实际上他假定经济系统中的参与者消费 C 种不同的商品，有 S 个状态，那么 $S \times C$ 就是完整市场所需的状态 – 或然商品数目。这些状态 – 或然商品在一种给定的状态支付 1 单位的具体商品。为了稳定市场的数量，阿罗引入了 S 种证券，这些证券为每种状态支付 1 美元，相应地人们可以用这些钱来购买对应的商品。参与者并不是直接购买状态 – 或然商品，而是先购买状态证券。当真实的状态显示出来，个人商品市场开张之后，市场组织会把市场的数量减少到 S+C。如果 S，C>2，那么（S+C）<（S×C），市场的数量降低了。

30. 例如，在《数点问题》（帕斯卡 – 费马，1654）中，如果想知道当前公平的利益划分，那么就必须知道参与者在回合中获胜的概率分布。就这个简单的例子来讲，就是假设概率是 1/2。

31. 著名的二项式期权定价模型会让这一点十分清楚。波动率（σ）决定着标的股票价格的上涨（u）与下跌（d），其中公式之一就是 $u = d^{-1} = e^{\sigma\sqrt{(t/n)}}$，这里的 t 表示期权距离到期的时间，n 表示二项步骤的数目。考克斯 – 罗斯 – 鲁宾斯坦（1979）指出，状态价格是 $\pi_u = (r-d) / [r(u-d)]$ 和 $\pi_d = (u-r) / [r(u-d)]$，其中 $r=1/(\pi_u+\pi_d)$ 表示二项式期间的无风险收益。

32. 证券收益的均衡随机过程取决于投资者偏好且不是外生的，这种想法可能最早出现在奥斯本（1959）。他的布朗运动假设建立在韦伯 – 费克纳的心理物理学假说上：要使感觉强度成等差级数增加，必须使刺激大小成等比级数增加。

33. 资料来源：Mark Rubinstein，"An Aggregation Theorem for Securities Markets"，*Journal of Financial Economics* 1，pp.225 ～ 244.Copyright 1974. 转载得到了 Elsevier Science 的允许。

34. 为了更为审慎地表述这个条件，要允许几何布朗运动的存在，但是布朗运动具有主观均值，且该主观均值是随机的，甚至可能取决于外部状态变量。但是过程的波动的对数（或者是扩散系数）一定是稳定的。不过，用风险中性概率来表述，几何布朗运动一定拥有等于无风险收益的非随机均值。

35. 资料来源：Stephen A.Ross，"Return，Risk，and Arbitrage"，in *Risk and Return in Finance*（edited by Irving Friend and James Bicksler，Ballinger 1977），pp.189 ～ 218。

36. "基础定理"这个名字可能最早出现于 [DybvigRoss（1996）] Phillip H.Dybvig and Stephen A.Ross，"Arbitrage"，in *The New Palgrave：A Dictionary of Economics*，Volume 1，edited by John Eatwell，Murray Milgate，and Peter Newman（reprinted London：

Macmillan Press，1996），pr.100 ～ 106。

正如阿罗（1953）指出的那样，除非不同证券的数目等于状态的数目，否则状态价格就不是唯一的——这个结论有时被称作"金融经济学第二基础定理"。

基础定理公式允许不确定性的存在：现在存在的多种"状态"在将来只有一种会发生。在确定性下，人们关注的焦点是证券的现金流，相应的定理会是：当且仅当无套利时，利率期限结构才存在。

"利率期限结构"是如下内容的缩写：

- 任何债券的当前价格等于其现金流量的现值，计算时对每一只证券都用相同的期限结构。
- 所有远期利率（隐含在期限结构之中）都是正值。

37. 资料来源：Ross，"Return，Risk，and Arbitrage"。

38. 我们能很容易地看到相同的结果适用于任何投资组合。假定每个投资组合中证券 j 所占的比例是 x_j，那么投资组合的收益就是 $r_p=\sum_j x_j r_j$。那么对任何证券 j 来说：

$$E\left(r_j\right)=r+\mathrm{Cov}\left(r_j,\ -Y\right)$$

乘以比例 x_j，那么，所有证券之和：

$$E\left(\sum_j x_j r_j\right)=r+\mathrm{Cov}\left(\sum_j x_j r_j,\ -Y\right)$$

这意味着：

$$E\left(r_p\right)=r+\mathrm{Cov}\left(r_p,\ -Y\right)$$

39. 与阿罗（1953）相比，布莱克－斯科尔斯所做的创新之一是：只在所有证券集合中的一小部分子集中排除了套利，而且研究了这部分子集中证券价格之间的关系。因此，如果能从两只不同的股票中赚取套利利润，而不能从某只指定的股票、它的期权以及现金中赚取套利利润，那么也是与布莱克－斯科尔斯完美相符的。因此布莱克－斯科尔斯提供的是一个宇宙中的"孤岛领域"理论。

40. 正如考克斯－罗斯－鲁宾斯坦（1979）所指出的那样，为了完整，我们需要第八个假设来排除二项式跳跃过程的可能性，即在每个结点股价小幅度上涨（下跌）具有较高的风险中性概率，股价大额固定幅度下跌（上涨）具有较低的风险中性概率。随着时间区间趋向于零，这些概率迅速成为极端值。

41. 此处的公式甚至可以允许在每一个结点的无风险收益是不同的。

42. 如果我们就此打住而不做最后一个假设，那么我们就会得到鲁宾斯坦（1994）在《隐性二叉树》一文中描述的期权定价模型。

43. 转载得到了 Fraser Publishing 的允许，www.fraserpublishing.com.All rights reserved。

44. 资料来源：Mark Rubinstein，"Corporate Financial Policy in Segmented Securities Markets"，*Journal of Financial and Quantitative Analysis* 8，No.4（December 1973），pp.749～761。

45. 资料来源：Michael C.Jensen，"Some Anomalous Evidence Regarding Market Efficiency"，*Journal of Financial Economics* 6，pp.95～101.Copyright 1978. 转载得到了 Elsevier Science 的允许。

现代时期：1980 年之后

1. Thomas Bayes（circa 1701-April 7，1761），in［Bayes（1763）］"An Essay Towards Solving a Problem in the Doctrine of Chances，"*Philosophical Transactions of the Royal Society* 53（1763），pp.370～418; reprinted along with a transmittal letter by Richard Price, who located the paper among the documents left after Bayes' death in 1761 in *Studies in the History of Statistics and Probability*，Volume 1，edited by Egon S.Pearson and Maurice G.Kendall（London：Griffin，1970），pp.131～153。

2. 转载得到了 Blackwell Publishing 的允许。

3. 资料来源：James A.Ohlson，"Earnings，Book Values，and Dividends in Equity Valuation"，*Contemporary Accounting Research* 11，No.2（Spring 1995），pp.661～687。

4. 转载得到了 Blackwell Publishing 的允许。

5. 同上。

人名对照表

A. 奥登　A. Orden

A. 冯·贾巴斯塔托　A. von Gebstattel

A. 詹姆斯·博尼思　A. James Boness

A. 詹姆斯·海因斯　A. ames Heins

D. 麦卡利斯特　D. McAlister

F. E. 布朗　F. E. Brown

G. 哈诺克　G. Hanoch

J. G. 克拉格　J. G. Cragg

J. 内曼　J. Neyman

K. K. 梅祖　K. K. Mazuy

L. 萨默　L. Sommer

L. 特恩奎斯特　L. Törnqvist

M. F. M. 奥斯本　M. F. M. Osborne

P. 沃尔夫　P. Wolfe

R. E. 维罗查　R. E. Verrecchia

S. 巴苏　S. Basu

S. 詹姆斯·普雷斯　S. James Press

阿尔伯特·威廉·塔克　Albert William Tucker

阿尔弗雷德·考尔斯三世　Alfred Cowles 3rd

阿尔弗雷德·马歇尔　Alfred Marshall

阿莫斯·特沃斯基　Amos Tversky

埃德蒙 S. 菲尔普斯　Edmund S. Phelps

埃德蒙·哈雷　Edmond Halley

埃德蒙·马林沃　Edmond Malinvaud

埃尔斯伯格　Ellsberg

艾拉·霍罗威茨　Ira Horowitz

艾伦 J. 马库斯　Alan J. Marcus

艾伦·克劳斯　Alan Kraus

爱德华 C. 普雷斯科特　Edward C. Prescott

爱德华 J. 斯万　Edward J. Swan

爱德华 M. 米勒　Edward M. Miller

爱德华 O. 索普　Edward O. Thorp

爱德华 S. 赫尔曼　Edward S. Herman

安德鲁·卡内基　Andrew Carnegie

安德斯·哈尔德　Anders Hald

安东尼·奥古斯丁·古诺　Antoine Augustin Cournot

奥克塔维奥 A. 图里奥　Octavio A. Tourinho

奥斯卡·摩根斯坦　Oscar Morgenstern

巴尔·罗森堡　Barr Rosenberg

巴里·戈德曼　Barry Goldman

保罗·安东尼·萨缪尔森　Paul Anthony
　Samuelson

保罗·凯特　Paul Kettler

鲍莫尔　Baumol

本杰明 F. 金　Benjamin F. King

本杰明·格雷厄姆　Benjamin Graham

彼得 D. 普雷兹　Peter D. Praetz

彼得·劳埃德·戴维斯　Peter Lloyd Davies

彼得·林奇　Peter Lynch

波菲利　Porphyry

伯顿 G. 马尔基尔　Burton G. Malkiel

布丰　George-Louis Leclerc，Comte de Buf-
　fon

布莱兹·帕斯卡　Blaise Pascal

布利特 J. 巴特　Brit J. Bartter

布鲁诺·德·菲内蒂　Bruno de Finetti

布鲁斯 D. 格朗迪　Bruce D. Grundy

查尔斯 P. 琼斯　Charles P. Jones

戴维 L. 多德　David L. Dodd

戴维·卡斯　David Cass

戴维·尤金·史密斯　David Eugene Smith

丹尼尔·埃尔斯伯格　Daniel Ellsberg

丹尼尔·伯努利　Daniel Bernoulli

丹尼尔·卡尼曼　Daniel Kahneman

道格拉斯 W. 戴蒙德　Douglas W. Diamond

道格拉斯·维克斯　Douglas Vickers

迪拉维加　de la Vaga

蒂利普·阿布鲁　Dilip Abreu

恩斯特·海因里希·韦伯　Ernst Heinrich
　Weber

菲利普·诺杰　Philip Nogee

斐波纳契　Fibonacci

费希尔·谢菲·布莱克　Fischer Scheffey
　Black

弗兰科·莫迪利亚尼　Franco Modigliani

弗兰克 J. 施维茨　Frank J. Swetz

弗兰克·海尼曼·奈特　Frank Hyneman
　Knight

弗兰克·胡斯克　Frank Husic

弗兰克·普伦普顿·拉姆齐　Frank Plum-
　pton Ramsey

弗兰克斯·韦达　Francois Vieta

弗兰斯·范·斯库坦迪　Frans van Schootende

弗朗西斯·高尔顿　Francis Galton

弗雷德里克 R. 麦考利　Frederick R. Macaulay

弗雷德里克·莫斯特勒　Frederick Mosteller

弗里德里希·奥古斯特·冯·哈耶克
　Friedrich August von Hayek

福尔哈伯　Faulhaber

福特　Ford

戈特弗里德·威廉·莱布尼兹　Gottfried
　Wilhelm Leibniz

格罗斯曼　Grossman

古斯塔夫·西奥多·费希纳　Gustav Theodor
　Fechner

卢卡斯　Lucas

鲁宾·萨波什尼克　Rubin Saposnik

路德维希·惠更斯　Ludwig Huygens

路易斯·巴舍利耶　Louis Bachelier

伦纳德 J. 萨维奇　Leonard J. Savage

罗伯特 C. 克莱姆科斯基　Robert C. Klem-
　kosky

罗伯特 C. 默顿　Robert C. Merton

罗伯特 F. 恩格尔　Robert F. Engle

罗伯特 H. 利曾伯格　Robert H. Lizenberger

罗伯特 S. 哈马达　Robert S. Hamada

罗伯特 S. 卡普兰　Robert S. Kaplan

罗伯特·格斯科　Robert Geske

罗伯特·威尔逊　Robert Wilson

罗尔夫 W. 班茨　Rolf W. Banz

罗格 G. 伊博森　Roger G. Ibbotson

罗格 W. 克莱因　Roger W. Klein

罗杰 N. 沃德　Roger N. Waud

罗拉莫·卡达诺　Gerolamo Cardano

罗纳德 H. 科斯　Ronald H. Coase

罗森堡　Rosenberg

罗伊　Roy

罗伊·拉德纳　Roy Radner

洛伦佐·唐提　Lorenzo Tonti

马丁·舒比克　Martin Shubik

马海姆 E. 雅瑞　Menahem E. Yaari

马克 B. 加曼　Mark B. Garman

马克 M. 卡哈特　Mark M. Carhart

马克·格林布莱特　Mark Grinblatt

马克·加曼　Mark Garman

马库斯 K. 布伦纳涅尔　Markus K. Brunn-
　ermeier

马林·梅森　Marin Mersenne

马赛厄斯 J. 默吉斯　Matthias J. Merges

马歇尔 E. 布卢姆　Marshall E. Blume

迈克尔·约翰·布伦南　Michael John Brennan

迈克尔 C. 詹森　Michael C. Jensen

迈克尔·卡尼斯　Michael Canes

迈克尔·罗思柴尔德　Michael Rothschild

迈伦 J. 戈登　Myron J. Gordon

迈伦·斯科尔斯　Myron Scholes

曼德尔布罗特　Mandelbrot

米尔顿·弗里德曼　Milton Friedman

莫里斯·阿莱斯　Maurice Allais

默顿·霍华德·米勒　Merton Howard Miller

尼尔斯 H. 哈克森　Nils H. Hakansson

尼古拉斯·伯努利　Nicolas Bernoulli

尼古拉斯·卡尔多　Nicolas Kaldor

欧几里得　Euclid

欧文　Irvine

欧文·费雪　Irving Fisher

欧文·弗兰德　Irwin Friend

皮埃尔·费马　Pierre de Fermat

皮埃尔·雷蒙德·蒙特莫特　Pierre Rémond
　De Montmort

婆什迦罗　Bhaskara

约翰·范·瓦佛兰·郝德　Johan van Waveran Hudde

约翰·冯·诺依曼　John von Neumann

约翰·格兰特　John Graunt

约翰·林特纳　John Lintner

约翰·梅纳德·凯恩斯　John Maynard Keynes

约翰·纳皮尔　John Napier

约翰·雷　John Rae

约瑟夫·德拉维加　Joseph de la Vega

约瑟夫·哈达　Joscf Hadar

约瑟夫－路易斯·拉格朗日　Joesph-Louis Lagrange

詹姆斯 A. 奥尔森　James A. Ohlson

詹姆斯 D. 麦克贝思　James D. MacBeth

詹姆斯 H. 洛里　James H. Lorie

詹姆斯 P. 夸克　James P. Quirk

詹姆斯·邦尼斯　James Boness

詹姆斯·托宾　James Tobin

兹维·威纳　Zvi Wiener

投资大师 · 极致经典

书号	书名	定价	作者
978-7-111-59210-5	巴菲特致股东的信：投资者和公司高管教程（原书第 4 版）	99.00	沃伦 E 巴菲特 劳伦斯 A 坎宁安
978-7-111-58427-8	漫步华尔街（原书第 11 版）	69.00	伯顿 G. 马尔基尔
978-7-111-58971-6	市场真相：看不见的手与脱缰的马	69.00	杰克 D. 施瓦格